青海师范大学黄河文化研究院支持项目

河湟历史文化论集

主编 李健胜

中国社会科学出版社

图书在版编目（CIP）数据

河湟历史文化论集／李健胜主编.—北京：中国社会科学出版社，2020.1
ISBN 978-7-5203-5808-8

Ⅰ.①河… Ⅱ.①李… Ⅲ.①文化史—青海—文集 Ⅳ.①K294.4-53

中国版本图书馆 CIP 数据核字（2019）第 290474 号

出 版 人	赵剑英
责任编辑	吴丽平
责任校对	石春梅
责任印制	李寡寡

出　　版	中国社会科学出版社
社　　址	北京鼓楼西大街甲 158 号
邮　　编	100720
网　　址	http://www.csspw.cn
发 行 部	010-84083685
门 市 部	010-84029450
经　　销	新华书店及其他书店

印　　刷	北京明恒达印务有限公司
装　　订	廊坊市广阳区广增装订厂
版　　次	2020 年 1 月第 1 版
印　　次	2020 年 1 月第 1 次印刷

开　　本	710×1000 1/16
印　　张	26.5
插　　页	2
字　　数	415 千字
定　　价	128.00 元

凡购买中国社会科学出版社图书，如有质量问题请与本社营销中心联系调换
电话：010-84083683
版权所有　侵权必究

前　　言

　　河湟地区是指祁连山以南、日月山以东、黄河与湟水之间的三角地带。地域范围大致包括青海的西宁市、海东市、海南州和黄南州的沿河区域，以及甘肃的临夏州。这一地区是中原与青藏少数民族聚居区的过渡地带，也是蒙古高原、黄土高原和青藏高原的接壤之地。河湟地区是典型的多民族文化分布带，也是西北地区著名的民族走廊。历史上，西羌、汉、鲜卑、吐蕃、回回、蒙古等民族生息、流转于此，并留下深刻的历史印记；儒学、汉传佛教、道教、藏传佛教、伊斯兰教等在这一区域传播、流布，并对当地社会文化产生深远影响。

　　近代以来，河湟地区的社会经济、生活习俗、民间文艺等引起学界广泛关注。改革开放以来，随着地方史、区域社会史等学科的兴盛，河湟地区的历史文化问题越来越受到学界重视，相关研究成果日渐增多。笔者于2008年前后开始关注河湟区域历史，研读文献及相关论著时发现，有关河湟地区的学术成果颇为丰硕，一些领域的研究已然十分精深，这与我原先的认识大相径庭。近十年的研究，使我对河湟地区民族宗教与社会历史问题的认知逐渐深入，也对学界前辈的贡献愈加敬佩，因此产生了出版一本有关河湟历史文化论集的念头。

　　本论集选取的文章，时间跨度80多年，是研探河湟历史文化的学术精品。民国时期出版的《新青海》《新亚细亚》《西北问题》等杂志，载有介绍、研究河湟历史文化问题的文章，现已引起学界重视，笔者也翻阅过其中一小部分，收获甚多。本想结集出版这些文献，无奈民国时期载于期刊、报纸、内部资料等的相关文献太多，而我精力、财力皆十分有限，只好作罢。此次选取这些文章，一是想体现河湟历史文化研究的传承有序,二是希望引起关注,未来有学者能做全面收集、出版这些成果的工作。本论集所收录的现当代学者论文,既有以人群为对象的地方史研究文章,也有反映空间特性的区域社会史研究成果,能够较全面地反映河湟地区历史文化的总体面貌。本论集所选取的青海师范大学相关学者的论文,也集中体现了中国史一级学科博士点科研团队的研究特色和科研水准。

  本论集的出版,得到了各位作者的大力支持,正因为得到了他们的允准,才能把这些优秀的成果汇集一册。在此,向各位作者表示诚挚的谢意!

李健胜

2018 年 9 月 6 日于西宁

目 录

第一辑 文化教育

改进青海教育刍议 ········· 青 一 (3)

青海羌民的婚姻 ········· 李自发 (12)

青海民歌的一斑 ········· 钟世隆 (14)

青海与祭海 ········· 丁治国 (23)

论甘青彩陶纹饰中卍形等符号的演变 ········· 吴 均 (29)

关于马厂类型四大圆圈纹与蛙纹的几点看法 ········· 李智信 (52)

青海民族历史的特点与民族文化的特性 ········· 芈一之 (63)

论青海历史上区域文化的多元性 ········· 王 昱 (72)

试论明清时期河湟文化的特质与功能 ········· 武 沐 王希隆 (85)

青海东部史前文化对气候变化的响应 ········· 侯光良 刘峰贵 (97)

河湟文化圈的形成历史与特征 ········· 丁柏峰 (107)

青海大通县广惠寺蒙藏小学校创办考论 ········· 赵春娥 (116)

明清时期河湟地区的土司宗族构建
　——以西宁卫东李土司为例 ········· 张生寅 (125)

第二辑　社会经济

青海田赋之探讨 …………………………………… 王莲生（139）

对于青海田赋清理之商榷 …………………………… 岚　汀（146）

青海羊毛的负担及其对于各方的影响 ……………… 王　智（156）

关于青海土地行政之探讨 …………………………… 刘宗基（164）

明代青海河湟地区屯田的分布和军户的来源 ……… 崔永红（196）

明清时期黄河上游地区的民族贸易市场 …………… 杜常顺（209）

民国时期河湟地区人地关系问题研究

　　——以20世纪30—40年代为中心 …………… 袁亚丽（221）

第三辑　历史地理

青海省的史地 ………………………………………… 王克明（237）

青海农田水利调查概况 ……………………………… 安　汉（244）

青海西宁出土的波斯萨珊朝银币 …………………… 夏　鼐（254）

西平郡与鄯州 ………………………………………… 李文实（263）

古青海路考 …………………………………………… 周伟洲（271）

青海平安县出土东汉画像砖图像考 ………………… 许新国（285）

西汉时期湟中地区的交通 …………………………… 陈新海（299）

西北黄河古渡考（一）……………………………… 刘　满（307）

古玉石之路与丝绸之路青海道 ……………………… 张得祖（351）

吐谷浑与昆仑玉 ……………………………………… 罗　新（358）

汉族移民与河湟地区的人文生态变迁 ……………… 李健胜（374）

丝绸之路河南道多元宗教文化传播研究 …… 张泽洪　焦丽锋（389）

地缘结构与丝绸之路东段南道 ……………………… 苏海洋（406）

第一辑 文化教育

第一章　スイ賀茂

改进青海教育刍议[1]

青 一

绪 言

自统一告成,训政开始,建设事业,经纬万端;如筹设地方自治,发展实业,改良交通等,均有同等之重要;然未有如振兴教育之更为迫切者,良以教育为造就人才之场所,建设事业之基础,训练人民之工具,改良社会之利器,举凡人民生活之改善,社会风俗习惯之转移,亦无不以教育为原动力。故教育发达之国家,其政治之修明,国基之巩固,人民生活之充裕,社会之安定,皆有显著之成效。此教育救国之所以为识者倡,而东西各国咸视为兴国之泉源者也。我国东南各省,因受新文化之影响,教育学者之运动,政府及私人之提倡,学校数量之增加和教育质量之改进,大有一日千里之势;反观我青海教育,相差之远,岂可以道里计哉!求一完备之中学,尚不可得,全省小学计不过五六十校,尚不及内地各省中学校之多,高等教育,更难言及,既无学校之设备,又无留学之办法。是以青海虽云建省,就其教育而言,尚无内地各省一县之规模。而即此微些之教育又深受中国士大夫教育之传统影响,而未获教育之真正效果。一言以蔽之:我僻处边陲之青海,几无教育之可言。然青海教育之重要与迫切,实较内地而有过焉;青海物产丰饶、蕴藏极

---

[1] 原载于《新青海》1932年第1卷第2期。

富、惜未开辟，加以改良，致有地不能尽其利，物不能尽其用之憾。今愿启此宝藏，则无论专家之调查设计，识者之实施进行，莫不以人才之需求，为先决条件。虽东南各地，不乏专家学者，然谙熟边地形者能有几人？况以交通及气候之关系，少有牺牲奋斗之精神，即有献身边地有志开发者，终属寥寥无几。开发建设之事业，决非一二人之力所能奏效。故今日青海矿产之开采，农业畜牧之改良，工业之创兴，政治之设施，实以造就人才为入手第一办法，此青海教育之迫切者一也。青海以二百万方里之土地，人口只不过数百万，然此稀少之居民，种族则颇复杂；除满人外，凡汉蒙回藏四族莫不有居。然以文字隔阂，语言不通，遂有意志不一，感情不洽之憾，且以思想幼稚，眼光偏狭，甚至残杀之行，互相递演，实为社会莫大之隐忧，而亦为青海当局以至妇孺认为亟待解决之问题。今为治本清源之计，非兴学设教。从事沟通文化，使各族间语言文字日进于大同之境，思想意志日趋于一致之途，实不足以言融洽合作，本共存共荣之精神，而恢复整个一系之中华民族：此教育之于青海由环境而益现其重要性者二也。帝国主义之文化侵略政策，较武力之侵略策政，阴险而残毒，外蒙即其例也。青海多年受藏兵之侵袭，惊相以为帝国主义之侵略及身，殊不知青海受外人文化侵略，亦非一日，基督教会，到处皆是；其宣传刊物，凡汉蒙回藏之文字，莫不备有，人民有失觉查，除回教人民外，为之罗致其中者，为数不少；思想遂为之蒙蔽，民族国家之观念早已非其所有。且近一二年来外蒙影响所及，青海苏维埃之宣传与组织，时有所闻；前途危惧，实有甚于东北之因武力而沦亡者。为今之计，唯有使人民彻底了解三民主义，树立人民中心思想；宣示帝国主义之侵略与夫不平条约之苛加，因之揭破其面具，使人民不致认贼作父。然此种工作实唯教育是赖，此外训练人民运用四权，建立地方自治之基础；认识环境，养成革命之精神，莫不借教育之力以奏效。此教育之于青海极其迫切者三也。青海教育，既如斯其重要与迫切，吾人应如何从事改革，力谋发展。然交通文化，实有连带之关系，青海目下以环境及经济关系，实难彻底改革，大举扩张；唯有先就目下之规模，人力之所及，加以整饬改进，以收教育之真实效果，为初步办法，亦来日从事发展之基础也。敢就一见之愚，草成刍议，以供负本省教育任务者之采纳与指正。至来日我青海教育大规模之发展计划，与新教育之发现实施，尚有待于专家之委身也。

小学教育

小学教育为正式教育之初步。亦为各种教育之基本。其目的有两方面：一为中高等教育之预备，一为与不继续求学者以重要之知识，使彼在家庭中充一健全分子，在社会中为一良善国民。故小学教育，关乎民族之兴衰，而不可忽视者也。小学教育之改进，为推进教育之基本工作，言教育者，当先及之。爰就青海小学教育之现状，分两方面述之于下。

（一）行政方面

1. 教育行政机关之整顿

青海小学教育，实以各县教育为主脑。而乃青海各县教育局局长人选，多为地方学究。一味书生，对教育则毫无研究，其对于教育局真正任务尤茫然不知。除每年春秋之交，转呈县政府加委教员。夏冬之际，转赍学生成绩表册，并于一年之中官样式视察学校一两次外，别无所事。故所谓教育局者，不过承上启下奉应故事之一机关而已。今为小学教育之主脑机关陈腐如斯，欲小学教育之发达，岂可得乎？故非有以下最低限度之整顿不为功也。（A）注重局长人选。教育局之最大作用，在积极发展全县教育，从事改良及指导；故局长人选，虽在边疆不能如教部规定标准之严，然必人格端正，思想新颖，具有专门技能，与富有教育经验者，方能胜任。即任后，则必应保障其地位，而不能与县长同进退。（B）由教厅随时考查成绩。古人云："行之以忠居之不倦。"既得人选，而不考查成绩之优劣，工作之勤惰，加以赏罚，则日久泄沓，势所难免。然考查成绩，并不以书面报告为准则，必由教厅派人，（不拘督学）或厅长亲莅各县，随时作实际之考查。并同时予以指导；如斯则一方面可督促各县教育之进行，一方面又可得本省教育之实况，以为设施教育之张本，扫清书面行政之弊窦。

2. 教员待遇之提高

小学教员，除每日上课五六时外，即在休息自修时间，亦须尽指导管理之责。劳心劳力，尽瘁终日。乃我青小学教员所得之报酬，县立小学最多者不过二十元，至区立小学至多不过五六元。平均计之：在十元以下；而复不能按月照领。试观行政机关仆役之工资与生活，几无一不较小学教员为优裕；天下不平之事，宁有过于此者。孰无父母，孰无妻子，今小学教员仰事俯蓄既为能力所不逮，唯有弃其高尚之职业，而混入政界，或置身商贾。于此种情境之下，欲求一良好之师资，岂可得耶？小学教育既无从求得良好之师资，又何能收教育之良好效果？青海年来小学之腐败颓废，此则未当非一大原因。是故今后推进小学教育之第一步在教育员待遇之增善。务使其生活安定，精神贯注，争以教育天下英才为乐事，然后小学始有改进之可能也。

3. 学校之分期推广

小学教育为我国义务教育，凡学龄儿童，皆应入学。各县教育局，宜先从事调查，然后按学龄儿童之数额分期增设学校。必使其勿失求学之机会而后止。

4. 经费增加及管理统一

青海教育经费，根本无几，小学教费更形困难。各校除教员薪金外，图书设备及行政费用，为数甚少，图书几等于零，设备则除桌椅黑板外别无他物；其他费用，更谈不到矣。学校如此，安能收到良好之效果？此小学经费之必求增加者一也。又如提高教员薪金，广设义务学校，皆非增加经费不为功。至于增加经费之来源，则可由县政府教育行政机关善为筹划，关于经费保管，则我青小学除县立数校外，各区学校皆由各区乡村，筹措分配，县教行政机关，不过负责监督而已。此种办法，则富广之区，任意浪费公帑，贫瘠之处，坐令儿童失学；致成畸形之发达而有违教育机缘平等（Level of Equality）之原则。故今后教育经费，应由县政府县教育局及各区负责人员共同组织县教育经费保管委员会，负责筹备经费；并处理分配问题。如此则一切营私舞弊之情事可免，而教育经费之来源充裕，用途公平，畸形之教育，将不难变为平均之发展也。

5. 师资之训练与造就

各县小学教员，除少数县之学校外，其余皆为高小毕业或为原日私塾之学究。既不知学校管理与教授方法，复无所谓新教育之思想。此等小学教师，不特不能为教育推进之动力反为小学教育之一大障碍。然若全数撤换，又乏接替人员，应付之法，唯有略加甄别，全数调县，施以短期之训练，以应急需，而免教学时有盲人瞎马之虞。同时由本省师范学校，开办师范讲习所，造就应急之师资，以充推广小学之教员。至对于师范本科毕业学生，当尽量任用，使无学教员渐归淘汰。

6. 教育指导之划一

我青各县学校，几各自为政，此于教育宗旨与行政计划之统一，殊多妨碍。故全县教育实施，必由教育局统筹，每当寒暑假期，应遍集各校教员，施以相当之训导，指示该学期教育之方案，儿童应采之课本。必使全县教育一律，始不失教育一贯之精神。

7. 督学工作之加紧

各县区小学教员为应合地方人士之心理计，多有假学校之名，而行私塾之实者；而县督学之视察每年不过二次，且时间大致一定。各校教员遂恃度督学员来校之时，略加设置，粉饰耳目；事后则仍恢复其误人子弟之行为。故今后督学或局长，应不拘时间，随时视察；如此则一面可免除以上之弊端，一面可发现计划行施之症结，亟谋所以改弦之道。

（二）学校方面

1. 教师的修养

晚近教育学说之进步，一日千里；中外教育学者，对于教育行政、教学方法，无不精益求精，日新月异，以求教育效率之增加。乃我青海教师，对于教育上新之学理，新之制度，毫不加以研究，一味墨守成法，以致小学教育，无进步之可言，而教师本身，则有落伍之现象。故为教员者须明教学相长之义，一面教学，一面须充分修养，尤应于高尚品格，纯良性情，摒绝嗜好上做工夫，以为学生之表率。在教育行政方面，亦应给教师以充分修养之机会。其道有：（1）由县教育局设寒暑假期教育研究社；（2）参观本省优良小学模范学校或实验学校（至省外参观以交通关系自难办到）；（3）举行教育上各种集会，以便讨论各种问题；（4）订阅教育书报。

2. 师生之亲近

我青小学教员，与小学生界限，分明悬隔，奚啻天壤。甚至小学生对于教员，有如有小鼠之见猫然；此实教育上最大病痛。若仅依教室课堂之时间灌溉知识，成效宁有几何？大部学识更当于师生谈话接触中求之。况儿童个性之考查，又赖师生之接近。故今后学校中教师，宜时常与学生亲，有如父子家人而收效于潜移默化之中。

3. 恳亲会之召开

小学中恳亲会之召集，在我青以往未尝举行。殊不知此种集会，在教育上具有莫大之意义。不记曾经来华之杜威有言曰："学校是由家庭到社会之过度桥，家庭学校社会是应取得联络性与打成一片的精神，不常把介于其中之学校，成为特殊环境。使学校生活与家庭的社会的生活隔断，成功不同样的两世界。"实为我国教育上对症之药石。而家庭与学校之联络，以恳亲会为最好方式，此恳亲会之最大意义也。儿童个性之养成，实以家庭环境为动力，故欲明儿童之个性又不能不明其家庭情况，此召开恳亲会之第二意义。幼稚教育自福禄培尔蒙台梭利女士倡行后，欧美各国，至今已甚发达。我国虽经一般研究儿童教育者努力指导，然实施进行，独瞠乎其后，我文化落后之青海更难谈到矣。然幼稚教育为谋未来社会分子之健全的基础计，不能不从事筹办，虽不能立即实施，然亦可以渐谋推进。小学校恳亲会，即为利用之最好机会也。在开会之时，对于各生家长及父兄剀切劝告，说明家庭教育之重要，与其应注重之点。——儿童身体各部分之发展以及优良习惯之养成（参考陈鹤琴《家庭教育》）。使各家长归而实施，至少亦必除去旧日有违儿童发展之故习，实于家庭教育裨益匪浅。恳亲会之意义既如斯重大，而又轻而易举，诚为我青急应举行者，每学期由学校负责召开一次或两次，充分发挥其作用，而收教育上之良好效果。

4. 教材之选择

教材选择有因地制宜之必要，然由教员自编教材，又为事实之所不能，故不得不用书局出版之教本作教材。而中国小学教本多根据东南各省之生活情形社会背景而编订，与我远处西北之情形大有出入；乃我青小学教员经采定教本后即一成不变，逐课推讲，结果则使儿童仅得"一模糊之些许概念或竟无意识之文字符号"。故关于教材之选摘，不应拘泥课本。不足时应收集材料，设法补充，如有地方性之教材绝无编于教科书中者。而教科书中之材料多有不合于社会需要或儿童活动者尽可略去，诚如愈子夷先生曰"要活用教科书，不然学生和教员都被教科书使用了"。

5. 游戏之注重

对于儿童游戏，普通皆以为一种消遣方法至多以为不过于身体之发展或有益耳。我青小学，更不知重视。殊不知游戏乃一种天然学习法；儿童自游戏所得之习惯、知识、技能、观念及态度，不知凡几。如团体游戏之为表情者，则即以表情或模行之方法，使儿童于不知不觉之中活动身体，振作精神，练习机能等，并可使儿童身体练成有受意志指挥之能力。如团体游戏之为进行者，则可以轻快之步伐，促进儿童全身之调和，俾以筹成一种协调之习惯，优美之情绪，端正之姿势，优雅之态度等。如游戏之为竞争者，则可使儿童动作敏捷，精神旺盛，意志坚密，养成勇往直前之精神，并增进思想、果断、注意、观察等能力。卢梭主张"儿童不可仿效成人当听其自然发展"故以游戏极为重要。今日之教育家甚至有主张将一切功课游戏化者，可知游戏对于儿童学习之重要矣。我青小学教员，极宜改革轻视游戏之观念，对于游戏之组织与研究应加以注重。最低限度，可收下列两点之效办：（1）消极方面：可使儿童发展余力，不做坏事；（2）积极方面：借以灌输知识，强健身体，及养成公民道德等。

6. 训育标准之确定

训育标准，本脱胎于国家教育宗旨；然因各地方特殊之环境与生活，故有分别订定之必要。我青小学对于训育一项，向不注重；所谓训育，不过消极之裁判，而失积极训导之义，此教育上最大之缺陷也。训育之成功，可谓教育目的达到，注重训育为我青今后增进教育之一大关键，故即应确定标准，为教育者共同努力之目标，爰就青海地方环境与我国教育宗旨。拟定青海小学校训育标准及实施之注意点如下：

（甲）标准：

 （A）培养儿童革命之精神

 一、对三民主义有简明之概念与认识

 二、知国难之严重

 三、服从团体纪律

 （B）陶冶公民资格

 一、了解自由平等之真义与权能分开之原则

 二、养成中正和蔼之态度

 （C）养成良好德行之基础——忠孝仁爱信义和平

 （D）养成良好习惯

 一、忍苦耐劳

 二、注重卫生

 三、俭朴守时

 四、服装整洁

 （E）造成民族观念

 一、破除一切与科学及民族意识相背驰之传统观念

 二、破除一切与科学及民族意识相背驰之信条及教义

 三、造成整个一体之中华民族观念

（乙）训育实施注意之点：

 （A）应由教师以身作则，使儿童潜移默化

 （B）应设备充分之训育实施工具，如个性调查表、心理测验器、游戏器具、仪容挂图，及关于修养身心之读物

 （C）各科教课应与训育联络，注意积极之指导，减少消极之裁制

 （D）利用儿童竞争本能，鼓励其进取心

 （E）绝对保全儿童羞耻心。对于不良习惯之纠正用间接之"仪式教育"暗示之，勿直接严词严色伤其感情

7. 成绩考查

应注意平素，而不可重视分数。使儿童发生为分数为教师而求学之错误观念。至于学生成绩，多有分数所不能代表者，如先生者欲鼓励某生努力起见，而有特别多与几分之举。至成绩考查之结果，教师则应特别注意。若某生成绩特劣，则应求所以致劣之原因，而谋所以补救之方。以上两点乃我青小学校中多犯者故特为申之，关于小学教育之改进管见略如上述。此处改进童子军训练亦为高级小学之最重要者。兹待于中等教育述及之。

青海羌民的婚姻[①]

李自发

青海种族，极其复杂，人数较多者厥为汉回蒙羌四族，汉回杂居于青海东部，生活方式与陕甘居民大致不差；蒙民居于柴他木及祁连山南北麓，风俗制度，颇似外蒙；羌人者青海之土著也，属西藏族。吐蕃亦其别种也。羌人，游牧于青海——青海之青海——南北两峰及巴彦山草原一带，善骑好斗，颇有尚武精神，风俗习惯亦与他种人迥异，兹举其婚姻一端，书之如次。

（一）恋爱　男女幼时，同牧荒野，戏谑玩耍，不避嫌疑，及其长也，两性本能发达，相慕之心，日益浓厚，迨相互默认，引为意中人时，男遂往来女家，出入无阻，又当协助工作，虽极劳极苦之事，亦所不辞。两家帐幕相距遥远者，往往留宿女家，同衾共枕，喁喁私语，彻夜不绝。父母见其情投意合，恋恋不舍，待之益形优渥。迨经长期交结相识沉深，情颇弥笃，乃正式要求父母，两家父母详加审查，认为匹配相宜，始得允诺，既得双方允诺，恋爱遂告成功。或因男女往来日久，生育子女，则其父母喜欣异常，视同亲子亲孙，无丝毫卑污之意。而他之与她，曩者偶因感情松动而伪爱者，及生子女，成绩彰然，乃有不得不成夫妇之势。嫁娶时，将其预产子一并娶回，然得双方同意，留于娘家者亦有之。

（二）聘婚　既得正式允诺，男家央请媒人先送手帕，女家纳之。继

[①] 原载于《新亚细亚》1932年第2卷第6期。

送岳母以奶牛一头，富者又送岳父以良马一匹，表示虔诚而酬养育其妇之恩也。此后婚姻大事，遂聘定焉。正式婚嫁时，女家妆奁除衣服饰品而外，将其家财——牛羊牲畜，按照全家人口，公平分配，每人应得若干，即以应得之财产，为其媵物。唯男家一毛不拔，白得人口而已。亦有以氍氀珠宝为财礼者，女家往往谢绝不纳，盖以女易财，惹人讥噪也。

（三）同居　实行同居之日，请坐家僧主婚，两家皆设酒杀羊，焚香诵经，亲友族人，咸来庆贺。卜定良辰，新郎身著鲜衣，跨马往迎新妇，在娘家欢宴毕，请善言语者讲述高尚之恋爱故事；并祝其丝罗永结，天长地久。词毕，缘鞍上马，新郎新妇并辔而驰，亲友族人驱羊牵马，前拥后护，络绎不绝，沿途纵声歌唱，音韵嘹亮，如鼓瑟琴。虽七十老妪，亦连声呼快，歌不绝口。至男家鸣箫弄笛，乐声大震，欢欣鼓舞，达于极点，新夫妇翻身下马，彩衣翩跹，意气扬扬，先拜佛像，次谒翁姑。礼毕，复设宴款待，众宾恣意欢饮，酒后耳热，男女起舞，清歌相答，逸兴遄飞，足动手扬，做出种种姿势仿佛西人之跳舞。歌舞既毕，袖盛炒面相互涂抹，或以水相泼，花样百出，戏谑如狂，兴高采烈，尽欢而散。翌日，执役如常，无分其为新郎新妇也。

（四）离婚　离婚之事，在羌民之中，殊属鲜见。然伉俪不睦，以至互相讨厌，不能再施绵延，偶因争端，对佛吃咒，誓言"永断葛藤"，决无翻悔；并于酋长案下具结为据，百世姻缘，从此绝裂矣。分居之日，央请中人，将其当日媵从之牲畜什物及同居后二人所有财产，一并平均分配，不得男多女少。至于儿女之养育问题，年长者，从父从母，任其自择；年岁幼稚尚无主见者，父不纳即归其母，乳儿时时不离母怀抱，当然不成问题矣。离婚手续办理清楚，妇即收拾一切，投往娘家，娘家耻而不纳，则插幕他处，独立生活，曾几何时，帐中喁喁有人语矣。

青海民歌的一斑[1]

钟世隆

青海种族和语言文字的复杂，为我国任何省区所不及，加以交通不便，各种族相互间受到的影响很少，所以他们的生活以及文化，都保持着本身的特色。像歌谣一项，自然也不能例外，虽说各处都有，却显然各不相同，想把它全部搜罗起来，绝非短时间中所可能的事情。如蒙、藏、萨拉、土人等同胞的歌曲，由于语言的不同，更需要长期的专门工夫。所以为了事实上的困难和时间上的限制，现在只能将各县汉回同胞的歌曲，分类举一二，作一个轮廓的表示罢了。

A 小曲（俗名杂耍儿或小唱儿）

【说明】本曲在废历元宵前后最为流行，是扮演社火时歌唱的主要东西，各曲有各曲的音调，均可以拿三弦、胡琴、笛子等乐器奏出来的。歌声和音乐配合起来，听来格外悦耳。可惜都按歌唱的音调摸奏，并无制就的曲谱。

1. 织手巾

头一年栽花花没成(一)，第二年栽花花有成，头花摘了二两五，纺成棉线二两三，长的长的织绫罗，短的短的织手巾。妹妹在高楼上把线纺，哥哥在江南搬匠人，匠人搬到了我家中，高茶贵饭待匠人。"若要我——匠人织手巾，还要你——妹妹表分明。""手巾不要长来不要短，长短只

---

[1] 原载于《新西北月刊》1942年第3卷第5、6期合刊。

要三尺三，不要窄来不要宽，宽窄只要一尺三。上织天来下织地，再织日月分四季，上织天上的一盏灯，下织地下的虎翻身，上织天上的明星星，下织地下的水晶宫，上织白兔穿山过，下织黄鹰紧随跟，上织麻雀树梢上卧，下织鹞子打翻身，上织老鼠钻土洞，下织狸猫把洞门。"匠人在上房里织手巾，不到三日手巾成。〔盘金来〕盘银，抬上金银送匠人。"不要你金来不要你银，只要你——妹妹送出门。""不要我金来不要我银，我——妹妹送你万不能。"

【注解】（一）指种棉。文内"来"字，系语助词。

2. 乌七郎打围

正月里到了正月正，乌七郎打围进山中，骑马跨刁翎。背的花枪挂的弓，领的细狗(一)架的鹰，打围进山中。进的深山打一枪，野鸡兔儿乱攘攘，撒手要放鹰。

二月里到了春抬头，庄稼(二)的人儿庄农动，搬灰又散粪。有牛有对(三)的把田种，无牛无对的缺少人，忙把亲戚奔。

三月里到了是清明，姊妹二人来踏青，随带上放风筝。大姐放的是张君瑞，二姐放的是崔莺莺，风筝起了身。风筝起身两丈高，麻绳勒得手腕痛，痛也痛的很。不知道老天爷刮狂风，挣断了奴家的风筝绳，把奴家一场空，我有心跟上风筝去，前面来了二学生，假装金莲痛。

【注解】（一）猎狗。（二）青海称农人为庄稼人。（三）牛成对方能耕田，有一头，可与亲戚邻舍合作。

3. 殷亲儿

一更里的殷亲儿床沿上坐，手拿的钢针儿绣荷包，绣荷包瞌睡又来了。瞌睡多来瞌睡少，瞌睡来了由不得我，由不得我，鸳鸯枕上落；斜依靠，鸳鸯枕上落。

二更里的牛郎子掠过花墙，一心儿闺阁里要邀姑娘，邀姑娘，身触象牙床。舌尖儿打开窗槛纸(一)，观见娇娇泪悲啼，为甚情哭哭又啼啼？

三更里的殷亲儿正在朦胧，耳听得门外有人声，推开门两扇，原是我的人(二)，细眼观，原是小殷亲。手托手儿领在上房中，鸳鸯枕上乱交锋，入罗帐，搂抱在怀中。

四更里的殷亲儿就要畅声(三)，咱二人商议走一程，收拾盘费走，就要起动身。你戴上帽子奴家插上花,你穿上绫罗奴家穿上纱,你骑上骡子奴家乘上马,你抛下父母奴家抛下家,咱二人走吧。

五更里的老鸨儿忽忙上楼庭,开言来叫一声"小殷亲",叫也不给声,吓也不给声,莫非你头藏在被窝中;推开门两扇,不见小殷亲,揭开红罗被,不见我的人[四]。骂一声牛郎子太得狠心,没见你的财礼拐去我的人,上北京,我寻小殷亲,收拾盘费走,就要起动身。

【注解】(一)用舌湿破窗纸,毫无声息,可以窥视屋内。(二)我的爱人的简称。(三)开言的意思;(四)含所有权的意思,与前意不同。

4. 五更子

一更里,月儿照花台,才郎哥有话今夜晚上来,叫丫鬟忙打上四两酒,四个头的菜碟儿[一],急忙端上来。一等也不来,再等也不来,莫非是才郎哥谈破女穷才,手捧的香茶懒得用,两眼儿"朴梭梭"掉下泪来。

二更里,月儿上树梢,思想起才郎哥好不心焦,一来一往三年整,那地方不到处得罪了你的心?

三更里,月儿偏了西,思想起才郎哥好心急,怒一声红娘[二],一去不来了,三尺红绫,改不下你心焦,从前的话儿怎样讲?你的人不来了,教奴家守空房。

四更里,月儿坠了西,思想起才郎哥好不心急,香包儿本是姑娘们带,那时候落到了郎君的怀?灯儿也不明,被窝冷似冰,丫鬟姐姐忙把火弄,火炉儿怎比得郎君抚,连叫十声,十叫九不应。

五更里,鸡叫天又明,忽听得门外有郎君的声,叫也叫不应,站得两腿困,叫丫鬟姐姐,忙讲人情。"讲人情不使你空头讲,须给好东西,勉慰你的心,丝线称半斤,花线五十根,苏州的胰子河州的粉,今日许下明日送,若不送郎君不是一个人。"书生上牙床,姑娘扯衣裳,丫鬟姐姐急忙拦挡,"扯烂了衣衫还要我们补,或不该轻轻儿打上几巴掌"[三]。姑娘上牙床,叫书生听端详:"半夜三更你不回房,三街两巷人睡定,你不怕旁人开了我的门。"

【注解】(一)指四个菜。(二)媒婆的代表语。(三)以掌打人谓"打巴掌"。

5. 绣荷包

初一到十五，十五月儿高，风吹牌灯，杨柳叶儿飘。三月桃花开，情郎把书带，捎书带信的要一个荷包袋，如果要荷包；情哥你来到，为什么捎书带信的要荷包？"擦啦啦"钥匙响，打开牛皮箱，取两张红纸剪一个荷包样；一剪黄河沿，二剪两只船，三剪上船姑娘在船舱里站，四剪十样景，五剪李洞宾(一)，六剪上清朝家十三省，七剪杨七郎，八剪逼霸王，把霸王逼在乌江岸上站，九剪石榴花，十剪牡丹花，再剪上鱼哇儿伴莲花。打开丝线包，丝线无一条；打开扣线包，扣线无一条；丝扣儿无的，怎样绣荷包？无针无线，怎样绣荷包？"哗啦啦"门儿响，姑娘出绣房，左手把门框，右手遮太阳，等一等南街的张货郎。张货郎过金桥，姑娘把手招，张货郎三条揖(二)，姑娘把手举；"我问丝扣齐不齐？""丝扣辨的全，你要什么线？丝线里只差的宝石蓝(三)。扣线辨的全，你要什么线？扣线里只差的石青蓝(四)。"板凳拉一条，张货郎坐一个(五)，丫环取戥子，姑娘秤银子，银子钱三分，丝扣五十根，零后了买上两苗绣花针。一买胸前吊(六)，二买对面笑(七)，三买上冰糖把口闹(八)；四买十样景，五买数不清(九)，六买上胭脂和川粉；七买绉手帕，八买假头发，九买上红头绳肩膀上搭；十买花手巾，再买银顶针，零后了又买了些绣花针。"哗啦啦"门儿响，姑娘进绣房，买上的东西，放在箱盖上。一绣石榴花，二绣牡丹花，三绣上鱼哇儿伴莲花，四绣黄河沿，五绣两只船，六绣上船姑娘船舱里站；水儿往下淌，船儿往上行，再绣上水手把桨搬：七绣杨七郎，八绣逼霸王，把霸王逼死在乌江岸上；九绣李洞宾，十绣十样景，再绣上清朝家十三省。红绸绣荷包，蓝绸把里调(十)，绿绸的飘带两下吊。荷包绣齐了，情哥不来了，把奴家的心情枉费上了。

【注解】（一）八仙之一。（二）作揖一次，谓之"一条揖"。（三）（四）颜色名。（五）坐一下的意思。（六）牙签。（七）镜子。（八）闹是润的意思。（九）称零碎东西为"十样景""数不清"。（十）以蓝绸为里。青海为衣服作里曰"调里子"。

B 秧歌

【说明】秧歌也在元宵前后最为流行，只有一二种音调。在黄昏时分的街头巷尾，常常按着钹鼓的节拍而轮流歌唱，也有在社火中歌唱的，但不能拿乐器配合（还有一种内容很长，叙述历史的秧歌，多流行北宁城中，这里尚未采入）。

1. 高山岭上一伙羊，口儿里吃草心儿里慌；前怕刀子后怕狼，两股眼泪汨汨汪汪。

2. 正月十五庙门开，庙官爷^(一)拿钥匙来；前拈香来后化表，今年的庄稼比往年好。

【注解】（一）称庙寺的管理者为庙官爷。

3. ××庄子四四方，金盆养鱼的好地方；前院里栽的摇钱树，后院里放的聚宝盆。

4. ××庄子靠山根，祖祖辈辈出先生；不知先生有多少，顶子戴得明朗朗。

5. 高山岭上一堆灰^(一)，公公烧来媳妇儿背；媳妇儿放了个"出溜溜"^(二)屁，扬给公公一脸灰。

【注解】（一）挖山中草根土块，晒干后，堆成空心堆而以柴或畜粪燃之，使全堆尽燃成灰，可作肥料。（二）即哑屁也。

（以上二类，多流行于汉族同胞中；且多限于男性）。

C 山歌（俗名少年或花儿）

【说明】山歌的流行，无论在时间空间方面，都有很大的范围，尤以耘草时期为最盛。大半以恋爱为主。歌唱时常不以乐器配合，但也可以奏出来的（也没有制就的曲谱）。虽然同一山歌，可以拿三四种音调来唱。如尕马儿拉回来、水红花、花儿阿姐等。

1. 平贵别窑十八年，实可怜，五家坡挑菜的宝川。光阴好比打墙的板，上下翻，催老了英雄的少年。

2. 打灯蛾儿上天了，癞蛤蟆钻了地了。浑身的肉儿想干了，尽掉下一口气了。

3. 日头儿^(一)跌了^(二)实跌了，长虫^(三)在石崖上过了。指甲连肉地离开了，活割了心上的肉了。

【注解】（一）太阳。（二）落了的意思。（三）蛇。

4. 三更里月下约洞宾，桶里的酒，有心了喝上两盅，悔了你心悔我心，悔不过心，向着你哭上两声。

5. 毛毛雨儿罩阴山，水红花罩楞杆⁽一⁾哩，手牵手儿到阴间，鬼门关还团圆哩。

【注解】（一）青海县田塍为楞杆。

6. 半碗清茶半碗血，血对血，要叫你喝两口哩，打成官司填成结，结对结，要和你当"连手"哩⁽一⁾。

【注解】（一）"连手"是"爱人"的意思。

7. 冰冻三尺口子⁽一⁾开，口子里牛卧下哩，一看花儿⁽二⁾走不开，走开了又坐下哩。

【注解】（一）裂缝。（二）"花儿"是爱人的意思。

8. 尕马儿骑上枪背上，西口外⁽一⁾挖一回大黄，日头儿跌了莫心慌，差麻儿⁽二⁾到你的坑上⁽三⁾。

【注解】（一）湟源以西为西口外。（二）"黄昏"的土语。（三）"坑"读作康，土床也。

9. 赵匡胤拄的盘龙棍，一心儿送金娘哩，东西看轻人看重，为人⁽一⁾要为心肠哩。

【注解】（一）交人也。

10. 一绺儿山来两绺儿山，当中裹着个草山，若要我俩的婚姻散，凉冰上开一朵牡丹。

11. 兰州城好比一只船，木塔儿好比是桨杆。哥哥像孔雀在半天里旋，妹妹像园中的牡丹（内含孔雀喜牡丹之意）。

12. 西宁城打在旱台上，殷家庄对的是纸坊，这一个包包儿你拿上，轻重是哥哥的礼当。

13. 十三太保李存孝，鞘儿里抽出个剑来，多人的伙里我难叫，你给我转个脸来。

14. 白蛇娘子神通大，水淹了金山寺了，不说事忙得来不下，还说没情义了。

15. 一对儿骡子驮紫葵⁽一⁾，上来站了碾伯⁽二⁾，右手里领的是小姊妹，左手揩了个眼泪。

【注解】（一）花名。（二）即今之乐都县。

16. 大河沿上牛吃水、鼻圈儿吊到水，端起碗碗想起你，面叶儿捞不到嘴里。

17. 贵德的黄河里两只船，水手们，搬了我搬，怎大的名声我两担，小姊妹不担了我担。

18. 四十辆大车走宁夏，又走了包头归化，千留万留的留不下，哭哭啼啼的掉下。

19. 石崖头的墩墩儿草、叶叶儿像胡麻哩，身子不大模样儿好，情义儿盖天下哩。

20. 大路上上来的新大车，"奔楞楞"儿的远了，你把我的心拉热，拉热后你不管了。

D 儿歌

【说明】儿歌是多流行于儿童群中的，没有兴衰的时期，也没有一定的音调，只不过拉长声音而高叫罢了。

1. 古今儿当当(一)猫儿跑到缸上，缸爬倒，水扬掉，猫儿跳到锅里烙馍馍(二)，烙了八十八半个，念书的哥哥多半个，犁地(三)的哥哥少半个，挡羊(四)的哥哥没半个。馍馍呢？狼吞了，狼呢？上山了，山呢？雪盖了，雪呢？消水了，水呢？漫墙(五)了，墙呢？猪毁了，猪呢？打死了，猪皮呢？蒙鼓了，猪尾巴儿呢？顶门了。

【注解】（一）青海称故事为"古今儿"，古今儿当当是故事开声的意思。（二）青海称烤烧饼，为烙馍馍。（三）耕田也。（四）称牧羊为挡羊。（五）称泥墙为漫墙。

2. 月亮月亮光光，清水河里洗衣裳；衣裳洗白白的，打发哥哥上学去，去程价(一)骑的白龙马，来程价坐的八抬轿，"扑通""扑通"放三炮，你看热闹不热闹。

【注解】（一）程价乃时侯的意思。

3. 哇哇(一)勤，爱死人(二)哇哇懒，瞎猫抬上(三)没人赶。

【注解】（一）青称小孩为"哇哇"或"尕哇"。（二）人人爱得要命的意思,并不是喜欢死了。(三)青海称动物衔东西为抬。

4. 麻雀儿麻雀"比丢丢",我俩看你的姐姐走,你的姐姐穿的褐夹夹⁽一⁾,少年唱得不罢下。

【注解】(一)青海称背心为夹夹。

5. 金宝金宝上台台⁽一⁾,马家姨娘送茶来,茶也香,酒又香,十二个骆驼驮粪箱⁽二⁾,粪箱底下一盆水,叫大姐,洗手来,叫二姐,洗手来,洗下的手,白嫩嫩⁽三⁾,薄扇扇,下到锅里团团转,捞到碗里一根线,金钢斧头剁不断。

【注解】(一)青海普通称折纸锞的千章为金宝,小孩们最喜欢涂了唾液贴在手上,使皮肤有一层金色,叫作金宝上台台。(二)装置在车上搬运粪土的用具,是用桦枝编成的。(三)青海多称面为汤,"擀汤"就是把面用木轴延展开来。

6. 有钱没钱,剃个光光头过年。

7. 杂米杂面儿,把哇哇吃成八宝罗汉儿⁽一⁾,清油细白面,把哇哇吃成瘦干签⁽二⁾。

【注解】(一)"八宝罗汉"是肥胖的意思。(二)"瘦干签"是瘦弱的意思,就是说杂面的营养料复杂,可以使人强健,清油细面的营养料单纯,容易使人虚弱。

8. 打罗罗为罗罗⁽一⁾,外婆家场上阿舅多,阿舅阿舅舅舅,鞍子背到后头,你骑哩,它跳哩,一下摔到夹道里。

【注解】(一)拉着小孩两手,来往推动,谓之"打罗罗"。

9. 尕哇儿,挖钱儿,挖了一大尕钱儿,买了一个麻花儿⁽一⁾,麻花儿没吃饱,家里去了挨条条⁽二⁾。

【注解】(一)油条之类。(二)称树枝为条条,以树枝鞭打,被打者称为挨条条。

10. 翻翻翻油饼⁽一⁾,麻雀儿扎的红头绳,你搭胭脂我抹粉,天上掉下来个油骨头儿我俩啃。

【注解】(一)二小孩两手相托,摆动数下后,二头相并且从臂内钻出,恰为一翻身而还原,谓之"翻翻翻油饼"。

我所搜集的民歌，到这里可作一结束，不过由于时间的短促，以及自己的能力不够。贡献的材料很少，又未能将每个民歌的背景，加以详细的说明，觉得非常的惭愧，希望明眼的读者，自己领略好了，至于注解得不得法，编辑得没有条理，更希望文化界的友好们多加指正，我在这里诚恳地等待着接受。

青海与祭海[①]

丁治国

青海为我国第一大内陆湖，蒙名为库库诺尔ཀོཀོ་ནོར།，藏名为错汶མཚོ་སྔོན།，古称西海、仙海、先零海、鲜水海，至西魏时始，称青海，今日之青海省即以青海而名。

青海位于青海省之东北境，东距省会西宁二百七十里，海拔九千八百五十尺，在东经一〇〇度北纬三七度左右；古时海面极广，西与柴达木低地旧湖相连，历代逐渐缩小，始成今状；北魏时周围千余里，唐始尚有八百余里，清乾隆年间仅为七百里（见《西宁府新志》），现东西径二百里，南北径一百三十里，周六百余里，据海滨居民称，马行约六日，步行约十二日，始可环绕一匝，面积约二万六千方里。

全海形如一大鲫鱼头，头东，尾西，东南角有一海耳，西南角有沙堤伸入，俗名二郎铜，相传为当年杨二郎与陈香子打仗，二郎想从海西到海东，遂撒沙为路，恰巧遇见西王母说："你能成功吗？"一语道破玄机，仅成一段，约有半里路宽，三四里路长，如今则为钓鱼台，四岸为四〇〇〇公尺以下之群峦环绕，水草并茂，居有环海八族，中秋节气压计为三千四百米，气温是华氏四十二度，夏季涛声澎湃，牧群遍野，青山绿水，杂鸟争鸣，蔚为大观；现附季香齐氏杰作二首，庶可窥其作貌。

[①] 原载于《边疆通讯》1948年第5卷第1期。

青海　二首

西瞻沧海枕雄关，烟雾茫茫难往还。
鲛室遥开澎湃内，驼峰远在有无间；
青光遍绕河湟地，碧色浑连日月山，
记得绿波曾饮马，夜来胡月照弓弯。

访海西征从大观，顿教眼界十分宽，
胡笳一曲青波起，羌笛几声碧绿寒；
色耀玻璃环毳幕，光含翡翠映珠鞍，
迄今若有龙驹在，不惜千金赠可汗。

海水如蓝靛，经常澄清，一碧无际，夏秋遥望，诚有水天一色之概；平均深度约百尺，容纳河流一〇八道，其最著者为布哈河、伊克乌兰河、巴罕乌兰河、倒淌河、大力麻河、载沙河等。

海虽纳水甚多，而以地势较低，仅为诸川之归宿，而无出口，日受阳光之蒸发，则水分渐减，盐质渐增，终则成为盐湖；今将其水分析，则为：钠三〇.六〇，氮四〇.〇五，二氧化硅〇.〇九，钾一.〇八，溴〇.〇四，四氧化磷〇.〇二，钙一.七七四，氧化硫一七.八四，三氧化二铁〇.〇二，镁二.九〇，三氧化碳五.五五，从此种分析，可知海水中成分含氯化钠约占千分之六七，故海之四周多饱浸盐质（见商务印书馆史地小丛书周振鹤编之《青海》）。

海内产鱼，无鳞，背有黑点，蒙藏人目海为神，目鱼为神子，多不敢捕，亦不敢食，滨海汉民，每于深秋辄往捕之，除自食外，售于西宁，发获甚丰。

《水经注》云："海中有二山：一曰魁孙陀罗海（为蒙文 ᠬᠥᠭᠰᠢᠨ ᠲᠣᠯᠣᠭᠠᠢ 之译音，其意为老人头，俗谓海心山），峰峦纯白，上有小庙，庙内番僧于冰合时，出取一年之粮入居焉。一曰察汗哈达（为蒙文 ᠴᠠᠭᠠᠨ ᠬᠠᠳᠠ 之译音，其意为白岭，俗称海心西山），其峰卑小，多土，少石，二山东西对峙，水色青绿，冬夏不涸，不溢，自日月山望之，如黑云冉冉而来"。所述情景，至今犹然：自岸至海心山约七八十里，步行需三两天，均露宿冰上，若遇大风冰破，有陷入冰窟之险，相传海水力弱，不胜芥子，舟楫下沈，夏秋弗克前往，是无稽之谈，据海水含有较多之盐质，则比重大，正可浮舟；于清季俄人曾一度乘舟至岛上，岛僧曾有一吓倒在地；民国十一年有三个法国人驾临海岸，其一欲冒险进入海心山，先与二同伴约好，在岸上等候，预计三两日即可到达山上，举火为号，若三日后不见火光，便是遇险，同伴可以回去，不料三日后，此人果然到达，竟有一老僧吓死；又民国十六年有一法国女人汉名林霄冲，在青海前后住过十八年，藏文、藏语、藏经均极娴熟，并在塔尔寺赛过经，且能驾驶飞机，曾为航空驾驶员，她决心到达海心山，归来后，索诗于季香齐氏，谨原录于后：

癸酉孟春林霄冲女士从海心山归来索诗于余，因赋七律一首以题其册：
万里关山作壮游，长征又到海心头，
芳跶不让徐霞客，还志还超博望侯。
雪地冰天寻绝岛，马蹄鸿爪遍全球，
航空若得好消息，愿共梅花寄鄜州。

此外久住湟源县之美国人白牧师及美国地理学会会员老约瑟先生曾骑马绕青海一周；可是中国人除居心修佛及还愿之喇嘛外，从无到达海心山者；又俗传隋唐时吐谷浑尝畜驹于此，称青海骢，故该山又名龙驹岛，有季香齐氏咏青海龙驹一首为证：

谁知神骢产胡天，佳话至今犹竟传，
声壮嘶寒边地月，蹄忙踏遍陇头烟。
黄沙有路行千里，青海钟灵积百年，
骥足会逢他日展，立功绝域勒燕然。

《元史》载："宪宗四年甲寅秋会诸王于颗颗脑儿之东，乃祭天于日月山，祭海于颗颗"。日月山在今湟源县西，颗颗即今之青海，此为蒙古祭海会盟之始。

清雍正初年罗布藏丹津背叛，番族喇嘛亦有异动者，清廷特命抚远大将军年羹尧奋威将军岳钟琪，声罪致讨，进兵追击至诺尔北岸伊克哈尔吉时，值严冬草枯水干，苦不得饮，忽有泉从营前涌出成溪，士马就饮，欢呼前进，遂获大胜，当以神佑入告，诏封青海头灵显大广之尊神，并遣官致祭；乾隆三十八年更诏准照名山大川例岁修祭事，于每年秋间致祭。

同治年间陕甘总督郡彦成平番胜利后，至察罕城，设防控制蒙番，并每岁于青海长官祭海时，会盟蒙藏王公千百户于此，是为藏族参加祭海会盟之始。

清末光宣年间前蒙藏委员会委员长马福祥为西宁续总兵时，曾屡次领导祭海，并亲撰祭海歌一首，其词如下：

祭青海歌

观海难为水，祭海后于河，谷王有祀典，海晏不扬波。西海还隔流沙数万里，不与赤县神州通一□①，青海孤悬黄河西，地尽天浮波谲而澜诡。番族环以居，中有山隆起，浑脱飞渡不能胜，弱水三千疑即此，会闻王母形虎齿，瑶池桃熟窗结绮，八骏腾骧向西向，黄竹歌传穆天子，至今良马产如龙，颇与大宛筋骨同，亦有异鱼长径尺，击冰而取声冲冲。青海形势古称雄，谁为着手辟鸿蒙，我来伛偻荐牲酒，岳渎祭秩礼宜崇，南海庙碑志难怪，肃雍能令神感通，是时秋高风怒号，蛮云浊浪极天遥。大漠阴沉杂霜雪，穷边草木何□②骚，忽然风静云开海水平如掌，上下一碧若琼瑶，明霞映洲渚，落日照旌旄，衣冠何璀璨，左右列仙曹，殊俗王公奉圭卣，私觌愉愉赋弓弨。方今太平边事定，八荒向化无訾傲，安得鞭石为长桥，使我直跨沧溟步岛屿，戏佛红蜺钓六鳌。

此后祭海典礼按岁举行，民国初年马麒镇守宁海时，以蒙番各族时

---

① 原书不清。——编者按
② 原书不清。——编者按

有变乱，特借祭海机会，会盟各族王公千百户，对祭海典礼尤加重视；马步芳氏主青后，每年祭海多亲自参加，情况益形热烈。

民国二十八年祭海典礼，蒋委员长特派第八战区朱司令长官绍良代表主持，在历史上尤为空前盛典。盖祭海之在今日不独为一种祭祀上之庄严典礼，实为我国内各民族精诚团结之表现，其含义至为重大。此次祭海中央特拨款五万元，交由青海省政府备置礼品，颁赠蒙藏首领，此外朱司令长官拨万余元，青海省政府拨三万元，筹备一切；祭海日期，定为八月三十日，祭海地点，则为海滨之村果加拉མཚོ་མགོ་ཁྲགས་村。果加拉为藏语，意即海头城，此处原为清初每年祭海处所，距海岸最近，尔后清势日衰，遂将祭海地点移设海东约五十里之察汉城，自二十七年起马主席步芳始将祭海大典移至该地举行。朱司令长官于八月廿六日偕各首长离兰赴青，二十九日下午四时到达海滨村果加拉祭海地点，该处为广大草场，背山面海，草绿如茵，青海省府之招待处设于海滨近处，草绿色帐幕数十顶，排列整齐，布置清洁，朱司令长官马主席及各来宾均驻宿于此，各蒙藏王公之白色帐幕数百顶，则绕列其外作半圆形。情况至为整肃；是夜适为农历七月十五日，月明如画，水天一碧，番歌四起，全场欢动，番女数十人均齐集马主席帐幕前，表演歌舞，歌声清越，舞态低徊，哈撒族同胞数人，此时亦鼓琴而歌，尤饶清越，此一幕表现我中华民族精诚团结之月下歌舞会，直至皓月当空，露上风凉之际，始尽欢而眠。三十日上午六时祭海典礼正式开始，祭海台设海滨一土台上，土台宽可容万人，土台最近海处更筑有一较高二三尺之土台，即海神牌位所在处，位前祭品：计牦牛一头、绵羊二只、糖果及五色粮食三十二品，由朱司令长官主祭，马主席陪祭，中委赵允义等襄祭，蒙藏王公千百户及百姓喇嘛活佛二千余人全体参加祭海典礼，秩序如次：（一）全体肃立，（二）主祭官就位，（三）奏乐，（四）唱党歌，（五）向党国旗及总理遗像行三鞠躬礼，（六）主祭官恭读总理遗嘱，（七）致祭，1.进香，2.进帛，3.进祭文，4.读祭文，5.全体向海神行三鞠躬礼，6.望燎，（八）礼成。祭文由青海省府民政厅长谭克敏朗声宣读，其文曰：

维中华民国二十八年八月三十日，国民政府军事委员会委员长蒋中正，特派第八战区司令长官朱绍良，代表致祭于青海海神而陈以词曰：惟神德并岳渎，位正西方，控清引浊，沐阴浴阳。层波浩瀚，万灵潜藏。敷千里润，为百谷王。吐蜃成楼，驾龙作梁。亘古如斯，其灵孔彰。名匹星宿，威慑河湟。泄则尾闾，叹与望洋。倭寇华夏，挞伐用张。神其默佑，我武维扬。荡瑕涤秽，恢土复疆。金汤永固，日月重光。兹居明礼，肃备蒸尝。海若戾止，歆此馨香。尚飨！

祭海六时开始，七时即告完成。时则天朗气清，海波不兴，香烟缭绕，乐声悠扬，亦若神果有灵，翩然莅止。祭台情景，真不胜庄严肃穆之至。祭礼完成后举行聚餐，地点在祭台侧之广场，经事先布置就绪。广场一端建土台一，长宽约二丈，上设桌椅，为朱司令长官席，台前铺毛毡数十床，马主席及各来宾均席地而坐。又其外则列小木凳毛毡数十列，绕土台作半圆形，为蒙藏王公千百户昂锁喇嘛民众等之座位。坐次王公千百户在前，民众在后。应得礼品，均分置坐前。计活佛王公五十二名，共分配缎衣料一百零四件，礼帽五十二顶，白米五十二袋，绵羊一百零四只，白面五十二袋，点心一百零四斤，洋糖五十二斤，缎手帕五十二条。百户一百零九名，共分配湖绉六十三件，兰绸二十七件，斜布料十九件，礼帽十九顶，白米一百零九袋，绵羊一百零九只，点心一百零九斤，洋糖一百零九斤，手帕一百零九条。章京五十九名，共分配斜布料五十九件，绵羊五十九只，白米五十九袋，点心五十九斤，洋糖五十九斤，手帕五十九条。僧官官人十三名，共分配斜布十三件，礼帽十三顶，绵羊十三只，白米十三袋，点心十三斤，洋糖十三斤，手帕十三条。蒙藏百姓一千八百八十二名，共分配白面六十六袋，附茶一千八百八十二包，烧酒一千八百斤，绵羊二百一十只，白米五十三袋。八时会餐人员已排坐齐整，朱司令长官于音乐悠扬声中登台，先将印备之"蒋委员长训词"分发，随即训话，由翻译官译为蒙藏语，各蒙藏同胞均倾耳静听，长官训话毕，由藏族代表刚咱千户华宝藏及蒙古族代表李金钟分别致答词，并宣读向蒋委员长致敬之电文，至十时许，会餐完成。下午举行赛马，骑术精妙，令人叫绝；旋由朱司令长官分别接见各活佛王公千户，勉慰有加。各活佛王公千户等极为感奋。

论甘青彩陶纹饰中卍形等符号的演变[1]

吴 均[2]

甘青彩陶是我国广大西北地区彩陶文化的重要一环，是构成我国炎黄文化的重要组成部分。它真实地代表着古代江河源文化发展的一个重要历史进程，它反映着新石器时代我国仰韶文化庙底沟类型西向延伸的中原文化的共同风貌，更全面地反映着江河源地区远古文化的特点。甘青彩陶纹饰繁缛，构图精美，技艺高超。它包括马家窑文化石岭下、半山、马厂等类型，以及金石并用的齐家文化、辛店文化、卡约文化和诺木洪文化等。国家科研单位和专家们依据各类文化遗存出土的各种遗物进行的测定表明：它的时间跨度，起于公元前3800年前后，止于殷末西周时代；其分布，基本上遍于陕甘青宁及川西北等地区，而以甘肃、青海为主要分布区。它南越唐古拉山脉，与康藏的卡若文化相接，形成我国西部远古文化的两枝奇葩。

新中国成立后，我国的考古工作蓬勃开展，考古工作者辛勤耕耘，艰苦发掘，在西北广大地区取得了很大的成就，发掘了大量的各类文化遗物，为全面研究我国远古文化提供了真实资料。青海省文物考古队的同志们从大量的甘青彩陶中撷其精华，分别编成《青海彩陶》《青海柳

---

[1] 论文原载于《中国藏学》1993年第4期。
[2] 吴均，青海循化人，原青海师范大学教授。

湾》《青海彩陶纹饰》《民和阳山》以及《青海古代文化》等图册,为读者提供了形象逼真、更方便、更利于观摩研究的资料。笔者在观摩实物和对图册研读中获得了不少启发,从而形成了一些对甘青彩陶纹饰与江河源文化之演变发展相互关系的初步看法。不揣冒昧,就正于方家!

一 甘青彩陶纹饰源于原始本的巫术

甘青彩陶从马家窑文化起,已成熟地使用着各种不同类型的符号,经青海文物考古队初步统计,绘有各种符号花纹的标本共有679件,可分为130多个不同符号。①这些符号有的简单,有的繁缛,认为它充分显示着原始社会人们的绘画工艺技巧和艺术欣赏水平;认为它含有代表着一定客观事物的意义,反映着人们的一定社会意识。

这些纹饰可以分为几何形与动物形两大类。动物形符号花纹只有颇似牛、羊、犬、马、鸟等少数几种,其余概为几何形。我们看到,这些符号花纹形状虽有130多种,但可以归纳为十余种基本类型,如"○""—""丨""十""×""①""卍""⋈"……

它既然反映人们的一定社会意识,那么它的含义又是什么?对此众说纷纭:有与汉文原始文字有关说,有与某些少数民族文字有关说,也有陶工作坊家族的标志说和氏族的标志徽号说等。以上诸说,都言之成理,可以成立,但似有不周延之嫌。例如:从"—""丨""十""×",直到"卍"来看,似有一条发展演变的轨迹。那么这又反映出了什么呢?众所周知,卍形符号是遍布于世界各地的象征神秘性符号,古代如是,现代宗教也具如是观!对此,国内外学者有较详细的论列,曾举出许多具体的远古遗物。例如:印度河谷出土属于史前二千年的印章上即有右旋(顺时针方向)卐形符号和左旋(逆时针方向)的卍形符号,同时,雅利安人入居印度以前,当时印度通用的银币上采用卍形符号作标记;②两河流域美索不达米亚在史前Hassunah时代,也有以右旋卐形符号作为图案的实物,而且其图案中之卐形符号已变异作卐状。③颇似甘青彩陶上蛙纹与卐形符号融合类型之一种；中亚Susa所出彩瓶及高加索之墓中、希腊之花瓶等之上也有卍形符号。④这些遗物的时间，大都相当！至于"十"形符号，它在国内外也同样象征神秘性，如印度古银币、印度河谷遗物、兴都古币等之上，都有十字形标志。⑤在古埃及，十字形符号最早来源于埃及的象形文字，含义为生命，因此，它成为生命的象征（见《西方艺术事典》476页"T形十字架"条）；《旧约·出埃及记》中即有崇拜十字架的记载，很难说和古埃及文化影响无关；基督教各教派的十字架式样众多，甚至卐、✠等符号也被视作十字。而其后的古罗马人，则以十字形木架作刑具。在我国鄂尔多斯出土的景教（基督教聂斯脱利派）十字架之中心居然嵌有右旋的卐形符号，⑥这和甘青彩陶纹饰中把卍形符号嵌入其他符号中心似有同一用意。虽然景教传入中国的时间距甘青彩陶文化的时代甚远，但不能不注意这种世界性的镶嵌卍形和十字形符号的传统，仍然被沿袭，甚至作为圣物，具有神圣庄严的地位。基于上述的这些资料，甘青彩陶上的原始符号卍等作为陶工作坊家族标志和氏族徽号之说，似可排除。

　　世界历史告诉我们，史前时代的人们在陶器等之上画的符号和绘画，可能是表达思维和帮助记忆的最原始的图形；这些原始的创造，为文字的产生开辟了道路；简单的图形和符号，逐步发展为表意文字、音素文字和音节文字等。以此类推，甘青彩陶上的纹饰和符号，很难排除它不具有少数民族的某些文字的原始影子，但此后由于各种因素，各自走向不同发展的道路。文化史告诉我们，文学艺术的起源，虽具多元，但巫术则起着主要作用。鉴于流行于世界各地的原始符号卍形、十字形等都象征神秘性，是原始巫术的一种符号，则甘青彩陶上繁多的十字形、卍形和蛙形纹等岂能超出于世界各地，不具有同样的神秘性，而且这些符号在其发展中与原始巫教——原始本巫术——关系是那样密不可分。因此，很难说它们的出现仅仅是出于美的欣赏！基于此，我们认为甘青彩陶上的纹饰符号起源于原始巫教，即原始本的巫术符号，而且是为了巫术的目的而绘上去，以代表巫教的某种含义。原始本的命名，是本教把当地土著文化纳入本教文化体系中合二为一，表明它的传承关系其源久长的一种融合手法。

二 甘青彩陶纹饰的类型

巫术是一种宗教现象，巫术的本质是相信某种超自然力量的存在。我们从考古发掘的资料看出，在旧石器时代中期，巫术业已出现，最具体的是墓葬已经存在，为死者随葬工具、装饰品，在尸体周围撒赤铁粉等。世界各地共同存在的这些仪式，都包含着巫术的行为，是人类有了自然崇拜、万物有灵、灵魂信仰观念之后的产物。这就是说，原始人墓葬行为，反映着灵魂存在观念和亡灵崇拜的宗教仪轨。巫术和巫教——原始本教是同步产生的。史前时代的巫术只能是自发的，而史前时代巫教也只能是氏族宗教的初级阶段。宗教是一种社会现象，是人类历史上一种古老而又普遍的社会文化现象。恩格斯指出："一切宗教都不过是支配着人们日常生活的外部力量在人们头脑中的幻想的反映，在这种反映中，人间的力量采取了超人间力量的形式。在历史的初期，首先是自然力量获得了这样的反映"，"但是除自然力量外，不久社会力量也起了作用，这种力量和自然力量本身一样，对人来说是异己的，最初也是不能解释的"，"最初仅仅反映自然界的神秘力量的幻象，现在又获得了社会的属性，成为历史力量的代表者。"[⑦] "神的形象" 不仅有异己的自然力量，而且也包括异己的社会力量。所以，宗教的神既有自然的属性，还有社会属性，成为历史力量的代表者。然而这些支配人们日常生活的力量反映在人们头脑中，并不直接以自然力量和社会力量这些"人间力量"所固有的形式表现出来，而是表现为"超人间力量"的形式，因而具有超自然，超人间的神圣性、神秘性。甘青彩陶纹饰上符号的发展演变，正是反映着这些信念，表达着这些信念的内在含义和外部形式。

1. "一" "十" 形符号

陶器上绘制的纹饰符号，最简单、最原始的是 "一" "十" 等符号，由它演化出繁杂的种种纹饰。我们从《青海柳湾》等书所收的各种陶纹和博物馆中陈列的各种陶器上，随便可以列出如图所举的种种符号，可以明显地看出它演化的轨迹（见图1）。

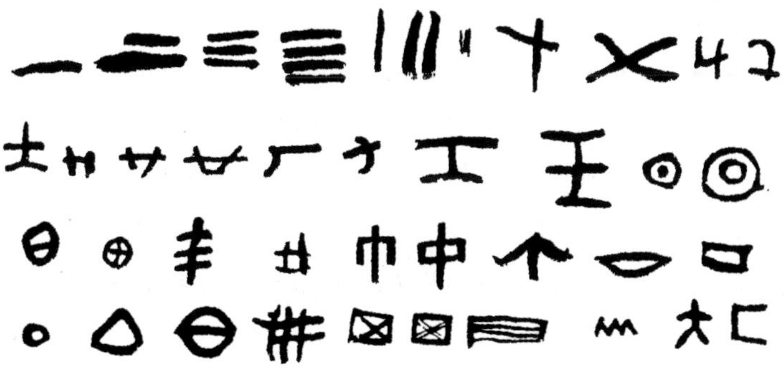

图1 "一""十"形符号之演化

当然，甘青陶器上显示的此类符号和纹饰，远远不止这些。它是陶纹的最基本符号，其他符号则是它所派生的。这些符号是原始巫师执行巫术活动时的法物，这些符号和纹饰无疑是宗教祭祀、祈禳活动的产品了（现代巫师巫婆们还在使用）。不能否认，它的推广使用和此后兴起的我国某些民族文字创制之间的因果关系，我们也看到世界各地陶器纹饰之原始起步也与它类似。它之所以形成世界远古文化中共同使用的符号，很难排除由于它的笔画原始简单而易作。我国古代哲学典籍中不就有"道生一"[8]之说！我们举此例不在说明"道生一"和巫术的符号"一"有关，而只是指出"一"在远古文化中之各种内涵。

由于各个地区社会发展情况和各自文化背景的差异，对于十字形符号的内涵，各有不同的解释，但普遍相同的一点是象征神秘性和具有崇高的神圣地位。我们不妨列举土著文化——本教文化的世界形成观念中，对十字形赋予的至高功能的例子，举一反三，说明这个问题。本教认为经过原始无数千劫，太空中气流从各个方向兴起，鼓荡翻腾，后集结到一处，形成质坚而轻，呈十字状的嘉占木（རྒྱ་གྲམ་ 交叉十字形），接着其上又经风、云、雨等运动，形成了一座金轮，其上又经风雨等运动，尘粉扬腾，终于形成了须弥山、四大洲等山河大地。[9]在本教观念中，气流运动结成交叉形十字，其上承接金轮，其下承接世界山河大地，有了生灵万物，所以交叉状十字符号和轮形符号神秘莫测，庄严无比，它代表原始。

2. 卍形符号

如前所述，卍形符号是世界各地远古文化中常见的图像，是世界共同的象征神秘性的原始符号，发展到人为宗教出现后，在南亚次大陆、在中国、在中亚等地则成为本教、佛教和梵天派以及景教等专用的视为最神圣、最神秘庄严的图像，以表示超凡瑞相、永恒常在、坚固不变之义。从甘青彩陶纹饰上，可以明显看出它是十字纹符号演变而来的（见图2），凡陶球、陶纺轮、陶盆、陶罐、陶壶等之上都绘有它。《青海柳湾》（上）27页图二五之第10图（标本604∶5）、马家窑文化半山类型的陶球上的卐形符号和31页图二六之6图（标本661∶3）、半山类型陶纺轮上的⊻形符号，似可认为由十字形纹演化为卍形符号之早期型；而《青海彩陶》图156之（3）等所见之双线缺角卐形符号，则是它的后期之变形。卍形符号有向左旋转和向右旋转两种，分别单独使用，或混合使用在一件陶器之上；有的绘于陶器内部，有的绘于陶器外表；有的陶器上左右旋纹成列成簇绘制；有的则绘于其他纹饰环绕的中心；还有的于卍形纹符号之外围套一多种花纹构成的圆圈（十字形符号亦有这种类型）。令人难以解释者，中亚、南亚次大陆、欧洲以及两河流域等地遗物上也有类似的左右旋排列和居中独尊的格式，限于资料，我们还无法破解其用意，但此后兴起的本教和佛教中，卍形符号之左右旋，壁垒森严，不容混淆，容在下面评述。

有趣的是，如本文后附参考文献中附图四两河流域遗物图案中卐形符号变异，带有蛙肢纹，在《青海柳湾》（上）164页图谱（5）之273图，《青海柳湾》（下）图版一〇六之7图（即本文图2第6行之第1、2图）及《青海彩陶纹饰》102页之第2图等中同样也见到此种变异，明显看出这是卍形符号向蛙纹符号融合之早期变异形图案。这种万里之外的两河流域遗物和同时代江河源甘青彩陶纹饰两者共同向蛙肢纹之变异，是值得令人探索的问题！分布于世界各地的卍符号既然具有象征神秘之共性，那么这种向蛙肢纹变异是否也具有相类似的共性！

将某些具有感性形态的象征系统作为想象中的神灵，是原始宗教——巫教崇拜各种具体的自然物和超自然力量（万物有灵）的共性。我们认为，中外远古文化中卍形符号虽极相似，其杂糅融合变异的图形

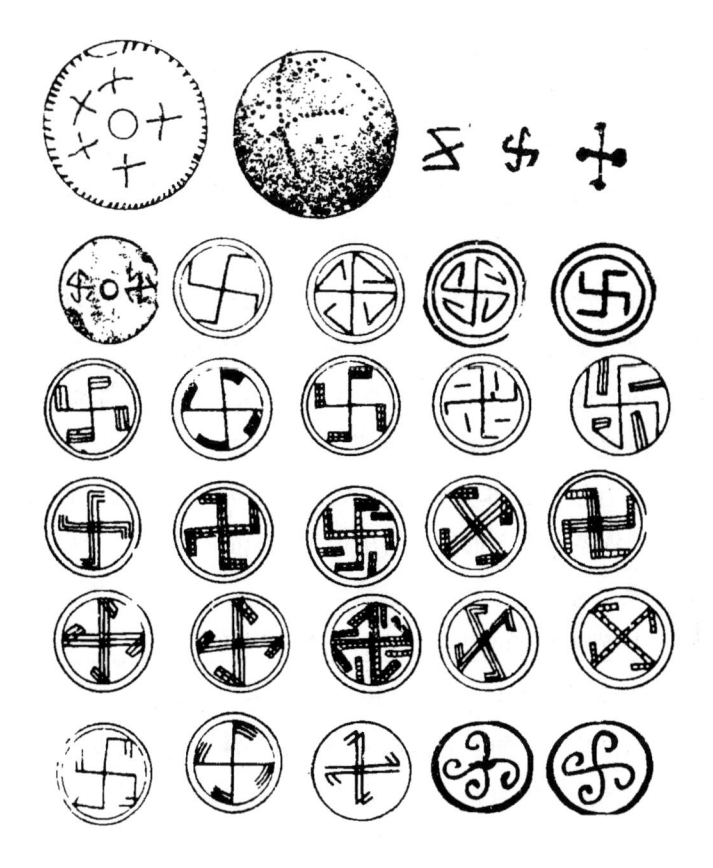

图2　卍 卐形符号之演化

说明：第一行为马家窑文化半山类型，其他五行为马家窑文化马厂类型。

亦虽相近似，但这些都是各个地区在它独自发展道路上的近似发现和使用，犹如旧石器时代在墓葬中都有随葬工具和撒赤铁粉等一样，似不能认为它们统统来自一个文化中心！而且甘青彩陶上蛙纹似不完全由卍形符号之变异演化，尚有树枝纹之影响（见图6）。否认人类文化起源的多元化，无视这些年来世界各地地下文物之不断发掘，无视时空跨度，一味强调世界文明统统源于欧洲某个中心，由该地辐射传播于各地的论断，似太偏颇，难以令人信服。法国的勒尼·格鲁塞在其《草原帝国》中，认为我国宁夏水洞沟等地文化是欧洲奥瑞纳期文化沿西伯利亚大道传入的，而北京周口店山顶洞文化等是存在于西伯利亚的马德林（马格德林）期文化；还说什么齐家文化是由乌克兰经西伯利亚传入中国的，特别是螺形线纹彩陶由基辅附近各地传入中国，在河南省仰韶村、甘肃省半山发扬光大了，等等。⑩这些说法，不过是30年代国外一些学者戴着有色眼镜，无视中国考古学者、人类学者等全面之研究，不顾科学论证之狂言！从欧亚各地旧石器中期智人墓地随葬物赤珠、赤铁粉等到新石器时代彩陶文化中之一些纹饰等相似的这种情况，正好说明人类社会发展过程中一些文化形态有普遍的共同性，考古发掘的遗物是最公正的证明。例如，北美印第安地下发掘的文物中，也有近似于卐形的符号（见本文后附参考文献中附图一之第11、13、14各图），这又是由谁传播到印第安人地区的？若固执地认为世界远古文化源于一个中心，这种说法正好证明本教史上传说之有根据，本教认为本教文化以达瑟为中心，向各方传播，而代表本教的神圣标志卍形符号乃出现于各地的远古文化遗物之上！

3. 回形文符号

根据图3所列我们可以看到，甘青彩陶上的回形纹符号来自两条途径：（1）卍形符号之变异，（2）⊚雷纹符号⑪之衍化。如图3所列，回形纹来自卍形符号之变异，非常明显，但值得注意的是⊚形雷纹。从图形来看，它是回形纹之原始形状。那么，它是否和卐形符号有渊源关系？我们依据的本教经籍不多，无从了解它和本教文化之关系，但在佛教经籍中，则以右旋的卐形为吉祥，佛眉间白毫示右旋，"又示右旋之相而记为⊚"。⑫据此，则雷纹之形成，与右旋的卐形符号有关，是示右旋之相的记号。然而，我们应该明确时间跨度。甘青彩陶上出现⊚形雷纹，是在马家窑文化马厂类型中，似早于佛教之形成，因此，似不能以晚于它的佛经中的解说作为唯一的依据。但从卍和卐形符号的变异中，我们不难看出雷纹、右旋的卐形和左旋的卍形之演化有联系。佛经之说，似为确定右旋卐形符号为象征佛教瑞相符号之后的诠释。马家窑文化马厂类型彩陶中出现的雷纹，则极可能是早于它而形成的共体。

回形纹的发展，影响我国各民族装饰艺术颇深，如在古今建筑装饰上，回形式样及图形是受人们喜爱的艺术形式之一。甘青彩陶上卍形符号演化为回形纹，更具体说明中原文化和江河源文化之相互交流融合。后此的江河源艺术中，回形纹大量用于花边和墙裙等之上，向装饰艺

图 3　回形纹符号之演化

发展，如用在印章等边缘上，以表示其尊严。

4. 轮形符号

图 4 所列的轮形符号见于半山类型之陶纺轮等之上，很明显，由原始的陶纺轮上的装饰发展而来。在此后的发展中，在原始巫教——原始本的巫术中，其地位和卍形符号相等，具有神圣的地位，因为本教认为山河大地是由金轮承托而形成的。

5. 绚形纹和花瓣纹

这两类符号相类似。绚形符号有两节及多节连串之分（如图5），其以两节形式出现者颇与本教及佛教的圣物金刚杵相似；花瓣纹符号则似绚纹与十字形符号之融合。十字架形被本教认为是形成世界大地之基础，金刚杵交叉之十字架形（ༀ༄༅༈༉༊）则为佛教和本教之圣物。我们在此仅仅说明这两种符号与金刚杵形象及交叉之十字架形象相同，并不认

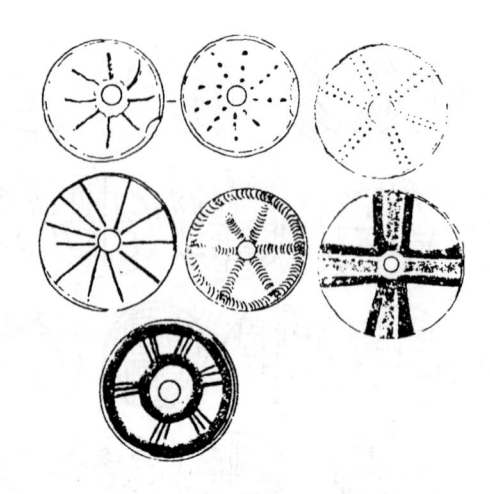

图 4　轮形符号之演化

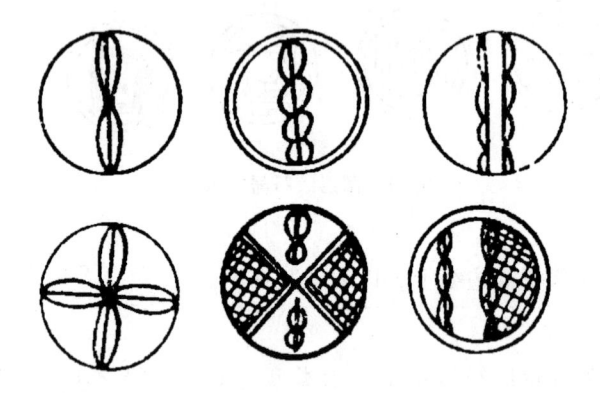

图 5　绚形纹及花瓣纹

为这两者源于一个中心。

6. 蛙形纹符号

蛙纹符号在甘青彩陶纹饰中多式多样（如图6），是很流行的一种符号。有整蛙形纹、蛙肢形纹、各种变体的拟蛙纹以及同人面像杂糅融合在一起的蛙纹等。蛙在本教巫术中被认为有表达独特使用的功能，执行着抗御强暴的效能和进行凶猛的行为，在巫术诅咒中颇令人畏惧。[13]甘青彩陶纹饰中各种形象的蛙纹，极有可能是被赋予抗御自然力和自然物的侵袭、危害功能的神秘物，对之有敬畏感、依赖感，因此所画的形象和线条也和其他类型符号的图像不同，有森严感！后此的江河源文化中，蛙形符号逐渐不见了，而直接以活生生的青蛙作为诅咒巫术的执行者，及至 21 世纪初还在流行，有些持密咒者为了复仇雪恨，把用密咒"修炼"成的炒面团子作为法物，投喂青蛙，激使它完成诅咒任务。他们认为这是绝对难以回转的最威猛的诅咒法。这说明，对青蛙敬畏依赖的传统神秘观，绵延不绝，流传至今。

图 6 蛙形纹饰之演化

说明：其中有些为树枝形符号，有些为卐、卍形符号之变异。

7. 人面形图像

甘青彩陶中人面形图像出现于马厂类型之中期（如图 7），有好几种类型：人面鱼纹形像、人面蛙纹形像、纹面人面形像[14]，还有方形人面像和圆形人面像及带蛙纹的裸体人像。[15][16]这些人面像和裸体人像代表着什么？我们认为陶器纹饰符号是人类智力和文化发达过程中的产物，它既表达着对自然力和自然物神秘地崇敬、依赖、畏怖、祈求、祝祷等崇拜活动（这些都和巫术有关），同时也不能排除它具有审美的观念。人面形像和裸体人像，表达着当时人们的崇拜活动，是自然崇拜的反映，是超自然界而具有人格化幻想的追求和社会存在的反映。裸体人像之带有蛙纹，正好说明江河源本教文化融合原始本巫文化形成神人一体观念而派生出的一种图腾。

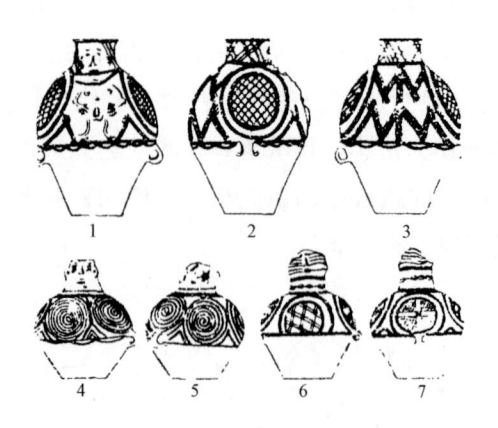

图 7　裸体人像彩陶壶及人面彩陶壶

　　图腾崇拜是一种最古老的集体性社会现象，是一切文化、道德和社会组织的起源，反映的是当时的生产、生活现象，是随着氏族制出现而产生的最早的宗教形式。宗教在本质上既是一种对异己力量的幻想的、颠倒的反映，又是一种社会文化现象。人类社会原始时代，宗教是无所不包的上层建筑。江河源本教文化融合原始本而形成的神人一体观念，表达着人与图腾—自然物—神秘的神体具有自身相互转化的超自然力，以此作为生命延续的幻想的、颠倒的反映。可以认为彩陶上人面形像、裸体人像，乃在体现万物有灵观念，表达人与图腾、自然物成为一体，图腾—祖先—灵魂转化的信念。人们或许有这样的疑问，把人面像和裸体人像看作图腾，是否能够成立？它只在甘青彩陶上昙花一现，后此的发展，似无迹可寻；而其形象形式，与国内外一般的图腾现象似又不同。这是过多的顾虑，忽略了江河源彩陶文化被本教文化全面取而代之、合二为一的事实。彩陶文化中的图腾神人一体和对自然力、自然物的崇拜，无不包括在本教文化的巫术活动之中，如本教巫师在作威猛镇压法时，其所做的手印就有人形的形状，甚至巫婆们作魔胜物的东西，也有人的形状。现象虽各异，而其本质则一。同类事物在本质上是相同的，而在现象上呈各式各样的情况，是人们习见不鲜的事。我们虽然不详悉本教文化之阴阳合体、神人一体的概念和江河源原始本文化中神人一体融合的过程，但观其发展，则已合流。

附带举一个例子，笔者于40年代初，在玉树地区曾亲见一些部落（如格吉各部等）上层人物所藏的家族印章，有狮、螺、野牛、蝎……图案；这些家族虽分开多年，但其家族印章上的主体图案只在刻阴文或阳文、把回形纹等花边亦刻作阴阳文或繁或简以示区别外，原来的总的设计形象，绝无不同之处。问他们这些图案的含义，回答是："他即是我，我即是他，物我一体，永不分离。"其他以卐形、海螺形、吉祥结形……作为家族和个人象征者，则不胜枚举。这无疑是原始自然图腾崇拜传统，仍在社会各阶层作某种积淀的一些痕迹。

8. 图案中心镶嵌十字形和卐形符号

这种图案整洁华美，所处位置，必居于整个图像的中心，表现得庄严肃穆。图8所列，仅作为一例，实际则远不止于此。我们看到陶纹符号从"—""丨"至十字形、卐形等这一系列演化，虽表达着当时人们的思想不断从单纯向复杂进化的过程和对宇宙认识之逐步深化，但是更令人注意的是对社会存在的反映。把十字形、卐形符号镶嵌在图案中心的这种创造，说明对神秘物之崇敬已有主从之分；从众多符号中选出高一层的形象作为中心，以表示永恒和主尊地位，这种现象应与部落或部落联盟的社会群体中已出现阶级分化相对应。后此的本教和佛教对卐形和卐形符号的使用和后来景教在十字架中心镶嵌卐形符号，则是这种观念

图8 十字形卐形符号位于图像的中心

之继续和发展。这一观念，我们看到藏文对于 Lha（ཧ）这个词的诠释中表现得最直接了当。Lha 这个词，其意为"神"，或按宗教术语译作"天"。然而宗教信众则把"神"分为三个等级：佛—天神（包括世间各种神祇）—统治阶级的头头。人们把统治阶级的人物当作"神"的称谓充塞于口语和文学艺术作品之中，作为理所当然的敬语。这种传统，在江河源文化彩陶纹饰中已经有所反映。

以上从甘青彩陶纹饰中拣出的八类形态，充分表明这些纹饰符号起源于原始巫——原始本的巫术，是原始本相信某种超自然力量的存在而使用的与之相适应的巫术活动。随着本教的进入，原始本被融合于本教文化之中，本教文化主宰了彩陶文化时期江河源人们的生产和生活，彩陶文化是江河源地区本教文化的反映。

三　甘青彩陶上的卍形符号与本教的雍仲——卍

现有的甘青彩陶纹饰资料似乎给人们以这样的提示：它经历了仰韶文化的庙底沟类型，马家窑文化的石岭下、马家窑、半山、马厂等类型，以及齐家文化、辛店文化、卡约文化、诺木洪文化等不同时期；[17]纹饰从简单的符号发展至繁缛多彩、富丽堂皇，进一步发展，到了马厂类型晚期则出现粗疏潦草，至齐家文化时期，制陶业虽进步了，而纹饰则趋于单纯疏朗，多素面少纹，有些纹饰如卍形符号等反而不见了。这是为何呢?[18]

彩陶纹饰结构出现变化的这种现象，从事考古工作的同志们认为"和齐家文化的影响分不开"。[19] 因为齐家文化的社会发展已从金石并用进入青铜器时代了；[20]"齐家文化的社会发展阶段正处于氏族社会发生重大变革的历史时代"；私有制已经存在；[21]"或许当时人们越来越注意生活的实用价值"等。[22]我们认为这种分析是基于对出土文物对勘比较而做出的论断，有其一定的科学性，然而，卍形符号这种纹饰为什么在齐家文化以次各个时期出土的彩陶上竟那样稀少以至于不见了呢？私有制的出现和"注意生活的实用价值"恐不是卍形符号等退出陶器纹饰世界的主要原因。很显然，其他纹饰仍旧存在，不过趋于疏朗而已。

我们的看法是：不能忽视齐家文化以次江河源社会发展中文化领域里西来文化的因素——这就是雍仲本教自羊同（象雄）东向发展，本教文化已和土著原始本文化成功地合二为一的新情况。文化是人类为了争取生存、适应环境所做的一切努力的总成果，是人类适应环境与创造活动成果的总集成。当活动环境有所变化，新的参与者进入生活之中，并进而为其左右时，不容否认不发生变异！基于此，当雍仲本教以其较高的文化向东发展时，当江河源地区自然宗教巫——原始本的活动中渗入人为宗教——本教的内容时，原始本巫师使用的一切手段和巫术图形符号，会被早于它的、把远古人类共同使用的图形符号（如十字形、卐形、回形、蛙纹等）改造利用作为神圣标志和象征神秘符号的本教文化湮没，不可避免地与之相融合、相适应，而发生变化。齐家文化以次各个时期的制陶工艺水平虽有提高，而原来的卍形等纹饰相对衰落，退出陶纹领域的原因，似在于此。因为这些符号被雍仲本教尊为神圣，融入它的教义之中，似无须再在生活实用的彩陶上渲染了！

为了弄清楚西来的雍仲本教文化对江河源原始本巫文化有哪些影响，让我们先对上面一再提到的原始本、雍仲本教的大体轮廓，作一鸟瞰。

原始本（གདོད་མའི་བོན་）是雍仲本教对整个藏区远古文化的统称，是指原始崇拜的活动和行为。它是青藏高原各个地区土著文化的统称，就是到了现在，这种原始崇拜，还在藏区某些角落里流行。雍仲本教进入藏区，吸收、改造这些原始崇拜的种种形式，作为它自己的东西，为了区别于过去，就给加以"原始本"这个名称。承认它们是原始的本教，以标榜同一源流。实际上，所谓原始本，就是我们认同的原始巫教和巫术，甘青彩陶文化反映的正是这种原始本的原始崇拜。

"本"（བོན་）在藏文中的诠释，和佛教所说的"法"同一意义，由于藏区各地的方言不同，康藏地区对于"本"的读法，大体近似，所以汉译时就作"本"或写作"苯"，但在安多地区，则读作"温"或读作"万"。"本"这个称谓的起源，据本教徒的解释，最初的含义为反复念诵，由于原始本的巫师在做法事时，反复念诵一些经咒，故名，因而"本"又成为做各种法事的代词云。德人H. 霍夫曼则认为："关于'本'这个字的起源，已经失传了，一下子很不容易捉摸，但很可能是出于巫术符咒中对鬼神的祈禳。"[23]这些解释基本和本教发展实况相一致。很明显，"本"这个名称，不是土产品，而是西来的雍仲本教加给的，所以执行法事的巫师就被称为本波师。由于原始本的内容和形式基本上都被雍仲本教吸收利用、加工融合，人们对原始本与雍仲本不再加以区别，而视为一体。汉译之所以统视为本教者，就是基于后期原始本已融于雍仲本之实际而作出的抉择。但在本教史上，有时对此仍保留着原来的面貌。藏文在"原始本"的原始和本之间，加一个表示领属关系的"的"字，作གདོད་པའི་བོན་，而雍仲本则写作གཡུང་དྲུང་བོན་，示同中有异，表明雍仲本是来自达瑟地区俄摩隆仁谷九级雍仲山之本，它有系统的教义，有完整的神祇系统，而原始本则是遍于各个地区的原始之巫。

正统的本教，自称为雍仲本。本教在藏区，被称为启迪文明的黎明使者，[24]是藏区两大文化系统之一，其影响还及于纳西族地区等。本教在藏区传播的时空跨度，有各种不同的叙述。本教史认为他们的导师辛饶米波在达瑟（汉译作波斯）俄摩隆仁地区讲经说法，创立了雍仲本教，他驻世的时间在遥远的传说时代。藏传佛教则认为他生于象雄的俄摩隆仁谷，曾游历藏中各个胜地，收服世间神道山灵（即原始本），传出雍仲法门，其驻世时间在佛教释迦能仁佛之前或后。[25]这里应该加以说明者，本教史把古波斯地区称作达瑟（སྟག་གཟིག་），乃指今西藏阿里以西地域广大的一个文明古国，但不能执着地和史前古波斯相对应。所谓古达瑟的俄摩隆仁，只是宗教神话中具"胜妙功德"的地方，[26]而舆地中具体位置，则指位于象雄。象雄即羊同，包括今西藏阿里和藏北一部分地区及巴基斯坦所属的大片地区。本教史说：雍仲本教在导师辛饶米波逝世后，在冬索穆却执掌教门时，教授了六位贤哲，由他们从古达瑟把本教先传至南方天竺，次传于象雄及东方汉域，其后传播于北方的卫藏地区云。[27]

为什么称为雍仲本教呢？我们依据的本教典籍不多，无从溯其来源，但从本教史所述，本教创立时使用的文字称为雍仲神文（གཡུང་དྲུང་ལྷའི་ཡིག），所处的地方为九级雍仲山（གཡུང་དྲུང་དགུ་བརྩེགས་རི་བོ），教名雍仲本，教祖辛饶米波手持嵌有卍纹的禅杖，本教典籍由古雍仲神文译为象雄文的地方是古波斯和象雄交界的雍仲沙丘（ཧྲི་མ་གཡུང་དྲུང་）。[28]从这些叙述中，不难看出本教自称的雍仲神文、九级雍仲山、雍仲沙丘等很明显乃依托某种象征神秘性和权威性的图像，而这种具有权威性、象征神秘性的图像，就是上面所述早已流行于欧亚各地远古文化中的具有神秘性之卍形符号。我们可以这样说，本文后附参考文献中所附卍形符号流行的时间，与传说中本教创立、传播的时机相当。作为宗教，无不有其神秘性的一个方面，无不具有代表象征其神秘性、神圣物的图像、文字或符号，世界三大宗教——佛教、伊斯兰教和基督教不能免此，本教曷能例外！本教起源于古波斯地区，它的所谓雍仲神文、九级雍仲山、雍仲无上乘法门等之"雍仲"，岂能排除与当地当时流行的被认为具有神秘性之卍形图像之联系！我们这样认为：不是雍仲本教进入象雄后才开始和该地的原始本融合，而可以肯定地说在其创立之时，就以当时各地流行的卍形图像为其象征神秘的神圣物，以原始本的巫术为其教门的基因。这可以从本教因乘四门所罗列的内容中得到答案，也可以从藏史所说的关于聂赤赞普和止贡赞普的事迹中得到答案。[29]

我们已知早在雅利安人进入南亚次大陆之前，卐形符号已在天竺流行。"卐形符号为梵天家之吉相，凡画尊像，必画此卐形"，[30]佛经以此作三十二大人相之一，其第二十八相"胸表万字"即指此，视为功德圆满、吉祥云海之义。[31]藏文称此卍形为雍仲，可能译自梵文，象雄文中则称为仲牧（དྲུང་མུ）。[32]

藏文和象雄文对卐卍的名称虽不一样，但其诠释皆为吉祥、永恒、坚固不可摧之义。我们还不清楚象雄文中的仲牧这个词为何没有像其他象雄文本教词汇那样保留于藏文之中，反而使用译自梵文之藏文词？这桩公案之解决，只能俟之日后资料具备之时。但在象雄地区古岩画中就有卍形图像,[33]雄辩地证明早在史前，本教文化就遍于该地和本教与卍形图像之密不可分（图9）。

图9　本教象征神圣神秘的卍形图像

在此还得探索一下，为什么佛教使用右旋的卐形图像，本教则使用左旋的卍形呢？如佛经所说，"佛眉间白毫右旋婉转"，所以佛教以右旋为吉祥，佛经中指出僧徒礼佛，必"右绕三匝"，卐形之右旋，同此意义；此外还有为表示右旋之相而记为◎的符号。本教尚左旋，当与其象征的形象九级雍仲山之形状有关，而它之所以称为雍仲本教者，亦源于此。演化至今，左右旋的卍卐图像，是本佛两教外表上最大的区别，凡绕佛、转经轮等莫不如此。吾人如到某一寺院参观，若弄不清它属于那个教，胡乱左右旋转经轮，无一不受到白眼，弄成隔阂！又内地佛教，有些地方，为何又有使用左旋卍形的情况呢？总的来说，无论汉文和藏文佛经，都译自梵文，卐形都作右旋，并无不同之处，汉文中起初只图其右旋之形，不译其音。唐长寿二年（693），武后始定为万字之音，内地一些地方出现的错转，是否由于武后的"圣上意志"，则不得而知。

雍仲本教传入象雄的时间，据说距今4600余年,[34]传入西藏雅隆地区的时间在雅隆王室第一代藏王聂赤赞普之前1100年前后，即距今3300年前后（聂赤赞普的时间，一般估计在公元前360—前150年）。[35]这就是本教传入西藏地区的时空跨度。很明显，这不过是后人根据传说而做出的估计。从本教史的记载,我们看到:(一)本教由古达瑟(古波斯)传入天竺、汉域、象雄、卫藏、苏毗、弥药(木雅)等地;它传入江河源地区——苏毗和弥药等处,不是经卫藏中南部地区,而是经卫藏北部的象雄,即羊同大道的。(二)本教起初在卫藏地区的活动手法是"上祀天神,下禳鬼神,为亡者超度,为生者指示解脱,圆满心愿"。㊱显然,使用着原始本——巫的那一套巫术。但发展了一个阶段,完成了对原始本的吸收融合,以自己的教义和巫术为手段,控制了整个卫藏群众之后,就形成"雍仲的本教形成在先,当社会上没有君王前,已有本教,没有国法之前,已有本教教规,因此,这个地区就被称为本域","西藏原来称为本域,后被人们讹为蕃域"㊲的说教。在史前时期,本教正如恩格斯指出的:"他们用人格化的方法来同化自然力,正是这种人格化的欲望,到处创造许多神。"㊳本教进入藏区后,把原始本的"神祇"统统纳入自己的麾下,形成自己的神祇系统,所以到了聂赤赞普之前,本教已具体执行着以下十二个方面的社会功能:1. 上祀天神,作为怙主;2. 摄招福运,使牲畜繁殖;3. 抛掷替身刍灵,使鬼满意;4. 超荐亡者,获得平安;5. 分解不洁污秽,酬补护法;6. 消灭魔障,使无障碍;7. 医治疾病,使生命无灾无难;8. 推算历数,掌握事前后征兆;9. 回向土地主、替身,折服精怪;10. 骑乘面鹿,飞行赞神区域;11. 占卜算卦,预知吉凶;12. 回转迷幻,自由出入于神鬼之境,平息神鬼之祟。本教在雅隆等地以这一系列的巫术迷惑群众,从而掌握群众,不仅从事剥削,还进而拥立统治者——赞普,指挥部落酋长,形成政教合一的统治阶级,构成"君王为聂赤赞普,本教师为昂瓦多京"㊴,"国土乃本教的国土,属民乃本教的属民"㊵的格局,进而形成了长达数百年由本(本教师)、仲(讲说传说的巫师)、德乌(讲预言的巫)三者护理(执掌)政权的传统。㊶藏史认为是他们开启了藏族群众的心窍,增长了人们的认识云。㊷

事实正是这样,我们从"两唐书"之《吐蕃传》一开始即全面叙述的吐蕃风俗中,不难看出这正是本教文化渗入吐蕃人心灵深处的如实反映。

参考文献

①⑪⑮⑱㉑㉒《青海柳湾》上册,文物出版社1984年版。

②③④⑤饶宗颐:《说卍》及所附之图一、二、三、四,载《纪念顾颉刚学术论

文集》（上），巴蜀书社 1990 年版。

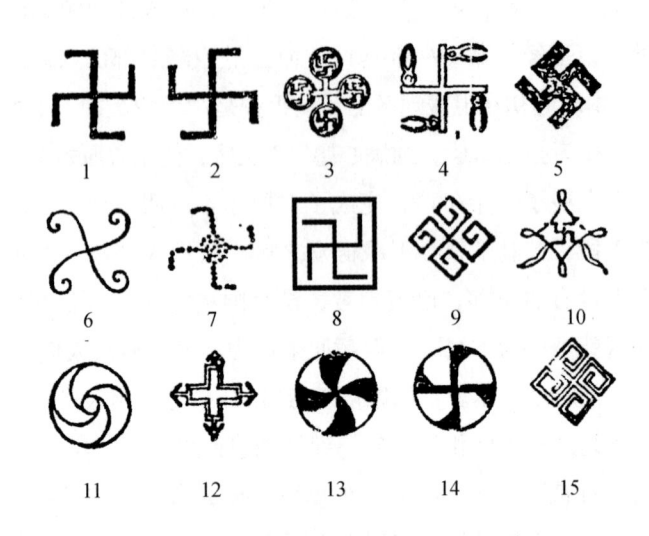

附图一

1. 左旋卍形符号 2. 右旋卐形符号 3、4. 见于印度 5. 见于库本（高加索）之墓 6. 见于高加索马之烙印度希腊之花 7. 见于高加索之小盖铜壶 8. 见于新旧大陆 9. 见于小亚西及希腊之花瓶 10. 见于中国 11. 见于北美之壳盘 12. 见于兴都之古币 13、14. 见于北美印第安 15. 见于希腊之花瓶

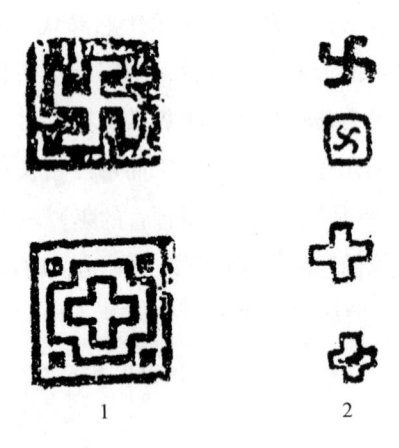

附图二

1. 见印度古银币 2. 印度河谷遗物之卐形符号

附图三

印度可谷印章所见卍形符号及十字形符号

附图四

美索不达米亚史前 Hassunah 时代卐带蛙肢状遗物

⑥⑩［法］勒尼·格鲁塞：《草原帝国》，魏英邦译，青海人民出版社1991年版。

⑦《马克思恩格斯选集》第3卷。

⑧见《老子》"道生一"章。

⑨㉖㊲夏察·扎西坚赞：《本教史·嘉言库》（藏文，下同），民族出版社1985年版。

⑫㉚㉛丁福保编：《佛学大辞典》，文物出版社1984年版。

⑬《米拉热巴传》，刘立千译，四川民族出版社1985年版。

⑭《青海彩陶》17图及《青海彩陶纹饰》。

⑯《青海柳湾》上册、《青海彩陶》。

⑰⑳《青海古代文化》。

⑲《青海彩陶》。

㉓［德］H.霍夫曼：《西藏的宗教》，李有义译，中国社会科学院民族研究所1965年编印。

㉔㉕土观·曲吉尼玛：《土观宗派源流》，刘立千译，西藏人民出版社1984年版。

景教十字架

汪古部时代（公元12—13世纪），鄂尔多斯附近出土。

㉗㉘㉙㊵㊽《本教史·嘉言库》和白崔《本教源流》（藏文，下同），西藏人民出版社1988年版。

㉙见《贤者喜筵》和《西藏王统记》等书中关于雅隆王室兴起部分（均藏文版）

㉜才让太：《试论本教研究中的几个问题》，《中国藏学》1988年第3期。

㉝西藏文管会文物普查队：《西藏日土县古代岩画调查简报》，《文物》1987年第2期。

㉞㉟《本教源流》。

㊱《本教史·嘉言库》及刘立千译《土观宗派源流》。

㊳《马克思恩格斯选集》第 20 卷。

㊶《德乌宗教源流》（藏文），恰白·次旦平措整理，西藏人民出版社 1995 年版。据恰白先生考订，约成书于 12 世纪中叶，为最早写成的藏族史之一，资料丰富。此后问世的《贤者喜筵》《西藏王统记》等众多藏族史依据的资料，多取于此书。

㊷巴俄·祖拉陈瓦：《贤者喜筵》藏文版（上）。

关于马厂类型四大圆圈纹与蛙纹的几点看法[①]

李智信[②]

在马家窑文化马厂类型彩陶图案中，尤其是在器形较大的壶、瓮类彩陶的主体图案中，圆圈纹和所谓"蛙纹"占有绝对优势。《青海柳湾》报告作者对柳湾墓群中的845座马厂类型墓葬中所出的7500余件彩陶的纹样进行了排比、分析，认为在505种单独纹样中，"圆圈纹的单独纹样有414种，蛙纹的单独纹样有31种，其他几何形单独纹样有56种"。[①]在柳湾墓地第564号墓中，陶容器有91件，其中彩陶壶、瓮有73件。在这73件陶器的主体图案中，全为圆圈纹的有36件，圆圈纹与"蛙纹"共存的有7件，全为蛙纹的有4件，全为折线纹的有20件，全为回形纹的有4件。[②]199号墓中，共有壶、瓮20件，其中四大圆圈纹壶有15件，圆圈与蛙纹壶有2件，圆圈纹与波折纹壶有1件，折线纹壶有2件。[③]1290号墓共出土陶壶18件，其中四大圆圈纹壶4件，蛙纹与圆圈纹壶4件，蛙纹壶2件，折线纹壶5件，其他纹饰的壶3件。[④]圆圈纹是马厂类型彩陶图案中数量最多，变体种类最多的一种纹饰。蛙纹仅次于圆圈纹和折线纹。

在马厂类型彩陶中，为什么这两种图案会成为主流？它们反映的究

[①] 论文原载于《考古与文物》1995年第4期。
[②] 李智信，陕西西安人，青海省考古研究所原所长，研究馆员。

竟是什么？

（一）

　　整体蛙纹是马厂类型彩陶图案中一种比较写实的纹样。这种纹样是在器物上方画一个大圆圈（圆圈内往往充填有其他纹饰），圆圈下画一道竖直线，直线两侧各画两条折线纹，并在折线折角处画有数道短竖线，如柳湾578号墓中的四号瓮（图一，1），555号墓中的16号瓮（图一，2）和民和县马聚塬1971年出土的盆（图一，6）等。人们一见这种纹样便会得知它是动物图案，并很容易使人把它与"蛙"或"人"联想在一起。

　　在马厂类型彩陶图案中，除去完整的"蛙纹"外，还有没有圆圈纹而只有竖线两侧带有折线的纹饰。这种竖线折线纹因保留了完整"蛙纹"的基本特征，有的甚至与所谓"完整蛙纹"的下半部分完全一样，而被人们也称为"蛙纹"或"变体蛙纹"。从名称看，人们已经对它进行了分析，认为它是"蛙"的图案。

　　马厂类型陶器上的彩绘图案基本上都是抽象的，就是这种比较写实的"蛙纹"，也因经过艺术变形而无法确知它到底是"人纹"还是"蛙纹"，抑或是其他什么动物的形象。但马厂类型的泥塑却是极写实的，而且塑的大多数是人像，如柳湾216号墓中的1号壶（图一，5），242号墓中的21号壶（图一，3），1971年民和山城台出土的一件壶上都塑有人头像，柳湾墓地上还采集到一件人像彩陶壶（图一，4）。从泥塑形象分析，人应该是当时人们描绘的主要对象。把人作为装潢艺术的表现对象，不只是在马厂类型时期才出现的。在半山类型、马家窑类型，乃至仰韶文化庙底沟类型陶器上都出现过人的形象。甘肃大地湾出土的人头形器口瓶上的人头塑得生动形象，恰似一妙龄少女。大通县上孙家寨发现的舞蹈人彩陶盆的内壁上，画有三组共15个做舞蹈状的人。

　　马厂类型的彩绘图案几乎都是对称的，一件器物的正面与反面，侧面与另一侧面都呈对称状。正面是"蛙状"，背面也几乎是同样的"蛙纹"；一侧是圆圈纹，另一侧也会是图案基本相同的圆圈纹。刘溥同志在

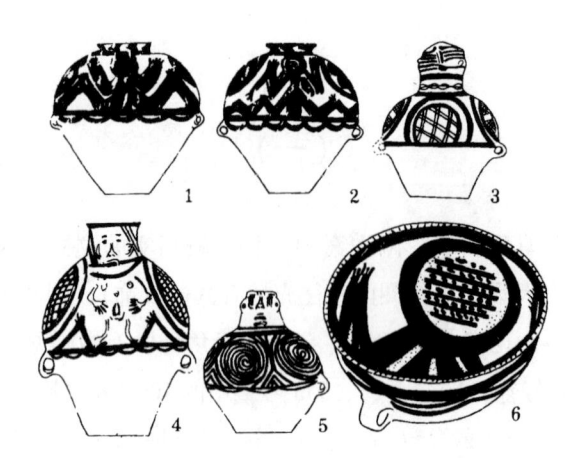

图一　柳湾墓地整体写实性陶器纹饰

1. M578：4瓮　2. M555：16瓮　3. M242：21壶　4. 采集品　5. M216：1壶

《青海彩陶纹饰》中收录了近720幅马家窑文化彩陶图案，只有5幅不完全对称，其中完全不对称的仅2幅。即使是这5幅图案，也并不都是杂乱无章、毫无规律可言的，而是每一幅图案内的分组样式在大致轮廓上都相近（图二）。由此看，裸体人像壶背面的"蛙纹"应该是正面人像的对称图案，应该是人纹。

1991年民和县博物馆的同志在民和县松树乡山架背后征集到一件泥质红陶壶，壶颈肩部已变形，腹上部用泥塑有一个"蛙纹"（图三，1、2），其形状与彩绘图案中的带头变形蛙纹相同。头部为一圆形泥突，上雕有两个小坑，泥突下有一条泥塑竖线，泥塑竖线两侧各有两道泥塑折线，在左侧下部折线下方有一泥塑椭圆线，状如女阴。这个泥塑无疑是彩绘蛙纹的翻版，它所表现的形象就是彩绘蛙纹所要表现的。同时也可以说它是裸体人像壶的缩写，与裸体人像壶表现的是同样的内容，只不过在表现手法上更简单、更抽象一些。这件文物的发现为证明"蛙纹"是人纹这一结论提供了强有力的证据。

当然，我们也不否定"蛙"纹是人蛙合一的形象。人在婴儿期时，姿势保持着母腹里的动作，四肢弯曲，与蛙的蹲姿类同；啼哭时哇哇大叫，与蛙鸣相似，不能不使人怀疑人是由蛙转生来的，或人将转生成为蛙。

图二　青海马家窑文化彩陶图案

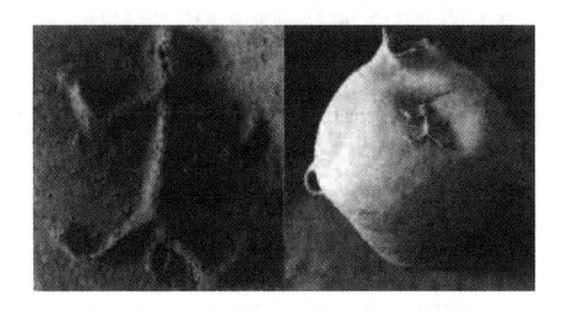

图三　民和县采集的泥质红陶罐

（二）

四大圆圈纹是马厂类型彩绘图案中数量最多、种类最复杂的一种，但因其构图抽象，人们始终没有给予明确的解释。实际上，人们在推断出竖线折线纹是"蛙"纹这一结论时，就已得出了圆圈纹是"蛙"首这一答案。我们说圆圈纹应该是人头纹，而不带圆圈纹的蛙纹应该是人体纹。

圆圈纹与竖线折线纹接合的图案是一个整体人纹，圆圈纹与竖线折线纹接合在一起时，代表着人的两个不同的组成部分。竖线折线纹与圆圈纹在一起时代表着人体，当它单独存在时代表的无疑也是人体（单独存在的竖线折线纹和与圆圈纹共存的竖线折线纹在式样上有的完全一样）；同理，与竖线折线纹在一起的圆圈纹是人首，脱离了竖线折线纹而单独存在的圆圈纹同样也应该是人首。

柳湾墓地第214号墓中的19号壶的正面和反面各是一组"卍"形纹，其画法是先画出一个"十"字形纹，然后在"十"字的每一个端点，向内依据空间大小随意勾画出"回"纹，在"回"纹的端点画出人趾纹。在正、反面图案的两侧（即两耳上部），各画有一个整体"人"纹（图四）。第578号墓中第4号壶的正、反两面各为一个整体人纹，人首是圆圈纹，圆圈内各画有四个空心圆，空心圆内又各有一个圆点。整体人纹两侧各画有一个大圆圈，圆圈内画有若干小空心圆，空心圆内也各有一个小圆点。19号壶上的"卍"形纹带有人趾，与整体人纹上的人趾类似，"卍"形纹显然是对整体人纹人趾部分的特写。4号壶上的圆圈纹与整体人纹的圆圈纹内都带有空心圆与小圆点，圆圈纹也应是对整体人纹人首部分的特写。

柳湾338号墓12号壶，正、反两面各是一个圆圈纹和人体上半部的接合图案，圆圈纹内是方格纹，两侧各是一个大圆圈纹，圆圈纹内充填菱格纹（图五，1）。圆圈纹内的菱格纹应是方格纹的一种变体形纹，圆圈纹应是整体人首纹的变形表现形式。《青海彩陶纹饰》中图119（1）的整体人纹的人首内填充了水波纹，整体人纹两侧的大圆圈纹中填充的是水波纹和网格纹相间的纹饰（图五，2）。圆圈纹内的填充纹样部分地保留了人首内的纹饰，带有人首的某些特征。柳湾505号墓31号瓮的整体人纹的人首是一同心圆纹，两侧是不规则的同心圆（图五，3）。民和巴州竹子沟口出土了两件长颈壶，一件上有一个整体人纹，人首是同心圆，人纹周围也绘有同心圆。一件上整体人纹的人首内有竹节纹，周围绘有卍形竹节纹。柳湾555号墓16号壶的正、反面各绘有一个整体人纹，人首内填充十字纹。两侧各绘有一个圆圈纹。一个圆圈内填网格纹，一个内填有四个小圆圈，每个小圆圈内又都有网格纹（图五，4）。从这些

图四　柳湾 M214：19 陶壶纹饰

图五　柳湾墓地陶器彩绘纹样

图案中可以看出整体人纹旁的圆圈纹内都或多或少地保留有人纹人首的特征。整体人纹的人首在器物上占的面积一般较小，很难在其中填充较复杂的纹样，而单独绘制圆圈纹就可以避免这一缺陷，在较大的面积上画出更复杂的图案。画在整体人纹旁的圆圈应该是人纹人首的更详细的图解形式。

在马厂类型壶上，我们还可以看到这样一种图案，即在壶的正、反

两面各画上一个人体纹,而在其两侧(即双耳上部)各画出一个圆圈纹。这种图案应是人纹分解不分离的绘制图案,即把人纹分解为人体和人首两部分,分别绘于同一器物的不同部位。还有一种图案是在壶的正、反两面各画出几道折线纹(人肢纹),而无竖线纹(人躯纹),两侧画出圆圈纹,这类图案中的圆圈纹内的填充纹饰也往往比较简单。《青海彩陶纹饰》图127(4)中的人肢纹上部只一折,下部两折,圆圈纹内只有一个十字,人首纹内填充纹样的复杂程度往往与人体纹的复杂程度成正比。

马厂类型圆圈纹与竖线折线纹中最常见的形式是分解分离形式,即把圆圈纹与竖线折线纹完全分解开来,在一个器物上仅突出表现一个部分,或只表现圆圈纹,或只表现竖线折线纹,这样形成了我们常见的四大圆圈纹和所谓"变体蛙纹"。

人纹在马厂类型图案中有三种表现形式,即整体形式、分解不分离形式和分解分离形式。对第一种图案,我们可以称为"整体人纹";对第二种图案,我们称为"移位人纹";对第三种图案,我们分别称为人首纹、人肢纹、人体纹等。

(三)

圆圈纹在以前之所以没有被人们认识到它代表的是人首,原因主要有二:一是图案太复杂、太抽象;二是它先于整体人纹而存在,其渊源可以追溯至半山类型甚至马家窑、庙底沟类型以前。从现有资料看,四大圆圈纹出现于半山类型中期,而人纹出现于半山类型晚期。人首内的填充纹样可以说是从旋涡纹的填充纹样中发展来的,网格纹、菱格纹、井字纹等在半山类型旋涡纹的涡心中都可以找到。有些纹饰则出现得更早,空心圆纹在庙底沟类型、石岭下类型中曾作为人面鲵鱼纹的眼睛出现,在马家窑类型中又是旋涡纹的涡心。十字纹也曾出现在庙底沟类型人面鲵鱼纹的头部,似乎代表着高突的颧骨和鼻梁。

圆圈纹在旋涡纹的涡心中的含义我们不得而知,但它肯定代表着某种具象事物。德国著名艺术史家格罗塞在《艺术的起源》一书中写道:

"原始民族的装潢，大多数都是取材于自然界；它们是自然形态的摹拟。我们现在的装潢艺术也很多取用自然界的母题；我们一看四周都可以看见——地毯、桌毯、花瓶上面比比皆是；没有一件装潢上不是点缀上花、叶、藤的。所不同的是文明民族的装潢艺术喜欢取材于植物，而原始的装潢艺术却专门取材于人类和动物的形态。""完全由自己想象构成的图形，在装潢艺术上从来没有占过重要的地位，它们在文明人群中也是比较的少，在原始民族中更是绝对找不到，装潢艺术完全不是从幻想构成的而是源出自然物和工艺品的。"[5]在原始社会中，虽然存在着抽象的艺术品，但绝对没有抽象的艺术，抽象的艺术品总是反映着具象的事物。半山类型旋涡纹内的装潢图案也不会是空洞无物的纯装饰艺术，而是具有一定内涵的图画。

我们认为圆圈纹在整体人纹出现之前，就已具有作为人纹的人首时应具有的含义，也就是说，人纹的人首所反映的内容，在以前的圆圈纹中就已存在着。整个蛙纹绝不会是两种抽象图形的随意拼合，也不会是反映两种毫无关系的事物的图案的任意组合。圆圈纹与竖线折线纹之所以能被组合在一起，必然有着能被组合在一起的内在因素。苏联学者乌格里诺维奇曾写道："图画一开始不单是艺术上满足审美需要的一种形式，同时也是把一定的映象和思想物质化从而传给他人的一种工具。人类学家施泰年认为'报导性的图画要比装饰性图画古老'。"[6]竖线折线纹与圆纹的接合显然是为了更清楚、更准确地表现人的某种状态的。竖线折线纹开始时是作为人纹的人体出现的，而后才形成与圆圈纹平行发展，自成一体的装饰系统。竖线折线纹出现之初，是从属于圆圈纹的，是为了使圆圈纹更与人的自然形态相接近。按照流行的想法，人纹的形成是圆圈纹依附于竖线折线纹的结果，好像是在竖线折线纹上强加了一个圆圈纹使它更像人纹。人纹仿佛是因审美的需要而产生的，又因其像人纹而才被发扬光大开来。在这里，实际上有两个地方让人难以理解：一、纯审美的图案在原始社会是否存在？二、人纹突然发展的社会、历史基础是否具备？实际上，人纹的产生应该是人们渴望反映人自己，并经过长时期探索表现形式的结果。

半山类型圆圈纹内的填充纹饰主要有棋盘纹、方格纹、网格纹、十字纹、井字纹、空心圆纹等，这些图案在整体人纹的蛙首中都可以看见。柳湾578号墓中整体人纹人首内的纹饰是空心圆纹、555号墓人纹瓮的人首内是十字纹、214号墓蛙纹瓮的人首内是双环纹、338号墓人纹瓮人首内是网格纹，民和马聚塬出土的内彩陶盆上人首是点线纹，兰州土谷台45号墓内内彩盆人蛙中的是井字纹和方格纹，兰州华林坪1955年出土的人纹罐人首内有网格纹。整体人纹人首图案与半山类型圆圈纹图案是一脉相承的，有着前后继承与发展的关系。圆圈纹在整体人纹中具有的功能，在人纹未出现时也一定具有，否则必定不会被沿用。

圆圈纹作为人首正式出现之前，经历了一个相当长的发展时期，其间的演变过程我们已不能一一指明，但可以说，半坡类型人面鱼纹和庙底沟类型、石岭下类型的人面鲵鱼纹中的圆圈纹已开创了圆圈纹作为人首纹的先声。

（四）

马厂类型图案圆圈纹和竖线折线纹有着极为复杂繁多的纹样，《青海柳湾》的作者仅在柳湾一个墓地中就统计出圆圈纹和竖线折线纹的图案达445种。以前，人们对这些纹样只是从艺术的角度去加以认识，从色块的配置方法、虚实状况；从线条的流畅程度、曲直情况；从图案的大小、方圆；从结构的疏密、简繁、聚散、主从关系去感知这些图案的形式美。

圆圈纹内的填充纹样同圆圈纹一样，绝不会是随意勾画的纯装潢线条，正如在整体人纹中的圆圈纹不是随意加在竖线折线纹上的不具任何含义的图案一样，圆圈纹内的填充纹饰也不可能是出于纯审美的目的而任意搭配在圆圈纹内的，它们应该有着更深刻的内涵。我们说圆圈纹是人首，竖线折线纹是人体，那么，填充于人首图案中的纹样反映的也极有可能是人首的某种状况，向人们"报道"着它们的某种状态、感觉、意念和情感。也许是人首上的感觉器官远远超过人躯体上的感觉器官的缘故，在马厂类型彩绘图案中的圆圈纹及填充纹饰的式样才远远超过竖线折线纹及附加纹饰的式样。

对于这些图案的含义，我们已无法一一破译，但我们并不能因此而认为它们毫无意义。它们应该类似于甲骨文中的 ✦（先）、✦（兄）、✦（望）、✦（见）、✦（鬼）、✦（光）、✦（女）、✦（子）、✦（命）、✦（天）、✦（止）、✦（步）、✦（毓）等，反映着某种与人有关的信息。

"我们今日的文字跟我们的装潢不大相同，它们是不会混错的，而在澳洲人中铭刻字和装潢却雷同得几乎不可分辨。"[7]每一种装潢图案除有审美的意义外，又都具有一定的含义，有可以被当时的人们普遍了解的意思。就此而言，装潢图案可以说已具备了文字的交际功能，只不过它还没有完全摆脱装潢的形式，而成为专事记录和传达语言的符号。装潢图案应该是文字的母体之一，当某种装潢图案以固定而简化的形式，长期被人们使用，并逐渐从装潢范畴中脱离出来时，它也就自然而然地转化成为文字。

马厂类型彩陶图案，尤其是圆圈纹图案的多样化意味着人们对世界认识的进一步深化，只有对客观世界进行了更细致，更深入的观察、分析、思考，才能找出同一事物不同的方面，才能在装潢图案上有更丰富、更细腻的表现形式。

马厂类型的彩陶图案与符号花纹一样，有着极深刻的含义，有待于我们进一步深入研究。

本文如有不妥或谬误之处，请专家、学者不吝赐教。

（本文插图录自青海省文物管理处考古队、中国社会科学院考古研究所《青海柳湾》和刘溥《青海彩陶纹饰》，由袁桂清同志绘制，照片由刘小何、贾鸿健两位同志拍摄，在此一并致谢。）

参考文献

①青海省文物管理处、中国社会科学院考古研究所：《青海柳湾》，文物出版社1984年版，第137页。

②同①，第57页。

③同①，第 58 页。

④同①，第 64 页。

⑤［德］格罗塞：《艺术的起源》，蔡慕晖译，商务印书馆 1984 年版，第 90—91 页。

⑥［苏］乌格里诺维奇：《艺术与宗教》，王先睿、李鹏增译，生活·读书·新知三联书店 1987 年版，第 39 页。

⑦同⑤，第 103 页。

青海民族历史的特点与民族文化的特性[①]

芈一之[②]

青海民族历史上下几千年，往来多民族，其发展规律，总的来说：一条主线、两大区段、八个阶段、多元一体。所谓一条主线，指几千年来历史发展中民族众多，有往有来，有分有合，我中有你，你中有我，多元一体，一统中华。所谓两大区段，是以元朝为界，分为上下两个区段。元朝以前包括上古、两汉魏晋、十六国南北朝、隋唐四个阶段，是青海古代民族史阶段。元朝以后分元、明、清、民国四个阶段，是当代世居于此的民族如何迁徙定居的历史。元明时期多民族分布格局基本定型，农业区、牧业区；大分散、小聚居。所谓多元一体，是指发展到最后各民族均成为中华民族的组成部分，一统于中华。

一 青海民族历史发展的特点

（一）晚

所谓"晚"，指的是文明社会来得晚，社会发展进程晚，直到新中国

[①] 论文原载于《青海民族学院学报》2007年第3期。
[②] 芈一之，河南安阳人，青海民族大学教授，享受国务院特殊津贴专家。

成立前夕，与邻近地区横向比较仍是一个"晚"字。中华历史在新石器时代中后期有了文字，私有制度出现，阶级萌芽发展，随之公共事务的管理机构出现，于是国家出现了。中国的文明社会史始于五千年前的黄帝、颛顼、帝喾、尧、舜及而后的夏王朝。这时期文明社会的中心在黄河中下游的汾水、渭水、洛水等流域，即中原地区。而青海仍处于原始社会，迟滞不前。《后汉书·西羌传》记载战国中期无弋爰剑从陕西带来农耕技术，此时青海地区才开始了有史籍可查的父系氏族社会。青海上古文化的高峰是新石器文化——马家窑文化（1923年首次发现于甘肃临洮马家窑村而得名，距今4000—5800年），是中原仰韶文化的西延。上古中原文化主要为仰韶文化和龙山文化。前者为彩陶文化，后者为黑陶文化。马家窑文化也属于彩陶文化，是仰韶文化的向西发展，所以也称作甘肃仰韶文化。1987年在今河南濮阳水西村6000余年前的仰韶文化遗址中发现蚌龙，称作中华第一龙。这是中华文化称作龙文化的考古依据。中华大地上新石器时代文化林林总总。燕山地区有红山文化，略晚于仰韶文化（约5000年）出现"玉龙"，浙江余姚有河姆渡文化，两湖地区有屈家岭文化，四川地区有三星堆文化，等等。马家窑文化是仰韶文化沿渭水流域向西发展，红山文化沿长城向西发展，在河洮地区清水河流域和河湟等地发展演变而成的。其后的齐家文化（1924年首次发现于甘肃广河县齐家坪，距今3600—4000年前）进入父系氏族公社时期。尔后的卡约文化则是羌人文化（1923年首次发现于青海湟中县云谷川卡约村，距今2700—3560年），有农业和牧业，墓葬中有狗、猪骨。卡约文化向西发展为诺木洪文化（1959年发现于青海都兰县诺木洪他里搭里哈而得名），其下限可延至汉代。总而言之，中原地区建立政权（夏商周三代）已经1800年了，而青海仍处于原始社会末期。秦并灭六国，建立中央集权的统一王朝，这里处在"临洮西塞外"，秦边境西部沿洮河为界，"兵不西行"，河湟羌人社会得以和平发展上百年，但是仍停留在文明社会的大门之外。

西汉初，汉匈两大民族为争夺生存空间而展开斗争。汉初疲弊，沿边被掠，屈辱和亲，休养生息。武帝时民庶物丰，国力强盛，为此，将彻底解决北部边患并雪五世之耻提到了历史日程。公元前121年"河西之战",汉军占领了河西走廊,断匈奴右臂,切断羌胡交关之路。为了保证河西走廊的畅通,须扩大南翼,经营河湟,于是,汉族军民大量进入青海东部,带来高度发达的农业文明,不久,青海东部跨入封建社会门槛。

两汉魏晋约对河湟地区400年的经营开发,汉文化崛起并开花结果,灿然可观。十六国南北朝时鲜卑人大显风采,汉族衰落了。隋唐时,鲜卑化了的汉族王朝在河湟经营约160年,为第二次汉族西上开发高潮。"安史之乱"后唐军东撤,吐蕃趁势东进占领河陇等地,此后几百年吐蕃势力一花久放。北宋末年虽有"熙宁开边",宋朝直接经营河湟20余年,但也只是昙花一现。1131年后金、西夏统治这里90余年。1227年蒙古军队灭西夏,攻金国,于1247年统一卫藏各地。元朝时政治舞台上以蒙古人为主,藏族次之,大批穆斯林东来,新的民族格局形成。1368年元亡明兴,明朝政权与北迁之蒙古长期对峙,包括河湟在内的西北各边卫,以军事机构"卫""所"管军管民,不设府州县,大批江淮籍军兵进入河湟等地戍边,对青海历史的发展产生了很大影响。1644年清兵入关,原明代卫所军人变成了民人,地方民族格局和农牧经济持续发展。民国时期,出现回族地方军阀政权,是一大变局。新中国成立以前,青海的社会经济基本上为封建地主制和封建领主制经济,就全国的半殖民地半封建社会而言,社会进程无疑是晚了一大截。

(二) 迁

所谓"迁",指民族的变迁多。没有民族迁徙和活动就没有历史发展。青海地区变迁多,基本原因在于青海是农牧交会地区。西北黄土高原农作区西伸到这里,气温较低,水源丰沛,宜农宜牧,湟水流域自古以来就是宜农地区。农业文化自东西延乃必然之势。同时,青海位于青藏高原东北部,是高原牧业区的延伸部分。而且青海的牧业区不是孤立的,是中国北部及西部大弧形牧业区的组成部分。从东北向西经蒙古到新疆,南向到青海和康藏呈一个大弧形(河西走廊原为牧业区,由于海拔低,祁连山雪水充足,有几大绿洲,汉开河西列置四郡以后发展成稳固的农业区),游牧民族往来频繁,是应有之义。牧业文化随之播迁而来。多个民族有农有牧，有来有往，相互碰撞，相互融合，你中有我，我中有你。

先秦时期，土著居民为羌人。战国时为西羌。汉朝时，汉族军民大批进入河湟，汉羌两大民族互相角逐。此外，还有小月氏、卢水胡等，算是配角。东汉时，汉羌争战激烈，羌人除大量死亡外还东迁关陇或西迁进入今新疆地区，南迁进入川西地区以及云南。东汉末及以后此地不仅汉族力量削弱了，西羌势力也大大削弱，以至成为政治真空，于是，十六国时大量鲜卑人涌入，并独领风骚，北朝170年间，这里找不见汉族人士的历史足迹。

隋唐王朝是汉族所建的政权，但杨氏、李氏都是高度鲜卑化了的汉族。杨氏曾是北朝六镇将军，以普六茹为姓。李氏也曾是六镇将军，以大野为姓。隋唐在这里统治时间不长，160余年，汉文化在河湟没有扎下根就中断了。遍查史书，隋唐时在河湟活动的都不是本地人士。安史之乱以后，吐蕃势力涌入河湟，统治措施基本上采用军事占领体制，没有行政建制和文教措施，农业经济衰落了，社会进程不仅没有发展，反而有所迟滞。吐谷浑人东迁北逃外，留在环海等地的为吐蕃统治，有六个千户。吐蕃王朝崩溃后，即五代和宋初，主要为嗢末人（明代以后志书写作红帽儿）曾啸聚自保。

北宋时期，唃厮啰政权统治河湟地区长达约一个世纪。唃厮啰政权是一个具有部落联盟性质的藏族地方政权，历史影响不小，较之十六国时秃发南凉，时间长，地域广。北宋末年，曾直接管理河湟20余年，1104年设西宁州，"西宁"地名沿用至今。1131年后此地被灭宋的金国和西夏瓜分，黄河以北由西夏统治，以南为金国统治，持续90年。1227年蒙古军灭夏攻金，蒙古大汗国的势力延伸到这里，并于1247年统一整个青藏高原。

元朝时，大批信仰伊斯兰教的阿拉伯人、波斯人和中亚各族，以西域亲军名义或被签发工匠等上百万人迁来西北，以后随着军事行动分布全国各地。新的民族成分如撒拉尔、回族，来到青海东部。先前吐谷浑遗裔发展演变，以西宁州土人身份活动在河湟一带。这里的民族分布格局有了新的变化，蒙古族是统治民族，藏、回、撒拉、土族成为以后的世居民族。在元朝统治的上百年间，青海地区没有汉族活动的记录。

1368年元朝灭亡，统治集团返还塞北。明朝初年，大量汉族军民涌入河湟地区，占据军事要地和主要交通线，河湟土族退到交通大道两侧，藏族主要居住于西宁以西。汉族人口数量逐渐占到多数，政治上占统治地位，是主体民族。明朝的统治方略，除建重镇于甘州外，其余地区实行土司制度；经济上实行茶马互市制度；推崇宗教，"用僧徒化导为善"，拉拢厚结政教头人。明中叶后，先是东蒙古进入青海，时战时和80年。明末西蒙古和硕特部进入青海。

清朝时，官场大员主要是满蒙民族和汉军旗人，军事力量除满洲八旗外，依靠绿营兵。原明朝卫所军兵变成了平民，失去军籍，主要从事农业生产了。民族分布格局基本上没有变化。雍正改制，设府置县，并设青海办事大臣管理蒙藏事务。行政建制与内地府县纳入同一模式，此后社会经济文化大踏步前进，促进了社会发展进程。

辛亥革命，结束了两千余年封建帝制，建立民国。1929年初建立青海省。由于历史原因，地方实力集团发展变化，青海省的统治权落入回族军阀手中。几十年间回族地位上升，人数增多（20万—30万人），但民族格局基本没有变。周邻地区从传统的封建农业经济开始向工业社会演化，而此地社会演化迟滞，大大落后于兄弟省份，基本上停滞在地主制和领主制社会阶段。

（三）多

第一，在历史发展过程中来往的民族族体多，牵涉30多个民族。诸如：古羌（战国以前），西羌（战国中期以后），汉族，匈奴，月氏，卢水胡，氐，羯，鲜卑乞伏部、秃发部、乙弗部、折掘部，吐谷浑，姚羌（建后秦），鲜卑拓跋部、宇文部，党项羌（活动于今果洛、甘南，唐时东迁庆州，后向北入银州、夏州，建西夏国），苏毗羌，羊同，多弥（又称弭药），蕃人（吐蕃），嗢末人，契丹，回鹘，蒙古，畏兀尔，回族，撒拉尔，土族，哈萨克族，满族，东乡，裕固，保安，等等。第二，从历史发展的结局看，经过长期复杂的历史演变发展，世居民族有四个族系：汉族系，羌藏系，塞北鲜卑蒙古系，信奉伊斯兰族系。五种语言：

汉语，藏语，蒙古语，撒拉语，土语。三种文字：汉文，藏文，蒙文。存在着多种宗教：汉传佛教，藏传佛教，伊斯兰教，道教，基督教。宗教内部又分作各种教派，纷然灿然。

总而言之，这里民族问题、宗教问题复杂。此地的历史发展比周邻地区复杂得多，值得研究的问题也很多。

二 青海民族文化的特性

民族文化的特性是由民族历史的特点发展而来的。历史上，青海地区民族文化形成了以下几个显著的特性。

（一）边陲性

历史上这里长期处在边陲之地。以明朝为例，西宁地区仍然是三面牧荒，一线东通。这一特定的历史地理条件，使这里经常战事不断，这里的民族文化自然带有边陲性。1. "崇尚气力而轻诗书"，"诸羌环居，民不读书"，即重武轻文。历代军士武将占重要地位。汉朝开边，至明、清仍是如此。历史上此地兵将多，文人却不多，明朝后期才出现了一些文化精英人士，说明此地文化教育长期落后于兄弟地区。2. 战事多，酒文化发达。边陲经常有战事，大仗不多，小仗不断。边军要参加战斗，战事频繁便有了"醉卧沙场君莫笑，古来征战几人回"的边军文化现象，人去拼死了，命也不要了，能不让喝酒吗？边民也要防御自卫，参加战斗，于是与边军有相通的思想感受。加之这里地高天寒，酒可暖身；酒力发作，可以助勇；闲时无事，可以消闷。唐朝岑参《逢入京使》诗云："故园东望路漫漫，两袖龙钟泪不干。马上相逢无纸笔，凭君传语报平安。"思乡愁闷，难免以酒浇愁了。所以酒的消耗多，酒名堂也多。这种民风民俗一直影响至今。宣统《丹噶尔厅志》卷五《风俗》载："嗜酒者更多，每因酒席沉醉以殒生者，亦有终年沉湎不事生业者，有三五日为期相聚轮饮者，亦以见嗜饮者之多也。"有人借李白《将进酒》诗句"古来圣贤皆寂寞，唯有饮者留其名"来为酒徒们自壮自嘲。

（二）民族性

1. 多种文化并存，没有发生谁强谁弱、一个吃掉另一个的现象，而是多元并存，多元并进。这里是以中原为中心的汉文化圈的西部边沿地区，也是以西藏为中心的藏文化圈东部延伸地区，两个文化圈在此交汇。同时还有突厥伊斯兰文化圈、塞北鲜卑蒙古文化圈，这几种文化圈均长期存在于河湟地区，并经过长期历史沉淀积累下来。

2. 交汇性。交汇性是指文化上你中有我，我中有你，难解难分，民族间如此，文化亦如此。这里不存在单一的或纯粹的某一种文化，各种文化之间相互交会。一种民俗，各族都有牵连；一种民歌，大家都在咏唱；连说话口语也相互吸收，彼此影响。

（三）文化的神秘性和晚熟性

神秘性指由古代神秘莫测的神话发展为神巫文化（本本，萨满），又发展到政教合一的藏传佛教的神佛文化。一脉相传，神神秘秘，而世俗文化却不发达。

神话是人类幼年时期先民们思想意识的总汇，各个民族、各个地方的古代都有神话。但各地方、各民族的神话内容大不相同。这里古文化源头在上古，是双峰并峙，双水并流。一峰是考古文化，如马家窑文化等等，此乃世俗文化，不赘。另一峰是古代神话，乃神话文化。上古先民信鬼神，万物有灵。随着氏族而部落，部落而部落联盟，所信仰的神也有了主次大小之分。古代羌人的社会没有进入稳定的部落联盟阶段，地上没有统一的"君王"，天上也没有统一的"神王"，所以没有出现"天神"和"通天大巫"。查遍《西羌传》等书，寻不见对天的信仰，也不见通天人的"巫"。

古羌人信鬼神、敬山川，崇信"羊神"，所以青海地区没有产生巫，而直接信神话，信神道。古代造神运动兴盛于战国时期，初步造出西王母和东王公，而成型于汉朝；经过上千年演变到明代基本完成。巍巍昆仑高山，荡荡青海湖水，高山雪岭，青海长云，云蒸雾绕，奇景变幻。对于日出放牧，日落睡觉，长年不变，天天如此的牧人来说，自然会问天问地，无以解答，美妙的神话便不胫而走了。这里有产生神话的土壤。西王母本是从中原西迁到青海湖以北的一个古代部落，由史话变成了神话。尔后，羌藏民族信仰本教（本本，类似于萨满，或者巫），实质上属于神巫文化。其下接续藏传佛教的神佛信仰。只有在自然条件非常严酷，经济条件落后，人民生活艰苦，世俗文化滞后的青藏高原，神话、神佛文化才能够在这种特别的土壤中生长并长期存在。生态脆弱，神佛王国，非偶然也，不值得深思吗？应该寻其根源。

青海各民族文化都具有晚熟性。文化是立体的，综合的，有人的地方就有文化，人类处处有文化，民族文化有异同。

汉文化的晚熟。汉文化本来是早熟的，但在河湟地区，汉文化则是晚熟的。其文化进程大大晚于中原地区。东汉、魏晋时人才辈出，汉文化崛起了，但到北朝时衰落了。隋唐时扎根不深，没有崛起就衰落了。例如，唐代科举兴盛，诗风大兴，人才济济，河湟则不同。到了明代宣德三年（1428），才出现了国家设立的专门教育机构——西宁卫儒学。又过了五十余年，到明成化十七年辛丑科（1481），土人李玑考中进士。又过了七十余年，嘉靖三十五年丙辰科（1556），西宁汉人张问仁考中进士，距明朝开国已经188年了。百年树人，实属不易，清代河湟地区共出了15名进士，所以说这一地区的汉文化是晚熟的文化。

藏文化的晚熟。藏文化中心在拉萨，以吐蕃王朝创制藏文为标志，经过几个世纪的发展，趋于成熟。元末明初人宗喀巴（1357—1419年）是青海藏文化的精英，但他17岁就赴拉萨求学了，再没回来，其主要事迹在西藏，后继人不在这里。到了清代藏族精英人物开始涌现，如章嘉活佛二世阿旺洛桑曲丹、三世若必多杰等，都是清代前期人士，所以藏文化也只能说是晚熟的。

回族文化的晚熟。回族文化的特点是重武轻文，清初回族出现著名的四将军，功业卓著，但文化精英人物难找寻。伊斯兰教中的门宦太爷，掌教阿訇很多，林林总总。但他们除念经布道外，由于其基础文化薄弱，知识结构不宽，诠释经文，著书立说者少之又少。不得不说回族中的文化精英少，文化成熟晚。

蒙古族文化的晚熟。蒙古族文化多在牧区，文化精英也非常少，文化也是晚熟的。

土族文化的晚熟。土族文化是一个多元的综合性的文化。基层的群众性世俗文化既有萨满文化，也有道教文化。宗教文化多表现为藏文化。至于官方文化、政治文化则表现为汉文化。三者相互结合，浑然一体。上述文化现象反映了其历史发展演变的复杂性与综合性。

凡治史者大要有两端，一是求其"同"，二是求其"异"，治民族历史也是如此。即从常中求变，从变中找规律，才能看到特点特性，方能既见树木又见森林。此即博学之、审问之、慎思之、明辨之的功夫。总之，熔古铸今，开拓未来。

论青海历史上区域文化的多元性[①]

王　昱[②]

青海历史悠久，地域辽阔。从地理位置上看，东部地区属黄土高原的边缘地带，西部和南部属青藏高原，两种不同类型的地域在境内连接过渡；从经济文化类型上看，东部与中原农耕文化相连接，西部等其余地区属草原游牧文化，两种经济文化类型在境内并存、交错；从民族文化发展上看，历史上有多种民族在这里聚居，在友好往来和冲突中，中原汉族文化北移西进，西北少数民族文化东进南下，不同的民族文化得到交流、发展和融合。这种情况使青海历史上的区域文化显示出多元的特点，成为中华文化圈中具有鲜明特色的部分。研究这种特点，对知古鉴今、深入认识省情，具有重要的现实意义。

一　农耕经济和草原游牧经济共存

青海地区的农业、畜牧业都有着悠久的历史。自周秦迄汉初，生活

[①] 论文原载于《青海社会科学》1999年第6期。
[②] 王昱，青海西宁人，青海省社会科学院原副院长、研究员，青海省文史研究馆馆员，享受国务院特殊津贴专家。

在青海地区的羌人以畜牧为生。由于自然条件和历史发展等原因，青海东部地区经历了以畜牧为主、到农牧兼重、再到以农业为主的发展过程；而西部等广大地区则经历了由原始畜牧业到畜牧业为主的发展过程。

中原农耕文化对河湟原始畜牧业的影响，最早发生在战国初期。据《后汉书·西羌传》记载，秦厉共公时（前476—前443），羌人无弋爰剑被秦拘执，后逃到三河间（今青海东部黄河、湟水、大通河流域）。当时"河湟间少五谷，多禽兽，以射猎为事"，羌人"所居无常，依随水草，地少五谷，以产牧为业"，爰剑"教之田畜，遂见敬信，庐落种人依之者日益众"。①这说明，河湟羌人在战国初就开始学习爰剑从秦国学来的种田和养畜的先进技术，从原始畜牧、射猎为生的生产生活方式开始向农牧兼营的生产方式过渡，显然这与秦国先进的农耕文化的影响是分不开的。

青海东部地区农耕经济较大规模的发展是从西汉开始的。西汉宣帝时，后将军赵充国在击败羌人后，大规模实行军事屯田，垦殖湟水流域2000余顷土地。东汉时将屯田扩大到黄河流域，屯田"共三十四部"，后"以湟中地广，更增置屯田五部"，②共数千顷。大批屯卒修浚渠道、整修土地、发展灌溉农业，规模之大前所未有。牛耕铁犁、耧、耙、耱、水磨等先进生产工具和技术传入了青海东部地区。隋代除河湟以外，在今海南州大河坝等地区大兴屯田。唐代在今青海屯田七八十年，尤其是河源军（治今西宁市）经略大使黑齿常之"度开营田五千余顷，岁收百余万石"，③成效显著。吐蕃占领河陇地区后，部分农田荒芜，出现弃农归牧等现象，青海东部农业发展受到了影响，但在湟水流域农耕并未废弃。唐使吕温在入蕃途中曾写有"耕耘犹就破羌屯"的诗句，破羌为今湟水流域乐都县境，诗句描述了吐蕃占领时此地的农耕生产的景象。宋代招募弓箭手（乡兵的一种）进行屯垦和戍守，并采取多种形式开垦废弃之农田，在青海东部地区屯垦面积有五六千顷。（宋）李远在《青唐录》中形容湟水流域的田园风光"宛如荆楚"。明代在实行军屯的同时，允许军户之余丁和各类户籍之人自行开垦荒地，许诺部分或永远免去税粮；同时还实行商屯、民屯和营田。西宁卫管辖的河湟地区中属"纳马番族"的藏族部落也多有兼事农业者。这样，就调动了人们垦荒的积极性，使更多的荒地得到了开垦，河湟地区半农半牧经济中农业的比重逐步加大，并开始向以农业为主转化。清代,西宁道佥事杨应琚奏准在巴燕戎(今青海化隆县境)、大通卫(今大通县境)等地开荒,实行"劝垦""招垦"的优惠政策,使青海东部宜于开垦之地大部分得到开垦,形成了以农业生产为主、畜牧业生产为辅的格局。由于历代封建王朝在人力、物力、财力等方面对农业的投入,湟水流域成了中原农耕文化的窗口,对省内其他地区的辐射力日益增大。

青海西部、南部等地区天然草场辽阔,水草丰茂,生活在这里的人们素以畜牧业为主。史籍中对青海高原的牲畜数量虽没有总体的统计,但从统治阶级掠夺当地牲畜、战争双方相互掠获及当地向政府进贡牲畜等侧面,可见牲畜数量之多。如两汉时,汉军进击羌人,掠夺牲畜就达数十万头。[④]东晋义熙十年(414),南凉大破乙弗部(又称乙弗无敌国,驻牧于青海湖周围),"获牛马羊四十余万"。[⑤]北魏和平元年(460),北魏军队一次就掠获吐谷浑牲畜30余万头。[⑥]元代时重牧轻农,青海是全国14个牧道之一。明代永乐时,除民间畜牧业外,政府在今青海境内置牧马监苑,牧养官马,设甘肃苑马寺于碾伯(今乐都县)。所辖6监中,在青海境内就有4监16苑,牧马数量约六七万匹。清代,青海民营畜牧业有了新的发展,官营畜牧业也很发达。当时西宁镇标马场设在巴燕戎(今青海化隆县境),后又在大通新设马场。除马以外,西宁镇尚拥有常备骆驼1000匹,以备军需。乾隆年间,青海地区马牛羊总数在350万头(只)以上,成为青海古代畜牧业发展的鼎盛时期。青海是历代统治者用物品交换和征集军马的主要地区之一,历史上向中原地区提供过大量耕畜,以解决内地因战乱而引起的耕畜不足的困难。青海先民们在生产实践中还总结出了培养优良畜种的技术,如吐谷浑人以中亚良马为母本、以青海环湖良种马为父本进行杂交,史载"吐谷浑尝得波斯草(母)马,放入海(按,指青海湖中海星山),因生骢驹,能日行千里,世传青海骢者也"。[⑦]吐谷浑人不仅能培育良马,而且还善于训练。史籍中多次提到向南朝、西魏进贡"舞马",就是把骏马训练成能在音乐声中翩翩起舞,以供宫廷娱乐之用。三千年来,青海地区的畜牧业在发展中有巨大的优势,至今仍是我国的主要畜牧业发展基地之一。

青海东部的农业经济和西部等地区的牧业经济互相依存,互相补充。

位于西宁市西部约百公里处的日月山一线，是青海农牧区的天然分界线，其东农田块块，菜花飘香；其西则草原广袤，牛羊遍野。青海历史上农牧经济交换有许多形式，如地方割据政权与中原封建王朝的纳贡与回赐，在农牧区交接地带的互市，以及唐代以后少数民族地区与中原地区的茶马互市，等等。吐谷浑多次向内地贡马，东晋咸安元年（371），仅一次就向前秦送马5000匹。吐谷浑向北朝纳贡，"终宣武世至于正光，氂牛、蜀马及西南之珍，无岁不至"。⑧隋时，中原王朝与吐谷浑在承风戍（今青海贵德县境）互市，唐与吐谷浑在承风戍、赤岭（今日月山）进行互市，中原王朝用丝织品、茶叶等物品换取吐谷浑、吐蕃的马匹和其他畜产品。唃厮啰政权向宋朝进贡，宋朝则以相当于或超过贡品价值的钱物进行回赐。这些特殊的贸易方式成为各族人民经济交流和商品交换的重要渠道。宋代的青唐城（今西宁市）、清代的丹噶尔城（今湟源县城）等，都是历史上曾显赫一时的东西部民族贸易的中介和商品交换的中心市场，它们在农牧经济互相补充方面发挥了重要的作用。

二 统一的政治制度和特殊的管理制度共存

历史上青海东部地区和其余地区实行过不同的地方政治制度，这是由中央政府对其地控制的密疏和地区之间的差异性所决定的；在中央政府控制严密的青海东部地区实行着与内地统一的地方政治制度，而西部等其他地区则实行着一些特殊的政治制度。这种地方政治制度多元的特点既体现了一统风格，又显示出区域特色。

今青海东部地区自西汉时设立郡县，纳入中原王朝的行政区划体系后，除战争等特殊影响外，一直由中央实行着有效的管理，体现的主要是同一性。青海的牧业区则因地理、气候、交通等原因，又远离全国政治中心，信息闭塞，生产力发展水平较低，历代统治者往往视为边鄙荒服之地，各朝从不同的历史条件出发采取了不同的统治措施，体现的主要是差异性。在青海地区实行的特殊的政治制度主要有如下几种类型。

1. 设专门军政机构或派军政官员统辖

西汉元鼎六年（前111），设护羌校尉，持节统领今青海、甘肃等地区的羌人事务，兼管民政和军务。校尉营初设于令居塞（今甘肃永登县境），东汉时改设于狄道（今甘肃临洮）、安夷（今青海平安县境）、临羌（今青海湟源或湟中县境）等地。宣帝神爵二年（前60），赵充国在平羌取得胜利后招徕先零等羌人降汉，并设置金城属国安置归附的羌人。属国由属国都尉专门管理，既典武职，又理民事。元朝将藏族地区划分为三部分，建立了3个宣慰使司都元帅府（简称宣慰司），上隶中央宣政院（原称为总制院）。其中与青海藏区有关的有二个宣慰司，一是吐蕃等处宣慰使司都元帅府（治河州，今甘肃临夏），辖区中含今青海省的海南、黄南、果洛等地区；二是吐蕃等路宣慰使司都元帅府（治所不详），辖区中含今青海省的玉树等地区。宣慰司设有宣慰使数员，具体实施中央和宣政院的政令，侧重于管理军事和驿路交通。清代设有专门管理青海蒙古族、藏族事务的官员，称青海办事大臣（或称西宁办事大臣），选谙习蒙古事务者担任，驻扎西宁，上隶于清廷理藩院，掌有军政大权，统辖青海蒙古各部和青海藏族部落。

2. 实行羁縻管理

唐初，唐灭北方突厥后声威远播，内附唐朝的"四夷"增多，其中有大批党项羌降附于唐。唐朝在党项诸部地设置了一系列的羁縻府州。这种制度不同于内地的州郡，是继承了汉代的"属国"制和魏晋以来的"都护""护军"制而发展起来的。《新唐书·地理志七下》羁縻州序曰："唐兴，初未暇于四夷，自太宗平突厥，西北诸蕃及蛮夷稍稍内属，即其部落列置州县。其大者为都督府，以其首领为都督、刺史，皆得世袭。虽贡赋版籍，多不上户部，然声教所暨，皆边州都督、都护所领，著于令式。"⑨松州都督府（治今四川松潘）所辖党项羁縻府州较多，其中包含今青海果洛藏族自治州等地区。明代仿效唐代以来治理边疆的策略，在今青海湖以西、以北等撒里畏兀儿人居住的地区设安定、阿端、曲先和罕东四卫，归西宁卫节制，称"西宁塞外四卫"。四卫系羁縻卫所，由部落首领担任卫官，职务世袭，朝廷既不派流官，也不派兵驻扎，准其在部落内部因俗而治，在辖区内拥有民政、司法、军事等权力。

3. 地方割据政权

青海历史上在分裂局面中出现过或长或短的地方割据政权。吐谷浑王国是鲜卑族慕容部吐谷浑建立的地方性政权。西晋永嘉末，吐谷浑率部徙居今青海，与诸羌杂处，[10]传至孙叶延时采用祖父名"吐谷浑"作为部落联合体的称号。如果从叶延初建独立政权（约329）算起，到唐高宗龙朔三年（663）灭了吐蕃为止，"吐谷浑"国共存在了近340年。期间吐谷浑主要活动于青海地区，其总部先后设于沙州（今青海贵南县境）、赤水（今青海兴海县境）、伏罗川（约今青海共和盆地）、伏俟城（今青海湖西铁卜加古城），疆域广袤，国势强盛。其政治制度有汉胡两种官制杂糅在一起的特点：一方面体现了游牧部落联合体的特色，如其国主前期自称"大单于""戊寅可汗""可汗"等，意为部落联盟的首领，延及夸吕时政治制度基本定型后又自称"可汗"，其意思已变成了皇帝；[11]另一方面受魏晋中原政治制度的影响，自称"大都督""车骑大将军""吐谷浑王"等，职官体系也仿效汉制。南凉王国（397—414年）为十六国之一，是鲜卑族秃发部在今青海东部河湟地区与甘肃河西走廊东部地区建立的地方政权，先后以廉川堡（今甘肃永登北）、乐都（今青海乐都）、西平（今青海西宁）、甘肃武威等地为都。其在职官体系上也把胡、汉两种职官杂糅在一起：秃发部落首领秃发乌孤起兵之初，曾自称大都督、大将军、大单于、西平王，以表示是本族的最高掌权者；同时又仿效中原王朝，推行类似封建的官制。唃厮啰是宋代时在青海东部地区建立的以蕃人为主体的多民族的地方割据政权，统治河湟地区近百年。活动范围广袤，史称其辖地"占河湟间二千余里"，首府在青唐城（今西宁市）。其政治制度较为特殊，更多地显示出游牧民族的特点。其政权为若干大小部落的联合体，最高统治者称"赞普"，下设"国相议事厅"和"国主亲属议事厅"，二者相互制约，通过带有宗教色彩的盟誓形式来沟通中心政权与部落间的联系，实行"立文法"和"祭天"等形式使各部落服从于中心政权。

4. 土官土司制度

这是统治阶级依据边远地区和民族特点，循其俗、施其政而实行的一种制度。明代在青海少数民族地区推行土官制度，以土官治土民，如在西宁卫辖下的"十三族"的各藏族部落中,"其诸豪有力者,或指挥、千户、百户,各授有差"。[12]土官在封建统治者授权下以当地少数民族头人和朝廷命官的双重身份来统治所属族众。土司制度由土官制度演变而来。清初,清政府对归顺的土官继发给号纸印敕,任命为朝廷官员(有品级但无俸禄),根据其原管辖部属及对耕地、牧地的占有情况"封土司民",并世代承袭,"世守土地人户,称其为土司"。土司拥有士兵武装,其制度有浓厚的割据性,为防止坐大成患,统治者常采取一些限制措施。

以上实行的不同于内地形式的政权机构具有相对的独立性,体现着中央政府对民族地区特殊性的认可。青海历史上的各割据政权,其重大的政治活动都具有明显的内向性,在政权组织形式上常常仿效中原地区的统治模式。吐谷浑政权"建官多效中国","其官置长史、司马、将军,颇识文字";[13]南凉王国大量吸收汉族官员与士大夫担任郡县官吏,使南凉人才济济;唃厮啰王国历代"国主"都接受宋朝封赐,北面称臣,沟通和发展了与中原地区的经济文化交流。这种中原封建政治制度对民族地区的影响极大地加速了民族地区社会封建化的进程,加快了青海民族地区政治制度从多元向一元过渡的步伐。

三　多民族聚居和相互融合

自古至今,青海地区多民族聚居的特点十分显著,在历史发展的各个阶段,民族迁徙、民族杂居、民族融合等历史现象一直存在。据文献记载,自战国至清代,青海地区先后有20余个民族生活于这块土地上,主要有羌人、三苗、匈奴、月氏、汉族、氐族、白兰、宕昌、党项、苏毗、多弥、鲜卑(乞伏氏、秃发氏、吐谷浑)、回纥、吐蕃、唃厮啰、撒里畏兀儿、蒙古、回、撒拉、土族等。有许多古代民族曾显赫于青海这个历史舞台,后来又融合于汉族和其他民族之中而消失于史乘。民族融合、分解、再融合的历史过程形成了中华民族你中有我、我中有你的特点。

民族迁徙是个普遍的历史现象,青海历史上多次较大规模的民族迁徙对这里的人口构成、民族关系、经济文化都带来了很大的影响。青海最早的民族迁徙活动传说在舜的时代,《尚书·舜典》中有"窜三苗于三危"的记载,《史记·五帝本纪》进一步说"迁三苗于三危,以变西戎",《后汉书·西羌传》曰:"西羌之本,出自三苗,姜姓之别也,其国近南岳。及舜流四凶,徙之三危,河关之西南,羌地是也,滨于赐支,至于河首,绵地千里。"《史记·索引》解释曰,"变谓变其形及衣服同于夷狄也"。这些记载,都是指原居南方的三苗被流放到三危,被融合而变成了羌人。三危的地望,从上述"河关之西南、羌地是也","滨于赐支,至于河首"的方位看,均离不开今青海地区。因河关在今甘肃临夏与青海循化交界地区,其西南正是青海境内的赐支河(黄河)河曲地区,黄河在此处形成了一个大转弯,其方位与史籍正合。

人口的流动往往导致文化从一个地区扩散和传播到另一个地区。青海本为古代羌人居住的地区,西汉时,汉族开始成批地进入河湟地区,形成了与羌人错杂而居的局面。元鼎六年(前111)汉军迫使羌人离开湟水中游家园,西徙青海湖地区居住。神爵初赵充国在击败羌人后,留步卒万人屯田湟中。西汉末王莽建立西海郡(治今青海海晏三角城)后立新法50多,凡有违犯者即被强行迁徙到青海湖地区,被迫迁居的内地百姓数以万计。[14]东汉章帝时,汉军在击败烧当羌、占领大小榆谷(今青海黄河以南海南州大部分地区)后,令2000多驰刑徒在黄河谷地进行屯田。隋大业五年(609),隋军在河湟郡、积石镇等地大开屯田,遣天下"罪人"配为戍卒,边戍守边垦种荒地。明初,河湟地区有军户8000多户,非土著军户大都挈妇携子来河湟地区着籍服役。历代大批汉族人主要是通过从军、屯垦、移民从内地到青海定居,其中以军事农业人口为主。随着时代的发展,迁徙汉族人口的职业构成逐渐多样化,如任官、经商的汉人,发配边地的罪犯及内地无地农民等。一批批的汉人定居之后,建设新家园,不断成为青海地区新的土著。河湟地区尤其是湟水中游谷地,汉族比例由少及多、最终成为多数,形成了以汉族为主的文化圈。

民族之间的战争、部族内部的分裂、政局的混乱、政权变更等也是造成青海民族融合加速的原因。西汉初,原居河西走廊的月氏人因受匈奴攻击，被迫徙居祁连山以南和湟中地区，依羌人居住，与羌人共婚姻，史称"湟中月氏胡"。西晋后，北方鲜卑族因内部分裂徙居青海，与当地羌、汉各族杂居错处，建立了以吐谷浑为中心的与诸羌豪酋的联合政权。十六国时，政权更替不断，曾建立南凉国的秃发鲜卑等族，在南凉灭亡后大部分归于西秦（乞伏鲜卑），西秦又亡于大夏，大夏又亡于吐谷浑。后陇西、河湟地区又先后为北魏（拓跋鲜卑）、西魏、北周所有，后又统一于隋。在急剧的历史变化中，秃发鲜卑、乞伏鲜卑与北魏拓跋鲜卑一起同归于汉化之途。从三国、两晋至南北朝的三个半世纪中，在青海等地活动过的羌族、月氏、匈奴、吐谷浑等民族，或逐步发展演变为其他新的民族，或移居他地，或在与汉族杂居中主动或被动地接受汉族文化的影响而被同化，逐步纳入了汉族文化圈中。

　　由此可见，在漫长的历史发展中，各民族间杂居共处、相互的同化和融合是不可避免的。各民族其祖先也不可能是单一来源形成的，考古学和古人类学研究的成果也证明了中国民族是多元起源的。民族融合的结果又为新的民族的产生和新的民族融合创造了条件。唐代，吐蕃灭吐谷浑后，占领了青海大部分地区，居今西藏地区的吐蕃人进入青海戍守，不少人留居了下来。吐蕃对境内诸羌、吐谷浑及汉族等人民采取了奴役和同化政策，使大量的羌人、吐谷浑人和汉人融入吐蕃民族之中，后来逐步发展成为青海的藏族。所以唐代以后，史籍中已基本无诸羌和吐谷浑人的记载。蒙元时期，大量的中亚、西亚穆斯林迁入中国，其中很多是由成吉思汗西征时被迫东迁而来，也有东来经商、仕宦、传教等人士。到元朝末年，回人已具备了一个民族的雏形，后来改为回族，在青海东部地区有广泛地分布。蒙古军西征时，原居西突厥乌古斯部撒鲁尔部落中170户人口东迁，被安置在元积石州（今循化县境）驻扎，后经长期发展逐步成为我国的撒拉族，现主要居住在青海循化地区。元代，原居青海的霍尔人和留居于此的蒙古人通过长期交往，逐步发展成为西宁州土人，约在元末明初形成了一个单一的民族，新中国成立后定名为土族，主要居住于青海东部地区。明代中期以后，东蒙古部落大批向青海湖地区迁徙，残破明塞外四卫，撒里畏兀儿族和藏族部落四散逃徙或成其役属。至万历时，蒙古入居人数已达10万之众，在明军的不断打击下西海蒙古逐步衰弱下去。明末，厄鲁特四部之一的和硕特蒙古从伊犁地区移牧青海，占据了以青海湖为中心的草原，进而进据卫藏成为整个青藏高原的统治者。青海牧地成为和硕特首领顾实汗子孙的世袭领地，今青海海西地区的蒙古族其先辈大部分为和硕特蒙古。

四 多种文化风俗与宗教共存

古代青海地区民族构成的多样化，带来了不同的文化背景和思想行为观点。各民族的文化传统、风俗习惯和宗教信仰既自成体系又相互渗透。有些民族的文化融入了汉文化之中，有些汉文化融入了少数民族文化之中，显示出了民族文化相互融合的历史和多元的特点。

西汉以后，中原封建王朝的行政体系在青海东部建立，汉族文化随之进入，开始在这里生根和传播。1942年在乐都老鸦出土了汉《三老赵掾碑》，所记主人赵宽为西汉后将军赵充国五世孙。赵氏原籍上邽（今甘肃清水），后迁居令居（今甘肃永登），再迁居破羌（今青海乐都县境）。他曾任汉浩门县（治今甘肃永登河桥一带）三老一职，主掌教化；他钻研经典，热心教育，常在湟水沿岸地区讲学，有学生一百多人，皆成俊艾。其子继承父业，用教育去感化当地的人心风俗。东汉至魏晋，湟水流域已出现了汉族豪门大姓，如西平郭姓、鞠姓、金城韩姓等，一度在国家和地区的政治历史舞台上十分活跃。他们在家族内聘请儒生教授子弟，对当地历史文化的形成和发展有一定的影响。明洪熙元年（1425），在西宁卫始设儒学，后又建立社学，规模不断发展，明代青海地方也有了进士和举人。清代除有西宁府儒学外，各县建有县儒学、义学、社学等，府县还建有一批书院，旧式儒学教育分布较广泛。

汉族文化强烈影响着少数民族的土著文化。吐谷浑国通行的语言以鲜卑语为主，但很多上层人士精通汉族文字，汉语在其国内也十分流行，并采用汉语作书契。魏晋时，河湟地区的地主豪强和氏族首领由于受中原文化的影响，开始接受儒学教化。南凉曾有重武轻文的世俗，"取士拔才，必先弓马"，[15]但由于仰慕中原文化，便仿效中原兴办儒学，请汉族儒士教授鲜卑贵族子弟，提高了统治者阶层的文化素质。

民族文化融合是一个互相渗透的过程，少数民族的汉化和主体民族的胡化往往同时进行。青海历史上民族文化的融合还往往伴随着野蛮民族的征服。唐代，吐蕃占据青海后与汉文化等发生密切关系，唐蕃联姻后唐蕃关系和好不绝；关系逆转后吐蕃统治者实行民族压迫和民族歧视，推行民族同化政策，强迫被占领的河陇地区的汉人穿蕃服，说蕃人语言，只有在年节祭祖时才准穿唐服，故汉人"皆毛裘蓬首"。陈黯《唐代河湟父老奏》曰："家为虏有，而心不离，故居河湟间，世相为训，今尚传留汉之冠裳，每岁时祭享则必服之，亦不忘汉仪"，但"逾代之后，斯人既没，后人安于所习"，说明了被奴役的汉人虽怀念汉族文化，但只经几代的熏染仍被周围文化环境所同化。唐司空图《河湟有感》诗曰："一自萧关起战尘，河湟隔断异乡音，汉儿学得胡儿语，却向城头骂汉人。"其中就反映了大量汉族被吐蕃强制同化的事实。

当地人文环境的潜移默化也是造成民族文化融合的重要原因。明代在青海地区屯田的军户许多是从南方调拨来的汉族，今青海黄南藏族自治州同仁县的保安四屯，"屯兵之初，皆自内地拨往，非番人民，故今有曰吴屯者，其先盖江南人，余亦有河州人。历年既久，衣服言语渐染夷风，其人自认为土人，而官亦目之为番民矣"。[16]说明从江南迁来的人受当地民风濡染为时既久，与当地土著已无两样，不仅地方官员这样看，就连自己也这样认为。

共同根植于青海高原独特人文环境和土壤的各种文化，既有各自独特的个性，也有许许多多的共性，容易相互交流和交融。如吐谷浑政权统治者为鲜卑族，属下主要是羌族、匈奴、汉族等，在长达三个半世纪的统治下，各民族的风俗与原吐谷浑的风俗相互影响，逐步变成了比较一致的文化风俗。《魏书·吐谷浑传》记载："其俗：丈夫衣服略同于华夏，多以罗幂为冠，亦以缯为帽；妇人皆贯珠贝，束发，以多为贵。……父兄死，妻后母嫂等，与突厥俗同。至于婚，贫不能备财者，辄盗女去。死者亦皆埋殡。其服制，葬讫则除之。……好射猎，以肉酪为粮。"[17]吐谷浑在衣、食、婚、丧等方面，融合了汉、羌、匈奴等不同民族的习俗。子娶寡母（后母）和弟娶寡嫂的婚俗，在北方羌人、匈奴、鲜卑、柔然、突厥等古代游牧民族中较为普遍，这对于保持家族或本氏族劳动力和财产具有经济意义。

不同时期随着不同民族传入青海地区的各种宗教，反映了青海区域文化中不同的社会意识形态。佛教传入今青海地区，约在东晋十六国至魏晋南北朝时，五凉割据河西地区时佛教就十分流行。自晋以来，内地僧人走青海道西行求经者对沿途地区的佛教传播也起了很大作用，青海的地方割据政权南凉、吐谷浑等统治阶层改信佛教后推动了佛教的普及。青唐政权时，河湟吐蕃普遍信奉佛教，当时青唐城内塔寺众多，"城中之屋，佛舍居半"。[18]蒙元时期，藏传佛教传入蒙古，统治者采取推崇扶持政策，蒙藏两族均信奉藏传佛教。明代以后，朝廷抬高了藏传佛教僧人的社会地位，民间以穿僧服为荣，青海地区出现了瞿昙寺、塔尔寺等一大批藏传佛教寺院。元明时期，随着回人、撒拉人等民族徙居青海，他们信奉的伊斯兰教也传入青海东部农业区，建于明洪武时的西宁东关清真大寺、循化街子清真大寺等都是著名的伊斯兰教寺院。伊斯兰教在青海东部河湟地区有广泛的传播且发展较快。明清时道教传入青海，各地建有一些道观，但从道士人数、寺观规模等方面看均不及佛教和伊斯兰教。清代，天主教、基督教等传入青海，外国传教士、神甫来西宁等地传教，在西宁及部分农业县城修建教堂，但信徒人数较少。有多种宗教共存和少数民族信仰宗教，是青海历史上一种普遍的社会现象，这也是地区文化意识多元特点的重要方面。

参考文献

①②④《后汉书》卷87，《西羌传》。

③《旧唐书》卷109，《黑齿常之传》。

⑤《晋书》卷126，《秃发傉檀载记》。

⑥《资治通鉴》卷129。

⑦⑧《北史》卷96，《吐谷浑传》。

⑨《新唐书》卷43，《地理志七下》。

⑩《宋书》卷96，《鲜卑吐谷浑传》；《北史》卷96，《吐谷浑传》。

⑪周伟洲：《吐谷浑史》，宁夏人民出版社1985年版。

⑫《明经世文编》卷404，郑洛《收复番族疏》。

⑬《晋书》卷125，《乞伏乾归载记》。

⑭《汉书》卷99，《王莽传》。

⑮《晋书》卷126，《秃发利鹿孤载记》。

⑯乾隆《循化志》卷4。

⑰《魏书》卷101，《吐谷浑传》。

⑱李远：《青唐录》。

试论明清时期河湟文化的
特质与功能[1]

武 沐 王希隆[2]

河湟文化是祖国文化中的奇葩，是西北各民族文化中具有代表性和影响巨大的文化。伊斯兰民族、藏族、蒙古族、汉族等各族文化建构了河湟文化多元鼎立与兼容并包的特质和屏藩、整合、承传的功能。史学界对于河湟文化的研究，就其多元性的民族文化而言，已多有论述，但多限于文化宗教、衣食住行的一般性论述。本文的目的并不在于探讨河湟文化的多元性，而是试图将该地区各民族文化放在河湟文化整体背景中去研究，尤为着意探讨河湟文化中各民族文化相互间的地位、兼容的机制、原因，传承的方式、途径，文化功能，等等。缕陈其间原委，以求证于当世方家。

一 鼎足而立与兼容并包的多元文化

河湟文化之起源，应追溯到汉武帝拓西陲。当时的河湟地区主要是

---

[1] 论文原载于《兰州大学学报》2001年第6期。
[2] 武沐，山西洪洞人，兰州大学历史文化学院教授，博士生导师；王希隆，甘肃兰州人，兰州大学历史文化院教授，博士生导师。

汉、羌文化交会的地区。魏晋南北朝的西秦时，河湟地区是羌、汉、吐谷浑、氐、陇西鲜卑、拓拔鲜卑等众多民族驻足、争夺之地，可谓启河湟多民族文化的端倪。隋、唐、宋三朝，河湟文化主要在汉与吐蕃间对话，且大部分时间为吐蕃、西夏金朝占据。历史上大凡两个或几个语言不同、风俗各异的民族相处，其间必然有一中间地带，河湟地区正是当时藏、汉等民族文化相交的中间地带。但蒙元时，这一情况发生了显著的变异，蒙古人不仅把自己的同胞带到了河湟地区，而且也迫使大批西亚信仰伊斯兰教的民族客居他乡，寻梦河湟，并最终催生了回、藏、汉、蒙、东乡、撒拉、保安、土族等众多民族共居，伊斯兰教、藏传佛教、道教、汉传佛教以及儒家礼教等众多宗教和政治学说汇聚的多元鼎立、兼容并包的文化格局，使河湟文化鼎盛一时。有明一代河湟文化曾一度沉寂息影。清初以至民国时，河湟文化因伊斯兰门宦制和回族军事将领的出现而骤然东山再起。此时的河湟地区汇聚了世界三大宗教中的两大宗教、中国五大民族中的四个民族，加之河湟地区土生土长的特有民族东乡、撒拉、保安、土族，从而形成了今日河湟文化的基本格局。这种八个民族、七种语言、四大宗教或学说同时汇聚一地，在中国历史上是绝无仅有的。明清时期的河湟是众神狂欢之地。

河湟地区特有的地理位置、多民族共存的历史背景和氛围使之成为西部众多文化汇聚的枢纽，而众多文化的汇聚又导致和规约了河湟文化的多元性。但特殊的是，汇聚于河湟地区的众多文化又同时处在各自文化的边缘，即沿海及中原的汉文化向西发展到河湟地区与其他文化交汇时，其文明与在沿海时已迥然不一。所谓"甘肃士人独安固陋，不求闻达也"。[①]而藏文化、蒙古文化以及中亚、西域伊斯兰文化传播到河湟地区时也已是龙魂蛇影，其影响明显减弱。这种边缘文化的特性又限定和拘囿了河湟文化只能是多元鼎立、兼容并包的混合型文化，而不是像近邻河西文化、陇西文化、安多文化那样，呈现为一元为主、多元为辅的格局。但多元并不意味着多极，鼎立不导致对立，兼容绝非兼并。虽多元发展却始终聚合在同一社会整体之中，虽鼎足而立却蕴含着千丝万缕、割舍不断的有机联系，这种联系奠定了兼容并包的基础。多元鼎立文化发展的结果是共同托起了一个兼容并包的社会。历史上河湟各族间虽间或存在着虞诈相加、以邻为壑、掉首无情的现象，但在各民族交往的漫漫长河中，这并不是主流。它并不能取代蕴含在河湟各族文化深处的相互联系和各民族得以立足的社会机制，更不能阻碍我们对这些联系与机制的探讨。对于这种探讨原本可以从政治、经济、文化等方面论述，其优点是可以将不同民族放在同一问题中去讨论，但那样一来就割断了各民族的整体感。笔者才疏，难以二者兼顾，只好将各民族文化的机制分别论述。

（一）汉文化的机制

元朝以来汉文化之所以能够立足于河湟地区，用左宗棠的话说：甘宁青地区"汉蒙回番杂处其间，谣俗异宜，习尚各别。汉敦儒术，回习天方，蒙番崇信佛教……置省以来，诸凡建设，或创或因，于武备尚详，而文治独略"。[②]依左将军看，汉文化之所以立足于河湟地区乃"武备尚详"之故，而文化孱弱苍白得几可忽略。河湟地区的汉文化依托于强大的中央政权，在政治、军事等方面发挥着十分重要的作用，这无可置否。然而强调汉文化在政治、军事方面的重要性，并不意味着汉文化只是在政治、军事方面存在着影响。实际上，河湟汉文化即使抛开中央强大的政治、军事依托，依然能凭借其卓越的文化功能立足于河湟社会中。这种文化功能主要得力于以下方面。1. 汉文化是该地区先进科学技术与文化的传播者。无论是古代还是近代，汉文化对该地区影响最大的，既不是通常所谓儒家之道，更不是道教、佛教，而是汉文化中先进的科技因素。内地军民的大量屯田，为河湟地区带来了先进的农耕技术和文明。从汉代赵充国的屯田，到明末郑洛的经略，河湟各少数民族是在接受先进农耕文明的同时，部分地接受了儒家伦理道德之说。明嘉靖《河州志》记载的以王佐、王竑父子为代表的河州各界名流、进士、隐逸等知识分子，大多为从戎河州军吏的后裔。明、清《河州志》中记载的64位历任河州知州，清顺治《西宁志》中记载的53位历任西宁兵备道副使等均来自内地，且大多出身进士。他们与民间文化传播一道，对于推动该地区政治、经济、文化的发展起到了至关重要的作用。河湟伊斯兰各族及部分蒙古族、藏族、土族在从游牧文明向农耕文明的转换过程中，都是从汉文化那里潜移默化地汲取了先进的耕作技术。汉文化先进的科技因素犹如一条不可缺少的、更无法替代的文化纽带，把该地区各少数民族的文明进程与先进的科学文化紧紧联系在一起，进而为汉文化的立足奠定了牢固的基础。2. 汉族与其他各族一起链接了一条彼此相依的经济链。农耕经济与游牧经济间的巨大差异，为河湟地区的商品交流创造了绝好的商机，汉、藏两地广阔的空间既是商品销售的巨大市场，又是源源不断的原料供应基地。而河湟伊斯兰民族以其良好的商业素养，悠久的经商传统和坚韧不拔的吃苦精神在河湟各族之间架起了通衢四方的商业桥梁，同时也使其在河湟经济中占据了不可缺少的重要位置。3. 汉文化代表了河湟文化的发展取向。河湟汉文化代表着主流，但不是主导。河湟各少数民族虽宗教信仰、语言风俗各不相同，其近代化的历史进程也先后不一，但近代化发展的取向都是因循汉文化的，这一点即使在今天也是如此。

（二）异军突起的伊斯兰文化

河湟伊斯兰民族深受多种文化的影响，又影响着其他文化。河湟伊斯兰民族因信仰伊斯兰教而与汉族有明显的区别，又因受汉文化影响较深而异于其他地区的伊斯兰民族，有着自己迥然不同的文化背景、民族性格和历史传统。他们与河湟各民族既有激烈冲突，又有真诚合作。这种文化的交融，在锤炼出河湟伊斯兰民族的极强自尊、使其呈现出复杂、矛盾、独特和坚韧的民族性格的同时，又孕育了河湟伊斯兰民族与其他文化间息息相通、难舍难分的文化情结。与汉文化相比，河湟伊斯兰民族既不具有强大的政治、军事影响力，又不是先进科学技术的传播者和主流文化的代表；与藏族文化相比，它缺乏那种造就出藏文化古老而又封闭的历史背景和自然条件，然河湟伊斯兰文化却是河湟文化中最富有粘连能力而同时又能很好地保持自我的文化，是整合中最活跃的因子。河湟伊斯兰民族之所以能把这种极具粘连的能力演绎得出神入化，首先应归结于元朝以来河湟伊斯兰教的迅猛崛起。元末明初蒙古族、藏族势力的衰微，明清汉文化的姗姗来迟，以及元朝以来历代统治者对藏族的打压，为这一中间地带留出了巨大的历史空白，历史为河湟伊斯兰教的发展创造了绝好机会和宽松的环境。大多数文章在论述河湟伊斯兰文化与汉文化的联系时，多以河湟伊斯兰教如何吸取儒家学说、河湟伊斯兰民族族源之广泛以及连接四方的商业情缘为主题，这毋庸置疑。但河湟伊斯兰民族与汉文化的联系还有其独特之处，如河湟伊斯兰门宦制。河湟伊斯兰门宦制首创于河湟地区并迅速传播于西北。门宦制不仅表现为众多的教派、教义，更重要的是它还创建、整合了新型的伊斯兰民族的基层社会组织。与其他民族不同，伊斯兰民族是分散进入中国的，因而缺乏本民族的社会基层组织。门宦制出现后，在一定程度上把河湟伊斯兰民族进行了重新组合，使之出现了一种以伊斯兰教为纽带的、具有伊斯兰民族特色的社会组织。它的出现是河湟地区伊斯兰民族走向成熟的表现，我们不能因为存在着民族冲突而怀疑它的出现。但这种重新组合后的社会组织仅仅是一个准社会组织，由于不具备完整的政府功能，因而它无法取代郡县制，也不可能成为与中央政权并驾齐驱的地方组织，在相当长的时期内它甚至无法取代土司制。尤其在各教派冲突时，政府出面的调解、仲裁作用显得尤为重要。门宦制只是郡县制的一种不可缺少的延伸和补充，是在郡县制的羁绊下，中央王朝借以管理河湟伊斯兰民族的一种方式。历史证明，河湟伊斯兰民族正是通过这种准社会组织而始终与主流社会保持着若即若离，却又割舍不开的联系。因此，从社会学角度，而不是从宗教角度来看，门宦制的出现不仅为河湟地区伊斯兰民族提供了一种社会组织形式，而且也为中央政府治理河湟地区增加了一种选择，其在此意义上的积极作用在明清以来几百年的历史中应得到认可。

除门宦制外，河湟伊斯兰文化的非主流化也是其独具特色之处，只是较之其他方面，它表现得更为曲折、更为隐现。河湟伊斯兰民族文化的独特、有趣之处在于，它一方面以伊斯兰文化作为自己民族文化的主流，以保持和维护自身的民族特色；另一方面又以那些被儒学视作非主流，同时也被自身民族认为是非主流的文化作为进入河湟主流社会的手段。非主流文化在河湟伊斯兰文化中表现得异常突出和普遍，甚至十分微小的细节都被顽强地坚守着。河湟地区伊斯兰民族由于长期生活在边远地区，文化的发展受到经济、宗教等众多因素的限制，其通儒达经的水平不仅远不如内地，即使在本地也常常因科举落后而受到崇尚学经入仕，视"学而优则仕"为进入主流社会通衢大道的士大夫的歧视。因此，科举在河湟伊斯兰文化的价值取向中并不被看重。河湟地区明清两代以经学中进士的六人中，除马应龙族属尚待确定外，其余无一为伊斯兰民族。[③]他们在经堂学习知识而不是在学堂。因此，在其文化中被看重的恰恰是以非主流文化跻身于主流社会的方式。尚武与经商就是典型的例子。

居住在边地的少数民族大多有尚武的习俗，而河湟伊斯兰民族中的尚武精神更是盛传不衰。河湟伊斯兰民族的尚武，在今天看来仅仅是一个简单的文化现象，但在明清时期它却包含着复杂的历史背景。这里，既有古代游牧民族的遗风和因居住环境中时常发生民族间械斗而被迫所为等因素，又有受生活所迫，以充当保镖为谋生手段或因常年经商在外不得不多练几招以防不测等经济原因，但更重要的仍是隐现在尚武精神背后的文化蕴含。这就是：1. 河湟伊斯兰民族以尚武为进入主流社会的主要途径，如出身于河州的马福禄就是因武进士而一跃成为西北著名的军事将领，其弟武举人出身的马福祥更是举足轻重的封疆大吏，西北回族中无出其右者，马占鳌、马海宴家族的入朝秉政也与尚武有一定的关联，河湟藏族中虽亦有武进士，[④]但与河湟伊斯兰民族尚武的文化蕴含不可等同而论；2. 河湟伊斯兰民族视尚武为提高民族自尊心和培养民族性格的一种手段，河湟伊斯兰民族在为民族生存而战中所表现出来的强烈的民族自尊心和勇气，为世人赞叹，其桀骜不驯的民族性格往往被封建统治者视为"叛逆"的象征而引以为患；3. 河湟伊斯兰民族的尚武可以弥补其单调的文化生活。

经商在以农为本的汉族文化中被看作"末业"，但河湟伊斯兰民族却以擅长经商而闻名于西北。河湟伊斯兰民族的经商固然有其生活所迫的经济因素，但其文化的黏和作用尤为显要。首先，河湟伊斯兰民族经商，可以大大强化其对河湟文化的向心力。河湟伊斯兰民族通过经商，其经济实力大多在当地汉族之上。民族实力的壮大，对于提高民族的自信心十分关键。实际上在河湟伊斯兰文化发展过程中，经商始终是平衡民族心理、强化民族自尊心的主要手段，而民族心理的平衡与自尊心对于一个民族的生存来说又是非常重要的。在多民族共存的文化圈中，每个民族的自尊心往往与其对本民族在这个文化圈中的认可程度相辅相成。他的认可程度越深，或者说他越认为自己是这个文化圈中的一分子，就越加珍重自身的形象，越加渴望赢得他人的尊重。因此，河湟伊斯兰民族的经商虽被主流社会视作"末流"，但确实又是其立足于主流社会的文化基石，是获得其他民族认可和尊重的主要途径之一。其次，河湟伊斯兰民族经商可以提高其在本民族的地位，许多商人就是通过这一途径成为当地社会组织中的核心人物，一部分人甚至走上了仕途。最后，经商可以帮助河湟伊斯兰民族了解中原文化，增长知识，走向世界。

河湟伊斯兰文化的非主流化虽然早已渗透到河湟伊斯兰民族的血液中，但河湟伊斯兰文化的非主流化并不意味着因此而游离于主流文化之外，它是以非主流化的手段达到进入主流社会的目的。其归宿在于入流，而不是出"流"。河湟伊斯兰民族是在大一统的总格局下发扬着本民族的"非主流文化"，这是河湟伊斯兰民族在文化上的一大特点，即使在同治年间西北回族大起义中，这一特点仍表现得十分突出。这种主流与非主流的交融，把河湟伊斯兰文化与汉文化有机地联结为一体。

（三）古朴、厚重的藏族文化

藏文化是河湟文化中一支古老、独特而又神秘的马背文化。独辟一隅的藏胞们在虔诚的祈祷声中平静地生活着。他们颂扬呼图克图以祈求来世的幸福。藏文化古朴的底蕴像他们脚下的草原一样宽广、厚重。

在宗教教义上，河湟地区的藏族与拉萨地区的藏族并无两样，但在族源上河湟藏族要复杂得多。除古羌族外，氐人、吐谷浑人、鲜卑人、党项人、蒙古人、汉人等都曾是其族源的一部分。这一点决定了河湟藏族与周边各民族的交往、融合更为广泛和深入，如该地区汉族与藏族、伊斯兰民族与藏族间的民族同化现象曾屡见不鲜。西宁藏族土司李南哥的后裔李玑就曾以经学中进士，[5]这说明该地区一些藏族贵族的汉化程度异常之高。这在整个藏族历史上也是十分罕见的。河湟藏族的这种民族开放与进化相对于从整体上仍处于封闭状态的西藏地区、尼泊尔地区，尤其是印度地区的藏族而言，无疑是其鲜明的特征之一，而正是这一点又恰恰是上述地区的藏族最不以为然之处。

藏族的寺院文化在河湟地区中固然占据着特有的重要地位，但比这更特殊和更重要的是藏族在该地区的政治、军事作用。与河湟伊斯兰民族相比，河湟藏族既不是以宗教也不是以非主流文化进入河湟社会的，它是以政治上的归附、军事上的藩篱为契机，在河湟地区占有不可替代的一席，成为河湟社会有机组成部分。明初，以何锁南普、李南哥为首的河湟吐蕃首领的归降，使得明朝统治者顺利地"因其俗而顺其治"，建立了"以流制土、以土治番"的土流参设制度。土官利用他们的势力和影响，控制"番众"，稳定地方，在征调、守卫、保塞等方面发挥了积极作用，被誉为有"捍卫之劳，无背叛之事"的民族。[6]河湟地区的土官制度雏形于元，完备于明。从制度演变上看，这种土官制是郡县制、羁縻制、世官制的集大成者。从管理方式上看，它是"因其俗而顺其治"的完美结合。以制度学的角度衡量，土官制的实质与核心是权力的分享。但这种权力的分享是在同一政治框架下的权力分享，绝不是分立，更不是独立。土官以其对中央王朝的忠诚为资本，在河湟政治框架中换取和谋得中央王朝的认可，反过来又凭借这种认可来维护自己在部落中的特权。资本与特权的交换，在这里既关键、重要，又默契、娴熟，双方和谐地捆绑在统一的政治框架中，即使部分河湟藏族改信伊斯兰教后，这种政治上的和谐依然顽强地保留着。

河湟藏族在军事上与中央王朝保持联系的主要方式是共建河湟防御体系。所谓共建是指中央王朝以其军事威慑和重点征讨为河湟藏族提供保护，而河湟藏族反过来又以分关把守、层层藩卫为中央王朝担当藩篱。

河湟地区藏族在军事上的屏藩作用令世人赞叹、瞩目，其特点是藏、汉、回、土等各族共同建立了以西宁为中心、层层藩篱的防御体系。河西四郡与河湟地区虽同地处西北，但历代统治者在两者间采取的防御战略截然不同。前者多讨伐，后者重经略。出征河西之悍将，多怀征伐之豪气，入西域之无尽境地；驻守河湟之功臣，则望西极荒漠，以固守天之尽头为己任。汉赵充国、魏郭淮、晋马隆、隋刘权、唐娄师德、宋王韶以及元吐蕃宣尉司，所用皆此法也。明代郑洛之经略，更难有望其项背者。明中叶以后，进入青海湖地区驻牧的蒙古鞑靼部落势力大振，掳蕃寇边，河、湟、岷、洮一线，岁无宁日，形成"九边之患虏，秦为最。

秦患虏，陇右为最"的局面。即使是河湟雄镇河州也曾经被蒙古兵攻占，⑦朝廷上下为之震动。为此，明政府于万历十八年（1590）派兵部尚书郑洛经略青海。郑洛到达青海后，联合诸蕃，以严借路、急自治、扼川底、议招降等十二条方略经措其事，⑧凭两万之兵拒蒙古十万之众，三四年间，收效甚著，基本稳定了青海局势。熟悉这段历史的学者都知道，郑洛之所以能够以少胜多，诸蕃的作用举足轻重，功不可没。而郑洛正是充分和巧妙地将中央的威慑力量与诸蕃的蕃卫能力加以结合才得以成功。

河湟藏族与伊斯兰各民族的关系，比之汉族与藏族、汉族与伊斯兰各族显得更为融洽，这多少有些令人羡慕和费解。有人把这种融洽归结为河湟伊斯兰民族把握了藏族的商业命脉，这话只说对了一部分。商业情缘在两者的关系中占据着显要地位，毋庸置疑，但两者的关系远较商业因素更为丰富、更为复杂。如明清时，河湟藏族在土著化的过程中，许多藏族人皈依了伊斯兰教，这件事若从商业角度评判，恐怕难以自圆。19世纪中叶，法国传教士古伯察在西藏考察时发现："西藏人（以及克什米尔人——信仰伊斯兰教的西域人）声称自己不大尊重汉人，因为他们认为这些人是不信宗教者。"⑨可见，少数民族对于宗教信仰的虔诚心态，很容易使他们以此为尺度来划分彼此间的亲疏。对于信教者，尽管所信之教并非相同，但有时仍能产生出一种虽非同类却异常亲近的感觉。对于不信教、信教程度很低或临时抱佛脚的汉族，则敬而远之。河湟藏族中有许多人皈依了伊斯兰教，甚至整部落改信伊斯兰教，这也许正是藏族与伊斯兰各族较为亲近的另一解释吧。

河湟藏族土官皈依伊斯兰教除信仰外，还应与其既得的政治利益有着密切的关系。土官一旦入流，则一切特权荡然无存，如清康熙末年曾在河湟地区废茶马之制，除不法土官。雍正四年，实行起科，番族俱纳粮当差，与汉民无异。土官改信伊斯兰教，既保留了原有的特权，又适应了藏族从游牧经济向农耕经济转轨的形势，满足了环境所迫的需要。

此外，河湟藏族所接受的先进文化大多是从河湟伊斯兰民族中传入的，而不是直接从汉族中传入的，这一点对回、藏关系的影响绝不亚于商业情缘。

二 河湟文化的功能

河湟文化的功能大体可分为屏藩功能、整合功能、承传功能。前两者已多有论述，此处只就承传功能谈一点认识。

作为古羌族世代居住的河湟地区早在汉武帝时已基本纳入中央王朝的版图。此后，河湟地区以其特有的地理位置成为古代"丝绸之路"与亚洲内陆"草原之路"上的咽喉、"唐蕃古道"的通衢、北方游牧民族与西北少数民族文化交流的唯一走廊、西南与西北地区即西部中国南北相互沟通的桥头堡。童恩正教授曾从地理位置、海拔高度、太阳辐射、气温、雨量、土壤、动植物和矿产资源等自然景观与生态的相似性方面，论证了我国从东北到西南存在一个边地半月形文化传播带，其转折正在河湟一带。[⑩]这实际上是对河湟地区作为多民族文化聚居区及其文化走廊之汇聚枢纽的地位作了认定。同时，河湟地区还是青藏高原与黄土高原，农耕民族与游牧民族相互接壤的分水岭。中原政权以此为基地向西、西南发展；游牧民族则视河湟地区为交换贸易和文化沟通的场所，乃至征服劫掠的突破口之一。这些都为河湟文化的传承功能提供了历史背景。

早在十六国时期，河湟地区就是佛教传承最盛的地区之一。炳灵寺是当时佛学大师们坐禅弘法的著名寺院。据《高僧传》记载，西秦时包括法显大师在内来河湟地区弘法释经的中外法师多达十余位，释经二十余卷。此外，古羌人及吐蕃之东进、吐谷浑之南下、党项族之北上，都曾盘桓于河湟地区，其文化之承载、传播的功绩亦不可小觑。河湟地区还是整个藏族地区了解中原文化，学习先进知识以及通过了解世界确定民族自身方位的主要窗口。文成公主入藏就是在河湟告别同胞后，进入西蕃庭的。明清时，出身于西宁的藏族宗喀巴大师创建了黄教，致使河湟地区的黄教在整个藏区中有着特殊的地位。明万历年间，入居青海的蒙古俺达汗部族，正是在黄教的影响下，派使者迎请锁南坚错（即达赖三世）至青海仰华寺隆重会面，俺达汗率众接受灌顶皈依黄教。从此，黄教在蒙古地区广为传播，熬茶膜拜，视若天神，对蒙藏历史影响深远。

而锁南坚错及其转世者也因此获达赖喇嘛的名号,成为格鲁派领袖。河湟地区还是历史上藏传佛教与汉传佛教交流的窗口与前沿。北宋熙宁年间,汉传佛教高僧智缘就曾随王韶经略青唐(今青海西宁),由于深受当地部落酋长喜爱,得以"说结吴叱腊归化,而他族禹龙坷禹藏讷令支等皆因以书款"。[11]清军进入西藏也是以此为后方大本营。但是,河湟文化传承之典型及集大成者莫过于伊斯兰教。

河湟伊斯兰民族对于伊斯兰教的传承不仅仅是单纯的伊斯兰教教义,而是发展、升华为一种包含了伊斯兰民族社会组织形式在内的宗教制度,即伊斯兰教门宦制度及伊黑瓦尼教派。[12]门宦制度的出现不仅仅是伊斯兰教苏非派教义传播、感召的结果,重要的是它还被看作河湟伊斯兰民族自身进程发展的产物。而区别于土官势力的新兴封建政治力量以及以自主创教为特征的新兴宗教力量的出现,则是这种自身民族进程的主要标志。门宦制度不仅表现为名目繁多的教派,而且更广泛的意义在于,它是这种新兴政治、宗教力量与苏非派教义结合后产生的一种以宗教为纽带的社会组织制度。它结束了河湟伊斯兰民族落居后只有宗教组织,没有民族自身基层社会组织的局面。门宦制的传播,对于西北伊斯兰民族社会化进程来说是十分重要的,对于全国来讲,其影响也是巨大的。它是伊斯兰教经西域传入中原的一个重要阶梯,是伊斯兰教本土化的关键环节。因此,河湟文化圈的传承不是简单的文化传递,而是社会的理性加工。

河湟各族正是在上述的有机联系中,交织出一幅你中有我、我中有你、相互依存、共同发展的民族关系网。探讨河湟文化的内在联系,不仅仅是历史的还原,它对于研究当今河湟地区的民族关系亦有着十分现实的意义。

参考文献

①左宗棠:《请分甘肃乡闱并分设学政折》,《左文襄公奏稿》卷44。
②左宗棠:《请陕甘乡试分闱并分设学政疏》,《皇朝经世文续编》卷53。
③(明嘉靖)《河州志》、(清康熙)《河州志》、(清顺治)《西宁志·甲第》。
④(清顺治)《西宁志·土司》。

⑤（清顺治）《西宁志·甲第》。

⑥《清史稿·土司六》。

⑦《明史》卷三百三十。

⑧《明史》卷二百二十九。

⑨［瑞士］米歇尔·泰勒：《发现西藏》，耿升译，中国藏学出版社 1999 年版。

⑩童恩正：《试论我国从东北至西南的边地半月形文化传播带》，《文物与考古论文集》，文物出版社 1987 年版。

⑪《宋史》卷四百六十一。

⑫霍维洗：《近代西北回族社会组织化进程研究》，宁夏人民出版社 2000 年版。

青海东部史前文化对气候变化的响应[1]

侯光良[2]　刘峰贵

一　青海东部史前文化类别及其分布特征

1. 青海东部史前文化类别

青海境内富集有我国许多新石器时代的文化遗址，这些史前文化在中华文明的起源和发展中有重要作用。这些文化包括：石岭下类型、马家窑文化、齐家文化、卡约文化等。石岭下类型是青海境内发现最早的新石器时代的文化类型，是仰韶文化的最西端，据碳14测定，其年代为公元前3810—前3000年间；马家窑是新石器时代晚期的一种文化，主要分布于甘、青两省，彩陶发达，年代为公元前3000—前2000年，根据彩陶等文化特征又将其分为马家窑（公元前3000—前2500年）、半山（公元前2500—前2300）和马厂类型（公元前2300—前2000年）；齐家文化是继马家窑文化之后的一种铜石并用时代的文化，属原始社会解体时期，其时代为公元前2000年前后；卡约文化是青海境内的最后一种原始文化，也是活动最频繁、分布范围最广泛的，碳14测定其年代为距今3550—2690年，

---

[1] 论文原载于《地理学报》2004年第6期。
[2] 侯光良，青海大通人，青海师范大学地理科学学院教授，博士生导师。

相当于中原的商周至春秋时期[1][2][3]。可以看出，青海的这些史前文化时间上具有很好的连续性，地域上存在着一定的内在联系。因此，为它的时空变化的研究提供了可能。

从另一方面看，青海史前文化与其相邻的甘肃史前文明具有密切关系，与同属青藏高原的西藏史前文化也应有关系。目前，甘肃与西藏的史前文化，都有专门的研究[4][5]。对处于二者过渡地带青海史前文化的研究，应该有特别的意义。

2. 青海东部史前文化的分布特征

对青海省行政区划图，在 MAPGIS 下进行处理和矢量化，分别制作成线面文件，并根据研究的具体内容将线面文件进行叠置。在研究中，以县域为单位，简化分析过程，虽然将点状分布的文化遗址进行面状处理，容易夸大其分布范围，但以此来分析古文化遗址的空间分布规律也是可行的。

青海东部史前文化具有点状分布的特征，主要集中在黄河和湟水谷地地势平坦、土壤相对肥沃的一、二级河流阶地上[6]。

石岭下古文化遗址类型在青海发现较少，共有 10 处，仅分布于毗邻甘肃的民和、循化两县东界，民和县官亭镇和转导乡一带分布集中。马家窑文化的遗址广泛分布在青海东部的河湟谷地，以马厂类型为例，它东起甘青交界，西到黄河的贵德盆地一带，北到大通，南到黄南藏族自治州隆务河流域，发现遗址 500 多处，其分布规律是东部密集，如仅民和境内发现马厂遗址 344 处，乐都境内 101 处，分别占同类型文化发现总数的 67.2% 和 19.7%，是典型密集区，向西依次递减（图 1）。半山文化类型的分布与马家窑文化基本相同。

齐家文化分布地区和马家窑也基本相似，仍然是东密西疏；但在湟水流域有所扩大，向西北扩展到青海湖北岸的刚察沙柳河地区。还可发现，齐家文化分布的密集区比马家窑文化的有所扩大，从马家窑时期的民和、乐都两地扩展到相邻的循化、化隆地区。但分布密度明显减小，马家窑时期，密集区遗址点密度每县在 300 个以上，而齐家文化相应的数目只有 100 多个。

卡约文化在青海境内分布最为广泛，发现遗址数目最多（图 1c）。卡

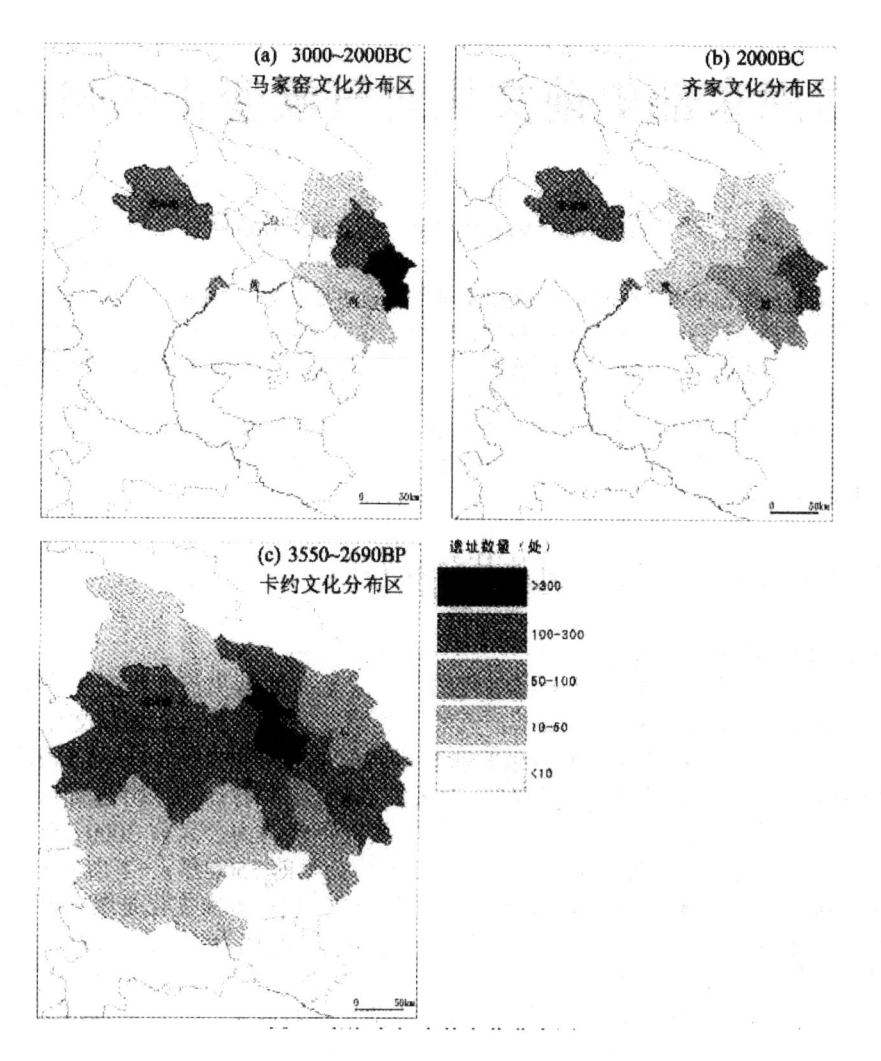

图 1 青海东部史前文化分布区

约文化不仅覆盖了前几种文化的所有分布地域，而且有了大大的拓展。向西到了兴海、同德，向北延伸至大通河流域，向南扩展到泽库、河南等县。从分布范围上来看，祁连山以南，阿尼玛卿山以北，柴达木盆地以东，都有卡约文化分布。但其中心位置集中在西宁盆地和湟中两地，并向四周辐散，如湟中一地遗址数就达 300 多处。

由此可见，距今 6000—2700 年以来，从石岭下类型到卡约文化的数千年发展中，原始居民的生存空间在不断扩大。较为显著的扩大有两次，一次发生在马家窑文化时期，石岭下文化类型分布非常有限，但到了马家窑，分布范围急剧扩大，半山、马厂类型以及齐家文化分布范围基本一致，保持稳定态势。另一次发生在卡约时期，分布范围有较大拓展，并摆脱了沿河谷发展的模式，有向海拔更高的高原山区蔓延的新特点；如果把与卡约文化同时期的辛店文化、诺木洪文化，看作卡约文化的一种地方性变种的话，则其分布范围更广。同时文化密集区不断西移，从石岭下类型仅在民和东部局部地区，到马家窑时扩展到民和、乐都，再到齐家文化时密集区在民和、乐都、循化与化隆，最后在卡约文化时西移到西宁盆地一带。伴随的文化迁移是以黄河谷地和湟水谷地为通道，从东向西进行的。

二 青海东部史前文化变迁与环境变化

1. 影响青海东部史前文化遗址的气候因子

青海史前文化的空间分布具有明显的地域性，其影响因素除地形外，气候也是一个重要因子。我们以马家窑文化马厂类型为例，来探讨史前文化遗址与气候因子的关系。在探讨时，选取有马厂类型遗址分布的县域的现今气候资料来做分析，虽然古今气候不同，但这种分析仍有意义。因为，气候变化有共同的全球背景。据有关研究来看，全新世最暖期时，青藏高原平均气温比现今要高3℃—4℃。因此就为这种比较提供了对比的尺度。选取现今有关县域的年降水量、年平均气温、各地日平均气温≥5℃期间的积温和≥10℃的积温为因子，[7]找出各因子和马厂遗址分布数量之间的定量关系（表1）。

在 SPSS 中对上表各变量进行相关分析[8]，得到相关系数矩阵，挑出县域内马厂类型遗址数量与气候因子相关系数（表2）。

系数越大，则表示二者之间的相关程度越高，二者的关系也越密切。因此，从表2中可看到：在4个气候因子中，县域内马厂类型遗址发现数量和年平均降水量关系不明显，与温度因子有显著的正相关。其中，与日平均气温≥10℃ 期间的积温因子关系最密切。其意义是：区域内的日平均气温≥10℃期间的积温越高，则遗址数量越多。这和马厂类型遗址东密西疏的分布是相一致的。我们知道，青海省日平均气温≥0℃ 期间的积温，代表的农业意义是：土壤解冻，多种作物开始播种，农耕期开始；≥10℃期间的积温，作物开始进入旺盛的生长期。因此，这种相关在更深层次上反映了原始居民的农业生产形式。从马家窑、齐家文化的分布区，大体和今日的农业区和半农半牧区吻合，也能反映出这一点：马家窑、齐家文化主要的经济活动是农业，对光热的要求很高。但对降水的要求不很高，这可能说明他们从事的是旱作农业，或者是靠近河流，利用河水来弥补不足。

表1　　　　　青海东部马厂类型分布地域与各地域气候因子

	年平均降水量（mm）	年平均温度（℃）	日平均气温≥0℃期间的积温（℃）	日平均气温≥10℃期间的积温（℃）	县内马厂类型遗址数量（处）
民和	360.9	7.8	3355.1	2747.2	344
乐都	333.7	7.0	3085.1	2458.1	101
循化	259.4	8.6	3510.8	2914.1	21
互助	482.7	3.4	2218.5	1449.0	14
平安	348.6	6.5	2903.3	2213.4	2
西宁	366.7	5.8	2762.7	2071.5	1
大通	508.7	2.8	2068.2	1198.0	1
化隆	464.3	2.2	1874.0	945.2	21
尖扎	354.4	7.7	3296.0	2691.9	6
同仁	419.2	5.2	2539.3	1823.8	5
贵德	255.8	7.2	3120.3	2517.7	2
共和	311.8	3.4	2246.4	1426.9	1

表2　　　　　马厂遗址数和各气候因子相关系数

	年平均降水量（mm）	年平均温度（℃）	日平均气温≥0℃期间的积温（℃）	日平均气温（℃）≥10℃期间的积温（℃）
马厂遗址数量	-0.095	0.477	0.452	0.579

2. 史前文化变迁和气候变化的关系

青藏高原是全球气候变化敏感区，全球的气候变化往往首先在这些敏感区体现出来。对青海湖湖底沉积物的研究，揭示出全新世以来青海湖地区气候的变化过程（图2），[9]图上反映出，在距今8000—4000年里，青海东部地区总体上温度较高，降水较多，是全新世中气候最适宜的时期，这个时期具有全球性。[10]在距今3500年时，有一个明显的干冷事件，自那以后，气候总体上呈现转冷转干趋势。

对照气候变化与青海东部史前文化变迁（图3），发现史前文化变迁与气候变化在时相上具有一致性：在距今8000—4000年的气候暖湿期，大体上对应马家窑文化活动时代；4000年前气候转变期对应的是齐家文化；3500年前的干冷事件发生时间正好和卡约文化兴起的时间相吻合。从中我们不难发现二者之间的内在联系。

3. 气候变化对史前文化影响

（1）气候变化对青海东部史前文化生产活动的影响

从考古资料来看，青海史前文化的变迁伴随有一定的生产活动的改变。[9]马家窑文化，以农业为主要经济活动，并兼营狩猎，制陶业发达；齐家文化也以农业为主要经济形式，畜牧业占一定比例，饲养马、牛、羊、犬、猪等家畜；卡约文化的经济形式发生了很大的变化，畜牧业比重扩大，农牧业并重，一些高寒地区以畜牧业为主。这种生产方式的改变，其根本原因应该是气候变化。在暖湿气候作用下，原始居民的经济形式主要是农业，即种植业。这也是这些文化形态，沿黄河和湟水河谷地带，并在积温较高的东部地区分布的重要原因，只有适宜的气候和平坦肥沃的土地，才适合发展农业。这种生产模式决定了其地域的分布形式。4000年前起气候开始变得干冷，到了3500年前这种变化达到了最大值，这就是被广泛证明了的3500年前的干冷事件。气候的变化导致了自然生态的变化。从有关研究来看：青海湖区在8000年以前为疏林草原或森林草原植被，8000—3500年前为松和云杉形成的针叶林，含桦、榆、栎、和榛等落叶阔叶树种，并出现了较多的藜和麻黄等旱生灌木草本；3500年后植被又退化为8000年前的情况；[11]距今3500年前，卡约文化替代齐家文化，为适应气候变化，生产方式也有了重大改变，畜牧业成了重要的生产活动。这也意味着文化的活动地域要有重大调整。

（2）气候变化对青海东部史前文化活动地域的影响

从上面的讨论可知，8000—4000年前是全球性气候暖湿期，这时期东部仰韶文化石岭下类型落户青海，并在这个暖湿期迅速扩大，形成了马家窑文化。这段时期气候总体上呈暖湿趋势，波动不大，因此马家窑文化的马家窑、半山、马厂类型分布范围变化不大，基本稳定在东部农业区。马家窑文化在青海境内以灿烂的彩陶文化为特点，今天青海被称为

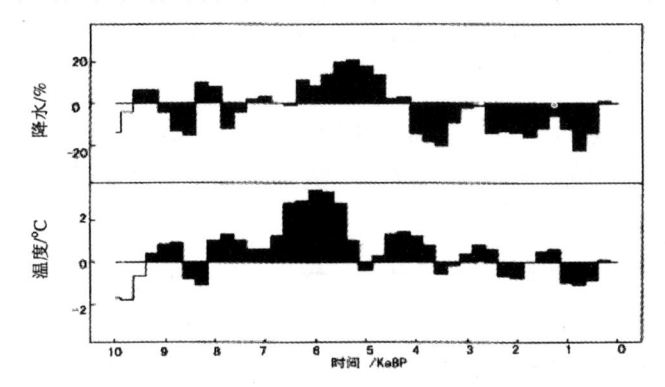

图2 青海湖孢粉所显示的近1万年气温、降水量变化

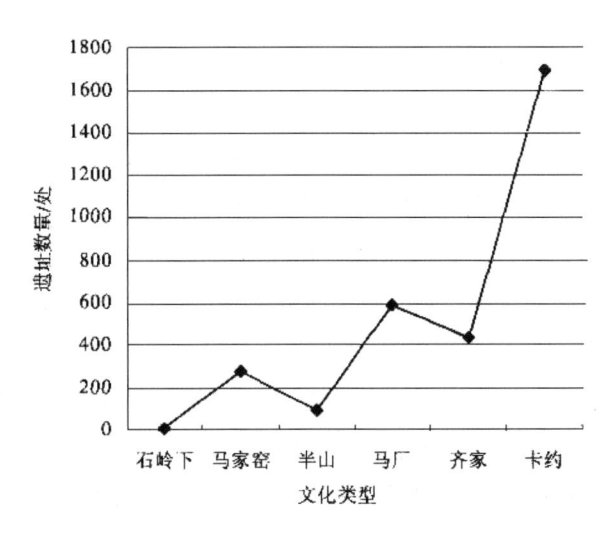

图3 青海东部史前文化变迁及遗址数量

"彩陶的王国"就由来于此。因此,气候暖湿期,也是以农业生产为主的马家窑文化迅速在青海东部扩展时期。在3500年前的干冷事件,农业萎缩,有意思的是,卡约文化活动地域非但没有缩小,反而急剧扩大;发现的该文化的遗址数,也是在青海史前文化各类型中最多的,达1700余处。这说明在卡约时代,原始居民改变了生产方式,畜牧业成了重要的生产活动,而青海高原此时适宜畜牧业的地域非常广泛。很多人将诺木洪文化看作卡约文化的变种,那么卡约文化的分布更广,可以说在青海大多数的地域上都有分布。但需要指出的是,卡约文化的遗址普遍趋向小型化,虽然遗址的数量急剧上升,但遗址的规模小了,生活在遗址上的人口密度也小了。⑫

由此可见,青海东部史前文化的第一次显著扩展和气候呈正相关,而第二次显著扩展和气候呈负相关。这和现今众多气候对人类早期文明影响的理论有所不同。⑩

通过上面的论述,我们发现:气候变化导致的生态环境的变化,致使原始居民改变生产方式,新的生产方式产生新的地域活动范围,乃至新的文化形式。因此,气候变化成为青海东部史前文化变迁的重要激发因子。它对文明的分布、传播、扩展、演变都有重要影响。

三 结论

(1)青海东部史前文化在空间上,以黄河谷地和湟水谷地为通道,从东向西不断扩展,明显的地域扩展有两次,一次发生在马家窑文化时期,另一次发生在卡约文化时期;同时伴随着文化密集区不断西移。

(2)气候变化与青海东部史前文化分布、变迁具有显著的相关性:马家窑遗址数量与温度有显著的正相关,尤其是与日平均气温≥10℃期间的积温关系最密切;且史前文化变迁与气候变化在时相上具有一致性:在8000—4000年前的气候暖湿期,对应马家窑文化;4000年前气候转变期对应的是齐家文化;3500年前的干冷事件发生时间正好和卡约文化兴起的时间相吻合。

(3) 马家窑文化是在暖湿的气候背景下进行的地域扩展,是农业文明的扩展和延伸;而卡约文化是在干冷的气候背景下进行的地域扩展,是畜牧业崛起的体现。所以,气候变化导致了生态环境的变化,致使原始居民改变生产方式,新的生产方式产生新的地域活动范围,乃至新的文化形式。因此,气候变化成为青海东部史前文化变迁的重要激发因子。它对文明的分布、传播、扩展、演变都有重要影响。

参考文献

①The Chorography Compiling Commission of Qinghai Province. Qinghai Chorography · Painted-Pottery Branch. The Huangshan Book Agency Publisher, 1995. [青海省地方志编纂委员会:《青海省志·彩陶志》,黄山书社1995年版。]

②An Zhimin. The Neolithic Agein West China. Acta Archaeologica Sinica, 1987, 85 (2). [安志敏:《中国西部的新石器时代》,《考古学报》1987年第85卷第2期。]

③The Chorography Compiling Commission of Qinghai Province. Qinghai Chorography. Culture Relic Branch. Xining: Qinghai People's Publishing House.

④An Chengbang, Feng Zhaodong, Tang Lingyu. Environmental Changes and Cultural Transition at 4 cal. kaBP in central Gansu. Acta Geographica Sinica, 2003, 58 (5). [安成邦、冯兆东、唐领余:《甘肃中部4000年前环境变化和古文化变迁》,《地理学报》2003年第58卷第5期。]

⑤Wang Jianlin, Xiong Wei. Relationship between the ancients migration climate change in the later period of late Pleistocene in Tibet. Acta Geographica Sinica, 2004, 59 (2). [王建林、熊伟:《晚更新世以来西藏古人类迁移与气候变化关系》,《地理学报》2004年第59卷第2期。]

⑥State Adm inistration of Cultural Relics. The Culture Relic Atlas of China · Qinghai Branch. Beijing: China Cartographic Publishing House, 1996. [国家文物局:《中国文物地图集·青海分册》,中国地图出版社1996年版。]

⑦Qinghai Developm ent and Reform Commission. The National Territory Resources of Qinghai Province. Xining: Qinghai People's Publishing House, 1993. [青海省计划委员会:《青海国土资源》,青海人民出版社1993年版。]

⑧Hao Liren, Fan Yuan. SPSS Practical Statistics Analysis. Beijing: Chinese Water Conservancy and Water Electricity Press, 2003. [郝黎仁、樊元:《SPSS实用统计分

析》，中国水利水电出版社2003年版。]

⑨Wang Shaowu. The Environmental Changes and Valuation of Western Region of China · Chapter 1 · The Characteristic and Its Changes of the Western Region of China. Beijing: Science Press, 2002.

⑩Zhang Lansheng, Fang Xiuqi, Ren Guoyu. *Global Change*. Beijing: Higher Education Press, 2001.

⑪Huang Chunchang. *The Changes of Environment*. Beijing: Science Press, 2002.

⑫The Culture Relic Chorography Compiling Commission of Qinghai Province. The Culture Relic Chorography of Huangzhong and Huangyuan Counties. Xining: Qinghai People's Publishing House.

河湟文化圈的形成历史与特征[1]

丁柏峰[2]

"河湟"一词最早见于《后汉书·西羌传》，其中有"乃度河湟，筑令居塞"的记载。这里的"河湟"指的是今甘青两省交界地带的黄河及其支流湟水。此后，"河湟"逐渐演变为一个地域概念，次指黄河上游、湟水流域及大通河流域构成的"三河间"地区。其地理范围包括今日月山以东，祁连山以南，西宁四区三县、海东以及海南、黄南等地的沿河区域和甘肃省的临夏回族自治州。河湟地区是中原地区与边远少数民族地区的过渡地带，是黄土高原和青藏高原的接壤之地，也是农业文化与草原文化的接合部。在历史的演进中，河湟地区各种文化碰撞交融，汉族、藏族、蒙古族、土族、回族、撒拉族等各民族文化建构出河湟文化多元鼎立与兼容并包的文化特质。

一 河湟文化圈的形成

河湟地区是黄河流域人类活动最早的地区之一。这里河谷间肥沃的土地，便于灌溉的水系，为先民们的生存发展提供了良好的自然条件。

---

[1] 论文原载于《青海师范大学学报》2007年第6期。
[2] 丁柏峰，天津蓟县人，青海师范大学人文学院教授，博士生导师。

据考古发掘观之，早在新石器时代河湟地区就出现了卡约文化、马家窑文化和齐家文化等较为发达的原始文明。其中，马家窑文化是新石器时代的晚期文化，以风采卓异的彩陶器具为基本特征，其彩陶数量之多，制作之精美，冠诸远古文化之首。青海省大通县上孙家寨出土的舞蹈纹彩陶盆，反映出河湟地区的古老文化和音乐舞蹈领先于世的地位。地处河湟谷地腹地的乐都柳湾遗址文化遗存分布最为密集，共出土彩陶17000余件，是中国乃至世界上罕见的彩陶集中出土地。河湟各地出土文物除彩陶以外，还有石镰、石刀、骨铲等收割工具和挖掘工具，并有石磨盘、石磨棒、石杵等谷物加工工具。到马家窑文化晚期马厂类型时，为死者陪葬粮食的现象便已十分普遍，"在一半以上的马厂墓葬中都有容积较大的装有粮食（粟）的粗陶瓮作为随葬品"。[①]这些考古资料证明，早在三、四千年前，河湟先民就繁衍生息在这片美丽富饶的土地上。大量研究认为，这些远古文化是由生息于青藏高原最古老的民族羌人所创造。史前羌人的灿烂文明得到了许多当代学者的高度评价。

秦始皇二十六年（前221年）统一全国，"分天下为三十六郡",[②]河湟之地属陇西郡管辖。西汉武帝时期，开始"征伐四夷，开地广境，北却匈奴，西逐诸羌"。[③]河湟一带是汉军北击匈奴的军事重地。武帝元鼎六年（前111年），李息、徐自为的大军进占湟水流域，"始置护羌校尉，持节统领焉"。[③]开始对羌人行使管辖权，并通过筑城置亭，移民拓边等措施，使汉族势力渗透到河湟。神爵元年（前61年），西汉在赵充国平羌胜利的基础上，接受了赵充国的屯田之策，开始大规模有组织地移民屯田。将中原地区先进的农耕技术与文化传入河湟谷地，逐步将河湟地区正式纳入中央封建王朝的郡县体系之中。此后，汉族逐渐成为河湟地区社会经济文化发展的主导力量和社会舞台上的主要角色。

公元3—6世纪，除去西晋短暂的统一之外，华夏大地陷入纷扰不已的封建割据斗争中。而此时，河湟地区由于东汉后期数次羌人起义，汉族人口大量减少，郡县属民大幅度向东收缩，为其他民族移入这一地区创造了条件。乘中原动荡之机，崛起于北方的鲜卑等民族经过长途跋涉，迁徙到这里，纷纷割据称雄，建立政权。西晋后期迁入青海的辽东慕容鲜卑吐谷浑，经过各种形式的兼并，联合以羌族为主体的其他民族，建立了地跨千里的吐谷浑政权（329—663年）。鲜卑秃发部在河湟谷地建立了南凉政权（397—414年）。此外，这时对河湟地区产生影响的还有前凉、后凉、西凉、北凉、西秦等割据势力。这些政权时而在互相利用中发展，时而又在兼并战争中削弱。通过这种纷繁复杂的交往关系，以及在各民族迁徙过程中形成的交错杂居，使这些割据政权统辖下的汉、匈奴、鲜卑、氐、羌、柔然等民族，共同走向融合。

隋统一全国后，在河湟设鄯、廓二州。唐袭隋制，进一步开发河湟，鄯州（治所在今青海乐都）成为陇右节度使的驻节之地，汉族人口不断攀升，盛唐时河湟汉族农耕人口已达到5万人以上。[④]龙朔三年（663年）吐蕃并灭吐谷浑，唐蕃双方以河湟地区为前沿展开对峙，在八九十年间屡战屡和，农牧业经济遭受严重破坏。安史之乱后，甘青唐军悉数东调，边防空虚，吐蕃势力乘势东进，陇右、河西各地尽入吐蕃统治。在上百年吐蕃统治和强迫同化政策下，河湟地区的汉人大量汇入吐蕃之中。吐蕃"每得华人，其无能者，使充所在的役使，辄黥其面；粗有文艺者，则涅其臂，以候赞普之命；得华人补为吏者，则呼为舍人，可则以晓文字，将以为知汉书舍人"。[⑤]河湟地区汉人"衣胡服习胡语"，在吐蕃强制之下普遍吐蕃化了。"去年中国养子孙，今著毡裘学胡语"，[⑥]"汉儿学得胡儿语，却向城头骂汉人"，[⑦]这些唐人诗句真实反映了晚唐时河湟一带民族交流与融合的历史现象。

宋代，河湟吐蕃建立了唃厮啰政权（1032—1104年），在中国11世纪的历史舞台上扮演了极为重要的角色。唃厮啰政权共传6主，前后存在百余年，是臣属于宋的一个地方政权，双方始终互相依存，友好相处，为河湟地区营造了一个相对稳定的和平环境。唃厮啰政权灭亡后，其部众与汉人、党项人杂居于河湟。他们长期共同生活，相互交往、通婚，汉族藏化、藏族汉化的现象均较为普遍，呈现出民族融合双向进行的特征。

元、明、清时期是河湟地区民族分布格局定型的时期，也是河湟文化圈最终形成的一个重要时期。蒙元立国后，在进军河湟的过程中不仅把大批蒙古人带到了这一地区，还迫使西亚地区大批信仰伊斯兰教的色目人迁居河湟。这些措施最终催生出回、撒拉、土、东乡、保安等诸多新的民族共同体。明王朝建立后，明政府对河湟地区极为重视，大力兴办军屯和民屯，汉族移民达到历史高峰，据有关文献记载，明中期河湟汉族人口达到约25万，成为这一地区的主导民族，汉文化也成为主流文化。[④]至清代，河湟地区已形成汉文化、藏传佛教文化、穆斯林文化三大文化系统并存，汉、藏、回、蒙古、撒拉、土、东乡、保安等近十余种民族文化杂陈的多元鼎立，兼容并包的文化格局。这些民族在保持自己特色的同时，更多地表现出文化的趋同性，在文化模式、价值观念等方面形成了普遍的认同，河湟文化完全定型。

二　河湟文化的基本特征

河湟文化源远流长，自成体系，具有鲜明的特征。这些特征集中表现在以下几个方面。

1. 地域性特征

地域性特征是河湟文化圈最鲜明的特征之一。河湟大部分地区平均海拔在1500—2500米之间，这里水源丰富，黄河及其支流湟水等河流贯穿其间，气候相对温暖，宜农宜牧。历代中央政府移民屯田能够取得成效均有赖于此，汉民族能够成为这里的主要民族，汉文化能够对这一地区施加重大影响也植根于此。然而，这里毕竟受到高原地貌、气候条件的影响，生产生活资料贫乏，谋生不易。久而久之，形成了河湟人笃实厚重的独特文化品性。这里的人一方面具有刚毅、豪放的游牧民族性格，充满活力，不拘一格。另一方面又具有循规蹈矩，保守念旧，容易满足的农业民族性格。这种双重性格的形成，与河湟地区的地理环境密切相关。

2. 多元性特征

河湟文化是河湟地区各民族共同创造的。汉族、藏族、蒙古族、土族、撒拉族、回族、东乡族、保安族等民族共同生活在这一地区，也都有自己的民俗文化。民族构成上的多元性必然带来文化上的多元性，这些民族从语言到信仰，从婚丧嫁娶到衣食住行，在民俗文化的方方面面都有着浓厚的民族特色，形成了各自风格相异，内涵丰富的文化。丰富多彩的民族文化构成了河湟文化浓厚的地方特色。目前，河湟地区民族分布的基本特点是大杂居、小聚居，呈立体分布。汉族、藏族、回族分布地域最为广阔，形成网络大轮廓，蒙古族、土族、撒拉族、东乡族、保安族等其他民族则散处其间。汉族为代表的儒家文化，藏族为代表的藏传佛教文化，回族、撒拉族为代表的伊斯兰教文化在这里呈现多元鼎立，交相辉映的格局。

3. 互融性特征

河湟文化的互融性特征，首先表现在对外来文化的兼收并蓄、改造融合方面。河湟地区不仅是我国历史上一个多民族汇聚分布的地区，同时也是多种文化传播的交会地带和焦点地区。正如童恩正教授所指出的那样，数千年来中国从东北到西南始终存在着一个边地半月形文化传播带。这一传播带由大兴安岭沿长城沿线至河套一带，再由河湟地区转而南下，然后沿青藏高原的东缘，直达滇西北与西藏山南地区。[8]河湟地区还是联系祖国内地与西藏高原的唐蕃古道的核心地带，"河湟走廊呈现丁字形，是中外交通、民族混杂的地区。"[9](P46)因此，这里作为多种文化的中转、过渡地带，成为中、西民族文化交会、融和的"熔炉"，使这一地区文化显示出典型的互融性的特征。

互融性特征还表现在河湟地区内部各民族文化的交流互融上。随着以儒学为代表的汉文化在河湟地区的深入传播和发展，少数民族的汉化趋势成为河湟地区民族融合的主要特征，如河湟伊斯兰各民族及部分蒙古族、藏族、土族在从游牧文明向农耕文明的转换过程中，都从汉文化那里潜移默化地汲取了先进的耕作技术。汉文化成为一条不可缺少的文化纽带，把该地区少数民族的文明进程与先进的科学文化紧密联系在一起。又如清代西北贸易重镇丹噶尔，"亦有蒙番子弟，资性聪颖，入塾读书，粗明理义，遂化为汉族者。尝见蒙古男子供差公门，衣冠楚楚，其妻室番装也。其子娶汉女为妇，再生子女，皆汉族矣，此变俗之渐也。亦有汉人赘于番族，衣冠言帽甘于异类者"。[10]民族交流、融合从来都是双向的，在接受吸收汉文化的同时，河湟少数民族的文化因子也源源不断地输入汉文化系统内，潜移默化地对汉文化施加影响，使儒家文化更具有河湟地域性特征。

除少数民族和汉民族在经济、文化上的交流互融外，河湟地区各少数民族之间在文化方面相互影响，相互渗透的现象也相当突出。例如，随着藏传佛教在河湟地区的传播，蒙古族、土族、裕固族等信仰藏传佛教的民族均受到藏文化的深刻影响。藏族史诗《格萨尔王传》在蒙古族中演变为《格斯尔可汗》，在土族中演变为《格赛尔》，甚至在不同信仰的撒拉族中也有格瑟尔的故事。[11]

4. 时代性特征

文化是历史发展的产物，既具有历史的传承性，又因社会的发展而不断地发展和变化，呈现出特定时代的文化风貌。纷繁复杂的民族关系发展史，决定了河湟文化的发展过程中，每一个阶段都带有鲜明的时代印迹，具有深刻的历史背景。从藏传佛教在河湟地区的发展历程中我们可以清晰地看到河湟文化发展的时代性特征。藏传佛教传入河湟地区的历史十分久远。公元9世纪中叶吐蕃达摩赞普在西藏本土禁佛。西藏禅僧藏饶赛等三人（后人尊称为"三贤哲"）和刺杀达摩的僧人拉隆·贝吉多杰先后逃到青海，在河湟地区传教。因此一般认为河湟地区是藏传佛教后弘期的发祥地之一。宋代，建立于河湟地区的唃厮啰政权崇信藏传佛教，当时的唃厮啰政权首府青唐城"城中之屋，佛舍居半"，[12](P10) "有大事必集僧决之"。[12](P10) 公元11世纪后藏传佛教各教派相继形成，宁玛、萨迦、噶举等派先后传入河湟，广修佛寺。在蒙元政府的大力扶持下，藏传佛教在河湟兴盛一时。新兴的格鲁派在河湟取得统治地位后，明清两代均将"多封众建，尚用僧徒"作为经营河湟、对藏区实行有效统治的施政方略，河湟地区藏传佛教进入鼎盛时期。然而清末以来，这一地区寺院规模变小，学经制度弱化，百姓宗教观念开始淡化，宗教的世俗化倾向日渐明显，宗教势力的影响开始减弱。[13]究其原因，除了政治上扶持减弱、汉文化影响加深等因素外，最主要的一个原因就是现代文明的冲击。社会生产力的发展，现代教育的进步，科技文化知识的传播，生活方式的进步，促使"宗教已经不是唯一的世界观意义的体系，宗教的规范也限于特定的宗教领域，不能作为经济和政治的规范，神圣世界与世俗化的要求发生矛盾。……宗教只能从各个领域中撤退"。[14](P211)

三 河湟文化的功能与价值

1. 多元性文化促进了河湟地区的社会稳定,加强了民族文化认同

河湟地区特殊的人文地理方位与社会环境,导致长期以来这里政局动荡变幻,民族叠兴嬗递频繁,几大民族集团在此错居杂处,交互影响乃至融合,相邻民族之间多有异中见同和同中见异之处。然而在河湟地区却几乎没有发生过大规模的民族文化冲突,也没有人试图在这里建立单一的文化圈。究其根本,就在于这里多元文化的制约、平衡作用,汉文化、藏文化、伊斯兰文化三大文化系统势力均衡,互相包容,每个民族都以其宽大的胸怀和开放的姿态进行情感和文化上的交流与认同。而文化上的认同源于经济上的依存。在经济上,由于农牧经济的巨大差异,河湟地区任何一个民族的生存和发展,都需要与其他民族进行经济往来。因此,历史上农牧民族之间形成了相互交流、相互补充、相互依存的共生关系。"这种民族间的经济的联系和依赖把各民族社会生活内在的需要紧密地结合在一起,形成了中华民族作为一个整体而存在的一份牢固基础。"[15](P58)可以说,通过民族间交往凝成的不同民族共同的国家意识维系着内地与河湟地区的密切关系。多元文化的背景是河湟地区社会稳定的根本保障。

2. 多元性文化促进了河湟地区各民族的文化进步,最终也促进了这一地区的社会发展

任何一种文化都不是一朝一夕形成的,都要经过漫长历史过程的孕育、衍生、筛选和沉淀。一种文化只有对其他文化开放,在与其他文化的主动接触中吸收、融合其他文化的优良因素,才能得到丰富和发展。在河湟文化圈的形成过程中,多种文化的交流传播,促使各种文化形态增生出许多超越其原有文化传统的新的文化因子。文化的交流和传播同时也是各种文化自我超越的过程,是向自身灌输新鲜血液的过程。特殊的地理位置和历史背景使河湟地区成为多元文化会聚的一个枢纽。然而更为特殊的是会聚于河湟地区的众多文化又同时处在各自文化的边缘。

中原地区的汉文化西至河湟，其文明表现与中原已迥然不一，而藏文化、伊斯兰文化传播到河湟时也与其发祥地有了很多的变异。多元性文化为各民族文化之间的相互学习和借鉴提供了前提条件。各民族间相互学习，相互渗透，相互影响，又促进了各民族文化的进步和发展，也推动了河湟地区的社会发展。

3. 多元性文化创造了河湟地区丰富多彩的人文地理景观千百年的文化积累

各民族的共同开拓，造就了河湟地区极其丰富的民族民间文化资源。这一地区文物古迹众多，宗教圣地林立。丰富的文化遗存，古老的宗教文化和多彩的民族风情，构成了一条令人神往的西部风景线。仅以寺院而论，这里分布着塔尔寺、瞿昙寺、佑宁寺、夏琼寺、文都寺、白马寺、广惠寺等大大小小的藏传佛教寺院。这里同时又有东关清真大寺、街子清真寺、洪水泉清真寺等数量众多，风格各异的伊斯兰文化中心。除此之外，传自中原的道教也在这里占据着一处处山水名胜。丰富多彩的人文地理景观成为河湟多元文化的历史见证。

河湟地区作为中原与周边政治、经济、文化力量伸缩进退、相互消长的中间地带，形成了自己独具特色的地方文化。正如唐晓峰先生所言，"在边缘地带，是历史与地理的特殊结合点，一些重要的历史机缘可能只存在于地理的边缘，在这样的关头，忽视了边缘就错过了历史。"[16](P31)探讨河湟文化圈的形成过程，不仅仅是历史的还原，它对于研究今天河湟地区的民族关系也具有重要的现实意义。

参考文献

①青海省文物管理处考古队、中国科学院考古研究所青海队：《青海乐都柳湾原始社会墓地反映出的主要问题》，《考古》1976年第6卷。

②《史记》卷5，《秦本纪》，中华书局1972年版。

③《后汉书》卷117，《西羌传》，中华书局1972年版。

④彭措：《西北汉族河湟支系的形成及人文特征》，《青海民族学院学报》1999年第4期。

⑤《因话录》卷4，《谭可则》，上海古籍出版社1979年版。

⑥《全唐诗》卷382，延边人民出版社2004年版。

⑦《全唐诗》卷633，延边人民出版社2004年版。

⑧童恩正：《试论我国从东北到西南的边地半月形文化传播带》，《文物与考古论集》，文物出版社1987年版。

⑨费孝通：《中华民族多元一体格局》，中央民族出版社1989年版。

⑩（清）《丹噶尔厅志》卷6，《人类》。

⑪曹萍：《关于青海民族民间文化保护的思考》，《青海社会科学》2005年第2期。

⑫（宋）李远：《青唐录》，见《青海地方旧志五种》，青海人民出版社1989年版。

⑬蒲文成：《河湟地区藏传佛教的历史变迁》，《青海社会科学》2006年第6期。

⑭罗竹风：《人·社会·宗教》，上海人民出版社1995年版。

⑮陈育宁：《民族史概论》，宁夏人民出版社2001年版。

⑯唐晓峰：《人文地理学随笔》，生活·读书·新知三联书店2005年版。

青海大通县广惠寺蒙藏小学校创办考论[①]

赵春娥[②]

青海地区教育自明清以后，存在两个互不隶属的教育系统——宗教教育系统和普通教育系统。属政府管辖的普通教育至清末主要局限于汉族聚居的东部农业区；蒙藏民族聚居的游牧地区，寺院教育盛行，除了寺院僧人，普通民众几乎无人读书识字。民国年间，由青海省大通县广惠寺寺主七世敏珠儿活佛发起，省教育厅协助，双方首次联合在佛教寺院内部设学，全称"大通县广惠寺蒙藏小学校"（以下简称广惠寺蒙藏小学）。[①]学校招收俗家弟子入寺和僧人一起学习；同时教授佛教经文、宗教教义、普通学校课程，成为青海藏区寺院开办带有世俗教育性质学校的典型。[②]本文通过对青海省档案馆所藏民国档案中有关建校前后来往令文的梳理，考证学校创办过程和办学的艰难历程，以期进一步理解近代藏区教育转型的历史。

---

① 论文原载于《民族研究》2012年第4期。
② 赵春娥，甘肃文县人，青海师范大学人文学院教授。

一

广惠寺蒙藏小学初设时由敏珠儿担任校长，是故以往论著多以广惠寺学校为敏珠儿自办私立学校,[③]但据档案材料来看，不尽如此。

广惠寺创建于清顺治七年（1650），时名郭莽寺。民国初年在位寺主为七世敏珠儿活佛洛桑阿旺成列拉杰（1905—1937），法号多杰嘉，系青海蒙古和硕特西右前旗人，1909年10月，在北京雍和宫掣签认定，即位不久，前往拉萨赞宝扎仓（广惠寺在西藏的属寺）学经十余年；此后，敏珠儿辗转于内蒙古多伦诺尔、北京东黄寺、南京等地，寺务由襄佐主持，这段经历中的见闻，使他具有了非同一般的远见卓识，成为日后办学的启发；而长期离寺导致的大权旁落，又成为后来办学时遭遇内部阻力的原因之一。敏珠儿游历北京、南京期间，眼见内地社会与家乡社会之间巨大的反差，觉悟到差距的根因在于教育，蒙藏同胞要发展，只有"从教育入手提高认识程度"，才能"避免被社会淘汰的公例"，遂致力于兴学设教。他回到家乡后，于1931年冬起开始着手筹办学校，其他各寺院活佛喇嘛闻之，"不但毫无同情之表示，且多怀疑横生"。敏珠儿"于是下一决心，以私人力量，在广惠寺附近创办一学校，为其他各寺院倡。筹划就绪，拟于民二十一年一月成立"。[④]这次成立，实属草创，还没来得及施行实质性教学活动，便招致寺院内部和广惠寺所在地大通县政府、县教育局及地方人士的合力围攻，"认为紊乱教育行政系统，发生纠纷"，双方遂"向省当局几度商榷"。此时，国民军入青后促建的省教育厅成立（1930年6月建立）还不到两年，正在谋划普及蒙藏教育工作中最难推展的初级教育，"按现在社会环境需要及社会实际状况，增设小学以及普及教育，实为刻不容缓之计，而沟通风气，举办民族教育，尤为当务之急"。敏珠儿从广惠寺建学入手兴办蒙藏教育的计划与省教育厅意图不谋而合，省教育厅当即决定以支持敏珠儿在寺院办学为转机，开启蒙藏地区普通教育难题之端。[⑤]

1932年2月16日青海省教育厅专门呈文省政府，请求："令广惠寺敏珠儿佛法台僧纲，五大昂索千户及九寺、五族头目等，在广惠寺设立小学校，以便该寺族子弟求学，并令大通县随时督促。"2月29日省政府做出批复允准。3月11日教育厅派科员张世候"前往大通县广惠寺会同敏珠儿活佛及僧纲等，筹设本厅直辖广惠寺蒙藏小学校"。3月23日"广惠寺蒙藏小学校筹设委员会"设立，双方正式联合在寺院内部建立起规范的广惠寺办学管理机构，为一寺建学设立一专门机构，这在青海蒙藏教育史上也是"破天荒"；教育厅"委任索南木达什（青海左翼副盟长）等二十人为本厅直辖广惠寺蒙藏小学校筹设委员会委员"，同时委任"本厅直辖蒙藏小学校筹设委员会秘书（石成珠），藏文教员（李善孝），书记（患宝三）等职"。校长一职由敏珠儿担任，4月7日大通广惠寺蒙藏小学正式开学。⑥依据省教育厅计划，临近的却藏寺被要求与广惠寺蒙藏小学一同设学，但是终因寺内佛僧的抗拒而作罢，据省教育厅派去协助寺院办学的职员王聘良、张世候的呈文：

  派员会同敏珠儿及省政府师部各委员共同讨论，定在广惠寺及却藏寺各立学校一处。广惠寺学校已于四月七日开学，学生共六十名，尚有因路途窎远，未曾送到者约在三十名左右；却藏区域内学校地址，先由该寺管家等觅在本寺，继又因寺上不便，调在倦仓地方，离寺约十余里，学生共定六十名，已与该寺及族分头目韩清增等商议定，定于四月十日开学，及开学之日，头目等个个远避，而开学之决议竟成画饼。

  敏珠儿的积极倡导促使省教育厅在上呈省政府请饬广惠寺建校的令文发出不久，于3月12日即向青海西宁、湟源、大通、互助、化隆等各大寺院发文，要求筹设蒙藏小学，"饬令各该寺佛僧头目人等，各就该地斟酌情形，分别筹设初级小学或完全小学。……仅可各设学校一处，以谋教育之普及"。随即成立"各寺院蒙藏小学校筹设委员会"，颁布"青海省各寺院蒙藏小学校筹设委员会简章"，对蒙藏教育工作的实施，首次形成规范的可操作性条文；确立"谋蒙藏教育之发展，筹设蒙藏小学校"为该会宗旨，委员会成员由省教育厅督学、各县县长、各县教育组长、各寺院佛僧及族内首领组成，设委员长一人综理一切事务，后由马步芳担任此职；设书记、干事各一人，干事秉承委员长命令办理日常事务；委员会经费由各寺院设法筹助；全体委员会议每月一次；寺院学校师资由设在西宁的蒙番师范学校培训。

关于广惠寺蒙藏小学最终得以建立的原因，时人马子香的一段议论颇为恰当，其云：

> 故主席（指马麒——笔者注）提倡教育以来，屡拟在各寺院筹办小学，以风气不开，迄未成功。幸有敏珠佛极端热心，始能由广惠寺首先创设，正宜因势利导，暨重佛教信仰、活佛之心，逐渐进行，徐谋完善，俟成效卓著，各寺院闻风兴起，然后推而广之似为稳妥。然此种政策，非教育厅直接负责、指导难达目的。

发论者谙熟青海复杂的民情，深知唯有借宗教之力因势利导，政府出力直接指导，双方合力才能完工。但是，历史上曾经阻碍现代教育的因素依然给广惠寺学校的后续发展带来了诸多困难。

二

学校开办初期，并没有做明确的权责分工，学校开办全赖敏珠儿活佛主导，学校设在寺院，校长自然由寺主敏珠儿充任；省教育厅总体管理，指导经费分摊数目、课程教材安排事宜，筹委会从旁协助；政府负责拨发教育津贴，寺院负责日常教学事务管理。一座寺院就是一个小社会，清朝时期广惠寺领地包括今大通、门源、祁连、互助四县的东峡、朔北、向化、宝库、桦林、南门峡、克图、仙密、朱固等地，"清朝末年，广惠寺所属九寺五族僧俗5000余人"，[⑦]经费遂以寺院名义向寺属各族分摊筹得。从1932年到1934年的收入清单来看，能保证年平均800元左右的收入，正是这一笔经费的摊派与收支引发了广惠寺所在地的大通县教育局向省教育厅要求对学校的管辖权；同时，给寺属地区经费的摊派，又引起寺院内部纠纷。

　　学校经费来源大致有三：摊派、捐助、补助。开学时收得大拉浪（敏珠儿佛府邸）、鲁拉浪（先灵佛府邸）、向化族等寺属族内分派经费共四百九十一元九角四分；张家寺、祁家寺、童曲寺、倬隆寺、松树湾寺捐助共计一百二十元，马子香师长捐助三百元，加上其他捐款一共收入一千零四十三元二角四分。这笔收入在清单中应属较多一笔，其后几年私人捐款数目不再增多，1933 年、1934 年收入仍由以上各族内民众承担，每年数目大致相等，学校固定收入基本不变。主要由广惠寺所辖大通、互助、门源三县及九寺五族分摊，广惠寺估算摊派费用，妥造详表，呈送省教育厅复核，然后转交省政府备案执行。1932 年开办时的支出费用：支付校长每月薪金二十元，汉文教员每月薪金二十元，番文教员每月薪金十元，书籍三十三元二角八分。自 1934 年，教员每月支薪减为十五元，这几项及其他支出费用年平均数在六百元左右。从建校头两年的收入来看，每年的收入与支出大抵上持平，结余并不很多。1932 年青海蒙藏文化促进会成立后接受中央补助款每年约有两千四百元，给广惠寺每年有些拨款，省教育厅另有一些经费补助，这些不算充裕的经费在没有其他渠道增加收入的游牧业社会仍然称得上可观。

　　学校建立时省教育厅的计划是一俟事务理顺，各项管理仍由大通县教育局接管，因为省教育厅远在西宁，而大通与西宁之间尚有一定距离，省教育厅难以随时随地协助学校，遂令青海大通县教育局接手以便就近管理，但是，县教育局"正当派员前赴该校办理划归接收事宜时"，却发生变故，"旋奉教育厅训令，仍将该校归教育厅直接管理"。教育厅原计划的改变，主要原因是："大通县政府因奉教育厅命令，派教育局及县政府人员到寺接收学校，拟向该寺勒索基金及经费若干，否则即有强制办法，因之，该寺僧众大起恐慌。"大通县政府过激的做法，引起广惠寺僧众恐慌，专门派人前往省城报告此事，接受寺僧汇报情况的马子香专门给时任教育厅厅长杨希尧致函，建议仍由省教育厅直辖负责指导，收回前面由大通县办理的命令，勿令干涉，仍以全权责成敏珠儿实行日常具体管理，省政府全力切实协助，如此一来，"则该寺不致因创设学校，反受吏胥之扰累，远近各寺，亦不至视办学为畏途，蒙番教育之幸，亦青海前途之幸也"。此番建议与原委分析，切中肯綮，如果寺院受到当地政府的干扰，借经费问题从中非难，整个藏区的寺院都会畏难不进，最终影响蒙藏教育大局。

马子香致函教育厅厅长杨希尧的时间是在1932年9月底，不久，杨希尧专程前往广惠寺视察，看到学校成绩尚好，筹委会工作敏捷，为行推广，决定学校仍由省教育厅直辖，同时饬令大通县府教育局遵照执行。1933年2月中旬令文发出后，大通县教育局局长叶占甲呈文称大通县已于1933年1月15日，在县第一次教育行政会议上议决，呈请划归蒙藏小学，以便统一事权，会议已经表决并记录在案，而且学校设在当地，不能不有应负之责，故呈请学校归大通县教育局管辖；为表明县政府致力于蒙藏教育，又特别在呈文中提出几条学校整顿的建议：为方便小僧读书，在学校附设特别班；小僧允许穿着僧服；免授体操、唱歌等课；再选择适中地点，添设初小一处，以谋发展。对此呈请，省教育厅很快第二次做出明确答复"该校依旧归本厅直辖，大通县呈请未准"。⑧对其他建议，一概允准；添设初小一处的计划，在1937年付诸实施。

此时，中央政府专门管辖蒙藏教育事务的蒙藏教育司业已成立，中央每年补助有一定数量的蒙藏教育专门款项。不久，青海蒙藏文化促进会建立，蒙藏教育经费年补助两千四百元，学校每年得到一定数量的补助款，这些经费让大通县为取得对学校的管理权费尽心机。叶占甲又二次呈文，推荐学校校长和教务主任人选，期望通过学校管理人员的安排介入学校管理，仍未获准。所以，1933年2月省教育厅的答复，实际上已经最终确定广惠寺蒙藏小学仍归省教育厅直辖，授权敏珠儿全权管理。

教育经费由民众分摊，成为其经济上一项长期支出，使牛羊不多的民户生活更加困窘；而因避负担逃亡现象的出现，又影响学生入学。如1936年，"通邑庄稼歉收，不是阴雨所伤，即为冰雹摧残，加之差徭浩繁，民生日蹙，以致佃户东奔西逃，求食他方；即未遁者，不过一百余户；而此一百余户，负担此壹仟之学校经费，特为困难，佃户遁后，学生数量亦因之殊形减少，昨岁已减至十余名之谱，学校现状不可终日"。⑨经济落后从根本上限制了藏区教育的发展。

三

　　民国初年的青海藏区，仍然是一个以宗教权利为中心的社会，深受传统观念的制约。此外，宗教教育与普通教育一为出世目的，一为入世服务，借助寺院办学在百端待举的社会是不得已而为之的行为。因此寺院办学势必为传统社会不解，受守旧势力的排斥。

　　教育厅呈请青海省政府令各寺院要求筹设蒙藏小学校的令文一经发出，几乎招致所有寺院一致的反对。从发令时间1932年3月17日开始，省教育厅就不断收到各寺院要求"免设学堂"的请求，塔尔寺、朝藏寺、水峡普崖静房寺等寺院给出的不同呈文上的理由，几乎像出自一人之口："第一，寺院和学校教道不同，二者义气不投，僧人苦修来生，不比俗人，不贪富贵为一难；第二，寺院不是俗地，僧人以修行为本，不能娶妻，身穿袈裟，口念佛经，跳出三界之外，不贪功名，此不能设学两难；第三，寺内僧人粗笨无比，言语不通，汉语诸多不便，而且砍柴背水，一日无暇，此不能设学三难。各寺以此三条难处呈请教育厅免设学堂，最后要求将学校地址择定于乡民村庄，设学地点，应在俗人庄堡是为正理。"[⑩]

　　敏珠儿的座寺广惠寺内部，也有僧人反对建校。他们在生源上，用偷梁换柱方式以汉族儿童顶替蒙藏儿童入学。这时的广惠寺学区内，属于寺院的汉族租户将近三分之一，广惠寺"以地主资格向租户征收学生"，[⑪]临近的丰稔堡小学和兴陆堡小学，因两校所在地的村民大多为广惠寺的汉族租户，所以"两校学生多数被广惠寺蒙藏小学校强迫收去，止剩三四名学生"。大通县教育局局长叶占甲随即呈文省教育厅，请求"广惠寺蒙藏小学招收蒙藏学童以符名实"，"拟将该寺征收之汉民儿童仍归原校肄业，而蒙藏小学另收蒙藏儿童以符名实，则原校可不致停办，蒙藏民族借有开化之机会"。[⑫]厅长杨希尧遂令学校筹委会收去丰稔堡、兴陆堡小学学生，仍令在原校读书，"该会另收未入学儿童，免生枝节，是为至要"。正是寺院强征两校汉族学生，致使学生人数"以后发展到170余人"，[13]"后期学生达到137人之多"。[14]这些快速增加的数量实际上是强征的汉族租户儿童。不断出现的困扰，既有外部因素，即蒙藏教育政策初创时责权不明的制约；也是内部原因，即寺院及蒙藏民众传统观念对新式学校教育的拒斥，来自内外因素不断地干扰中，学校前进之路崎岖坎坷。

客观来看，寺院办学确实有其难处，各寺院给出的免予设学理由，实际指出了宗教教育与普通教育之间根本的不同，着实难为。寺院呈请提出后，省政府遂对个别寺院的要求做出同意的答复，"准寺学校校址移设寺外"。大通县朝藏寺学校"兹为免除混淆计，该寺学校校址准在附近村庄内设立"。[15]村堡设立的学校由寺院管理，办学经费，依然由寺院负责向寺属族内民众分摊征收。

从设立广惠寺蒙藏小学开始，青海省政府因势利导推进蒙藏教育，其"徐谋完善"之策取得实际成效；导致寺院从反对设学，到主动建议在所在村堡建校，相比于清朝时期对学校设立的一味抗拒态度，以及教授儒学即为传播"汉教"的片面认识，发生明显变化，儒学初传时受到的拒斥态度已示消解。所以，敏珠儿与省政府联合办学的尝试中所昭示的进步态势对于青海社会教育领域近代化转型的进步意义远大于学校实际取得的成效。正如李自发之言，学校和内地小学比较"当然相差远胜，故质的方面，本无介绍和宣传的价值"，但是，"此行此举，在佛教的立场上言，实在是破天荒"。[16]

参考文献

① 《青海省政府教育厅档案》，青海省档案馆：全宗号43，案卷号135。

② 对广惠寺蒙藏小学的研究，此前学术界关注不多，仅有的论著多从寺院教育角度作通史性概述，见《青海教育史》（杜小明主编，青海人民出版社2006年版）、《青海通史》（青海人民出版社1999年版）等，主要材料皆来自李自发《青海大通广惠寺蒙藏小学》（《新青海》1933年第11期）一文。

③ 此论源于李自发在1933年10月撰成的《青海大通广惠寺蒙藏小学》一文。当时，敏珠儿因寺院内部纠纷已离开广惠寺前往南京，留居驻京青海办事处，旅居南京的青海人士经常聚会于此。李自发时为金陵大学在校学生，他撰写的有关广惠寺蒙藏

小学的文章，资料应来源于七世敏珠儿口述，是至今为止研究广惠寺蒙藏小学最早并最具文献价值的珍贵材料。但是，由于李自发、谈明义等部分旅京人士与青海省政府政见歧异之故，文中有意无意避谈当局助办事实。

④李自发：《青海大通广惠寺蒙藏小学》，《新青海》1933年第11期。

⑤参见《青海省政府教育厅档案》，青海省档案馆：全宗号43，案卷号135。本节中引文不注明出处者皆来自此档。

⑥大通广惠寺蒙藏小学实际开学日期为1932年4月7日，周润年、刘洪纪《中国藏族寺院教育》（甘肃教育出版社1998年版，第332页）误为"1933年，广惠寺蒙藏小学正式成立"。

⑦广惠寺志编纂组：《广惠寺志》，青海人民出版社2008年版。

⑧以上均见《青海省政府教育厅档案》，青海省档案馆：全宗号43，案卷号136。

⑨《青海省政府教育厅档案》，青海省档案馆：全宗号43，案卷号137。

⑩《青海省政府教育厅档案》，青海省档案馆：全宗号43，案卷号133。

⑪《青海省政府教育厅档案》，青海省档案馆：全宗号43，案卷号136。

⑫《青海省政府教育厅档案》，青海省档案馆：全宗号43，案卷号137。

⑬杜小明主编《青海教育史》。

⑭周润年、刘洪纪：《中国藏族寺院教育》。该书与《青海教育史》皆误以此数为蒙藏学生之数。

⑮《青海省政府教育厅档案》，青海省档案馆：全宗号43，案卷号133。

⑯李自发：《青海大通广惠寺蒙藏小学》，《新青海》1933年第11期。

明清时期河湟地区的土司宗族构建

——以西宁卫东李土司为例[1]

张生寅[2]

宗族研究一直是我们认识中国古代社会的一把钥匙。20世纪以来,华南地区的宗族研究取得丰硕成果的同时,华北地区的宗族研究也有条不紊地向前推进,勾画出了中国宗族发展的不同轨迹和内在动因。而相比上述两个地区的宗族研究,由于族谱及地方文献资料相对匮乏等原因的制约,西北地区的宗族研究则显得有些冷落和萧条。但研究的缺乏并不能说明西北地区没有宗族的存在或宗族活动的开展,相反,多元的文化、众多的族群、内地移民的迁入、特殊的行政建制等因素,使明代以来西北地区的宗族发展轨迹呈现出与其他地区不同的历史面貌。入明以来,中央王朝在西北河湟地区推行卫所制度的过程中,在当地卫所中封授了许多土官(后称土司),这些土官、土司世袭其职、世有其土、世领其民,成为区域社会中一支十分特殊的政治军事力量。及至清代,这些土司中的一部分得到清廷的承认和保留,许多还延续存在至民国时期。

---

[1] 论文原载于《青海社会科学》2016年第3期。
[2] 张生寅,青海互助人,青海省社会科学院文史研究所研究员。

经过明清时期的繁衍分化，许多土司家族发展成为人口繁盛、支系众多、分布分散的大宗族，成为地方社会非常独特的一种社会文化现象。在漫长的历史进程中，土司的宗族是如何被构建起来的？其宗族构建的轨迹和动因与其他地区有何异同？都是需要我们进一步深入探讨的问题。本文借助有关家谱资料，从宗族历史言说、祖先记忆重构、军马田经营等三方面，拟对明清时期西宁卫东李土司的宗族构建做一初步考察，谬误之处，祈请方家指正。

一 共同过去的言说

集体记忆理论告诉我们，每一种社会群体皆有其对应的集体记忆，借此该群体得以凝聚及延续。而集体记忆依赖某种媒介，如实质文物及图像、文献，或各种集体活动来保存、强化或重温。[①]本文所要考察的东李土司，先祖本为西夏遗民，元初时由宁夏灵州迁居河湟地区，明初归附中央王朝，被授予西宁卫世袭土官职务，后经过数代发展，分化为被称为东府、中府和西府的三支，其中被称为东府和西府的东李土司和西李土司二支，是甘青土司中势力较大且较为显赫的大宗族，而中府土司由于明代后期未能承袭土官世职，接受东府土司的管辖，渐渐处于默默无闻的境地。东李土司自明初归附以来，在宗族地位和声望不断提升的同时，从明中期就开始编修家谱，并借助家谱这一媒介不断保存、强化、重温祖先显赫的功绩等共同过去，借以凝聚和延续整个家族，为家族发展创造更好的条件。从李鸿仪编纂、李培业整理的《西夏李氏世谱》所载多部家谱中的序、跋内容看，以下两个非常重要的宗族历史和事件会被经常提及和言说。

明代前期东李土司先祖所建立的显赫功绩，尤其是李英、李文叔侄二人敕封伯爵之事，几乎是多数家谱不会遗忘和所津津乐道的宗族共同过去。如明万历二十年（1592）礼部尚书兼东阁大学士王家屏在《李氏世系渊源谱》中就提到，"盖李氏之业，以功顺开先，而会宁高阳以百战勋伐益广大之。至符丞公，更用儒术崛起制科，为天子侍从臣。于是李氏家声，赫然雄五郡矣"。②清康熙二十八年（1689）庠增生白鹤羿所撰《李氏六门家谱序》，也对李氏先祖的功绩赞扬有加，"识李氏先祖，始祖南哥，二世祖英，三世祖昶。自有明定鼎以来，简命北征，披肝沥胆，寄身锋刃之中，托足疆场之上，昼不停骖，夜不解甲。虽暴露连年，积雪没胫，不莫之恤。因之群凶靖，众寇息，开疆拓土，底定中原，而庑功告成焉，国家享磐石之安，黎民乐雍熙之世，猗欤盛哉。故感其忠贞，嘉其伟绩，遂封二世祖为会宁伯，三世祖为右军都督，文武科甲，代有伟人，迄今百奕，家声煊赫"。③显然，明代前期李氏先祖建立的显赫功绩，既是李氏宗族后裔编写家谱时不断言说的共同过去和集体记忆，也是团结、凝聚庞大宗族的重要文化资源和精神力量。

另一个被经常提及的共同过去便是正德年间东府李昶后裔析分为十三门之事，除土司一支之外的其他各门尤其关注和重视。如乾隆四十九年（1784），张世霞为碾伯县旱地湾东李土司十一门后裔所修家谱撰写的谱序中就提及："会宁伯英，以武功屡荷荣宠。及子昶，特授右军都督府左都督事，举十三子，遂为十三门之所自也。其族杂居西碾二县，而旱地湾为十一门祖之所出。"④道光年间，举人傅化鹏在为东李土司六门后裔所修家谱撰写的序中也有类似叙述："第数传已久，支派攸分，自右军都督昶公螽斯衍庆，诞有嗣君十有三人，后各散处于西碾二邑之间。"⑤光绪九年（1883），李忠孝所撰《东府第十二门李氏家谱序》也声言："我东府始祖会宁伯讳英，生子昶，授锦衣卫指挥同知，寻进都指挥使，生子十三，为十三门，分住西碾二县，于今四百年矣。"各门家谱对东府析分为十三门这一宗族历史的反复言说，显然说明这一事件对家族的发展十分关键，尤其是对东李土司十三门而言，是各个小家族历史的起点，成为各门历史记忆中不可磨灭的重要节点。

二 祖先记忆的重构

祖先记忆是宗族构建与发展过程中始终相伴的重要话题。许多民族志研究表明，以忘记或虚构祖先以重新整合族群范围，在人类社会中是相当普遍的现象，族群的发展与重组以结构性失忆及强化新集体记忆来维持[6]。通过排比分析《西夏李氏世谱》中收录的众多谱序、谱跋及碑铭等，我们就会发现，在入明以来的几百年发展历程中，东李土司宗族依据社会环境变化和自身需要，借助族谱、墓碑等媒介不断重构宗族的祖先记忆，借以凝聚和延续整个宗族，其中先祖为唐末党项族首领拓跋思恭和沙陀族首领李克用的祖先记忆相继成为明清两代李氏宗族关于祖先记忆的主题。

关于先祖为唐末党项族首领拓跋思恭的祖先记忆，是自明宣德以来历经几代李氏族人的努力逐步建构和完善起来的。立于宣德二年（1427）八月十六日的《赠夫人王氏墓碑》[7]，系朝列大夫、兼修国史总裁、国子监祭酒胡若思应会宁伯李英之请为其母王氏所撰，碑文认为李氏"其始祖唐季赐姓，显宦大宋"，[8]虽未明确先祖为唐代何人，但声言其先祖唐季赐姓李氏，宋代时为显宦之家。而由礼部尚书金幼孜应会宁伯李英之请撰于宣德五年至六年（1430—1431）间的《会宁伯李公墓志铭》进一步提出，李氏"先世居西夏，后有居西宁者，遂占籍为西宁人"[9]，突出了李氏先世来自西夏的事实。将李氏先祖与唐末党项族首领拓跋思恭直接联系起来的，则是成化十一年（1475）陕西巡抚马文升应李英之子李昶所请撰写的《明故前推诚宣力武臣特进荣禄大夫柱国会宁伯李公神道碑》。该碑明确提出，李氏"其先出元魏，至唐拓跋思恭，以平黄巢功，赐姓李氏，世长西夏，自宋及元，以武勋显白者甚众。其居西宁者曰赏哥，元祁王府官"。[10]不仅将李氏先祖与元魏相联系，而且将唐末的党项族首领拓跋思恭作为李氏先祖，关于祖先的记忆向前推了数百年，具体内容也逐渐清晰起来。万历二十年（1592），资善大夫、礼部尚书、东阁大学士王家屏应李光先之请撰写的《李氏世系渊源谱》和《明故诰封昭毅将军锦衣卫指挥使守村李公暨孙淑人合葬墓志铭》，在前述李英神道碑的基础上对李氏先祖尤其是拓跋思恭的事迹做了更为详细的描述："按李氏系出元魏，本姓拓跋。唐中和元年，宥州刺史拓跋思恭、会鄜延节度使李孝昌同盟讨黄巢，屡战皆捷，二年为京城都统。昭宗践祚，为夏州偏将，骁勇善射，以战功钦封夏国公，赐姓李。历五代，子孙世为夏州节度使，及宋世长西夏。元以武功显者甚众，其居西宁者曰赏哥。"[11]至此，李氏宗族通过延请高官名士撰写墓志铭、谱序等一系列努力，构建起关于先祖及迁居西宁先祖较为完整的记忆。当然，宣德以来李氏宗族关于始祖为拓跋思恭的祖先记忆，并非空穴来风。李氏先世原居西夏灵州，元初迁居西宁，可以基本肯定是西夏党项族后裔。[12]在重构家族祖先记忆的过程中，将党项族历史上的著名人物作为先祖，似乎也是合乎情理的做法。但将拓跋思恭作为先祖的同时，李氏祖先记忆中关于拓跋思恭之后的祖先世系，处于失忆的空白状态，几乎没有提及。

关于先祖为唐末沙陀族首领李克用的祖先记忆，是明末清初的李氏宗族经历激烈的社会动荡后，在东李土司李天俞重修家谱时构建起来的。明末崇祯十六年（1643），李自成农民军之一部贺锦进入甘肃河西走廊和西宁卫地区，西宁卫土司祁廷谏、李天俞等联兵抵抗失败后，李天俞"妻妾、二弟（李天禽、李天命——笔者注）暨部落死者三百余人"[13]，李天俞等人也被农民军俘获后押送西安。清顺治二年（1645），清军攻占西安后，释放了被李自成农民军关押在狱中的李天俞等人，令他们到西宁招抚各族土司归附清朝。顺治十年（1654），清廷授予李天俞世袭指挥同知之职。在李天俞被再次授予土司世职之后，"瞻庙祀倾圮，像谱煨尽，犹不胜其凄怆，于是建祠谱，希请名公珠玉，胪列于前，不独润色绘图，而亦有光列祖"[14]。在重修家谱的过程中，李天俞在其幕僚岳鼐的帮助下，在顺治十二年（1655）岳鼐撰写的《李氏世系谱》中对李氏宗族原有的祖先记忆进行了一番改造，将唐末沙陀族首领李克用作为李氏先祖："按李氏初祖朱邪，沙陀人，先世事唐，赐姓李。僖宗乾符五年，防御使段文楚推克用为留后。时河南盗起，沙陀兵马使李尽忠谋曰，今天下大乱，号令不行，此乃英雄立功名取富贵之秋也。振武节度使李国昌之子克用，勇冠三军，若辅以举事，代北不足平也。黄巢作乱，进军前东渭桥，与巢军战于渭南，三战皆捷。黄巢力战不胜，焚宫室遁去。克用时年二十八，于诸将最少，而破黄巢复长安功第一，兵最强，诸将皆畏之。诏以为河东节度使，以复唐室之大功，晋爵陇西王，又进表诛田令孜等，后加中书令，进爵晋王。上乃褒其忠款，复进表诛朱全忠，终为国患，不听，克用还晋阳，自兹肇迹王基，记载昭然，难以殚述。后至李思恭，徙居西夏，递传于宋。定难后，李继捧入朝，献银、夏、绥、宥四州，宋太祖以继捧为节度使。及传至元，世长西夏，以武功显白者甚众，其居西宁者曰赏哥。"[15]

李天俞首倡李克用为李氏先祖，并与原先的先祖拓跋思恭前后相续，但拓跋思恭与李克用在唐中和年间曾同时率兵与黄巢农民军作战，二人为同一时代的人，且拓跋思恭年长于李克用，先于李克用去世。因此，这种明显有违历史事实的祖先记忆重构，在整个李氏宗族内部引起了混乱，部分族人并不认同李克用为先祖。如清乾隆三十八年（1773），东李土司六门的第十六世孙李廷猷续修家谱时认为，"考吾家世系之源流，系出元魏，本姓拓跋。唐中和元年，拓跋思恭以平黄巢功，赐姓李氏，历宋世长西夏，元初入居湟中"。仍坚持拓跋思恭为李氏先祖。乾隆五十二年（1787），傅咏在为六门所撰的《李氏六门宗派源流序》中也认为，"考李氏出元魏，本姓拓跋。至唐拓跋思恭，以平黄巢功，赐姓李氏，进封夏国公，子孙传袭，此李氏著姓之鼻祖也。至宋则以继迁为节度使。元以武功显著甚众，其居西宁者曰赏哥"[16]。同样没有采纳李天俞所倡李克用为先祖的说法。东李土司六门坚持拓跋思恭为先祖的做法，引起了当时的东李土司李国栋的强烈不满，他在乾隆二十六年（1761）为西李土司八门家谱所作的序中指出，"今闻吾下府族舍，若石咀与四房庄，有谓称名乃不然者，是皆不按谱考证之过，自伤敦睦大道也"[17]。但直至道光年间时，六门后裔李世儒、李世荣纂修家谱时，仍然坚持认为是唐夏国公拓跋思恭之后裔。[18]

尽管东李土司四门、六门等部分门支始终坚持拓跋思恭为始祖，但李克用为李氏先祖的主张由代表宗族的土司首倡，很快就得到大部分李氏族人的接受。清乾隆二十年（1755），西李土司八门后裔李凝霄在纂修家谱时认为，"纪吾族系出唐夏国公（原书晋王，今更正）之裔"[19]，显然是接受了东李土司李天俞提出的李克用为始祖的主张。许多地方官方文献也很早就采纳这种观点。如清顺治十四年（1657），分守西宁道苏铣编修的《西宁志》，记载李天俞为"西宁卫人，唐仆射李克用裔"[20]。康熙年间碾伯千总李天祥纂修的《碾伯所志》，记载李南哥"系出沙陀李氏"[21]。乾隆年间西宁道杨应琚撰写的《西宁府新志》，在记述李南哥时认为其"西宁土人，本沙陀李氏"[22]。20世纪40年代，在学术界介绍、利用李天俞所修《李氏世袭家谱》的同时，李克用为李氏始祖的主张得到学者们的重视，而部分族人所坚持的拓跋思恭为李氏始祖的主张，一直未能得到学界应有的关注。

通过上述描述可以清晰地看到，明代宣德以来，东李土司家族在其地位和声望持续上升的同时，开始构建、丰富和强化唐代末年党项族首领拓跋思恭为始祖的祖先记忆。清初顺治以来，遭到明末农民战争冲击并归顺清朝的东李土司宗族开始再次重构家族的祖先记忆，将唐代沙陀族首领李克用作为先祖，并不断进行强化和重温。不同时期不同的祖先记忆重构虽有复杂的社会政治背景，但无疑成为东李土司宗族发展过程中强有力的心理和血缘黏合剂，为宗族的发展起到了十分重要的作用。

三 "军马田"的经营

关于明清时期西宁卫土官和土司"军马田"的继承与经营，以往一些著作笼统地认为是由世代承袭世职的土官和土司来直接继承和经营。具体而言，由土司分给所辖土民耕种，同时向土民征发兵役、徭役、赋税[23]。但从《西夏李氏世谱》所载的一些印单、分关和分受基业书看，至少东李土司一支所拥有的"军马田"和所辖家人（即土民），自明代中叶以来在土司后裔分居析产的同时也进行了析分，被均分到宗族中的各门，其对应的赋役义务也由宗族中的各门来承担，实行的是宗族通过契约共同经营的特殊方式。清康熙四十三年（1704）立写的《大宗师臣给慧隆寺族人印单》，对明成化以来李英和李雄兄弟二人的后裔围绕祖产析分和赋役承担有着详细的记载，现摘录如下：

> 立写遵照祖制分单合同，应袭李师臣。……如我始祖赏哥以来，数传而至我祖李雄，系会宁伯英之胞弟。遂将田土家人分为二股者为何，揆其创制分管之意，虑后世生有不肖子孙，恐生异变，有干祖宗功业。犹虑倚强凌弱，蚕食鲸吞，阴谋侵并，是以有请奏行部印分单，永远遵守，相传至今，其法至善。迨至我父承袭之时，因

嫡庶之争，家门生变构讼数载，始得安宁。……念慧隆寺族，俱系始祖嫡派子孙。溯其前弊，实系印官姑息纵之过也。师臣追念一本同源，思欲痛改前非。自今以后，两房分管之田土家人，各照先朝成化年间祖制成规，每年各给印单一张为照，令其各守分业，永勿紊乱。今将族舍祖遗成规，逐一照旧开载于后，恐后无凭，立此合同各执一张为照。河东舍官李天泽旧规。凉州舍侄与河东舍官原系一门，凡有差使等项，俱令河东舍官管理，衙门再不得以官舍尊卑相待，不得似前紊乱。若土兵，原日旧规，家人承应，与舍人无干，其头目令土官委用。乌喇柴炭不得抗阻。若有皇差，各门公议人丁多寡摊派。赴京银两，仍照原日旧规。[24]

显然，明成化年间，李英和李雄兄弟二人的后裔在分居析产时，将包括"军马田"在内的祖遗田土及家人分为二股，分别由二人的后裔管理。印单中虽未提及当时土兵军役的承应情况，但据康熙年间按原日旧规再次约定李雄后裔所管家人承应土兵兵役的情况看，成化年间析分田土家人之际，土兵军役是由李英和李雄的后裔分别承应的。清初雍正、康熙年间，由于茶马互市停止实行，封授给土司的"军马田"被地方官府计量登记，并向国家缴纳一定数额的税粮。在国家税制变化的大背景下，土司宗族内部因田土家人产生的经济纠纷不断增多。土司与李雄后裔之间构讼数载，最终双方和解，约定两房分管之田土家人照先朝成化年间的祖制成规各守分业。而且从印单开列的河东舍官李天泽旧规可以看到，分居凉州、河东等地的李雄后裔不仅承应土兵军役，土兵头目由土司委用，而且要按照人丁多少分摊负担宗族的皇差和土司赴京朝贡的银两。可见，在田土家人等祖产在各门后裔中析分的同时，与此相对应的军役、税粮、皇差、赴京银两等赋税义务也同样由各门后裔分担。

而作为李英后裔的东府十三门，在明正德五年（1510）和清乾隆元年（1736）立写的部印分关和分受基业书，则更加清晰地展现了包括"军马田"在内的祖产及土兵军役继续在十三门内均分承应的具体情况。据正德五年（1510）立写的《东府十三门部印分关》记载，[25]李昶在世时，娶妻妾四人，生育有十三子。先年曾将在京家财房产照以母分均分种，西宁原籍产业未曾分拆。李昶病故后，承袭土官世职的李玑将西宁祖遗房产田地家人牛羊霸占，不肯均分，其弟李琦等不甘节次，奏行巡按陕西监察御史，转行分巡西宁道，将李玑霸占的庄房、店房、田地、随庄家人、头畜，俱照一十二分均分。后因李玑病故，其子李宁未到，未曾分拨。正德三年（1508）时，李宁与其叔李琦等各俱本奏行巡按御史，案行西宁道巡守，委官公同西宁卫掌印官，将未曾分拨的房产田地家人牛羊仍照前断均分，吩咐各房管业。至清乾隆元年（1736），承袭土司世职的李国栋开列的《东府十三门分受基业书》，[26]据康熙十四年十月十三日奉奋威将军王咨注一十三门额备报部马步土兵册，详细开列了当时东府各门分受基业的所在地，应该承担的土兵原额，每年应收的租银、租粮，上纳入仓的秋粮数额。其中十三门中的四门、十门、十二门，由于分守的田土家人在西宁县，虽承担数目不等的土兵名额，但可以自行上纳入仓秋粮。而分守的田土家人在碾伯县境内的其他各门，其上纳的入仓秋粮，显然是由土司汇总后上纳县仓。

结合以上印单、分关和分受基业书所揭示的祖产析分情况，我们有理由认为，在明代卫所体制的大背景下，东府始祖李南哥在西宁卫受封土官的同时，便依照军户制度的要求成为承担国家赋役的一个单位。此后，李南哥的后裔虽在成化、正德年间多次分居析产，将包括"军马田"在内的祖产和相应的赋役负担进行析分，在族内形成了更多更小的赋役承担单位。但无论祖产与赋役义务如何在族内继续析分，在卫所军户禁止分户的规定下，整个东李土司宗族仍然只是作为一个赋役单位存在。清代，虽然卫所制度被废除，但土司仍然得到保留，这种在卫所体制下形成的特殊赋役制度也得到延续，土司宗族依然作为一个赋役群体存在了三百多年，直到民国时期改土归流以后才完全解体。在这个赋役群体内，土司作为宗族的代表和首领，不仅统领土兵承担征调、保塞等义务，而且承担将各门支入仓秋粮汇总后上纳国家的责任。而众多门支的族舍，在按照祖制分管部分祖遗田土家人，协助土司完纳国家赋役义务的同时，无疑享有部分赋役特权或是一些赋役上的优待。由此可见，自明中叶以来几百年中，李氏宗族构建的过程中，分散于各门的"军马田"和赋役负担，始终像一根若隐若现的纽带，将散居各地的李氏宗族后裔紧紧连接在一起，成为聚合不断分化的家族成员的强有力的宗族赋役纽带。因此，从国家赋役征收的角度审视，西宁卫土司宗族的构建过程，实际上也是土司宗族应对国家赋役负担的过程，卫所的赋役负担同样也是土司后裔构建宗族的一种重要动因。

四　余论

通过对明清时期西宁卫东李土司宗族构建的初步考察，我们看到，东李土司在宗族构建过程中除了通过编撰家谱言说共同过去、重构祖先记忆等文化策略，建立起凝聚家族的文化向心力和凝聚力，借以凝聚和延续整个家族外，在卫所特殊的赋役制度和"军马田"在宗族内不断被析分的情况下，为了应对国家的赋役征发，将整个宗族逐渐设计成为一个特殊的赋役单位和赋役群体，使分散于各门的"军马田"和赋役负担，始终像一根若隐若现的纽带，将散居各地的李氏宗族后裔紧紧连接在一起，成为聚合不断分化的家族成员的强有力的宗族赋役纽带。而且，东李土司宗族的构建实践也似乎说明，宗族不仅是文化建构的产物，有时也是国家制度指导下的经济建构的产物，不仅是一个文化共同体，有时也是一个赋税共同体。

参考文献

①王明珂：《华夏边缘——历史记忆与族群认同》，社会科学文献出版社2006年版，第27页。

②李鸿仪编纂，李培业整理：《西夏李氏世谱·卷1·序跋谱》，辽宁民族出版社1998年版，第4页。

③李鸿仪编纂，李培业整理：《西夏李氏世谱·卷1·序跋谱》，辽宁民族出版社1998年版，第6页。

④李鸿仪编纂，李培业整理：《西夏李氏世谱·卷1·序跋谱》，辽宁民族出版社1998年版，第22页。

⑤李鸿仪编纂，李培业整理：《西夏李氏世谱·卷1·序跋谱》，辽宁民族出版社1998年版，第24页。

⑥王明珂：《华夏边缘——历史记忆与族群认同》，社会科学文献出版社2006年版，第24、28页。

⑦《西夏李氏世谱·卷2·碑志谱》，第47页。

⑧《西夏李氏世谱·卷2·碑志谱》，第47页。

⑨金幼孜撰：《会宁伯李公墓志铭》，《四库全书》集部·别集类，《金文靖集》卷9。

⑩《西夏李氏世谱·卷2·碑志谱》，第48—50页。

⑪李鸿仪编纂，李培业整理：《西夏李氏世谱·卷1·序跋谱》，辽宁民族出版社1998年版，第4页。

⑫王继光：《安多藏区土司家谱辑录研究》，民族出版社2000年版。

⑬杨应琚编纂：《西宁府新志·卷28·献征志·人物》，青海人民出版社1988年版。

⑭李天俞：《纂修族谱序》，《西夏李氏世谱·卷1·序跋谱》。

⑮《李氏世袭家谱·卷1》，王继光：《安多藏区土司家族谱辑录研究》，民族出版社2000年版。

⑯傅咏：《李氏六门宗派源流序》，《西夏李氏世谱·卷1·序跋谱》。

⑰李国栋：《西府八门谱序》，《西夏李氏世谱·卷1·序跋谱》。

⑱傅化鹏：《李氏家谱序》，《西夏李氏世谱·卷1·序跋谱》。

⑲李凝霄：《纂修家谱自序》，《西夏李氏世谱·卷1·序跋谱》。

⑳苏铣纂修，王昱、马忠校注：《西宁志·卷3·官师志·土司》，青海人民出版社1993年版。

㉑李天祥纂集，梁景岱鉴定：《碾伯所志》（不分卷）"人物"，青海省民委少数民族古籍整理规划办公室《青海地方旧志五种》，青海人民出版社1989年版。

㉒杨应琚编纂：《西宁府新志·卷28·献征志·人物》，青海人民出版社1988年版。

㉓崔永红、张得祖、杜常顺主编：《青海通史》，青海人民出版社1999年版。

㉔李师臣：《大宗师臣给慧隆寺族人印单》，《西夏李氏世谱·卷3·敕诰谱》。

㉕《西夏李氏世谱·卷3·敕诰谱》，第110—112页。

㉖《西夏李氏世谱·卷3·敕诰谱》，第116—117页。

第二辑　社会经济

青海田赋之探讨[1]

王莲生

一 绪言

中国财政之最大收入，厥为田赋；故国家经济之基础，建筑于农村经济之上，而国家经济现象之优劣，亦恒视农民收获丰歉之结果。近年来全国□形水旱奇灾（原书不清——编者注），农村经济，崩溃不堪，而社会经济亦俱受莫大之影响；因之国家经济，时发困难之呼声，理所必然，事实镜鉴；由此知农民生活之动影，为社会现象之实际，改良农业上之制度，即为改良社会，整理农村经济，即为整理国家经济矣。然在西北天灾人祸之环境中，政府不以整理之手段，挽救农村经济之崩溃，而反增加苛捐杂税（如采买粮，营买粮，营买草，额外料，烟亩款，富户捐，人口税，兵役税，开办税，等等），以为筹划国家财政之妙法，此岂为整理国家经济之手段乎？当时虽为事实之不得已，然其结果更束手无策；政府虽抽得少数之经济，而农村生活已为之破产，人民不胜鞭笞催讨之苦：富农之家，倾家完纳，贫农之户，只得强者流为土匪，弱者转死沟壑，现在西北之恶劣现象，皆由此所造成；以致整个的国家社会，陷落于狂风巨涛之旋涡中，越荡越汹，岁无宁日；此非治国之道，乃军

---

[1] 原载于《新青海》1932年第1卷第2期。

阀官僚营私之捷径也。青海田赋之繁杂，皆由如斯重重沿革而来；现已成为定例，牢不可破；而农民苦经日久，成为普遍性和永久性，亦自难别其苦之所以为苦矣。

二 青海田赋之流弊

青海田赋之正额，轻重不均，早为农民常呼号；其实较之其他各处之赋率，尚可原言：而其所以最痛苦者，厥为正赋以外之赋，青海农民常言"能宰一只羊，不纳一合粮"，此言非一石粮之完纳困难，而一石粮本身之外，不知尚有多少之粮和差徭……故宰一只羊当时虽损失较多，然可以免永久之一切粮差。若惜一只羊而原纳一合粮；则岁岁子子孙孙，不知纳多少之粮和差，岂非损失之重较羊百千倍矣。此乃事实之所必然，亦农民经济上所素见之现象也。

兹将正赋之种种流弊，缕述于下，以资改良焉。

（A）田赋名目复杂之弊：青海田赋之名目，约有四种，有由事实习惯而来，有因军政关系而定，概为田赋之弊。

1. 屯粮 屯粮之名，始于汉代，赵充国平羌至湟中，寓兵于农，自耕自给，使所谓赵充国请驰至金城屯田湟中是也。所垦之地，多在平川水利便宜之处，其后事平兵撤，转为民耕，故其田赋较重；每一斗田地，青海之田地，不以亩计算，以升斗计算，有纳粮二斗者有纳三斗者，甚至有四五斗者（俗谓一地二粮，一地三粮，一地四五粮），多寡不等。此外尚有屯草；每纳屯粮一斗，即附带纳屯草一束（一束约重五斤）。此乃屯粮本身所纳之数目，尚有差徭及其他……耕种屯粮田地之农户，摊派较重，甚至许多农村种番粮地者，不应差徭和杂赋，完全由种屯粮地之农户负担之，其不平均之至，有如斯耶！

2. 番粮 番粮名目之由来，为赵充国屯田湟中时，以未垦尽之空地；或为番族占据而游牧之地，以后受汉族之同化兴趋迫，或迁移，或杂居；其土地遂开垦而耕种之，且青海大多数纳番粮之地为土司田地。故所纳之田赋，谓之番粮。其土壤之优劣，水利之来源，与屯粮土地相等，然其粮甚轻。每一斗田地，有纳粮五升者。有纳一斗者，至多纳二斗余。此外不纳草，即一切之杂赋和差徭。亦较屯粮甚轻，故其地价较高于其他田地；因之富豪之家，多种此地，而贫农无力购种矣。以致富者愈富，贫者愈贫，此乃田赋不平均之流弊，影响于农村社会者也，若不加以改良，终难免有地主与佃农之阶级，劳资争斗之现象也。

3. 秋粮　秋粮之由来，因土地本身关系而定，有土壤最劣之田地，禾苗不易成熟，只可种秋收之田禾（俗谓之秋田），如菽谷、豌豆、燕麦、山芋等，此种田禾，收成歉薄，故其所纳之粮，别谓秋粮，以示其轻。每一斗田地，有纳粮三升者，有纳五升者，至重约纳一斗，此地多为旱地，在山坡或凹凸之处，价值最廉故多为贫农所耕种，富农则嫌弃之。

4. 营买粮　此粮之由来和沿革，于清末光绪时，刘锦棠平乱至西宁，当时土匪横行，阻挠农民之收获；因之粮食缺乏，军粮不易购买，故向农村摊派粮秣，为维持现状之办法。农民则计正赋之多寡，平均而负担之，军营收粮机关，亦按市价发价，并不折扣；其实等于买卖，故谓之营买粮。迨匪剿平，此例相沿难除；年年按例征收，然升斗之轻得多寡，由收粮者之意志而定，并纳营买草，其秤无度，车之重，有准十斤者，近来仅发半价，或者完全难以领到。现在省政府举行整理田赋，其目的欲增加正赋，取消营买粮草，其法若能实现，或可较免民众之痛苦矣。

（B）轻重不均之弊：此弊因田赋名称之不同，轻重遂相悬殊。普通原则，应依土地之优劣，定田赋之轻重。然青海田地优者赋轻，田地劣者赋重，此弊之来，多为奸农和县吏作弊之所造成，田地过多之富农，将田赋拨加于一块土地之上，廉价出卖，其结果自己所种之地，田赋减少，差徭亦遂减轻，其买到此种廉价田地之人，概为穷农；每年之收成率供粮草差徭之需，其结果穷者愈穷，富者愈富。青海田赋不均之现象，实为形成农民贫富之权衡。缕述于下。

1. 屯粮与番粮之不平均　屯粮与番粮田地，土壤相同，收成相等，而所纳之粮草则不然。屯粮每斗地之平均率，约为二斗；番粮每斗地之平均率，约为一斗；相差有一倍之多。而屯粮更纳屯草，差徭尤其繁重。

统计而比较之，屯粮重于番粮之数目，约在二倍以上。故农村间耕种屯粮过重之地，赠人耕种，替纳粮草，尚无人接受；故有赠送而反补价若干者，其痛苦可想而知矣。

2. 水地与旱地之不平均　旱地之收获，不及水地，故其粮草亦应较水地轻，此当然之理也。然在青海特殊之环境中，事实不然。青海新垦之生地，土壤肥沃，其质松湿，收成等于水地，甚至有过于水地者。然粮草较水地轻数倍，比于熟耕之旱地，轻倍有余；而其收成，较佳数倍。如塔尔寺之田地，蜿蜒于青海积石山及祁连山支脉之麓，有数千余石，皆租于佃农耕种，佃农每年向塔尔寺纳租粮租草，并当差役。而塔尔寺向青海政府所纳之粮，仅一百数十石，不及其他一小农村之粮额。尚有全无粮草者。故近十余年来，开垦生地之农民，致富豪者甚多。

3. 各种粮草本身间之不平均　此种不平均，全国处处皆然；其弊之由来，非原则上规定有如斯轻重之分别，盖为农村间互相买卖而发生不均之现象。而青海之不平均，相殊更甚；例如同一屯粮土地，尤其阡陌毗连，土壤相同，水利均衡；而其粮草，有纳一斗者，有纳五斗者。轻重相形，地价悬殊，则农民之苦乐发生矣。其他旱地与旱地之粮草，水地与水地之粮草，皆有如斯畸轻畸重之弊，如果本总理之遗教，负责解除其弊，办理得人，殊非难事，最近青海省政府有鉴于此，实行清赋，然其办法与事实，互相矛盾，辄生困难。其原因在根本上缺乏妥善之规定与方法。兹将清赋之重要问题和办法，就青海之事实而讨论之。

三　清赋方案

清赋政策关系国计民生；故进行之方法，最宜郑重。稍有疏忽，贻害万世。清赋最重要之问题，厥有三端，（一）为人才问题，（二）为清丈问题，（三）为平均问题。然此三问题拟定妥善之后，尚因事制宜，变通办理，若以肯定之方法，任施于复杂之事实上，终不免发生流弊也。兹就青海之环境和事实，略言其清赋局部之梗概焉。

青海在最近十余年来，受外力之侵迫，知生存竞争，天然淘汰之利害；于是大兴垦荒，增加生产；南自积石山麓之阴，北在祁连支脉之阳；远则青海番族游牧之野，近则阡陌空荒之地；竞相开垦，不遗余力。而天亦加惠青民，夙患水涝，田禾不熟者；今变佳土，收获最丰。因此为争垦而词讼不绝，交涉时起。而政府亦无妥善之办法，流弊层出不穷，故新垦田地，有升科纳粮者，有未升科蒙混者，有甚轻者，有甚重者。睹此情形，则青海之清赋政策，为不可容缓之图。而清赋之办法，极应周详，使无一变通疏忽之处，庶可施行无弊。总而言之，清赋之时，果能利民为依归，廓清一切弊端，则事虽繁难，当必能获民众之谅解。兹缕述如下。

A. 清赋之目的　在青海环境中，清赋之目的，务完全清丈全省之土地，除去奸农隐匿田地和田地之弊。然后依清丈之亩数，平均田赋之轻重，免除苦乐不均之弊，并改良一切不适宜之复杂名称和制度，实现总理之平均地权和清赋之办法；以造成尽善尽美之农村制度，使民众永享其均乐之幸福。

B. 人才问题　清赋办法之中，人才为一绝大之问题。近来人格破坏，公德心丧失殆尽，尤其在清赋事宜，贿赂作弊，势所难免。故无相当人才，不但不能铲除旧弊，反增多少新弊，则农民之痛苦愈重矣。人才问题之选择，政府当慎重其考试，首重考取品性高尚之青年，并在社会久未服务者，尤其是忠实党员，加以相当之训练，然后派出清丈。清丈时每一清丈组委监督员一人，并秘派稽查若干，暗行考察其是否作弊、若一旦发生弊端，即惩处其应得之罪，无稍宽免；诚如斯方能做出良好之工作，实现清丈之真意义。

C. 清丈之步骤　清丈时将人才分为若干组，各方工作，趋其早日实现，以免农村间久经骚扰。再粮草清册，为农民纳粮之根据。农民一闻清丈之消息，不免有改造作弊之情事。故未清丈之先，将各农村之粮草清册，收集于县政府，作为清丈之根据。以清丈准确之亩数，与农民之粮册比较之，察其有无隐匿土地之弊。丈出之亩数，较农民之粮册少时，则其所亏之土地上应纳之粮草，当然减免。若较农民之粮册多出若干亩，则此所多之土地，向地主征收地价。若地主不愿缴纳地价，即可卖与他人。所收之地价，作为清赋之经费（因清赋之一切经费，规定由政府供给，如清丈人员至农村时，一切之费用，皆由自备，分毫不向农民勒索。即农民情愿送给者，亦概拒绝之，以免累民之患）。征收之地价，除清赋经费外，尚有余者，归为政府之收入，作教育经费或其他公益事业。至于清丈之亩数与农民粮册之多寡比较，应规定多过一亩以上，始可征收地价；因为清丈之时，未必分毫精确，若征收地价过细，或有冤民之处也。

D. 平均田赋之办法　清丈完竣之后，即可着手平均田赋，平均之手续，依照农民之粮册为根据，在清丈之时，即将土地品优定劣之种类，其分别之法，按土壤和水利为比例。水地分上中下三等，旱地亦分上中下三等。分别土地之区域，至大以县为单位。等次分别一定之后，将全县（或一区）同等田地之粮草，总积而平均之。其所得之平均率，即为全县田地之标准（例如全县上等水地一万亩，共纳粮两万石，以一万亩除二万石，所得之商数为二，则知全县田赋之平均率，每亩地纳粮二斗）。平均完竣之后，将农民粮册上所定之粮草数目，应由各县政府从新编造，依旧日之村数，各发一册，作为完纳田赋之根据。

E. 改良旧日粮草之名称及平均差徭　青海因田赋名称不同，差徭亦遂之而苦乐不均。故清赋时，于此不可忽略。编造粮册时，将一切所谓屯粮，番粮，营买粮，秋粮等之复杂名词，均改名为田赋，以归划一。凡间差徭杂税等，按平均之田赋均摊之，无孰轻孰重之别。至于营买粮草应在取消之列，而屯粮上附带之屯草，亦应与各田赋平均之，取其屯草之名词。再青海以升斗计算田地之多寡，较之其他各处以亩数计算者，不相统一，亦应改良之。

四　青海省府实行清赋之现况

青海最近实行之清赋办法，其重要之目的有二，首为减免营买粮草，次为换发执照。其所以首重减免营买粮草之目的，因青海所属贵德县、大通县、化隆县等垦地较多，地广赋轻，或有全无粮草者。故此次清赋之举，将此数县，实行清丈，以增粮额。其所增之粮额，俟与营买粮相等时，于是将营买粮草，完全豁免之，以减轻全省人民之负担。其他各县之清赋事宜，因清丈人才之问题及事实复杂之关系，未行清丈，一切流弊，尚无解除之希望。至其换发执照之目的，因农村间有私垦之土地，多无契照，蒙混耕种，故清查农民之粮册，使自报升科，以发执照。其发执照之办法，印发执照一张，每张执照纳照费一元，若有抗顽不报而无执照之土地，一经查出，即行充公。有荒芜之土地，亦由农民具册报告，查验确实，粮草则减免之。此外平均田赋及差徭等工作，积极办理，以后是否实行，乃一问题也。

五　尾语

以上所述，皆就事实论之；然言为纸谈，事在人为。吾人即有具体之理想，当有实行之决心。东北已被侵于日本，西南久经英人之眈视；青海处于新疆西藏之间，居为屏障门户。在此环境之下，图强政策，不可缓图，清赋办法，岂可怠乎？故予之所言，非求表面之美听，重在吾人之实行，愿各勉旃。

对于青海田赋清理之商榷[①]

岚 汀

田赋清理,为今日推行地方自治的基本工作,也就是解除民瘼恢复农村经济的先决条件。盖因中国之社会经济,完全建筑在农业生产上;而国家财政的最大收入,亦端赖于田赋。所以国家社会经济,能否长期的发展,则全视占全国百分之八十以上的农业经营者的农村经济,能否依着社会的物质供求律而进展;而国家财政的赢绌,亦视整个农村经济的发展程度而定。今日事实所告许我们的,只有民众流离失所,农村经济破产而已。以整个的国家来看:因为受了农村经济的影响,一切生产事业,均呈衰弱的现象,于是失业人数激增,使社会治安极度不稳;以各省来看:则财政破产,不但一切建设事业,无力推进,就是对于现状的维持,亦非增加农民的负担,不足以解决。于是农民的负担日见加重,而建设事业的进行,皆形停顿,环睹现况不能不令人悲愤失望!

今日田赋的紊乱,已登峰造极,而一般地方负责者,只知循着已往的旧例,层层增加人民的负担。至对于清丈土地整理田赋以谋根本的解决,使人民方面,不感到负担的加重,政府方面,不感到财政的棘手者,则十无一二,各省的状况如此,青海亦不能例外。当此训政时期,对于地方建设事业,决不可一再迁延,以误时机,但欲谋建设事业的进行有效,第一步当从减轻农民负担起。盖今日的农民已陷于水深火热的层层

---

① 原载于《新青海》1933 年第 1 卷第 3 期。

剥削中，此等农民的痛苦，若一旦不能解决，则一切建设事业便不能顺利前进。今日青海的现状，在治安上虽较平静，而一切经济政治，以及文化基础，均差各省远甚；至于一般民众的负担，虽不能说较其他各省为甚，但亦不亚于其他西北各省，而田赋的紊乱复杂，人民因田赋而痛苦的情况，实为不可掩饰之事，故以今日青海的现状立言，努力促进地方建设事业，积极解除民瘼，实为不可稍缓之举。今幸闻当局因鉴于田赋的支离复杂，财政的奇绌，积极举行土地清丈，从而整理全省的田赋税收，裁去一切不规则的苛捐杂税，远道闻之，殊为欣慰！然田赋清量，情形至为复杂，能否清理成功，全在努力于此种事业的当局和个人，是否按着正确的方针，精密的计划，努力以赴之。兹就管见所及，略述如下，虽不敢云有何真知灼见，然亦稍尽吾人对桑梓眷念情。

吾国历代所施行的土地清丈，其主要目的在土地课税，换言之，就是施行以课税为目的之土地清丈。究其实，所谓土地清丈，亦不过为历来政府的一种腔调而已。因为自井田制度破坏，土地私有制发生以后，社会上发生了很大的分歧。在农业方面，完全失去了自主自给的农村制度。一般失意官吏，及小野心家，借着他们优越的地位，竭其全力以施行土地兼并，成了所谓"富者田连阡陌，贫者无立锥之地"的混乱现象。于是土地课税在一般的观念上，完全失去了原来的意义，把土地课税完全看作了官吏阶级的必要收入。因此观念，遂生了以下的结果。

1. 政府只以获得收入为目的，所以对于田赋税收，皆墨守成法。做地方官者，只要将每年应缴的税额缴齐，即可上不负政府，下不愧人民，其他一切对于土地的调查赋税的订正，则皆以漠不相关的态度临之，自然对于土地清丈，更无施行的可能。所以由此种关系发生的结果（一）一切地方赋税的多寡，完全为历史的遗传所决定——至于地亩的变更，则无任何大的影响；如水田变成旱田，旱田变成宅地。或者荒地变成垦地，垦地变成荒地等，在事实上虽然如此变更，但所纳的赋税，依然施行其历史上遗传的那种税别。（二）土地性质的良否，完全与赋税无关系——依合理的田赋来讲，土地税额的多寡，须依土地性质的优劣而定，庶不失为公允。即使昔日所定的税额为合理，然环境变迁，时有不同；昔之瘠地，一变而为今日的腴壤；反之今日的膏腴地，安知不成为他日的硗瘠地？所以税额的标准，也应该依着土地的变更而变更，才能公平，不使人民受苦，然而在此种官吏治下的土地，赋税的征收完全与土地的性质脱离了关系。

2. 土地课税成为地方官营私舞弊的工具。其对于上司，则多报荒地以减免其赋税；对于人民，则强制登记新辟土地，以增加税收。这样一来，在政府方面，则呈报的荒地愈多，收入愈少；在人民方面，则丝毫未受赋税减免的惠。此种两不着头的收入，完全为地方官吏所中饱。

3. 在人民方面一变昔日为公共服务的精神，巧为规避；由垦地变为荒地而减免其赋税则喜，若因环境变迁而将下田变为上田，或新垦地加以课税则皆厌恶之。于是一般强豪地主，一闻新地加赋或改正田赋之议，则不问事之合理与否，必群加诘诟病。所以优良官吏，虽具有改革田赋之心，皆徒唤奈何；至于庸碌之辈，只乐得中饱私囊。

中国整理田赋的困难，由此推见一般，历史上如此，各省如此，青海亦莫不然。故陆世仪对清丈说："清丈地方之美事也；然往往却成大害；县官无才，里胥作弊，豪强横肆，小民奸欺之四事，为其至难的原因。由古之今，一度闻清丈之事，小民即畏之如无火。"而叶方炳亦谓"赋从田，田有肥瘠，赋有轻重。然豪民滑吏，相缘为奸。移其轻重，改其荒熟，虽云田若干亩，但其实数几何不明。黠者增其数而卖，愚者受之；强者缩其数而买，弱者听之；日积月累以至荒地为熟，熟地为荒，瘠税重而肥税轻，甚至有田无税，有税无田，是皆当纠诘者也"。然而吾人绝不能因其困难，长此敷衍，自毁国家的命脉，试观民国十七年全国财政会议财政部提的全国土地整理计划，可以窥见政府对于清丈土地整理田赋关心的一般。

土地清丈的目的有二：（一）均平人民的田赋负担；（二）确定土地境界，阻止强豪侵占小民的土地。青海对于土地清丈的动机，大概不外：（一）鉴于赋税名目，支离复杂，负担轻重不均，故实行彻底改革；（二）政府收入奇绌故举此以图增加临时之收入。由前者言：虽未脱去以课税为目的的土地清丈，然如能真诚做到，则最小限度亦可稍解小民的困苦，而裕省库的收入。由后者言：则倒不如直接爽快地增加税目，谅当局绝不出此下举。不过按照以往的所谓清丈，则借此名目以图搜括金钱者，不在少数。例如废契捐、换契捐、清赋捐等奇巧税目的出现，实为真实清丈的最大障碍。致使一般农民，视清丈直等于洪水猛兽。此种事态之蔓延，影响于国家人民实非浅鲜。今日当局果鉴于农民之困难，税收之支绌，厉行土地清丈，以为实行地方自治的基础，则当前虽未免有种种实际上的困难，但将来所得的效果，谅必能宏大。

按土地课税的方法，普通约分为：（一）依收获量之比例征税法；（二）地亩征税法；（三）地价征税法。依每年收获量之多寡而征税的法，自井田制度破坏后无形中废止。现在通行者多为地亩征税法，至地价征税法实际上还是一种理论，兹再分述如下。

1. 收获法　收获法者，是据每年地亩收获的总额，而定税额的标准。埃及印度，至今犹行此法。在表面上观察，依据收获的多寡而征税。在税率本身，有伸缩之余地；而对于人民，似无畸轻畸重之弊，其实则不然。第一土地收获之总额虽相同，但用力有多少之不同，生产费用有大小之别，有用力多而收获量少者，亦有用力少而收获量多者。有生产费用大者，亦有生产费用小者，生产费用大而收获大的生产量，固为理之所当然。今若以收获量之大小而课以比例税，则即失其平衡。农民之负担，即不均平，第二若每年按照收获量来定税额，不但手续繁用费大，且易启税吏贪污之心。

2. 地亩征税法　今日各省之土地课税，多按亩征收赋税。然因种种关系，此种征税法，亦难免其弊害。因为中国的土地整理，最高限度，只能做到以课税为目的的土地清丈。对于土质之良否，地势之高低，距离城市之远近，以及关于灌溉排水之情形，多未加注意。即或注意及此，其时间愈久，则即失去正确性。盖环境变迁，时有不同，所以按亩征税，在未实行严格的清丈以前（包括土地之性质地势之高低以及灌溉排水之优劣等），确有不少的弊害。

3. 地价征税法　照地价抽税，为总理主张"耕者有其田"的第一个办法。在若干条件下，我们认为他是对国家人民最有利的方法。因为土地的价格，是因时间和空间而有不同。其在同一区域内，土质有肥瘠，灌溉排水有优劣，地势有高下，因之收获量也时有不同。土地课税，如不根据此种条件，其结果于农民方面，有很大的损害。同时土地每因时代的进步而增加其价格,如交通之发达,和人口之增加等。土地课税若不根据此种时间性,则于农民之负担即失去均衡。总理主张依地价收税,可以完全避免此种弊害。即如地价因社会的进步,而增加时,亦可以抽累进税率,以求其平衡。但实际上亦有种种困难,因为实行照地价抽税的政策,必须先行严格的土地整理。按诸青海现状,经费的困难,和专门人才的缺乏,很难如期做到。如果依总理由人民自行报价,由政府来登记的方法实行土地清丈,在现在度量衡未统一、农民知识浅陋的情况下,不免有假报之情弊发生,即使人民按照一般地价,具报政府,也未必正确。因为农民的一般地价,其中虽含有上述的时间性和空间性的两种条件,但多根据以往的市升下籽数,无从新清丈的正确亩数,地亩的多寡,漫无标准。所以在现状下的青海,如能厉行由人民自行报价于政府的方法,以达清丈的目的,实在是一件最困难的事。

上述三种土地课税的方法,第一种在中国已经成为历史上的陈迹,第二种为普通各省所施行的土地课税法,第三种现在还未见诸实行。青海现在的土地课税,在当初规定土地税额时,是否依据地亩的多寡为征税的标准,还不甚明晰。不过就现在情况言。则完全按照播种量(俗呼下籽)的多少为征税的标准。一般民众对于田赋的计算,依据红册(即赋税清册)的数目,折成市升数。然后依此为准则,于每年纳赋之时,又折成仓升数而纳之(仓库一石约合市升三斗六升余)。此就正赋而言,至于大于正赋数倍的附加税,以及对于土地的买卖,则完全依市升播种量而计算。此种久已通行的依据播种量纳税法,对于农民本身,其弊害非浅。就予所知:有播种量三斗(市升)而纳税仅及市升一斗者;亦有播种量一斗而纳税有重至市上一斗五升至二斗者。此种秕政,如不彻底改革,以苏民困,则愈演愈烈,势必趋成强豪抢夺小民田土的严重事件。

按照上述情形,青海现行的纳税法,实无继续推行的必要。故清丈后的土地课税,在各方面观察,似应采取面积法(地亩征税),可无异议。所以现在办理清丈的当局,无论如何,最低限度,必须清丈出土地的正确面积,然后始能达到按亩征税的地步。

现在所应讨论的,是清丈后的纳赋问题,应缴纳土地生产物,抑或按照现在的经济状况缴纳现行货币?关于这个问题,第一步应该注意的,是每亩纳税额的多寡。照现在的状况，土地课税分正税和附加税的二种：正税为地方税，应该有一定的税率；附加税为国家或地方临时应着需要而增加于人民的土地税，具有伸缩的余地。至于以后征税额的规定，其最高税率，以不超过总理建国大纲中所规定的比例为限度。现在青海土地征税的一般状况，无论正赋也罢，杂捐也罢，实在太复杂了。在人民方面，负担日渐加重；而在政府方面，仍表现着穷困景象。究其实不外下列数因。

1. 负担的不均　现在的纳税现象，不但各县与各县不同，就是同一县区域内，各区和各区也有不同。即在同一区中，有纳番粮者，有纳屯粮者，有纳大粮者。考其实：则气候土质水道地势以及收获的多寡和经济的现状，无一非同，不但此也，即在同一乡村中，同一土质气候水道地势之下，其所缴纳粮草，亦每有多寡之别。同时有许多土地，皆无一毫赋税，而其生产量与纳赋的土地完全一样。又有新辟的地，垦熟业已多年，而对赋税，则竟无一毫担负。此种现象，不但有碍一般农民的进展，即于政府税收上，其影响亦巨大。所以政府当局如能下最大决心，实行清赋而清丈，则土地面积，必能超过以往纳税的面积，如此则政府税收自能增加矣。

2. 官吏的中饱　土地课赋既如此复杂，一般经理田赋的官吏，上而蒙蔽政府，上而欺压百姓；对上则力减田赋的实数，对下则必临之以刑罚，以脚镣手铐苛责其田赋之完纳，究其所在，实基因于田赋的紊乱。

政府果具有解除民瘼的决心，则上述两种弊害，自然会依田赋的清理而解除；同时土地税收，也会增加起来。如此则依照总理建国大纲所规定的纳税限度以内征收土地税，也绝不会使政府的税收减少。另外再述土地纳税，究竟征收土地生产物，抑或征收现行货币。关于此点，应该根据人民和政府双方的便利。现在就拿征收土地生产物而言：除正赋纳麦豆以外，其余附加税，皆征收现行货币。而正赋的缴纳，亦黑幕层层。如（一）征收者的作弊：征收田赋者，类皆借其官吏淫威，强人民以多纳，以图中饱。如一户所纳之粮，本为市升一斗，但在缴纳时，必以一斗一升或一斗二升清完。（二）市价的影响：一般官吏，每多隐察农作物时价的高低，及最近的将来一般农村经济的趋势，而为收赋的标准。

如某年农作物因某种灾害而价高，则必令人民依数完纳，以图私利；如因丰收而价低，则将田赋总数三分之二折成现行货币以完纳。此种现象，影响于农民的生活，实非浅鲜。（三）纳税者的作弊：稞麦和豌豆的征纳，无一定的成数。在初征收时，普通多纳稞麦。所以一般住在城市的地主，或在乡的一般小地主，多借经济的优势，先行完纳其稞麦（田稞麦价格普遍比豌豆低）。比至一般小民完纳时，则完全征收豌豆，一般小民竟有以二倍的稞麦兑换豌豆以纳粮者，其弊害可想见矣。其次有许多农民，将纳税的麦豆，每多混以杂物，或用水热蒸使之膨胀，以完赋税。此种弊害，不但升斗上有很大的差误，且往往霉烂，影响税收亦非浅显。

且每年土地附加税竟有超过正赋五倍以上者，此五倍以上的附加税，则完全缴纳货币。如此则缴纳土地生产物者仅为区区的正赋而已，而此种正赋，亦流弊发生，莫如直截了当改收现行货币的较为公允妥当。至缴纳现行货币，虽因农作物时价的高低而使农民受到影响，然如能彻底实行，则可完全免去上述各种弊害。且内地各省亦多实行按亩征收现行货币的政策。所以田赋清理后的征税方法，若按照现在社会的情形及经济状况，采取按亩征收现行货币的政策较为妥当。不过关于此点，在政府方面应该努力稳定市场经济，则较有利于农民。至于附加税，应该竭力核减，以苏民困。今日青海的农村经济，已濒破产，若再不设法减轻负担，则将来任何事业，将受最严重之影响。

还有一点应该要述明的，就是征税机关和收税机关的分离。第一，上面已经说过，清丈后第一应该把一切名目不同的正赋如屯粮、大粮、营买粮等归并成一种正税，是永远继续着征收的；把一切名目离奇的附加税，如额外捐、富户捐、废契税等，归并成一种土地附加税，是按照国家或地方的临时需用加于土地的一种税收，是具有时间性的，不得永久继续征收。第二，一切正税及附加税不得超过国家法令所规定的限度。第三，应该以清丈后的亩额为课税的本位，以银圆为收税的主币，夫如此始能合于纳税公平的原则。但是征税和收税的机关如果未分离，则其结果仍易蒙混作弊。所以征税机关和收税机关的分离，实在是必要的。所谓征税的机关，是只负发行通知单于农民的责任，其中应该明白的记录某处某户亩数若干，于规定期限以内应完纳若干数目；至于收税机关最好由省银行或省行设置的地方代理局负责。农民于接到征税通知单后，径向银行完纳，再由银行填给串票，作为完纳的收据；夫如此一方可以禁止流弊，同时也可以节省每年专用为征收田赋的一笔费用，而清理田赋的举措，也可以实现了。

土地清丈，只确是一件繁难而又重大的问题，办理清丈的当局，如以最大决心来整理青海的田赋，实行严格的清丈，在清丈时所应注意者有二：一为人的问题，一为器具的问题。所谓人的问题，又分为两点：第一清丈人员的人格训练，第二清丈人员的技术训练。关于清丈器具的问题：就是清丈器具的大小标准应该如何规定。兹述如下。

1. 清丈人员的训练问题

a. 人格训练　田赋清理，能否得到优良的结果，清丈时能否使人民不生怨望，实为最重要的问题。改元以来，有许多县份也曾很热烈的举行过土地清丈，但结果仍旧归于失败。推究其原因，虽然受了经费困难的影响，而清丈人员的不能忠实从事，亦为失败的重要原因。所以在清丈的先，对于清丈员之人格，应该加以严格训练，务使此种人才，具有为公牺牲的精神，为社会为国家赤诚服务的意志，然后在清丈时庶不能为利势所诱惑，而做出种类弊端。因为现在的一般地方官吏，是做地方的官，并不做地方的事，他们对于民众只要钱能到手，其他一切事情，均可置之度外。所以一般农民，每遇地方当局派员彻查某区某事，则不论事之真相如何总要百告千贷，暗送金钱于彻查委员；而一般所谓下乡委员，彻查其名，拿钱其实。致使政府威信扫地，以谓凡政府方面派来的人员，无论好也罢，丑也罢，总是爱拿钱的。遂影响到地方上一切事业，无法措手。况土地清丈，为一般农民的切身问题。小农的土地少，而田赋的负担大；地主劣绅的土地多，而田赋的负担反轻。今一旦将轻重打平，则纵于小农有利，为小农所欢迎，而一般把持地方的绅士强豪，必坚决反对；反对的不遂，必以金钱利诱，以遂其愿。假如清丈人员无人格上的修养，一旦身临其境，则潜移默化，必变成一般如狼似虎的贪污，事业如何能够成功呢！假使说：清丈人员，果具有人格的涵养，予敢相信一定能够丈量出许多往日纳赋面积以外的面积。而清丈的成绩，必能符合吾人的理想。

b. 技术训练　清丈人员的人格训练，固然能使清丈事业顺利进行。但要没有很好的技术，亦难望有精密优良的成绩。所以除人格修养外，技术训练，也是很重要的问题。所以于清丈的先，地方政府应该先设立"测量人员讲习所，"对于测量的基本知识，清丈时应进行的步骤，以及土地学原理等，要有深刻的认识；同时并要经过很严密的实习阶段，然后从事工作，庶不偾事。

2. 清丈的器具问题

清丈器具的大小准标　中国的度量衡，各省与各省不同，各县与各县互异。不仅如此，即在同一区域内，也时有不同。从前清丈时有用弓尺的，有用步的，殊无一定的标准，因此在丈量上发生了很大的差误。所以在清丈时应该依照国民政府规定的标准制度器单位"米突"为测量的标准单位（meter）合营造尺三、一二公尺，英三、二八一尺，市尺（国民政府规定的市用制度器单位）三尺，比较准确。至于各种清丈册簿的设备：（一）土地清册——记明土地之四界，地号，地目，地质，法定地价，地主的住所姓名等。（二）地税户册——记载税额及纳期。（三）地籍册——载明地形以备随时查览，而树长久的计。

吾人希望清丈土地的当局，对于上述种种，最低限度应该有深切注意的必要。最近由青海传来消息，土地清理当局，对于一切旧的契约，概行废止，另由主管机关，发行新契约，每张收契约税一元；并谓清丈方面因流弊丛生引起民众反感。此种消息如果属实，则清丈事业的进行，可谓已受严重的打击。吾人以客观的态度来观察此种事态，不要奢谈其他远大的计划，即以土地课税为目的的土地清丈而言，已有无法推行的势，其他一切可想而知。青海农村经济的情况，自西北军入甘至现在，已濒于破产的地步。在此种情形下当局如果锐意求治，则第一步当从恢复农村经济起：积极方面，如农村自治的急欲完成，农业的指导改良，农民金融的流通等；消极方面，必须减轻农民的负担，同时并使农民的负担，在原则上立于平等的地位，然后农村经济，始克有恢复的希望。所以现在的青海，农村经济的积极发展，实急于一切建设事业。盖欲农民安居乐业，必须解决食的问题。今日青海蒙藏两族的食粮，除原有的肉乳以外，一切食粮的需给，均须取自旧属西宁七县，及新设各县。假使农村经济破产，农民不能在农业上谋进步，更兼之以西北不可避免的雹灾霜旱等，则青海全部人民俱受影响。

青海虽成立省府，然而财政上的负担，均取自旧设七县；同时在中央经济困难的秋，希望津贴，势难做到。所以在此种情况下，一方面在财政上要维持必需的开支费用；一方面使人民的负担，有相当的减低，其困难情形，不言而喻。不过所希望于田赋清理的当局者，对于今日青海田赋的紊乱情形，如不谋根本上的整理则已，如欲从新整理，则最大目的，决不能忘记为大多数民众谋利益的基本条件。假使清赋的目的，在求临时的收入增加，使一般如狼似虎的贪恶清丈员，以清丈其名，图利其实的剥削一般贫苦农民，则倒不如不清丈的为意也。因田赋清理，即不能减轻人民的负担，亦决不能再增加其痛苦。吾人对于一般无知农民，因受地痞流氓对清理田赋引起的无理反抗，固不能赞同；但尤希望清理田赋的机关，千万不要使这种重大事业，轻率从事。其尤要者：农村经济复原，则田赋收入自能增加；如农村经济，因苛捐杂税而不能恢复，则政府收入，只有每况愈下，只能勉强一时而已。

总之清丈土地，整理田赋，决不要失去（一）使赋税的负担平均，（二）使土地的境界确定，阻止强豪侵占小民的土地的最大目的，在进行上虽不免有种种困难，然成功之日，谅必能为民家所欢迎也。

青海羊毛的负担及其对于各方的影响[1]

王 智

一 前言

羊毛之在青海，犹蚕业之在江浙，鸦片之在陕甘，同样的，为一省经济，财政生命之所寄托。近年青海羊毛之出口，数量大减。据陆亭林先生在所著《青海皮毛事业之研究》一文所引用的数字，平均每年生产量约三五，〇〇〇，〇〇〇斤，出口量约占生产量百分之一六，本省消费量约占百分之八，而废弃量竟占百分之七六。假若这个数字较为近似，则研究青海羊毛问题，比研究青海其他任何问题更为重要。

但是这个问题的探讨，必须要从羊毛本身的优劣关系以及交通市场税捐四方面去着手，然后乃能得到一个真实的解答。不过据百科小丛书《中国羊毛之品质比较》一书的分析，青海羊毛的本身，在国内市场上，并不影响它的销路。民十三年前后，已有外国商人前往收买，则青海羊毛的市场问题，似不严重。至于交通，因有天然的黄河可资利用，比较新疆蒙古甚至甘肃河西一带之羊毛输送，便利良多，所以从各方面考察的结果，青海羊毛事业衰落的原因，简直除过"负担"问题而外，只有"负担"问题了。兹先将青海羊毛的生产量及出口量作一近似的说明，然

---

[1] 原载于《西北问题》1935年第2卷第8期。

后清算其负担,然后讨论羊毛负担的加重对于各方面的影响。

二 生产量的两个统计与出口量低减的三个证明

青海羊毛的生产量和出口量,尚无十分确实的调查数字。这原因并不是统计或调查困难,是因为莫有一个任何有组织的统计机关。在这里,有王自强君《中国羊毛之讨论》一文中关于甘宁青羊毛生产量的一个统计,又有陆亭林先生《青海皮羊事业之研究》一文,关于青海羊毛十年间生产,出口,本省消费及价值的一个统计。两者都莫有指出调查机关,很难确定其真实的成分。而王君所用的统计表,将甘宁青三省包括在内,且沿用旧地名,依吾人观察,无论其为统计或估计,在时间上,最近也不能越过十七年甘宁青三省分治之后。假若为民国十五年的统计,王君声称青海产量约七八万担,陆先生的统计为二〇,〇〇〇,〇〇〇斤,那么两个统计的数字大概相符,而其真确的成分,似乎很多。兹分列如下。

表1　　　　　青海及甘肃宁夏一部之羊毛产量表　　　（单位：担）

产地	产量	产地	产量
西宁	四,〇〇〇	湟源	三五,〇〇〇
大通	三,〇〇〇	都兰	一〇,〇〇〇
碾博	五,〇〇〇	循化	七,〇〇〇
贵德	一五,〇〇〇	永安	七,〇〇〇
中卫	一〇,〇〇〇	石嘴口	二,〇〇〇
俄博	五,〇〇〇	花马池	一〇,〇〇〇
罗王府	四,〇〇〇	磴口	五,〇〇〇
沙拉库图	一二,〇〇〇	鱼沙尔	三,〇〇〇
毛伯胜	四,〇〇〇	结古	一〇,〇〇〇
上五庄	七,〇〇〇	拉卜楞	八,〇〇〇
岷州	五,〇〇〇	凉州	二〇,〇〇〇
甘州	一〇,〇〇〇	平凉	八,〇〇〇
平番	五,〇〇〇	洮州	七,〇〇〇

续表

产地	产量	产地	产量
红水	七,〇〇〇	永昌	八,〇〇〇
河州	七,〇〇〇	肃州	六,〇〇〇
五佛寺	五,〇〇〇		

注：1. 原表见《新青海》二卷十期《中国羊毛之探讨》一文。表名"青海及甘肃地方之产额"，经作者改变，并加入罗王府及磴口两地产量。

2. 原表并未注明调查年月及机关。

3. 所有甘肃部分之地名，均用旧称谓，如甘州、洮州、岷州是恐调查时间离现在甚久。

4. "碾博"颇有碾伯转音的嫌疑（碾伯即今乐都县），若然，则该表恐为外人所统计者。

表2　　　青海羊毛十年间生产、出口、本省消费、
废弃及价值表　　（单位：斤，元）

年度	生产量	出口量	占生产百分比	本省消费量	占生产百分比	废弃量占生产百分比	每百斤价值
十三年	三〇,〇〇〇,〇〇〇	七,五〇〇,〇〇〇	二五	二,〇〇〇,〇〇〇	七	六八	二六.四
十四年	三〇,〇〇〇,〇〇〇	七,〇〇〇,〇〇〇	二三	二,〇〇〇,〇〇〇	七	七〇	三〇.〇
十五年	二〇,〇〇〇,〇〇〇	八,〇〇〇,〇〇〇	四〇	二,五〇〇,〇〇〇	一三	四七	二五.八
十六年	三五,〇〇〇,〇〇〇	七,五〇〇,〇〇〇	二一	二,〇〇〇,〇〇〇	七	七二	一五.〇
十七年	四〇,〇〇〇,〇〇〇	六,〇〇〇,〇〇〇	一五	二,五〇〇,〇〇〇	六	七九	一二.五
十八年	五〇,〇〇〇,〇〇〇	五,五〇〇,〇〇〇	一一	三,〇〇〇,〇〇〇	六	八三	一四.五
十九年	四五,〇〇〇,〇〇〇	五,五〇〇,〇〇〇	一二	三,〇〇〇,〇〇〇	七	八一	一六.〇
廿年	三五,〇〇〇,〇〇〇	三,〇〇〇,〇〇〇	九	三,〇〇〇,〇〇〇	一〇	八一	一八.〇
廿一年	三〇,〇〇〇,〇〇〇	二,五〇〇,〇〇〇	八	三,五〇〇,〇〇〇	一二	八〇	一〇.〇
廿二年	二五,〇〇〇,〇〇〇	二,五〇〇,〇〇〇	一〇	三,五〇〇,〇〇〇	一四	七六	一二.〇

注：1. 原表见《拓荒》三卷一期《青海皮毛事业之研究》一文，调查年月及机关不详。

2. 百分比为作者所计算。价值单位，在民国十六年以前为两，亦由作者按七钱二分比例换算为元单位。

第一表因为将三省合计，并且地名情况复杂，很难确定何者为青海产地。这里引用的目的，不过为证明第二表的近似成分而已。至于第二表，大概近似实际情况的成分为多。我们根据它来说明青海羊毛的生产

量，有一种现象是最值得注意的。即民国十五年以后，产量逐渐增加。至民十八年，差不多增加到二倍半。可是民十八年以后，则又逐渐低落，至民廿二年，低落的情况几与民国十五年相等。假若说民国十五年以后的逐渐增加，是因为民国十三、十四两年毛价暴涨的回响，那么民国十八年以后的毛价逐渐高涨，应该是民国廿二年度以后的生产量增加了，何以自民国十八年以后，羊毛的生产量，呈现着一种坡度的低落？虽然，廿年度的毛价，已经回复到民国十六年以前的情况，难道对于生产量的方面，已经回复到民国十六年以前的情况，难道对于生产量的方面，<u>丝毫莫有影响吗</u>？这一点我们应该特别注意！

关于出口量的低落，在第二表中，已经有很可信任的表示。不过从其他方面得到的证明，似乎低落的程度要比上表的表示还要严重。兹分述如下：

a. 根据第二表的统计，民十九年青海羊毛的出口为五，五〇〇，〇〇〇斤。可是据青海善后局长马腾云谈，民国十九年羊毛公卖维持费收入为三七〇，〇〇〇元，依每担（二百四十斤）征收二四元计，出口羊毛仅有三，六〇〇，〇〇〇斤，是则出口低减情形，比第二表的统计尤为严重。

b. 民二十二年的青海羊毛公卖维持费，计一三四，六六一元（见《第二次全国财政会议汇编》第二编一〇四页），依每担征税二四元计，羊毛出口仅有一，三四六，六四〇斤。比第二表的统计，几乎低减一倍。虽然青海财政的报告数字，尚有考虑的必要，可是羊毛出口低减的严重事实，是谁也不能否认的。况且青海当局，会电请太平洋会议设法救济，其情急之态，决非无谓的做作可比。

c. 据张心一先生《发展西北农业的可能性》一文叙述关于青海羊毛运出部分的数目称："青海每年平均运出羊毛，照天津市价，约值洋七百万元"，而天津的售价每担（一百斤）为四〇元。今依此计算，则每年平均运出约一，七五〇，〇〇〇斤。假若这个数字的计算与实际情况相符，则青海羊毛问题的严重，简直不是局外人可以去想象的。

根据以上的三个证明，青海羊毛的前途，使人抱了绝大的悲观。同时自民国十五年到民廿二年为止，羊毛的生产量犹在增加；自民国十七年至民国二十年中，羊毛的价格亦在逐渐高涨的好转情况下，而运出自民国十五年以后，直成坡形的减少，这又是我们研究青海毛业前途时，应该特别注意之点！

在第一节中，已经说过交通、市场及羊毛品质，并不影响青海羊毛的销售，那么在价格逐渐高涨的情况下，何以生产量自民十八年以后即形成坡形的低落？运出额始终是逐渐地减少？这一个原因的找寻，除过从羊毛负担问题上去探求外，本省消费量的逐渐增加，简直对它是毫无影响的。

（一）负担的清算

关于青海羊毛负担历年增加的情形，还莫有一个详尽的统计可资吾人分析研究。不过有一个事件是不容吾人忽视的，那便是民国十七年的甘青分治。

在未分治以前，羊毛的征税，统一征收于甘肃皮毛税局之下，大概除过羊毛公卖税外，不但没有青海现在征取于羊毛的各种税捐，同时也没有所谓甘肃过境税，宁夏过境税。分省以后，青海的财政生命，寄托到羊毛上面，而甘肃又不甘愿受此损失，于是开征过境税，宁夏在财政同样感到穷困的情况下，当然得守门抽头子。这样一来，羊毛的负担不但突然加重，并且因为青海财政的逐渐膨胀，又来了一个逐渐增加。到现在，羊毛的价格，完全不由市场来决定，羊毛的劳动价值，也完全不由劳动来决定了。

在第二节中，曾经提起两个问题，即"何以在价格逐渐高涨的好转情况下，生产量自民十八年以后，即呈坡形的低落，运出额自民十五以后，始终是坡形的减少？"假若我们明了了民国十七年分省以后的羊毛负担情况，则这问题便是必然要发生的。

现在青海羊毛的负担，已经不是天津的市价可以补偿的。据张心一先生的计算："目下一担羊毛（百斤），由青海运到天津，运费十六元二角，加上各种税捐十四元九角，共计三十一元一角。在天津出售四十元，除去三十一元一角的运费及税捐，只余八元九角。这八元九角，要分配给三种人：生产者，中介人（行家）与客商。"（见《独立评论》一二〇期《发展西北农业的可能性》一文）这还是一个很要面子的计算，实际上，每担羊毛的负担，如下表。

表3　　　　　　　　每担羊毛负担各种税捐表　　　　　（单位：元）

税捐名称	每担税率（百斤）
剪毛税	（不详）
洗毛税	（不详）
出山羊毛税*	〇.五〇
羊毛临时维持税*	三.五〇
羊毛公卖维持税*	一〇.〇〇
三成教育捐*	一.〇五
二成义务捐*	二.〇〇
羊毛担头*	〇.〇三
甘肃过境税	四.〇〇
宁夏过境税	四.〇〇
总计	二五.〇八

注：1. 羊毛公卖维持费，依每担二百四十斤交纳二十四元折算。临时维持税，依廿二年度青海财政报告该项税收总数，除以公卖费除一〇元所得之税，得三.五元。出山羊毛税，系以廿二年该项收税总数，除以每年最低生产量二千万斤而得。三成教育费，根据财政报告，依临时维持税三成计算。义务捐，依正税—公卖税二成计算。甘肃过境税，见"甘肃财厅临时补助费经收所货目货率简章"。宁夏过境税，系依甘肃计算。

2. 有*者均见二十二年青海财政报告表，载《第二次全国财政会议汇编》第三编一〇二页。

上表的数字，因为多系推算，错误之处不免。不过单就税目而言，从剪毛到洗毛，到出山，均得纳税。而临时维持，公卖，三成教育，二成义务，担头等，洋洋大观，几乎一货百税。再来一个甘宁过境，不怕羊毛的售价不提高。假若事实上不能提高时，那就让他搁下吧！

据根张心一先生的统计，每担羊毛由青海运到天津，每担运费要十六元二角，再加二五.〇八元的各种税捐，共计四一.二八元。根据天津的市价，每担售价不过四十元，这样不够使羊毛的生产最低落，运出额减少，废弃量增大吗？

此外还有一种间接的牲畜税。这虽然行之于羊的买卖，可是羊毛出在羊身上，结果仍旧归到羊毛的负担。假若这个羊被屠宰了，还得去缴纳屠宰税。

（二）对于各方的影响

因为羊毛的负担加重，除过使毛业的前途，遭受严重的打击外，第一个受到影响的，便是青海的商业。

青海的商业，本来不能说到繁盛，可是因为羊毛的大宗交易，在民国十五年以前，曾经吸引了好多内地商人与外国商人前往经营皮毛事业。但是自民国十七年以后，变乱影响于商业者固大，而羊毛税捐的加重，便把好多经营毛业的中外商家赶跑了。

第二个影响最重的，要算青海财政的收入。据马腾云谈：民国十九年的羊毛公卖税收入，尚有三七〇，〇〇〇元。三年之后竟减少二．七五倍。现在青海的财政总收入，计一，一二六．四二三元。羊毛税占二七二．九六五元。当总收入的百分之二四．二三强。比之田赋占总收入的百分之三七．四，仅差百分之一三．一七。若将毛皮税百分之一〇．四七，其他关于畜牧业的百分之二．八合并计算，则与田赋的收入相埒。可见青海的财政生命，大半寄托在畜牧业的价值上；而羊毛为畜牧业的主要出产，假若青海财政当局，继续使用吗啡政策，逐渐加重羊毛负担，依过去的收入递减率计算，则不过二年，青海的财政收入表中，便莫有羊毛的收入了（即每年平均减少率，当民十九年收入的百分之二一．二）。

第三个影响最重的，便是青海经济的整体。青海的经济重心，系建筑在畜牧业上。居民十分之七八，以畜牧为生。农民的全部，几乎以畜牧为重要的副业。在输出方面，除畜牧生产品外，其他谷物的输出，微乎其微。所以一切农村需要品的交换与对政府的供给，均为畜产品是赖，而羊毛为畜产品中之最多且有价值的交换品，故羊毛事业，便形成了青海的经济重心。但是自民国十七年以后，因为羊毛的负担逐渐加重，一方面使生产量低落，他方面使运出量减少，于是青海的社会经济，遭遇到一个绝大的困难。这种现象，不是本文的短小篇幅可能详尽描绘的，举凡到过青海的人,都会观察得清清楚楚。

  总之:青海财政当局对于青海羊毛的征税政策,是走入了绝大的错误之中。假若这个"重税"政策不立刻改弦更张,使羊毛的运出增加,经济流通,商业恢复,则青海的局面,将会遇到一个绝大的危险!

关于青海土地行政之探讨[①]

刘宗基

一 引言

民生主义是社会进化的原动力,土地问题,又是民生主义的中心;因为人类生存所必需的原料,都由土地所生产,人类要想到衣食住行的来由,便不能不追念到土地,古人云:"尺土是宝",土地是多么可贵的呢!

国家的独立,民族的生存,都与土地有莫大的关系,可是近几十年来,我们中华民族,受了生活上的压迫,国内则流亡遍野,群盗如毛,国外则侨民众多,处处受人之排斥,这难道是由于土地的稀少吗?我们若到边远的蒙藏青康的地方去一看,则见苍郁的森林,茂密的青草,整千整百的羊群,处女的土地,奇异的土肥,只要好男儿富有热烈的精神、活力、想象、自信力。垦斩荆棘,辟草莱,如冰川一般的慢慢地向前移动,做不可御的移动,等到土地变色,风云异态,财源充裕,商贾云集,便是中华民族的光明,也是中华民族的唯一的生机。青海的土地,便是需要着这样的政策,于中华民族的生机上,在目前所最需要的,也是得利用青海的土地。那么,土地行政,无论在国家或民族的观点上,以至于在青海的本身上,是多么急切的一件要务啊!

[①] 原载于《新青海》1933 年第 1 卷第 4、5、6—7 期。

三民主义的国家，解决土地的政策有二。第一是平均地权，国民党之民生主义，注重于平均地权，是有莫大的意义！在一方面，不采用土地国有制，在他方面不废除土地私有权，使农民自决其生产的性质，自治其生产的事业，并自获其生产的结果。而不使大地主他决其生产的性质，他治其生产的事业，他获其生产的结果。换言之：不是消灭土地所有权，而是平均土地所有权。

第二是鼓励垦殖，中国虽然是称为地大物博的国家，可是芜秽不治的荒地，所在多有，为什么有大片可耕的土地而任其荒废呢？为什么有多数勤恳的农民，而终岁不能维持生活呢？要补救这个缺陷，只有用国家的力量，鼓励垦殖，同时根据民族互相间的谅解，造成一个新文明的社会。青海的土地，还不是有许许多多的在荒芜着吗？我以为以后的土地行政，应当在平均地权的原则上，用政府的力量，施行鼓励垦殖的政策，新文明的社会，同时可以根据民族间的相互谅解来造成。

南京国民政府最近制定的土地法，是中国国民党土地行政实际应用的蹈范。该法共分五篇：第一编总则，第二编土地登记，第三编土地使用，第四编土地税，第五编土地征收。附录土地原则，谓：

> 国家整理土地之目的，在使地尽其用，并使人民有平均享受使用土地之权利，总理之主张平均地权，其精义盖在乎此。求此主张之实现，必要防止私人垄断土地，以谋不当利得的企图；并须设法使土地本身，非因施以资本或劳力，改良结果所得的增益，归为公有。为求达此目的之唯一最有效之手段，为按照地价征税，及征表土地增益税之办法。

接着把此项办法所根据的原则，及与原则有关系之主要八点，加以说明，即一、征收土地税以地值为根据；二、土地税率采渐进办法；三、对于不劳而获的土地增益行累进税；四、土地改良物之轻税；五、政府收用土地私有办法；六、免税土地；七、以增加地税或估高地值方法，促进土地之改良；八、土地掌管机关。

中国国民党自从同盟会四大政纲的一个平均地权起，到最近土地法止，其对于土地政策，以整理土地，为土地行政之第一步工作。因此我们要研究土地行政，就先从整理土地与鼓励垦殖两方面着手，才能得其当。

青海设省还没有几年，对于土地行政，当然尚非常幼稚，但是土地行政的重要，尤其是新开辟的青海省，为她将来的发达，及其本命的建设的基础。新青海的前途，就是她的本命，我们应该要如何的注意她，研究她。

这次我们因为青海省民政厅王厅长出席内政会议之便，得到了青海省最近土地行政的实际材料，以下便根据"土地整理"与"土地垦殖"的两方面，贡献一点关于土地行政的材料，及对"青海土地行政"的意见。同时把青海省土地行政的情形写出来。

二　土地行政机关的组织

（一）关于中国的土地行政

汹涌的资本主义的波涛，冲破了中国老大的封土自足的墙壁，恐怖的现象，竹笋怒放地呈现在吾人的面前，为社会基础的田土，便成了中国问题中目前最重大的中心问题。于是"土地整理"和"领垦荒地"在土地行政中，成为刻不容缓的积极政务了。

1. 土地整理

本来中国耕地的整理，无论在土地制度上，或农民生活上，都是很必要的。可是，向来的土地整理，专由官僚来执行，终都归于失败，所以现在感到有立足于新的民生主义之上的耕地整理的必要了。民国三年十二月，政府以土地整理为目的而举行清丈，但此也不过是一少部分的而且不彻底的。以明合设立经界局，先从各种地亩之最混淆的地区着手。并设地方经界审查委员会和高等经界委员会，裁决人民的土地争议。其工作在调查方面有预查、实地调查，及复查等。测丈分为图根测量、细部量、求积、制图等四种。按照地方情况，适用经纬纲测量。册图分为土地清册、地税户册及地籍图三种。土地清册，记载土地的坐落、地号、等则、地积、地目、法定地价、地主的住所、姓名或名称。地税户册，则载前项以外的税额及纳期。地籍图则载明地形，以便查览。

次之，在财政部方面，也定期查田赋法大纲及均赋法草案，以援助经界局的业务。当时他想实行于各省，但因时局不安，人心不定，遂延期而终于停止，其大纲如次。

清丈的顺序大要：

一、各县知事分其所管辖区域为若干区，各区举公正绅士一人为董事，佐之以老农数名，书记、测量员等，按规定的样式，登记该区的田亩数，六十日以内，呈送本区的田亩调查表于知事。

二、知事收集各区清册之后，再派甲区的董事于乙区，乙区的董事于甲区，而另行抽查，抽查于三十日内完成，知事更详加复核，四十日以内，送其订正的清册于财政厅。

三、财政厅收到各县清册之后，归纳全省，按田之等级，通计其田亩，并以其正杂税捐数，及每亩的生产与纳税额造简明册而送之于部。

四、各省征收的田赋，有以谷石数计算而不以亩数计算的，在此查明后，一律以亩征赋。

以上的土地整理方法，经界局的章制，有调查、测丈、登记、税率决定等，虽与各国的方法相合，但需要浩大的经费与时间，不合于中国的实情。财政部的方法，以旧赋整理为主，以田亩的调查为补助，方法简单，容易实行，先讲应急之法，逐次再入于精细根本之境，但偏于抽丈登记，故除少微增加赋额之外，仍是缺乏田地之根本整理。

2. 土地垦殖

关于土地垦殖之机关，各省皆有，如下表所述。

各省垦务机关一览

省别	机关名称	所在地
江苏	通海垦牧公司	南通吕泗镇
	大豫盐垦公司	如皋掘港镇
	大赉盐垦公司	东台富安镇
江西	恒丰垦务公司	九江
河南	张维垦殖社	延津县张维庄
四川	川北屯垦署	潼川县
	松理懋茂屯垦署	茂县
	边务处	成都
绥远	清理归武和萨托清六县地亩局	绥远县
	牧厂垦务局	武川县
	清理萨县地亩行局	萨县
	勘放乌拉特三公旗地亩局	包头
	勘放三湖湾河北地亩行局	五大村
	清理托县地亩行局	托克县
	西盟垦务分局	五原县
察哈尔	陆军部两翼垦务局	宝昌县南
	康北放垦处	康保县北
辽宁	兴安屯垦署	洮安县
	东北开荒局	辽源县
	辽北荒务局	辽宁省城
吉林	清理田赋局	吉林省城
	勘放蒙荒局	长春东五马路
	公益招垦公司	敦化县
黑龙江	民政厅垦务股	民政厅第二科
	兴东公司	汤原县
	张秉劝农场	五庙

（二）青海省土地行政机关之组织

（1）省土地行政机关之名称沿革及组织概况　青海新建省治，关于行政机关，尚无完充的组织。俱在未设省治以前，在西宁道已立有垦务局一处，举办垦荒事宜。自青海省政府成立后，将该局大行扩充、改设垦务总局（原文为"给提他"还垦务总局，应误——编者注），内分三科，设局长一人，秘书一人，科长三人，科员及清丈员各若干人，同时在财政厅，亦设有清赋处，整理本省各县田赋事宜。至十九年十月，因为感于财政之困难，将垦务总局，归并于财政厅，与清理事宜，合并办理，改名为清垦总处。至二十一年，本省组织财政整理委员会，分设田赋组一处，专门整理各县田赋，内分三科，设主任委员一人，秘书二人，科长三人，监察长一人，科员清丈员各若干人，举办田赋事宜。

（2）青海省各县土地行政组织概况　青海各县，皆设有垦务分局，局内分二股。各分局皆设有分局长一人，局内各股，设主任一人，股员清丈员各若干人，办理各县垦务事宜。至十九年十月，将该分局，归并县政府兼办，改称清垦分处。至二十一年，及另设清赋分处，归省田赋组直接管辖，设主任一人，由各县县长兼任，专员一人，清丈员二人至四人，办理土地丈量及升科等事。

（三）办理土地行政应注意的事项

我们已经知道青海省的土地行政组织的概况是这样。其次就应当顾及办理的手续，及一切所应注意的事项。

先就土地的领垦方面说吧！

（1）领地的手续　农民承领荒地，须具承领书，呈请领地所在地的主管土地行政机构，经核实后，方得承领。土地法中，关于领地手续的条文如下：

第一百二十九条　承垦人请领荒地时，应具备领书，呈由主管地政机关核准。前项承领书，应具载左列事项：

一、承垦人姓名，住所，籍贯及年龄

二、承垦人前五年之职业

三、承垦人家属人口年龄及其职业

四、承垦荒地的坐落境界及面积

五、经营农业之主要种类

六、垦后年限之拟定

承垦人为农业合作社时,并应记载其社名,社员名额及其组织。地政机关于核准承领后,应即发给承垦证书。

第二百零一条　代垦人请领荒地时,应具承领书,记载左列事项:

一、代垦人姓名或名称及其住所

二、开垦资本之准备

三、承垦地之坐落境界及其面积

四、开垦工程计划及工程费之预算

五、农人名额及垦竣地分配方法

六、支付垦价方法及年限

地政机关于核准承领后,应即发给代垦证书。

第二百零二条　代垦人于代垦证书发给前,应向地政机关缴纳保证金。

前项保证金,于承垦地竣时发还之。

第一项保证金额,以不超过其承垦地之估定价值为限。

(2) 领地的限制　限制领地,可以助耕者得有其田,且可以免资本家之不劳而获。最近国民政府对于承领荒地之面积,不以亩数之多寡为标准,而以所领地亩的收获足供十口之家的生活为标准,或以领户自己耕作能力的限度为标准,其意至良。国民政府土地法中之条文如左:

第一百九十三条　承垦地之单位面积额,以其收获足供十口之农户生活,或其可能自耕之限度为准。

一农户之承垦地,以一个单位为限。

第一百九十四条　承垦人为农业合作社时,其面积总额,以每一社员承垦一个单位计算。

农业合作社于前项总面积外,得为承领准备地之请求,但其面积,以不超过总面积二分之一为限。

(3) 限垦年限　因为资本家为领地待时，抬价居奇，于是真正之垦民欲得一片地耕种，也必仰他们——资本家——的鼻息，苟时机稍不得当，有荒之三年五载十年八载而不开垦。则不能不有限垦年限。所以限垦年限，可以防资本家之领地待时，限垦就应定年限，免得资本家的高抬居奇。十九年国民政府所颁布之土地法，对于限垦年限，无明文之规定，深愿青省地政机关，详审土地的好坏，工作的难易，分别规定。但土地法条文内有：

第一百九十五条　承垦人应自受颁垦证书之日起，一年内为开垦工作之实施，其垦竣年限，由地政机关分别核定之。

第二百零三条　代垦人实施开垦之期限，准用第一百九十五条之规定。

第二百十条　违反第二百零三条之规定者，撤销其代垦证书，并没收其保证金。

以上的规定，是地政机关所应该注意的。

其次再谈到土地整理。国民政府成立后，对于全国土地整理的计划颇有提议。一九二八年七月全国财政会议中，财政部税务司长的提案：

全国土地整理计划：

中央应财政、内政、实业、交通各部，组织中央土地委员会，直接监督全国土地各机关。各省委员会，由财政、民政、建设各厅合组。各县政府，联系地方法专组织委员会，会同建设局，切实进行。

各县测丈期间，应按照建国大纲规定，于训政时期内完成之。

测丈经费，应于各县田赋收入内筹拨，偏瘠县份，由省政府通盘支配。

各县需用测丈人员额数，应由省政府先行估计，设立测量讲习所，教以测丈知识土地学原理及三民主义。

根据上述的意见，就可以明白全国整理土地的机关的组织、经费、人员是如何的筹设及训练了。但是我们谈到清丈土地的方法，就当注意到下列的各点。

（1）以亩为单位，实纳税额和田地亩数不符的，都以实有亩数为基准而更正其粮数。

（2）丈器以部颁的弓尺为准，五尺为步，二百四十步为亩。

（3）一地清丈完后，另派测量人员，随便摘出数点，从新清丈（以防作弊），人民也可请求重丈。

（4）造册分鱼鳞册、田形册、区领户册、户领区册四种。

（5）绘图分地形图、一图域图、一厂域图、一邑域图四种。

（6）立户都用真实姓名，旧户名应该废除。

（7）每户各给方单一纸，以凭营业。

（8）原田的科则（课税率），确实有考证者，则据其该田原来的科则。

（9）清丈完了后，特设一局，整理田粮事务。

（10）丈费分十间，随屯粮，仓粮附加征收，每回每亩费钱若干文，及方单费每亩若干文。

土地行政机关的组织及其施行的重点，已如上述。青海的土地行政，正在发轫，土地行政机关，虽然尚在初设，但是给我们的希望是无穷的。我们很愿能够生气勃勃地发展起来，建立新青海的基础工作，青海的前途是无量的，土地行政应该要怎样的加紧起来。以上说明了青海土地行政机关的组织，下边再谈青海土地行政的概况。

三　青海省土地行政概况

青海省土地行政进行的情形，我们可分做四方面来说明：（1）地政人员的训练；（2）土地整理计划及实施办法；（3）颁行的土地章程；

（4）举办土地申报、调查、测量登记之成绩，兹分别述之于下。

（1）地政人员的训练

世间任何事件的成功，必定先有一班技术人才的养成，才能够推行尽利。要想土地行政的趋于完善，当然也理无二致。需要的技术，如土地法上所规定的地籍测量、地质探验、土地登记三件事务，是整理土地田赋的不二法门，我国自宋元明清以来，采用这些方法的，也随在可见。如王安石行的方田法，明洪武编的鱼鳞册，其目的都在整理赋税，平均民众负担。可是因为测量调查的技术不精，或者根本失败，或者收效不宏。延及后来，官册渐佚，转让愈繁，一切田赋土地实情，简直无从稽考，全恃雇料胥吏，一手遮天的以讹传讹。以致有田无税，有税无田，或田多税少，田少税多，种种弊端恶习，都相缘而生，到了今日，田赋一项，可算是全国最大的弊政。如果再不彻底整理，无论将来改革的土地制度如何精良，总是无法通行。譬如没有切实丈量、探验、登记以前，一切亩数、土质、生产等项，根本不能准确，或竟无从知晓，对于实行限额分配等事，当然更是无从下手。所以应当开办土地行政人员训练所，造成一班人才，能用最新的科学技术，来实行整理土地的使命，做土地改革的基本工作。将全省土地广袤腴瘠，所有权等等，一一加以精密的测量、鉴办、登记，做成整个而有系统的表册簿籍。庶几使土地情况，莫不一览无遗，不但贪官污吏，再不得营私舞弊。土豪劣绅，再不得隐匿取巧。然后推行新土地制度，也就可以按图索骥，处分恰当，不致再有暗中摸索的苦处了。

但是，在现在的青海，土地人才之训练，应当怎样，才合于实情呢？向绍轩说：预储土地人才，莫如开一短期土地行政训练班，招致中学卒业以上学生，授以关于土地行政务专门常识，使之了解土地行政的组织与任务，然后分别任用，庶不致有徒法不足以自行之弊。但此项人才的养成，宜分为二部分，（甲）普通土地行政人才，（乙）土地测绘人才。普通土地行政人才之训练，以三月为限；土地测绘人才，至少则当以六月其期。至所应授之专门科学程序，则大概如下：

（甲）关于普通土地行政者。

（1）党义常识

　　（2）财政常识

　　（3）土地行政常识

　　（4）统计常识

　　（5）簿记常识

　　（6）会计常识

　　（7）审计常识

　　（8）农业经济常识

（乙）关于土地测绘者。

　　（1）党义常识

　　（2）土地行政常识

　　（3）农业经济常识

　　（4）测量学

　　（5）地图学

　　（6）统计学

由此可知土地行政，不独测绘人才，全恃专门科学之应用，即普通土地行政人才之养成，亦务须使其有各种专门科举常识之程度，方为合用，固非如寻常官僚饭碗式之政治，动辄以最普通的经验二字以欺人。青海本无土地行政人员训练机关之设置，唯自田赋组成立后，始由该组招收清丈员一班，定期训练，经毕业后，分任各县清丈员之职。

还有一层，不能不加以研究的，就是训练出来的人才，怎样才能施行土地整理的问题，因为有许多问题，须要加以考虑，并且要注意到各个地方的特殊性，同时使其各个地方改良发展。

假若要使全省的统一，则有如次之利害：

　　A. 实行极其困难，需要长期的时月，和多大的努力。

　　B. 全省人民负担均一。

设地方各保存其特殊性，使其个别地改良进步，这种的利害如下：

A. 在全省人民，虽有负担不均一的弊病，可是在一地方上，若能划一，也无大害。

B. 各地均有特种状态，自己都能个别地适合于其自己的状态。

按照目前的实况，这是随着地方经济的发达，而使其依着特殊的情形，改良进步为佳。以后再逐次地扩大其范围，在此广泛的范围里面大体保持其均一。结果，使其及于全省。

更有一层，土地清丈员，不能不认识土地清丈的目的。土地清丈乃有以下两种目的。

（1）使赋税的负担平均，为小农设想，是极其必要的。现在的课税极不平均，有的地多而税少，有的地少而税多。地方强豪利用阶级的背景，或以自己的所有地为无税地，使其负担减轻，这样，小农自然是无地而被课税。现在若以平均赋税负担为目的，则不得不实行彻底的土地整理，将强豪和小农的所有地，必须一样看待。

（2）确定土地境界，以保护小农，这也是必要的。地方强豪勾结势力者和官府，侵犯邻接于自己耕地的小农，或其他地主的土地，乃是毫不稀奇的事情。所以土地之境界和所有者，须由清量而确定。不过，同时由农民相互的自卫团结，以对付强暴或军阀及其他的侵略，也是必要的。

以上关于土地清丈人员之训练，除在学识方面着想外，又顾及献身职务事的所应保持，若能如此，则对于青海省的土地行政人员，我们有无限的希望在。

（2）整理土地计划及实施方法

整理土地的计划，应该立在土地改革的原则上，本来土地是构成国家的一个基本，是人民生活活命的所在，如果没有良好制度，来管理支配其间，大则酿成社会纷乱，小则陷溺人民于穷困。我国本是世界最古的农业国家，在二千余年以前，土地制度，就是很注意的。譬如孟子所说夏商周三代的井田制，和周礼上所记载的井田法，都是表明当时国家对于土地的管理支配，非常注意，有精密完善的理想制度。到后来阡陌渐开，土地私有制度确立。富者兼并，贫者不胜衣食，所以汉朝自董仲舒以后的学者，多数主张限田，以谋补救，很为后来谈土地政策者所宗。后来北魏北齐的计口授田，陈议尤高。我国这些土地沿革，历史甚长，极应下一番深刻的研究，拿来做我们当前的改革土地的参考，和实行土地整理计划的本张。

在欧洲各国的土地问题，虽然晚近逐渐改善，据各国所采取的制度和政策，还是参差不齐。有若干国家，封建遗传的大地主尚且存在，唯有苏俄实行一种特殊规定的土地国有制度。东欧各小国又多采用一种限田政策，把大地主所有土地加一种最高额的限制。超过限额的土地，即由国家代为卖给农民，付价方法，大半是把土地作担保，发行土地公债，交与地主，更从买地的人，征收同租额一样的农产物，分平摊还，有时比租额还要减轻。这许多办法，大抵每一项都经过无数经济学者，同社会主义者，长期不断地研究，然后才产生出来的。他们分别施行的过程和结果，我们也应该认真体察拿来做我们实行土地改革的前车之鉴，而为整理土地计划中应取之方针。

最可注意的，就是青海现在的情形，青海的农业现在尚在襁褓，我们欲使地尽其利，完全为人民所享受，那么，对于土地的计划，要能适合现代的环境，以一般农民使有向上发展的机会，非参酌古今中外的成规，来造成一种新土地制度的新青海不可。尤其以青海内情复杂，各地情形不同，更非因地制宜兼筹统顾不可。

> 青海省土地，未经清丈，所纳田赋，又不一致，有屯粮，番粮，烟洞粮等类，名目分歧，办理殊多困难，此次田赋组拟于清丈后，按三等九则升科，以便一律，现将已清丈的土地，按照地段发给执照，俾便营业。

关于地租税法，各国已经通行的，大要不外下列五种。

（1）面积法　拿面积的广狭，定税额的多少。中国"按亩计粮，照粮起科"的田赋，脱胎于此。此法用于古代土地还是自由货财（Free Goods），还可适合，到了现在，似乎不能适用了，青海的土地税，本来就用的是面积法，就现在所要实行的"按三等九则升科"，也还脱离不了这个范围。究竟此法能否适于现在的情况，而无弊害，及是否是最好的，我们再研究下面的四种方法。

（2）收获法　依田中收获的多寡，定税额的高低。如苏俄现在的农产税法。此法在根本上就有两个缺点，一是收获数量的多少，每每只能由于推定，推定便容易使征收人"上下其手"的作弊；二是有时两地收获之数虽同，而因地味厚薄关系，他们各自所用的生产费不同，一致课税，很不公允。

（3）等级法　看地质土宜的良否，以区别纳税的等级。然一时田地收获的多寡，虽是由于地质的情形而定，但农具的利钝，资本的厚薄，技术的巧拙，灌溉的远近，也自各有影响，等级究难必剂于平，而定等级时，也非依赖官吏的廉正不可。

（4）清册法　调查土地的纯利益，做成详细的记录，以为课税的标准。这个法子，第一要精密测量土地，并一一把地主的姓名，土地位置载上。第二要鉴别地味肥瘠，水利便否？耕作方法，市场远近，交通状态。第三还要为之约算一切耕作费用，然后才能算得出纯收益来，这个法子行起来算是很精确，但手续重，设备不易。

（5）地价法　这个法子，便以土地买卖的价格，为外形的标准，实际上还是依那土地的企业收益，或佃课收益为率——因为土地的买卖价格，便是代表那土地的企业收益，或佃课收益的东西。什么叫作企业收益，或佃课收益呢？一个地主，在他的自耕的总收入中，除了（1）所纳的地租，（2）购买或改良土地所需资本之利益，（3）耕作时所由下的新资本——如肥料用金等——所得的纯利益，便是企业收益。一个地主，把田租给别人耕作，所得佃课，便是佃课收益。土地的买卖，为实际上的原本价格。企业收入和佃课收入，都是他的利息，以原本价格为标准，和以利息为标准，性质并无区别。但是这个法子，也有缺点，第一，不移转的土地，便无从定其买卖价格。第二，土地移转，未必都是买卖。第三，买卖的价格，若在收买频繁的地方，也不能得到正当的价格。第四，即是买卖频繁之地，而买卖的价格，亦未必与土地的收益成正确的比例。第五，规定地价，必须用强制登记法，所有者登记时，必然虚报价格。想要除去这五个弊病，取好的方法，就是依照孙中山先生的意见，同时规划一个土地征收法，人民的土地，依其自己报价，政府得按价收买，不报价者，即无条件没收，自可按价征税了。——潘楚基《中国土地政策》。

我们既然把地价税作为我们重新课征田赋的税法，那么我们要实施我们的土地政策，要达到耕者有其田的目的，也就要从它着手了。关于地税税率，总理曾言，各国土地的税法，大概都是值百抽一。但是据地价税专家单维廉的意见，则百分抽一，税率实在过轻，决不能达到地价低廉的目的，所以他坚决的主张值百抽十。我们在定税率的时候，有一个原则要决定的，就是税率的伸缩问题。关于这个问题，现代的学者，很明显地主张按照各人的纳税能力，抽收累进税。向绍轩在他的《平均地权初步的商榷》，很详细地拟定累进税则如下。

累进级数		每亩税率
第一级	一—八〇亩	一角
第二级	八〇—二〇〇亩	二角
第三级	二〇〇—四〇〇亩	四角
第四级	四〇〇—八〇〇亩	八角
第五级	八〇〇—一六〇〇亩	一.〇〇元
第六级	一六〇〇—三〇〇〇亩	一元五角
第七级	三〇〇〇—六〇〇〇亩	二.〇〇元
第八级	六〇〇〇—一〇〇〇〇亩	三.〇〇元
第九级	一〇〇〇〇—	四.〇〇元

根据这个税则，他假定大地主各级分配成数如下表。

地主田产亩数	地主各级成数
（一）二〇〇亩	百分之七十
（二）四〇〇亩	百分之二十五
（三）八〇〇亩	百分之三
（四）一六〇〇亩	百分之一
（五）三〇〇〇亩	千分之六
（六）六〇〇〇亩	千分之三
（七）七一〇〇亩	千分之一

对于地主，我们将累进要从两方面进行。

第一，是随量而增加的累进，此即普通所谓之累进，举例言之，如每值百分抽十元，值二百元抽三十元之类。

第二，是与年俱进的累进，举例言之，如今年抽百分之十，明年抽百分之十五，后年抽百分之二十等是。

青海整理土地的计划，正在规策，实施也开始进行，我以为应当从土地政策的时代性上着眼，造成青海未来的利益，即在今日始，行政者宜若何惧审顾虑，将这样关系重大的事，万不可轻易塞实，造成将来社会上的罪恶、邪厉，我们的一点引述，是有补于行政计划上的参考，并且我们很希望能引起研究的兴趣来推行主义建国的基础。

（3）颁行的土地章程

行政规律，于行政前途，以及行政良恶，人民的利害，地方社会的福利，关系很大。倘若行政官吏不良或无能，他对于行政的影响，尚可众目觑觑的下看得出，即或看不出，则人民，社会所受的害，都是有限制的。至于行政法规不良或有错误，他对于行政上的影响，实在是莫可言状的或至铸成大错，贻害无穷。土地章则的重要，尤其在一切章则的上，我们应当怎样的去注意他，研究他。青海的土地章则，现在所颁行者，有清垦总处颁行的《青海省清垦总处清丈办法》，及《修正清垦暂行条例》。此外田赋组又颁有《丈地清赋通则》。我们把他在本文中录出，以资注意青海省土地行政者的研究。

青海省财政厅清垦总处《修正清垦暂行条例》：

第一章　总则

第一条　本条例系根据清赋承垦旧有章则合并，略加修正，凡总处所属各县清垦分处，均适用之。

第二条　凡本省官民，所有一切生熟地亩，无论汉蒙藏回僧俗人民，熟地须依登记法，向本总分处，声请登地；荒地须呈报，依限开垦，违者依照本条例第二十七条处分。登记法另定之。

第二章　清查熟地及征收登记费

第三条　凡本省所有屯番熟地，无论汉回蒙藏僧俗人民，声请登记时，须呈验契照，并按该地价，交纳百分之一登记费，其地价不满壹元者免缴。

第四条　凡本省所有屯番熟地，经登记后，应由本总分处派员清丈；于原契照上，加盖清丈相符戳记，如该地与契照不符者，应依下列各项办理：

（一）粮少地多，及有地无粮者，其浮出之地，应按等则补价领照；

（二）地少粮多，及有粮无地者，其空纳之粮，应汇案呈请豁免；

（三）纳粮与等则不符者，应分别轻重，酌予增减，以示平均，而昭公允。

第三章　承垦荒地及缴纳保证金

第五条　凡领地开垦者，须在本总分处购取呈请呈报书，本总分处，即根据原书，随时派员清丈，其清丈方法，依照旧有清丈办法办理。

第六条　垦户投递呈请，或呈报书不得将有主之生熟地亩故意冒领，违者依照本条例第二十八条之规定罚办。

第七条　如有荒地业经被人领垦，因该地名称不同而复领者，应以先领者为有效。

第八条　垦户投递呈请或呈报书，经本总分处核准清丈后，限一个月内，每亩须纳洋五分，作为保证金；此项保证金，依照本条例第十五条办理。

第九条　垦户缴纳保证金后，由本总分处发给收据，并给承垦证书。（承垦证书，每张收洋壹元）

第四章　生熟地缴价等则

第十条　凡本省官有民有一切生熟地亩，分为左列三等，其别如左：

（一）土地肥沃，气候温暖，水分充足之地为上等；

（二）土地肥沃，气候温暖，水分稍欠之地为中等；

（三）土地浇瘠，气候寒冷，水分缺乏之地为下等。

第十一条　熟地补交地价，等则如下：

（一）上等上则每亩六元　　　中则的①元五角　下则三元

（二）中等上则每亩四元五角　中则四元　　　下则三元五角

（三）下等上则每亩三元　　　中则二元五角　下则二元

第十二条　荒地应交地价等则如下。

（一）上等上则每亩二元二角　中则二元　　　下则二元八角

（二）中等上则每亩二元六角　中则二元四角　下则一元二角

（三）下等上则每亩一元　　　中则八角　　　下则六角

第五章　缴纳地价之期限

第十三条　凡熟地补交地价，及私垦已熟之地价，经清丈发给丈单后，应补地价，限一个月内，均应一次交清。

第十四条　荒地缴纳地价，分作两期，自发给丈单后一个月为第一期；缴纳地价之半数，满三个月者，为第二期，须一律交清。如愿一次缴清地价者，准发给营业执照。倘逾限不交地价者，依照本条例第二十九条之规定处罚之。

第十五条　垦户缴纳第二期地价时，得以所缴之保证金扣抵。

第六章　竣垦年限及承垦权之转移

第十六条　承垦地无论若干亩数，均应于三年内完全垦成。其年限自发给承垦证书之日起，和足三年，如有一次缴清地价者，免发承垦证书，自发给执照之日起算。

第十七条　垦户所领地亩，在未竣垦以前，不得任意移转。违者依照本条例第三十条之规定处罚。但有特别情形者，不在此限。

第七章　发照

第十八条　凡人民所持契照，如有下列各种情形者均应在本处缴价，换颁执照。

（一）未注明地价及亩数者　（二）四至与亩数不符者

（三）地名错误及变更四至者（四）涂改挖确有瑕疵者

第十九条　管弃执照，每张订为三联，呈省政府钤印，统由本

---

① "的"，原文如此，编者注。

总处核发，必昭慎重。

第二十条　凡私垦已熟地亩缴清地价者，本总处发给管执照。

第二十一条　垦户领垦，缴清地价时，须缴还承垦证书，由本总处发给管营执照。

第二十二条　垦户承领荒地，有愿一次缴清地价者，本总处准发给管营执照。

第二十三条　凡本总处所发执照，每月终分析造册呈报省政府备查。

第二十四条　本总处所发执照，每张收费洋二元。

第八章　升科

第二十五条　凡领有契照之熟地，及私垦已熟之地，从未升科，或未照地亩确数完课者，清丈后均应于本年内一律照章升科。

第二十六条　承垦地于三年后，无论该地竣垦与否，所有亩数，须按照财政厅规定田赋章程，及该地附近田赋情形，酌定赋额，一律升科。

第九章　惩奖

第二十七条　违背本条例第二条之规定，不依声请登记，及隐匿而不呈报者，一经查实，或被举发，无论生熟地亩，悉数充公，并酌予处罚。

第二十八条　违背本条例第六条之规定，冒领有主之地者，无论生熟地亩，分别情形轻重，酌予处罚，或送法院惩办。

第二十九条　违背本条例第十三、十四两条之规定，逾期同不缴纳地价者，无论生熟地亩，除全数收回外，每亩并处以一元以上，三元以下之罚金。

第三十条　违背本条例第十七条之规定，将所领之土地，在未竣垦以前，私行移转者，经本总分处查实后，除将移转入所缴之保证金，及地价全数没收外，并将移转人已得承受之地价，悉数追出充公。

第三十一条　凡报告他人有违背本条例以上各条之规定者，经总分处查实处分后，奖给该报告人一元以上百元以下之奖金。

第三十二条　本条例自呈准公布之日施行，如有未尽事宜，得随时修改，呈请省府公布之。

青海省财政整理委员会田赋组《丈地清赋通则》：

一、凡土地的清丈，赋税的增减，皆依田赋组所颁的丈地清赋通则而施行。

二、各县清赋处，自奉令之日起，限一星期内，召集各区长、乡长、闾长、邻长开会，将清理田赋办法，详加解释，责成召集各该名户，认明办法，并在定期内，一律照办。

三、不论汉回蒙藏土人，及寺僧各土主，于区乡闾邻长传知后十日内，务将所有田地，依照土地陈报单填写，并造花名清册，由各区乡长汇送谷清赋处。

四、各县清赋处清丈班，将所丈之地，逐日呈报该处，经主任专员技士复核相符，每十天呈报本组审核填照，今行各处转发。

五、当清丈时，各期得速定数人，助理关于清丈事宜。各地主四邻，务必届时到场会勘。

六、各土地经清丈处，除与粮册红契相符，一律换发新照外，如有参差，依下列各项办理。

（甲）凡有契照田地，经此次清丈后，其多余之地，只需补照升科，不收地价。

（乙）粮少地多，及有地无粮者，须更正升科。

（丙）地少粮多，及有粮无地者，得查明减免。

（丁）纳粮与等则不符者分别增减。

七、清丈之地，与契照相符者，五亩以内，收照费五角，五亩以上，十亩以内者，收照费二元，以后每加十亩，增收照税二角，不及十亩者，亦以十亩计算。

八、凡丈余之地，及无契照者，在十亩以下者，收照费一元，二十亩以下者，收照费二元，每增十亩，加收一元，不及十亩，亦以十亩计算。

九、照费由各县清赋处征收，须遵照本组颁发三联收据，分别填写，一联给地主，一联赍本组，一联存该处。

十、地亩一段，四至相连者，发照一张；其不相连者，每段发照一张，以便管业。

十一、土地升科之等则，按照本地气候之寒暖，土壤之肥瘠，出产之多寡，由各县清赋处，合同该地公正绅士，审查呈报本组，详细评定。

十二、所有本省生垦荒地，详细办法，由本组另宜之。

十三、各县清丈后，所有丈出多余之地，及无契照者，各地主领照后，应即升科。

十四、各县田赋，经此清理后，所有丈过田地，数目若干，粮额若干，由各县区乡长分别详细造具花名新红册四份，一份存乡，一份存县，二份呈送本组。

十五、地主如有将土地隐匿不报，或被人举发，或经清赋处察觉者，每亩处五元以下之罚金，仍发照升科，不收地价。

十六、工作人员一切费用，均由本组供给，不得向人民需索支应，若有违法行为，照章处罚。

十七、工作人员，在乡间不得干预清赋范围以外事项，违者照法规治罪。

十八、各县办理田赋，有在半年内厘清完竣者，专员主任以及全体职员，分别予以特别奖励。但至迟不得过一年，逾一年者，应受最励惩戒，其奖惩条例另定之。

十九、本条例自公布之日实行，如有未尽事宜，得随时由本组修改之。

我们看了以上的清赋条例和清赋通则，便可知道青海省土地行政机关对于青海省土地的整理，田赋的清理，以及垦务进行的梗概了。至于荒地移垦的情形，我们觉得非常的重要，以便在第四节另为详细说明。

（4）举办土地申报、调查及测量、登记之成绩

据青海省政府民政厅内政会议土地行政报告（乙）项第四款："本省

举办田赋声报调查,除玉树都兰尚未举办外,其余西宁、大通、亹源、互助、同仁、贵德、化隆、循化、乐都、民和、共和、湟源等十二县,正在积极办理中。"又据第五款云:"举办土地测量登记县数,除玉树都兰二县有特殊情形,尚未举办外,其余西宁等十二县,亦在办理之中。"

按田亩清理,可分二步,第一步计划登记,调查(申报可以包括在内);第二步则为测量绘图。青海于此两步工作,都在进行,但成绩怎样?实际的办法如何?我们都未详知。不过我们觉得此两步工作,都应当要精细,先就第一步工作说吧!

(A)登记 土地登记,可分三层手续:
(1)通告 由土地行政机关,出示布告,限该区居民,于一定期限内,准备登记,由某日起,至某日止,前来登记处登记。
(2)注册 至登记的日,由农户缴呈田契,照式注册。
(3)分类:

一、按照各城乡区分类,编为部册——以地区为主,可知县内各区登记数目。

二、按照田户之名分类,编为部册——以户名为主,可知县内各区田户贫富阶级实在情况。

(B)调查:
(1)通告——先期通告于应调查的地区,以便勘验。
(2)踏勘——调查员至乡间实施调查,调查后详细报告,并绘以简略地图,制造生熟地一览表,所调查地的呈请呈报书,作废之呈请呈报书。如呈报书填有契照,亦应附呈,否则,虽文单内注明,亦作无效。
(3)惩戒

一、田户规避之惩戒(1)隐不登记,希免微课;(2)分为大小,希减担负,分别轻重,施以处分,最重者,可以没收其地。

二、公务员舞弊之惩戒依着青海清垦处所颁布的惩戒条例:"公务员如有以多报少,以少报多,或招摇纳贿等弊,一经查实,应分别情形轻重,按省府颁布公务人员惩戒条例处分之。"

（C）编制

（1）将县内各区田亩多寡之数比较，列为等第。使全县田亩各乡区分配的比较，一目了然。

（2）将全县田户，依所有田产的多少，亦分为若干等第，则全县农田分配状况，与农民贫富阶级，皆了如指掌矣。

第二步的工作，就是测绘：

第一、各县分区测量——可将区内土地总面积测量出来，然后再分出区内耕种田亩的总面积，区内所有荒地的总面积，所有公地的面积，以及山林、村庄市场的面积。

第二、各县分区图记——将区内田亩、山林、水利、村庄市场，皆绘为图记。

综上所说青海省土地进行概况，不嫌惮烦，引证说明，以期对于青海土地行政工作，能得以研究，而为更精确的清理，引用时代趋势，作合于时代性的清理，这是很必要的。

四　全省荒地及移垦情形

（一）全省荒地的面积土质及农垦区域

青海全省的荒地，其总面积约为一百五十余万方里，土质地味，各不相同，唯以壤土为最多，约占十分之七。其分布状况，以都兰、玉树一带，几全为荒地的面积。爰就个人体查的所得，青海的土质，大概如下。

（1）原生土　原生土在青海分布的范围很广，其土壤呈层状组织，物理性质，亦不良好，最上层为灰色土壤，次层为黄色土壤，下层为红色土壤，再下层乃为岩石。此种土壤，在青海各部，河流所经之地，或山洪冲裂之处，皆可以层次看出。考究此种土壤，为农业使用最古的土，又名为残积土，由原地岩石风化而成，未经移送他处，其土中矿物质的成分，大抵与母岩所有者相似，此种土的风化，大概比较完全，其中铁质受赤化作用，变为赤色或黄色，故土色浓厚者多，而淡薄者少。

（2）风积土　西北于春冬雨季，常有巨风，数日不息，由中央亚细亚吹来的泥土，至此地势较低而较湿润的青海，遂降下堆积，上层为黄土，黄土的下面，有一种红土，其与原生土不同的地方，黄土多或直壁，红土多成斜坡，质地上甚易辨别，故黄土发达的地，常有垂直的深坑谷，造成特别地形。黄土的土质甚柔脆，粉碎甚易，石灰质甚富，因系由风吹来，逐层叠加，故有层理可寻，每次增加的土质，有草木繁殖，唯有机质甚少。

（3）崩积土　青海为属于西北高原的盆地，山谷崎岖，岩石崩裂，因重力关系，颓下山腰，因此乃生成的崩积土壤，亦属不少。

就予所知的，在青海即以上述三种土壤为最多，其他土壤虽有，但未经详细考察的前，不易看出，不过宜于耕种的地，却占十分之九，倘能从事开垦，加以人工的改良，良田美土，实则不少。至于开垦地域，现在尚无精确的计划与调查。青海省就地势上言之，其农垦区域，可分为三区，巴颜哈喇山以南，玉树地方为一区，东北黄河上流为一区，西北柴达木河流域为一区。各处皆为游牧的地，农耕极少，然大通河等沿岸的地，气候比较和暖，故多麦田，西宁、湟源等县更暖，可以种稻，濒湟地方，田畴广开，兹将青海农耕区域及其水源分述如下。

（A）和硕特农耕区域。

1. 南左翼头旗，面积有五，〇〇〇方里，灌溉的水源，有黄河、恰布恰河，已耕者有六〇〇亩，地多沙漠。

2. 南右翼末旗，面积有七，〇〇〇方里，已耕地二，〇〇〇亩，南段多草地，中段多沙漠，北段多成卤。

3. 南左翼右旗，面积六，五〇〇方里，水源有盐池，多盐。

4. 西后旗牧地，面积三〇，〇〇〇方里，地肥美，多水草。

5. 南右翼后旗，面积八，五〇〇方里，水源有湟水，已耕地为一〇，〇〇〇亩，土质饶腴。

6. 南左翼末旗，面积三〇，〇〇〇方里，水源有长宁川，已耕地为一，〇〇〇亩，凭河多美田。

7. 东上旗，面积为一三，〇〇〇方里，水源有长宁川，已耕地有三，〇〇亩，土厚水深，宜于农。

8. 北右翼旗，面积一〇，〇〇〇方里，水源有乙开胡拉河，除凭山地外，平地皆经卤水淹灌。

9. 前左翼头旗，面积为二二，〇〇〇方里，水源有乌兰木伦河，沿河地低平肥沃。

10. 北前旗，面积七，五〇〇方里，水源有布喀河，中部肥美，余多盐水。

11. 北左末旗，面积二〇，〇〇〇方里，水源有布喀河、沙尔河，北部宜于耕种，南部稍劣。

12. 西左翼前旗，面积二〇，〇〇〇方里，水源有布隆吉河，东部多沙地，地气低湿，余大半为平原。

13. 西左翼后旗，面积一五，〇〇〇方里，水源有奈其果勒河，沿河水草肥美无比，开有熟地。

14. 西右翼后旗，面积一四，〇〇〇方里，水源有那木洪河，间有沙地，不能耕种。

15. 西左翼中旗，一八，〇〇〇方里，水源有搭拉源河及舒噶河，开有可耕之地。

16. 北右末旗，一二，〇〇〇方里，水源有布萨吉河及扎萨卓尔河，大河附近多宜于农产的地，有已开的熟地。

17. 北左翼旗，一三，〇〇〇方里，水源有巴延河，河流所经的地，水草肥美，足资耕种。

（B）绰罗斯农垦区域。

1. 南右翼头旗，二，一〇〇方里，水源有恰布恰河，已耕之地有一六，六〇〇亩，土地宜农。

2. 北中旗，一五，〇〇〇方里，草湖沙丘，卤地占十分之七，余亦瘠薄。

（C）其他。

1. 干布象番地，一，〇〇〇方里，水流有淌河，东段可以耕种。

2. 辉特南旗牧地，二，〇〇〇方里，水流有博罗普川，已耕地有一，七〇〇亩，土地宜农，可开垦地，尚有十余万亩。

3. 上下郭密番地，八，〇〇〇方里，水流有黄河及恰布恰河，已耕地为二二，〇〇〇亩，下郭密多斥卤，上郭密为古来肥地。

4. 喀尔喀部南右翼旗，三，〇〇〇方里，已耕者四〇〇亩，中部水草肥沃，余皆沙卤。

5. 拉安番地，七，〇〇〇方里，多砂石咸卤，为不毛地。

6. 刚咱番地，四，五〇〇方里，坡原高衍，土质含沙。

7. 公洼他尔代番旗，九，〇〇〇方里，水流有黄河上源，大山间土地肥厚，农田最宜。

8. 都受番旗，一〇，〇〇〇方里，水流为黄河，土肥水深，宜于农牧。

9. 曲加洋冲番旗，八，五〇〇方里，水流为黄河，高原平陆可资农牧。

（二）青海省的移殖垦民计划及奖励保护政策

兹录青海省移殖大纲如次：

第一章　总则

第一条　欲开发青海，在最短期间完成行省规模起见，特规定移殖大纲以促进行。

第二条　本省移殖之内容，应依左列各项为标准：

一、关于现在行政教育慈善公务人员之移殖。

二、关于退伍军警之移殖。

三、关于投资团体之移殖。

四、关于民众之移殖。

第三条　移殖之目标以循化、贵德、湟源，及新设之同仁、共和、叠源六县荒地为第一步目标，以大河坝、拉加寺、都兰一带为第二步目标，以柴达木河流域为第三步目标，以通天河流域即江源一带为第四步目标。

第四条　移殖之程序，应分期进行，以六个月为一期，每一期移殖之数，以一万人为限。

第五条　移殖之方略如下：

一、奖垦

二、普通协助

三、特别协助

四、建设新村新县

五、机关之组织

六、经费之筹划

第六条　同时注意蒙番民族生活，发给补助费以谋发展。

第二章　奖垦

第七条　凡属第二条第一项之公务人员，其服务著有劳绩者，均得由主管机关开具事实。呈请省政府无价发给荒田百亩至五百亩，其无劳绩而欲领垦者，应照承垦条例第十四条，按原定荒价减三分之二放给之。应缴荒价，得于三年内缴清。

第八条　凡属第二条第二项之军警队，奉有高级长官命令开垦者，均得无价按地之肥瘠放给荒田，每人六十亩至一百五十亩；次著有劳绩之官兵夫等，应由主管部队长官，开具事实，呈请省政府，无价发给荒田百亩至五百亩，其无劳绩而欲领垦者，应照原定荒价，减三分之二放给之，应缴荒价，得于三年后交纳。

第九条　凡属第二条第三项之投资团体，欲领垦荒田在千亩以上者，均得照原定荒价减三分之二，应缴荒价，应以三年内缴清，但投资团体，以属于中华国籍者为限。

第十条　凡属第二条第四项之民众，由他省到达移殖地时，均应按地之肥瘠，无价发给荒田，每壮丁六十亩至一百五十亩，本省贫民，经考察证明者，亦遵此办理。

第十一条　凡无价，或减价领垦者，均应发给管业执照，限以三年垦熟，一律升科，发给永业执照，其逾限未全垦者，将余收回，另行招垦。

第十二条　凡依本大纲所规定移殖之垦民，携带妇女者，应按地之肥瘠，无价放给。每个妇女荒地三十亩至八十亩，以示提倡，而谋久远。

第十三条　凡无价或减价领垦者，均不得于三年内转卖他人。

第十四条　凡设县，及未设县之区域，所有荒田数目，应由移垦总办负责调查，清丈荒田报告表，详载某处荒田之等级、数量、土壤、气候，及其连属之地区，地名呈报省政府公布周知，以便分配移殖。

第十五条　关于奖垦之进行，遇必要时，应另定施行章则。

第三章　普通协助

第十六条　关于各项之移殖，均应由政府予以普通之协助，其法如下：

一、估价借给应用农具，使开辟迅速。俟三年后，照价分期偿还。

二、估价借给每户牛一头，或驴马一头，三年后照价分期偿还。

三、估价借给各种种籽，使播种便利，俟三年后，照价分期偿还。

四、估价借给筑屋户木料，三年后照价分期偿还。

五、补助开渠凿井经费，以兴水利。

六、按大小人口，先发给一年足用之食粮，使无断炊之虞，三年后渐次偿还，储为义仓，以备荒年，或作补助续移人民之用。

七、编定乡村互助规则。

八、编定乡村保甲规则，酌发给枪支，以备自卫，而实边防（说明按藏族枪支颇多，如不发给枪支，必被驱逐）。

九、添设县治，发给县政府常年经费，及筑城堡等项建筑费。

十、本条之第一、二、三、四四项，所定偿还之价，应妥为存储，以备继续招垦。

第十七条　移殖之垦民，熟悉木匠、瓦匠、铁匠手艺之一者，识字被选为区乡长者，能任小学教员者，除食粮外，其余各项补助费，及地价均准免偿还，并酌量多给荒地。

第十八条　实行放垦区域内之原住蒙藏民众，应按移殖之垦民，无价放给荒地，给予耕种器具，筑屋木料，种籽食粮等项补助，并派员教导耕种方法，以期与移殖之民，平均发展，并划给临时牧场，以为由牧业进于耕之准备。

第十九条　关于普通协助事宜，遇必要时，应另定施行章则。

第二十条　关于第七、第八、第九、第十各条移殖之民众，应由政府予以下列之特别协助。

一、出发前之编制

1. 如移殖鲁、豫、晋、陕、甘等省民众，当出发以前，即宜调查清楚，淘汰恶劣，暨有嗜好者，即按乡之组织，以户为单位，每五户为邻，二十五户编为闾，百户编为乡，合若干乡为一批，每批共约千人，作为一次出发。

2. 每一批出发若干日后，其余各批，始得按次出发。

3. 每出发时，均须由移殖总办，派得力人员率领之以期指导便利，并负责交涉沿途之给养等项事务。

二、沿途之设备

1. 沿途应请中央令沿途各省，通令各县，节节设置招待处，距离以四十里为最低，限程以六十里为最大限程。

2. 各移民招待处，须预设容纳一千人之住所，每人按日发给食粮二斤，并给饮水。以送出县境为完事。

3. 移民遇有发生病疹或死亡时，应由各招待处施给医药，或葬埋之。

三、达到时之安置及分配

1. 于西宁省城，组织移民总招待处，预备饮食住所，按到达之先后，以次分配于各移殖区，实行开垦。

2. 若遇有特别情形，因之未能按指定区域立即分配时，应使轮批修筑道路，实行工赈之法，但每批修路时间，至多不得过两月。

第二十一条　关于特别协助事宜，遇必要时，应另定施行章则。

第四章　建设新乡新县

第二十二条　凡设县之区域，以移殖总办办公处，调查清丈之结果，应由民政厅酌量荒区之大小，划定若干模范乡区，应每县建设两个至五个模范乡，以为全县各乡之模范。

第二十三条　凡未设县之区域，以移殖总办办公处调查清丈之结果，应由民政厅酌量荒区之大小，划定若干新县，指定区乡之位置，并规定每县应移殖之数量，顺序分途开发。

第二十四条　新乡新县之目的，在使移殖之民众，均有严密之组织与训练，以期民众有自卫自治的能力。

第五章　机关之组织

第二十五条　移殖之责，本系民政范围，欲收效迅速，则应设移殖总办一员，由民政厅长兼任，以期大施开发。

第二十六条　移殖总办办公处章则另定之。

第六章　经费

第二十七条　欲实施移殖，宜先筹经费，以经费之多寡，而定施行之步骤。

第二十八条　筹划移殖经费，应由移殖总办呈请省政府，依左列行之：

一、请中央接济大宗移殖经费

二、请各省量力协助

三、由中央发行移殖公债

四、其他方法

第二十九条　移殖经费之简略预算如左：

一、每户借给牛驴马一头，约需十五元。

二、每户借给筑屋木料等项材料，约需十五元。

（黄河沿岸颇有森林木料价贱运脚及筑工应由垦民协力合作自行担负）

以上一、二两项，一户以四人计每万人计二千五百户，共约需七万五千元。

三、每人借给农具，约需十二元。（此间铁器甚贵应由东方带来）

四、每人借给籽种，暨一斗仓粮，约需五十元。

以上三、四两项，一万人共约需六十二万元。

五、协助凿井，开渠经费，每县先发五万元。

六、每移一万人，可设一县，建筑县政府，及城堡及一年经费，约需四万五千元。

七、每县原住蒙藏民众，以五千计，各项协助经费约三十万元。

以上共计移殖一万人，共需九十九万元，其他办公费在外。

本纲宜由省政府委员会议决，呈准国民政府公布之。

五　业佃业雇的关系

青海的佃租制度，在现在虽然还不十分发达，但是佃租制度，在土地制度上，及农业的改进上，均有莫大的关系，所以我们研究土地行政，不能不论及佃租制度。佃户向地主承租地亩，预定每年纳租粮若干，虽遇水旱而租粮仍照原数交纳，唯该田地赋，由地主缴纳，一切杂差，由佃户支应，假若地主雇用雇工自种，每月只言定工资洋若干元，收获的收成，尽归地主，佃户不得享受；此外又有一种伙种的习惯。具体的说，青海的佃租制度可分三种。

（1）契约制佃户承租土地，具立契约，凭中画押，大概订明承租土地的所在地，及亩数和每年纳租的数目，不过此种制度，在青海还是很少。

（2）口约制一切佃租的条件，全由佃农与地主口头决定，业主对于田地，有自行收回的权利，此种制度，会使农民对于业主观念薄弱，常常不施灌肥料，铲除杂草，以沃其土，以致土地生产力日弱。

（3）伙种牲畜籽种及一切农具，皆由地主供给，伙种农只服尽劳力的责任，所获的粮食，除种子仍归地主外，下余粮食，双方平均分配，田赋差徭，则由地主应支。

六　土地税收的种类及额数

全省额粮总数，原有仓斗四万零七石二斗六升余，现正在整理，详情参照本刊第二期《关于青海田赋的探讨》全文。

七　中国国民党的土地政策

中国国民党总理，孙中山先生，提出平均地权、节制资本的土地政策来，要使耕者有其田。中国国民党第一次全国代表大会宣言中，对于农民土地问题的主张是这样的："盖酿成经济组织之平均者，莫过于土地为少数人所操纵。故当由国家规定土地法，土地使用法，土地征收法，及地价税法，私人所有土地，由地主估价上报政府，国家就价征税，并于必要时依报价收买之，则平均地权之要旨也。"

于此又有当为农民苦者，中国以农立国，而全国各阶级所受痛苦，以农民为尤甚，国民党之主张，则以为农民之缺乏田地，沦为佃户者，国家当予以土地，资其耕作，并为之整顿水利，移殖荒徼，以均地力。农民之缺乏资本，至于高利借贷以负债终身者，国家为之筹设调剂机关，如农民银行等，供其匮乏，然后农民得享人生应有之权。……此外如养老之制，育儿之制，周恤废疾之制，普及教育之制，有相辅而行之性质者，皆当努力以求实现，凡此皆民生主义所有事也。

明代青海河湟地区屯田的分布和军户的来源[1]

崔永红[2]

屯田是封建国家组织劳动力，垦种荒地、边远土地或其他属于国家所有的土地，以满足军队给养为主要目的的农业生产组织形式。我国历史上的屯田源远流长，到了明代，屯田范围之广、历时之久、规模之大、制度之完备都达到了前所未有的程度。有明一代历朝统治者都重视屯田，而尤以明初为突出。朱元璋早在夺取帝位前即开始实行屯田，建立明朝后，为了解决军饷，同时为了安置老弱和暂时闲置的军士就业，"养兵而不病农"，由南而北，由腹里到边疆，大力推行屯田。朱棣继位，继续经营屯田。永乐初，东起辽东，西至甘肃，南尽蜀滇、交趾，全国"在在兴屯"、[1]洪永时期（1368—1424 年），是明代屯田的鼎盛时期，屯田收入在国民经济中占有相当重要的地位。据王圻《续文献通考》卷五《田赋考·屯田》洪武二十一年条载，"自是岁得粮五百余万石"。当时全国行政系统税粮总收入是三千余万石，可见屯粮等于全国行政系统税粮总收入的百分之十七左右。据《太宗实录》卷二六，永乐元年（1403）十二月壬寅条载，这年屯田收入二千三百余万石，约占这年全国行政系统税粮总收入三千一百余万石的百分之七十四，约占这年行政、军事两大系

---

[1] 论文原载于《青海社会科学》1988 年第 6 期。
[2] 崔永红，甘肃古浪人，青海省社会科学院原副院长，研究员。

统征粮总数的百分之四十三。统治阶级集历史上军屯经验之大成,建立起严密的军户制度和一整套日渐完备的军屯制度。永乐初,将军屯的各级组织管理系统、屯田赏罚例、租物本折标准、样田考较法以及其他禁令法规刊著红牌,发至各地,令永远遵守,此即史书所称之"红牌事例"。[②]明廷把屯田看作关系到治国兴邦、长治久安的大经大法,企图通过军屯,建立起一支庞大的、自给自足的、维护封建皇权的武装力量。屯田制度在明初得到较认真的贯彻执行,确实也一度收到了足食强兵、减轻农民负担的效果,基本上是成功的。宣德(1426—1435)、正统(1436—1449年)以后,由于种种原因,屯田制度一步步遭到破坏,屯田效益每况愈下。嘉靖(1522—1566年)、隆庆(1567—1572年)以降,虽然屡有朝臣起而清理整顿,使屯田在改造中得以延续,但整体上其规模和效益仍呈现衰落的趋势。由于屯卒的逃亡、反抗,加上地主土地所有制的发展和租佃关系日益普遍化的影响,屯田多仿民田例招佃出租,不少国有屯地通过合法和非法的途径逐渐转化为私田。以上所述是明代屯田兴起和发展变化的大致梗概。明代青海境内河湟地区也实行过屯田,屯田始于何时?分布在哪些地方?有多少人参加?种多少地?纳多少粮?后来又有些什么变化?其特点和意义是什么?这些问题过去研究比较薄弱。本文拟对河湟地区屯田的分布和军户的来源等问题作些探讨,请方家指正。

一 开始实行军屯的时间和屯田的分布范围

明代屯田以卫所制下的军屯为主要形式,河湟地区更是如此。其他形式的屯田如商屯、民屯等在河湟地区的地位微乎其微,本文不拟涉及。

明洪武初,朱元璋派军西进陕甘青地区,攻势凶猛,河湟地区故元官吏大部分望风归降,个别反抗势力也很快被讨平。随着明王朝在河湟地区的统治的逐步稳固,擘画这一区域的经济开发,解决军饷问题便被提到议事日程上来。据《明实录》载,明代在河湟地区实行军屯,最早始于洪武十年(1377年)。这年,"陕西都指挥使司言:庄浪卫旧军四千，后增新军四千，地狭人众，难于屯驻，乞将新军一千人往碾北守御，一千人西宁修城，暇则俱令屯种，止以旧军守御庄浪。诏从之"。③这里讲的只是将庄浪卫驻军新增的一部分拨归西宁卫屯驻防御并实行屯田的情况，其特点是利用军闲时间全部下屯。西宁卫创设于洪武六年（1373年），至此已四年，推想本卫在从庄浪拨来新军之前已有驻军，西宁卫驻军在此之前一二年就已开始屯田的可能性也是有的。④

除驻军屯田外，马驿驿卒也在骚站附近屯田。洪武十四年（1381年），西宁卫有在城、老鸦城二驿，"每驿给以河州茶马司所市马十匹，以兵十一人牧之，就屯田焉"。⑤到洪武十九年（1386年）又增置马驿五、递运所四，不过，约当宣德初年改为由编户四里（三川、老鸦、巴州、红崖）土民充当佥夫应驿差而不再派官军充驿卒，⑥驿卒屯田延续五十年左右。

西宁建卫后十五年，湟水流域屯田已卓有成效，洪武二十二年（1389年），包括西宁卫在内的陕西西北边八卫官吏月俸由原来全支本色粮改为兼支米钞，就是由于这一区域粮食比较充裕，"米价日减，每石至五百文"⑦（未减价时米石约一千文）。粮食充裕的原因除商人中盐运交的粮较多，当地各族土著所产粮可供籴买外，军士屯田的收入也应是可观的。

明代湟水流域屯田顷亩不同时期并不一致。从留下来的零星资料可知，其总数大体在一千六百顷至二千多顷之间。屯地以水浇地为主。那么，西宁卫所属屯田分布在哪里呢？据明张雨《边政考》卷四"西宁卫图"，明嘉靖中西宁卫驻防和直接管辖地区（即不包括所谓"番域"）的状况是：西至西石峡（今湟源县与湟中县分界处），北面大致以今大通县塔尔乡一带为界，南面以拉鸡山为界，往东奄有今互助县南部、平安县、乐都县、民和县，直到黄河界，这一区域内分布有寨、营、堡共一百座，⑧周围环以纳马番族部落，冲要之处筑有边墙、壕榨或墩台等防御工事。据此推断，西宁卫屯军所耕屯地不会超出今湟源峡以东的湟水河谷地区。这只是大范围的限定。《西宁志》第一册《地理志·水利》对明末清初西宁卫渠道的记载，为我们进一步具体详确地了解明代屯田所在位置提供了珍贵资料。估计志中所载西宁卫诸渠道在明中期已基本定型，至于所载各渠所灌顷亩数字，则为明末清初的。下面稍加引述，以明其大略：

"伯颜川渠，城西六十里，分渠有九。"按伯颜川又称西川河，即西宁以西今湟中县境内的一段湟水，以西川河为水源的渠系称伯颜川渠。志书还分别记有九道分渠的具体灌田亩数，不烦细引，其总共灌亩数为五百四十七顷九亩八分。

"车卜鲁川渠，城西北九十里，分渠有十。"车卜鲁川又称北川河，在今大通县境。志载十道分渠共灌田五百九十七顷七十七亩九分五厘，其范围大致在今大通县桥头镇以南。

"那孩川渠，城南五十里，分渠有五。"那孩川即今南川河，以南川河为水源的渠系称那孩川渠，共灌田二百三十五顷七十亩三分，其范围在今湟中县南部。

"广牧川渠，城北八十里，分渠有四，共灌田一百五十顷。"广牧川，一名沙塘川，一名东川，所灌田地分布在今互助县境。

以上为西宁的东、南、西、北四川的四渠二十八分渠，所灌田地比较连片，土地肥沃，距城近便。此外，据志载，还有乞答真渠，位于今平安县高寨一带；哈喇只沟渠，位于今平安县城北；大河渠，在今乐都县西；季颜才渠，位于今平安县南沙沟一带；观音堂沟渠，在今乐都县高店以南，湟水南，分渠有二；红崖子沟渠，在今乐都与平安交界一带，湟水北；把藏沟渠，在今乐都县西；壤吃塔沟渠，在今乐都县城西南；西番沟渠，在今乐都县城东北；撒都儿沟渠，在今乐都县城北；楪儿沟渠，在今乐都县城西北；东弩木沟渠（《边政考》西宁卫图中有"弩木赤沟营"），在今乐都县城西北；虎狼沟渠（《边政考》西宁卫图中有"兔狼沟堡"），在今乐都县东南，分渠二；巴州渠，在今民和县城南巴州乡境；暖州上渠、暖州下渠，在今民和县东南一带。

乞答真以下各渠，本文根据《西宁志》所载距西宁城里数，结合查对张雨的"西宁卫图"，大致指出其在今天的地理方位。这些渠大都沿用至今，有的至今仍保留旧名。各渠所灌顷亩，《西宁志》中都有记载，这里不烦——引述，只将乞答真渠等十六渠总共灌田数合计了一下，其数目为一千六十八顷二十二亩五厘。⑨加上前述四渠所灌顷亩，共灌地二千五百九十九顷八十亩一分。

　　明代河湟地区见于额征田赋记载的土地除屯田外，还有"科田"（各级土官、寺院占有的土地以及番地等由于不纳税粮，其顷亩一般不见于史志记载），科田即民田之升科者，以及官舍、军余等耕种的屯田分地以外的土地，这种土地一般不还官，所纳税粮也轻于屯军的屯田籽粒，形同私田。所以上引《西宁志》记的二十渠三十二分渠所灌两千多顷地并非全是屯田，其中也当有科田，但绝大多数应为屯田。而屯田以水地为主，又不仅限于水地，还包括与渠灌水地相邻不远的一部分旱地。尽管如此，说顺治《西宁志》所载二十渠所灌二千多顷水地所在范围是明代西宁卫屯田的主要分布地段，大致不误。

　　今青海境内黄河南岸贵德、尖扎、同仁、循化一带，明代属归德守御千户所管辖（积石州千户所存在时间很短）。河州卫有明确记载开始实行军屯是在洪武十二年（1379年）。⑩归德所开始实行军屯的时间比西宁卫、河州卫的其他所晚了三十多年，归德所诸屯寨是永乐九年（1411年）镇守河州都指挥刘昭奏请后，方才陆续创设起来的。这与归德境内此前屡发生战事，社会秩序尚不够安定，明廷一时还顾不上着力治理此地有关。兼因尽管汉唐宋诸代在这里兴办过屯田，但元朝以来这里为番族世居之地，又习惯于经营以畜牧为主的经济，再度大规模开办农垦，自然要费事一些。据《明太宗实录》，"刘昭言：河州归德千户所，去卫七百余里，东距川卜千户所，西距必里卫番族，南距朵土川族，北距黄河罕东卫界。旧于河州卫七所拨军二百守御，浮食寓居，不敷调遣，宜全调一所，选精锐二百守城，八百屯种及运入番买马茶。从之。"⑪从刘昭奏报中知永乐九年以前归德所军士只有二百名，只占一个千户所额定人数的五分之一强，操守防御尚且不够分配。刘昭建议调足一所军士（1120人），并令二分守城，八分屯田。可知归德所军屯真正开始最早也到了永乐十年（1212年）。⑫

　　《西宁府新志》卷二十五《官师·名宦》中将刘昭误为刘钏（嘉庆《循化志》正作刘钏），说刘钏正统中以都督衔奉命整饬贵德，"开设诸屯，垦辟田土"。据《明宣宗实录》卷四五和《明史·刘昭传》载，刘昭宣德三年（1428年）进右军都督府都督同知，此后镇西宁、兼理河州事二十年，下限也就到了正统十三年（1448年），所以《西宁府新志》将贵德开设诸屯事记在正统中，还不能一概视为无稽之谈。看来，有可能从永乐九年刘昭奏准开始，直到正统中，前后三十来年，才陆续将归德诸屯建置起来也未可知。

关于归德所所建屯田百户寨的数目，过去我们对归德有十屯的话比较熟悉，以为自始至终一直是十屯。其实其间也有个发展变化过程。吴祯嘉靖《河州志》载："中左所十屯寨，在归德。"但不载屯寨名称。该志对河州卫其他六所的六十屯寨则详记各自的方位、距卫治道里等。疑对归德所十屯寨的记载有想当然的成分。各千户所皆十屯寨，归德所想必也是十屯寨，但是哪十个屯寨又不指出，其可靠程度须斟酌。嘉靖二十六年成书的张雨《边政考》卷三《洮岷河图》中记，归德所境有百户寨共八：王百户寨、周百户寨、吴百户寨、计百户寨、李百户寨、杜百户寨、缺百户寨、杨百户寨。联系到刘昭奏准八百名军士屯田，建八个百户寨，则正好每百户寨一百名屯军。不管每寨屯军是否正好一百名，张雨能一一标出八个屯寨的名称，还是比较具体可信的。龚景翰嘉庆《循化志》卷四载："明初立河州卫，分兵屯田。永乐四年（按依上引《明实录》应为永乐九年），都指挥使刘钊奏调中左千户一所贵德居住守备，仍隶河州卫，保安其所属也。贵德其（共）十屯，而保安有其四。"该志又指出保安四屯为吴屯、李屯、季屯、脱屯。其他六屯，据宣统《甘肃新通志》卷九引《临洮府志》载，贵德附近有王源寨、周鉴寨、刘庆寨，今尖扎县有杨鸾寨、康泰寨、李钊寨。[13]与张雨所记比较，杜百户寨、缺百户寨消失了，又新生出康、脱、刘等屯寨。估计嘉靖以前只有八个百户寨，后来有所发展变化，成为十个屯寨。这十个屯寨为清代沿用，其名称大多保留至今。综上所述，尽管明嘉靖前和明末清初屯寨数目和名称有些变化，但相信明代归德千户所屯田分布的地段大致未变，即位于今贵德县莫渠沟河流域（王、周、刘寨）、尖扎县康杨乡一带（康、杨、李寨）和同仁县隆务河中游河谷地带（吴、李、季、脱四屯），史志记载和今天的地名都能对上号，一般没什么争议。

二 军士屯守分数和军户的来源

明初，驻军中多少军士屯种，多少军士守城，其比例在全国各地无统一规定，一般依地方的夷险要僻、运输难易等因素来确定，正如《明会典》所载："国初……创制屯田……，军士三分守城，七分屯种，又有二八、四六、一九、中半等例，皆以田土肥瘠、地方冲缓为差。"[14]大致边卫三分守城，七分下屯，内地二分守城，八分下屯。河州卫归德千户所军屯依刘昭奏请是按二八比例下屯的，前文已述。西宁卫的下屯比例没有如贵德所那样的明确记载，但从洪武二十五年（1392年）朱元璋规定天下卫所以十之七屯种、十之三城守之令正是根据陕西西北诸卫（含西宁卫）屯田做法引发的这一点来考虑，[15]西宁等卫无疑是按三七比例下屯的。洪武三十年（1397年），凉州等十一卫有"屯军三万三千五百余人"，[16]如果根据洪武二十六年所定卫所军额（每卫五千六百人，每千户所一千一百二十人），[17]凉州等十一卫（含西宁卫）应有军士共六万一千六百人，如此则下屯军士约占百分之五十五。其实由于卫所实有旗军数往往低于额定人数，按这种办法估算出来的比率要低于实际比率。然而下屯比例绝不是一成不变的。除了横向有因地制宜的问题外，纵向还有个因时制宜的问题。宣德三年（1428年），镇守西宁都督佥事史昭奏：西宁"在卫军士三千五百六十人"[18]（按：远不满五千六百人的定额）。宣德六年（1431年）又奏："先以拨军三千人屯种。"[19]从这两个数字知，宣德六年之前西宁卫军士下屯比例曾高达百分之八十五左右。六年，史昭以"临边卫分缺人守备"为由，又请准在下屯正军中选精壮五百人仍前操备，这样调整后西宁卫三千五百六十名正军中有二千五百人下屯，比例正好为十之七，回到洪武末年所定的比例。此后，由于军役繁兴，哨备日紧，下屯人数不断减少。如宣德八年（1433年）甘肃总兵都督佥事刘广因守墩哨备军不足，"请取甘州左等十一卫屯军三千六百人还卫，更番守备。从之"[20]。宣德十年（1435年），甘肃总兵官陈懋又奏请，于陕西行都司所属十三卫所屯守军士内选精壮哨备。[21]西宁等卫下屯比例渐不能保持十之七。正德以后，蒙古族大批进入青海，西宁卫驻军防守任务加重，下屯比例更有下降。其后屯田制度发生了较大变化，屯守分数规制虽仍存在，但已等于具文了。

明代，无论城操军还是屯田军（通称正军或旗军）或是军余（正军户下成丁者，随正军来营生理以供军者）都必须隶军户（后来的招募兵可以不隶军户），军户由五军都督府直接管理，不受地方行政长官管辖。据《西宁志·岁计志》载："西宁卫洪武中户七千二百，口一万五千八百五十四。"乾隆《西宁府新志》称这些户为"官军户"，并载"永乐中，官军户七千二百，口一万二千九十二。嘉靖中，官军户三千五百七十八，口四（《西宁志》作'一'，当从）万五千六百一十三"。永乐时，黄河南岸归德千户所的军户至少有一千一百多户，河湟地区明初军户总共达八千三百多户。据《明会典》载，洪武二年定："凡军、民、医、匠、阴阳诸色人户，许各以原报抄籍为定，不许妄行变乱，违者治罪，仍从原籍。"②一旦定为军籍，必须世世代代充当军役。在世袭军户制下，明代河湟地区的官军户就成了为这一区域世代提供军屯生产者和城操军的主要源泉。世袭若干代之后，若问屯军从哪里来，最接近的回答可以说来自军户。很显然这是最肤浅的答案。要正确严密地回答屯军来源问题，就必须研究这些军户的来源。明代河湟地区军户的来源问题初步认为大致有以下四端。

1. 从征官兵之留戍者

孙承泽《春明梦余录》卷四二记明初之兵有以从征著籍者，他解释所谓"从征者，诸将所素将之兵平定其地因留戍者也"。明洪武中，冯胜、邓愈、沐英、耿炳文等先后率军戡定关陇、进据洮岷河湟和河西一带。他们所部军卒留戍河湟间的不少，在当地官军中占有相当的比例。这些人中身为军官者，在史志上还留有记载。如曾任西宁卫指挥佥事的魏寰，本人是"西宁人，始祖魏善，本泗州人，从明太祖起兵，攻克和州，从渡江……功授世袭千户，管西宁卫中左所副千户事，因家焉"。③又如贵德人王猷，"本江南宜兴籍，从明太祖起兵……洪武十二年克洮州，以功除河州卫右所试百户，二十三年授昭信校尉，与世袭，四月调中左所，……子华袭官，永乐四年，拔贵德千户守御。今城西王屯即其苗裔也"。[24]再如湟中县总寨公社徐家寨大队徐彦帮藏有《明太祖敕封徐勇诰命》，据载徐勇系扬州府如皋县丁溪场住人，元至正二十六年（1366年）归附明军，充总旗，转战南北，洪武十八年（1385年）除昭信校尉，调西宁卫前所充流官百户，遂世居湟中（徐彦帮是徐勇十九世孙）。[25]广大兵卒未留下姓名，但从后人的追记和著录中可知有其事。嘉庆《循化志》卷四在叙述保安四屯历史时载："屯兵之初，皆自内地拨往，非番人也。故今有曰吴屯者，其先盖江南人，余亦有河州人。"无论是江南吴人还是西北河州人，他们来时身份都是军。留戍河湟间的军卒江淮人所占比例较大，又可从民国时人的记述和分析得到佐证："今吾人于西宁附近所见妇女之弓鞋，犹存明代之遗风，甘肃临潭、岷县一带妇女亦着弓鞋，《洮岷志》称之曰凤阳婆。盖明初军队多安徽凤阳籍，开抵洮湟，移民屯田，淮上妇女随之俱来，故一部分女子服饰犹存故风。"[26]这种分析大致是可信的。

2. 土著之归附者

收集故元和元末各割据势力的降军败军是朱明政权建国初增补军伍的一个办法。同时，明初实行过"籍民为军"然后设卫所屯田的办法。[27]河湟地区元代建有西宁、积石、贵德三个州，均为下州。洪武三、四年间，这一带故元官员大部分先后降明，如甘肃行省右丞朵尔只失结、元西宁州同知李南哥、元甘肃行省佥事薛都尔丁、元甘肃行省郎中失喇等。此地故元编户之民自然也成了降民。这些降民是否有一部分如同后来的山西的做法那样在设卫所的同时被籍为军户，因无资料可证，未便遽断。但一部分故元兵卒降服后变为明军则是事实，归附民户中的丁壮有一部分被选编为军卒也是有的，他们被称为土著军。洪武十九年（1386年），"诏陕西都指挥使司，令诸卫土著铁甲马军，悉令整备器械，赴京给赏听操，惟西宁、西凉二卫临边，且留守御"。[28]可知西宁卫有土著军，且知明初土著军主要被委派守御。洪武十年（1377年），朱元璋发现庆阳、延安等处土著军月止给米四斗，便谕令："今军士有客居、土著之名，然均之用力战阵，奈何给赐有厚薄耶？俱全给之。"从此，陕西等卫（西宁卫当时属陕西都司）军士无论土客，俱一视同仁，每人月支粮一石。[29]由此可见，土著军在户籍上为"官军户"而非不入籍的私属土兵是毫无疑问的。

《明史·兵志三》载："初，太祖沿边设卫，惟土著兵及有罪谪戍者。"据此，像西宁、河州这样的边卫，土著军士还是卫所军的基干。

洪武间西南、西北地区归附为军的少数民族（"夷人"），其待遇与官军不同，"不支粮，自买马骑操，但人给田百亩，免纳税，给冬衣布三匹，棉花半斤"。[30]自愿投明为军者，称为"投充"。[31]明初西宁土人不乏投充明军者，如碾伯喇土司之祖哈喇反，洪武四年投充总旗，又如碾伯辛土司之祖土人朵力乩、朱土司之祖土人乩铁木，俱洪武四年投充小旗。[32]这几位投充为军后，由于其后裔效忠明廷，立了战功，被授为世袭土官，后发展为土司，因而在史书上留下了记载。想那些投充而未升官因而也未入史书的一定还大有人在。归德康、杨、李三屯，据《西宁府新志》卷十六载"原系土人"。这里的土人，指土著之人。创屯之初，未必全系土著，但起码有土著参加，想来也是可信的。

3. 有罪谪戍者

明代历朝关于充军的律例款目非常繁多，有明一代军伍中因罪而来的不在少数。至今青海不少汉族人自称其祖先是从南京珠玑巷（著录或作珠丝巷、朱紫巷、竹市巷等）迁来的，还可找到家谱、墓志碑石的记载作为证据，凿凿可信。至于迁来的原因，说法纷纭，多带上传说的色彩，其中有说是因得罪朱明皇室，被谪发来的。明代获罪较重的一般充军，并发边卫。西宁接受这种谪戍者的机会比较多。有的规定还把谪戍的边卫进一步限定在甘肃，来西宁的可能性则更大。[33]如洪武二十九年（1396年），"诏发安东、沈阳各卫恩军三千六百余人往戍甘肃，人赐钞锭五"。[34]所谓恩军，即"以罪谪充军者。"[35]又如正统元年（1436年），"令山西、河南、山东、湖广、陕西、南北直隶、保定等府州县造逃户周知文册，备开乡里姓名男妇口数军民匠灶等籍，及遗下田地税粮若干，……如仍不首，虽首而所报人口不尽，或辗转逃移及窝家不举首者，俱发甘肃卫充军"。[36]故有人说"甘肃等卫隶兵多谪戍之人"，[37]并非虚语，而是有法律和事实依据的。谪戍之人，有些限满可回原籍，有些举家迁来落籍边卫。弘治、正德间官至鸿胪寺卿的李奈，"其父李惠，楚府长史，籍本河南彰德，谪湟中，遂聚族而居"。[38]这是罪谪之人的后代升了官的特例。

4. 调拨来边者

其他卫所的官军，由于某种原因，被调拨来河湟地区戍守或屯种，其中一部分因而落籍此地，也属正常现象。如洪武二十四年（1391年），"遣陕西西安右卫及华阳诸卫官军八千余人往甘肃屯田，官给农器、谷种"，[39]数量相当可观。

明代清出在逃军或记录幼丁已到赴伍年龄，应去之卫如果属北人充南军、南人充北军之类，在千里之外者，可以调换到较近的卫所。按正统四年（1439年）规定，陕西布政司平凉府的军丁如遇改调，即调西宁卫。[40]

其他还有以垛集等方式将民户强制为军后调来此地者。[41]

由上述几种途径，河湟地区明初即获得七八千户军户，其后，这些军户有离开河湟地区的，同时又有不断从全国各地新补充来的。非土著的军户大都携妻子来河湟地区著籍服役。正军、军余老故后，其子弟替补，仍不得脱军籍，只好代代世袭充当军役。明初六七十年间的军屯不用说全是由屯军承担的，宣宗宣德以后，屯田制度渐遭破坏，屯军不断失额，但又以军户下的余丁顶补。明中后期，屯军逃亡、屯田荒芜的现象日益严重，屯田不得不允许民户以及僧道流寓无籍之人量力承种，明代军屯有点变质。但终明之世，军户一直存在，而且在绝大多数情况下，军户下的丁口是边镇卫所屯田的主要承担者。

参考文献

①② 申时行等万历《明会典》卷十八《户部五·屯田》。

③《明太祖实录》卷一一五，洪武十年九月丁丑（一九六二年台北"中央研究院"历史语言研究所据国立北平图书馆红格抄本校印本。下同）。

④ 乌廷玉：《中国历代土地制度史纲》（下）（吉林大学出版社1987年版）将"碾北、西宁设置屯堡，组织屯种"之事系于洪武六年（第152页），不知所据。洪武六年置西宁卫，但置卫并不等于同时开始实行军屯。西北边卫一般都晚于置卫之年始行屯田。

⑤《明太祖实录》卷一四〇，洪武十四年十二月乙卯。

⑥ 苏铣顺治《西宁志》，1959年油印本第一册。杨应琚乾隆《西宁府新志》卷

三十一《纲领》下。

⑦《明太祖实录》卷一九五，洪武二十二年正月丁亥。

⑧顺治《西宁志·兵防志·堡寨》载，西宁卫共有二百四十座堡寨，其中嘉靖以前的有九十九，隆庆元年督筑的七，万历元年以后筑的一百三十四。但分布范围仍不出本文划定的区域。

⑨详见顺治《西宁志》第一册《地理志·水利》。

⑩《明史·宁正传》。又，《明太祖实录》卷二四五，洪武二十九年三月甲寅。

⑪《明太宗实录》卷一二〇，永乐九年十月辛卯。

⑫《西宁府新志》卷十六《田赋·户口》载，洪武十三年，从河州拨四十八户民户到归德所开垦守城，属于移民实边性质的民屯，不属军屯。

⑬顾炎武：《天下郡国利病书》卷五十九《陕西五》"临洮"条下所记归德诸寨中也有此六寨。

⑭万历《明会典》卷十八《户部五·屯田》。

⑮《明太祖实录》卷二一六，洪武二十五年二月庚辰。

⑯《明太祖实录》卷二四九，洪武三十年正月戊辰。

⑰万历《明会典》卷一三七《兵部二十·军役》。

⑱《明宣宗实录》卷四二，宣德三年闰四月丙戌。

⑲同上，卷八〇，宣德六年六月辛酉。

⑳同上，卷九八，宣德八年正月辛巳。

㉑《英宗实录》卷十二，宣德十年十二月壬子。

㉒万历《明会典》卷十九《户部六·户口一》。

㉓《西宁府新志》卷二十七《献征·人物》。

㉔同上，卷二十八《献征·忠节》。

㉕《湟中县志》（送审稿）第十编第四十四章《文献辑录》。

㉖张其昀：《青海省之山川人物》，载《西陲宣化公署月刊》1936年第一卷四、五期。

㉗据《明史·太祖本纪》载：洪武二十五年八月丁卯，命冯胜、傅友德率开国公常升等分行山西，籍民为军，屯田于大同、东胜，立十六卫。

㉘《明太祖实录》卷一七九，洪武十九年十一月己卯。

㉙同上，卷一一五，洪武十年九月丁丑。

㉚《英宗实录》卷三一二，天顺四年二月乙丑。

㉛何孟春：《陈万言以俾修省疏》，《明经世文编》卷一二七。

㉜《西宁府新志》卷二十四《官师·武职土司附》。

㉝明代狭义的甘肃特指洪武五年至二十五年设在甘州（今甘肃张掖市）管甘州和肃州（今甘肃酒泉市）地区的甘肃卫。用得更为广泛的则指陕西行都司所辖甘、凉、肃、庄浪、永昌、山丹、西宁、镇番等十二卫三所地区。

㉞《明太祖实录》卷二四四，洪武二十九年二月乙已。

㉟同上，卷二三二，洪武二十七年四月癸酉。

㊱万历《明会典》卷十九《户部六·户口·逃户》。

㊲《明太祖实录》卷二三六，洪武二十八年春正月庚子，陕西行都司指挥佥事张豫言。

㊳《西宁府新志》卷二十七《献征·人物》。

㊴《明太祖实录》卷二〇七，洪武二十四年二月己未。

㊵万历《明会典》卷一五四《兵部三十七·军政一·编发》。

㊶垛集法是明初开始实行的抑配民户为军的一种办法，以民户三户为一垛集单位，其一为正户，当军役，他二户为贴户，帮贴正户。建文四年改令正、贴户轮流当军役。参万历《明会典》卷一五四《兵部三七·军政一·勾补》；《明太宗实录》卷十五，洪武三十五年十二月壬戌。

明清时期黄河上游地区的民族贸易市场[①]

杜常顺[②]

黄河上游地区历来属多民族交错杂居之地，同时也是我国中部农业区与西北部牧业区的过渡地带，因此，长期以来，特别是从唐宋时期开始，这一地区以农牧产品交换为主要内容的民族贸易就相当活跃。长期的贸易交往既渐次突破了我国各大经济区域之间的闭锁状况，也使我国古代农牧两大类型经济得到有益的互补。明清时期，在高度发展的封建商品经济的促动下，黄河上游地区的民族贸易也在原有基础上呈现出前所未有的繁荣景象，其重要表现就是出现了多种类型的贸易市场，即贸易交往的形式和渠道更加多样化了。本文试就这一时期该区域民族贸易市场的主要类型、特点及其发展趋势等问题做一些讨论。

一　茶马贸易市场

自唐宋以降，茶马贸易一直在整个黄河上游地区的民族贸易中占有显著的地位，"茶马贸易"也几乎成了"民族贸易"的同义语。从主导方

[①]　论文原载于《民族研究》1998年第3期。
[②]　杜常顺，河南新野人，青海师范大学人文学院教授，博士生导师。

面来看，茶马贸易是一种由封建国家垄断经营的、带有浓厚政治色彩及经济强制手段的交易形式。交易的物品主要也就是作为农产品的茶叶和作为畜产品的马匹。史称"番人嗜乳酪，不得茶，则困以病。故唐、宋以来，行以茶易马法，用制羌、戎，而明制尤密"。[①]这段话揭示了封建国家开展茶马贸易的政治用心，但仅从统治者控制少数民族的动机考虑问题，无视茶马贸易的积极效果，便是一叶障目了。作为封建国家，它从中也获得了巨大的经济利益。在明代曾长期主持西北马政的杨一清就说，开展茶马贸易是"摘山之利而易充厩之良，戎人得茶不能为我害，中国得马足以为我利，计之得者宜无出此"，[②]所言颇合实际。明王朝建立后，长期面临着北方蒙古族强大的军事压力，所以沿长城一线列置"九边"，遣将卒戍守，但往往遇到"兵力有余，唯以马为急"的困境，[③]因此迫切需要从西北诸族输入大量马匹以资军需，茶马贸易也由此进入历史上最为兴盛的时期。

由于茶马贸易事关封建国家经济和政治的双重利益，所以明政府从一开始就大搞垄断贸易，以重典苛法严禁商民染指。其具体的经营活动则由专设的机构即茶马司主持进行。这样，在黄河上游地区就形成了下列以各茶马司驻地为中心，以"官市"为特征的茶马贸易市场。

河州 河州即今甘肃临夏。洪武七年（1374）设置茶马司，[④]是明初茶马贸易的最大市场。明政府规定该茶马司每三年一次的贸易定额为马7700余匹，位居各茶马司之首。[⑤]除此之外，明政府还不时差遣专使以金银、丝绸、茶叶等物品在河州大量收购和易换马匹。如洪武八年（1375）差内使赵成"以罗绮绫帛并巴茶往市之，仍命河州守将善加抚循以通互市，马稍来集，率厚其值偿之。成又宣谕德意，自是番酋感悦，相率诣阙谢恩，而山后归德等州西番部落皆以马来售矣"。[⑥]洪武十九年（1386），又遣虎贲左卫指挥佥事姜观，携钞390690锭，到河州等处市马。[⑦]洪武二十五年（1392），太监而聂、度童等也"赍敕往谕陕西河州等卫所属番族，令其输马"，"诸族皆感恩意，争出马以献，于是得马万三百四十余匹，以茶三十万斤给之，诸族大悦"。[⑧]由此可见，明初河州的茶马贸易规模是相当可观的。

西宁 西宁茶马司创建于洪武三十年（1397）。明政府先于洪武五年（1372）建茶马司于秦州（今甘肃天水），⑨但由于此地远离藏族游牧区，"不便互市"，所以洪武三十年改移西宁。明初，西宁茶马司每三年一次贸易，定额为马3296匹。⑩

洮州 洮州即今甘肃临潭。永乐九年（1411）置茶马司，每三年一次，易马额为3050匹。

甘州 甘州即今甘肃张掖。永乐十一年（1413）建茶马司,⑪正统八年（1443）裁撤，嘉靖四十二年（1563）复建。

另外，万历时又分别于岷州（今甘肃岷县）和庄浪（今甘肃永登）建有茶马司。⑫

总之，明代黄河上游地区茶马贸易市场的布局基本上是以河州、西宁和洮州为中心，环甘青藏区边缘而设置。清承明制，除将洮州、岷州二茶马司合并驻岷州，甘州茶马司移驻兰州之外,⑬茶马贸易的市场格局没有发生太大的变化。

各茶马司主持的贸易活动，在明前期基本上是每三年进行一次。成化十五年（1479）后方"令招蕃易马，不拘年例，愿来者听"。隆庆时，又准河州、西宁、洮州三茶马司不必"拘泥常数"，"宜尽各番调来壮马与茶司见存茶觔通融招易"。⑭为了切实保障"官市"的独占经营，明政府在整个西北地区实行茶禁政策，不允许商人和一般民众介入茶马交易市场，对于贩茶"通番"者予以严厉的制裁，即使是亲为驸马者也不例外。⑮然而，茶马贸易系重利所在，权宦巨商蝇趋蚁聚，铤而走险，鼠穴难填；而微商末贾闾阎小民亦趋之若鹜，借以谋生，所以在"官市"之外又形成了一个"私市"，并对"官市"形成有力的冲击。洪武三十年（1397），朱元璋就称："迩因私茶出境，马之人市日少，于是彼马日贵，……茶日贱。"⑯同时，"官市"本身在操作过程中（诸如茶叶的征购、发运及交易等环节）不时遇到种种麻烦，吏治腐败又导致各类弊端，交换中的不等价亦挫伤了不少民族进入"官市"贸易的积极性，因此封建国家在茶马贸易市场上的独占性经营从开始时就未能完全实现。从宣德时期开始，明朝政府的茶法渐有通权达变之处，一些拥有雄厚资本的大商人以参与官茶运输为契机,渐次染指茶马交易。弘治之后,他们又利用官府为驻边、赈灾而实行招商的时机,逐步介入西北茶马交易市场,从而就为他们冲击"官市"创造了更多的便利条件,所以到明中期"私贩盛行,西番畜牧尽为私贩所得",[17]"茶司居民窃易番马,以待商贩,岁无虚日",[18]甚至出现了"奸商私市,彼(番族)皆取足贾竖而不烦仰给于官"的现象。[19]可见,在黄河上游地区的茶马贸易市场上,"官市"与"私市"并存而立,对茶马贸易的繁荣都起着很大的作用,在促进黄河上游地区各少数民族与内地的经济联系和交往方面同样功不可没。应该说,西宁、河州及洮州三个地区正是在包含有"官市"和"私市"的茶马贸易的直接促动下,才得以确立了黄河上游地区民族贸易中心的地位。这些地区经济贸易的局部繁荣无疑带动了黄河上游多民族地区经济的整体发展。

二 边界互市市场

明清时期,黄河上游地区出现了一些由政府指定的边界互市市场。就其性质而言,这种市场既不存在前述茶马贸易市场上的垄断性经营,也不同于后面将要提及的城镇民族民间市场上的自由交易,我们姑且以半民半官商业给其定性。在这种市场上,贸易活动部分地受到官府的控制。具体而言,官府对交易的地点、时间及交换物资的种类等方面,均有指令限制,且直接或间接介入经营活动。另外,这种互市市场又主要是与蒙古族各部进行贸易的场所。

明朝前期,对于北方蒙古地区长期进行经济封锁政策,故蒙古族与内地的经济联系时断时续。隆庆五年(1571)俺答封贡后,明政府放弃经济封锁政策,并沿长城一线向蒙古各部开设互市(所谓"夷厂"),从而使蒙古地区与中原地区的农牧贸易呈现前所未有的繁荣景象。大体自明成化年间东部蒙古部落进入河套之后,鄂尔多斯、土默特及永邵卜等部不断向黄河上游地区扩展势力。到隆庆时,自河套沿贺兰山南山,越河西松山，再到西北藏族游牧区，亦多有蒙古部落插帐驻牧。俺答封贡后，明朝政府也陆陆续续向他们开设了"夷厂"。

宁夏清水营 隆庆五年开设。该地在宁夏灵武东80里处。明人茅元仪著《武备志》卷207载："《兵略》曰，宁夏两河边外住牧夷人，俱在清水营互市。"延至清初，此地仍是漠南河套诸部的互市处。[20]

宁夏平房 万历初开市。平房即今平罗。茅元仪《武备志》卷207载："黄河岸老虎山，是营名，离平房边八百里，住牧夷人俱在平房厂互市。"

宁夏中卫 万历二年（1574）开市。为河西松山蒙古和西海蒙古各部互市处。[21]

甘州洪水扁都口 万历三年（1575）开市。此地当今宁（西宁）张（张掖）公路要冲的甘肃民乐县洪水乡，为西海蒙古互市处。[22]

庄浪高寨沟和铧尖墩 万历三年开市。为河西松山蒙古互市处。[23]

上述互市中亦有"官市"和"私市"（民市）之分，但与我们前面提及的茶马贸易中的"官市"和"私市"是有区别的。这里的"官市"是指官府与蒙古各部间进行的交易活动，一般是官府用银两、钱钞收购蒙古族的马匹，也有用布匹、铁锅等折价易马，所以多称为"马市"。"私市"则是在官府的允许下，由商人或一般百姓用银两实物直接与蒙古族交易，故有"民市"之称。"私市"的交易范围远比官市宽泛。蒙古各部用于交换的除马匹之外，还有驼、牛、羊、皮张、马尾等各类畜产品，内地则多是涉及衣食住行的各种农副产品、手工业品及药材等。为了保障与西北藏区间茶马贸易的垄断权益，明朝政府明确规定甘州、庄浪及中卫等处"房市惟易缎、绢、布、粮等物，茶篦仍招番"，[24]即禁止将茶叶输入这类市场交易。

"夷厂"的贸易活动都是定期进行的，每年只有一或两次，每次或数日，或数十日不等。[25]届期，明朝政府遣员督理，并驻兵维持，同时还选委蒙古部酋任"市长"，"以市长名目令其约束本市夷酋"。[26]

清初，蒙汉交界地带的互市并未废止。宁夏地区除中卫、平罗、清水外，又增设了花马池、横城及定边等处互市。[27]河西地区除甘州洪水堡外，又增设西宁镇海堡和北川口互市二处。[28]这三处均为青海厄鲁特蒙古各部互市市场。雍正初年平定青海罗卜藏丹津叛乱之后，重新确定将河州双城堡和西宁以西的日月山地方作为青海厄鲁特蒙古各部与内地互市的地点。[29]值得一提的是，自和硕特蒙古明末由天山北路迁移青海后，其统治者亦仿效中原王朝的做法，主动于内地交界处设立互市，招商贸易。康熙时成书的《秦边纪略》对此有所记载："多巴，在西宁西五十里（按：即今青海省湟中县多巴镇），今互市地也。黑番、回回筑土室成衢，为逆旅主人。凡九曲、青海、大通河之夷，为居垄断。远而西域回夷，为行贾者，皆于是乎在。……主市者夷人达赖下宰僧一，麦力干部宰僧一，中国（按指清朝）反不设官焉。"又载："多巴，……今之夷厂也……。居然大市，土屋毗连，其廛居逐末，则黑番也；出而贸易，则西宁习番语之人也；驮载往来，则极西之回与夷也；居货为贾，则大通河、西海之部落也；司市持平，则宰僧也，至于那颜独无之。"[30]多巴互市的繁盛及管理体制，于此可窥一斑。

　　明清时期边界互市市场的大量出现，可以说是中原王朝与蒙古各部关系由军事对抗转为友好交往的必然结果。尽管互市在时间、地点乃至交易货物的种类上存在许多限制，但它仍然是沟通蒙汉经济联系的重要渠道。当然，这种边界互市市场往往会随着民族关系或政治形势的变化而时兴时废，缺乏稳定性、持续性，但其中也有一些互市市场因自身具有地理位置、交通等方面的优越性而得以持续和进一步的发展。

三　城镇民族民间贸易市场

　　明清时期，除封建国家严格控制的茶马贸易市场和部分控制的边界互市市场之外，在一些位居交通津要或农牧区交错带的城镇中，又渐次出现了民族民间贸易市场。其显著特点是贸易行为或活动有了更多的自便性和民间性，官府较少或不介入其中的交易活动。因此，这类市场在黄河上游地区的民族贸易中渐居主导地位。

实际上，前面所述的茶马贸易中的"私市"也可以划入这类市场的范畴，只是"私市"不具有"合法"性。到清代乾隆时期茶马贸易终止，但西宁、河州、洮州等地的民族贸易却依然繁荣。其市场类型从主导方面讲，也已经转化成为民族民间贸易市场。当然，这些城镇民族民间贸易市场在明代也不只是茶马贸易中"非法"的"私市"，"合法"的市场也同样存在，如西宁，"诸番旧例，中茶买卖皆许进城"，[31]"诸番"的贸易活动自然不会局限于同官府间的茶马交易；又如洮州，"番人来洮买卖交易亦听其便"；[32]而河州、岷州、庄浪等城内，明时皆设有专门的民族贸易市场，允许各族商民在其中自由交易，谓之"番厂"。[33]入清以后，伴随着各民族间经济联系的进一步增强，这些城镇的民族民间贸易亦日趋活跃。前揭《秦边纪略》卷1就清初西宁的商业贸易景象做了这样的记述："卫之辐辏殷繁，不但河西莫及，虽秦塞犹多让焉。自汉人、土人而外，有黑番、有回回、有西夷、有黄衣僧，而番、回特众，岂非互市之故哉？城之中牝牡骊黄，伏枥常以万计，四方之至，四境之牧不与焉。羽毛齿革，珠玉布帛，茗烟麦豆之属，负提辇载，交错于道路。出其东门，有不举袂成云，挥云成雨乎。"地处多民族杂居区的河州，有清一代其民族贸易盛而不衰，主要还是得益于民间市场。清末《河州采访事迹》载其"南门外附城建铺市，曲折达南关，最称繁盛。南关市面最盛，富商大贾群聚，厘税皆设此"。洮州则为洮河流域藏汉回各民族民间交易的中心。光绪《洮州厅志》卷2载："按旧洮州堡为洮州旧地，较新城为繁富。其俗重农善贾，汉回杂处，番夷往来，五方人民贸易者络绎不绝。"可见，在茶马贸易市场衰落之后，西宁、河州及洮州的民族贸易又以民间市场为主导持续发展。

清代，宁夏府城的商业颇为繁盛，而民族贸易在其中占有显著的一席。乾隆《宁夏府志》卷2载："宁夏府城人烟辐辏，商贾云集，四衢分列，门阓南北番夷诸货并有，久称西边一都会矣。"当时，清政府还向阿拉善蒙古颁发"腰牌"30面，"各准十人以下随进赤木、黄峡、宿嵬三口与宁夏城内民人交易，以羊只、毛毡、皮张、大盐易换布匹米粮"。府城内还设有专门的"番货市"。[34]

上述民族民间贸易市场所依托的城镇也都是一些军政治所,在各民族经济联系和交往日趋紧密的背景下,这些城镇也成了经济联系和交往的纽结点,具有了经济性功能。与此同时,在黄河上游地区还出现了一些在繁荣的民族贸易促动下形成的新兴城镇。清代西宁府属之丹噶尔(今青海省湟源县)和宁夏府属之平罗石嘴子(今宁夏石嘴山市)正是如此。

丹噶尔城位于今青海省内日月山东侧,有"海藏咽喉"之称。雍正初年辟此处为青海蒙古各部与内地商民的互市市场。雍正五年(1727)始筑城。[35]延至清中叶,这里已成为"汉、土、回民并远近番人暨蒙古往来交易之所",[36]商业贸易的发展使得丹噶尔的人口、城镇规模迅速扩大。到嘉庆、道光时期,丹噶尔民族贸易已至极盛,"商贾云集,事务繁杂",清政府遂于道光九年(1829)于此派设同知"为理商也"。[37]

石嘴子即原平罗"市口",位于平罗北150里处,地接绥蒙,又为黄河码头之一,同丹噶尔一样,亦是在原有互市的基础上逐渐发展成为河套地区著名的民族贸易重镇。乾隆《宁夏府志》卷2载:"宁夏三市口惟石嘴通蒙古最多,哈尔哈、土尔古武、乌拉式等部落皆赴口通市。"各部蒙古"每逢月之十日在平罗县石嘴子市口与汉互易,彼驱驼马牛羊兽皮来易绸缎布匹米麦等物"。[38]同样因商务繁盛,清政府也在石嘴子派设主簿一员,"以震慑交易之事"。[39]

带有自便性和民间性特征的城镇民族贸易市场的兴起,使得黄河上游地区以农牧产品交换为主要内容的民族贸易市场逐渐具有了一个较为稳定的、以城镇为纽结点的市场网络体系的雏形,这对于进一步推动民族商业贸易和发展民族地区的农牧业生产具有重要意义。

四 寺集

明清时期,黄河上游地区藏传佛教和伊斯兰教都有很大的发展,民族地区寺院林立。而这些寺院,尤其是藏传佛教寺院往往不仅是宗教中心、文化教育中心，同时也发挥了显著的经济功能。寺集的兴起，正是寺院发挥其经济功能的一个重要表现。

顾名思义，寺集类同于内地的庙会，是以某一寺院为依托而发展起来的特殊的集市。一般而言，这种寺集的兴起，必须具有两个条件：一是宗教文化的昌盛和宗教活动的日益丰富多彩；二是社会商品经济的发展及交换活动的频繁。宗教文化活动的昌盛，必然促使众多的僧侣信徒聚集一处，成为寺集兴起的社会条件。寺庙的礼佛斋僧、神诞节庆及届时的宗教文艺活动，又吸引远近群众趋之若鹜，一些行商坐贩及寺院喇嘛乘时陈肆沽贩，赴会群众也往往带有礼拜与交换的双重目的。这样，寺院所在地渐渐形成市场。香火盛、宗教地位高且地理位置优越的寺庙，其市场的商业地位也愈加突出。这种情况，明清，特别是入清后，在黄河上游的蒙藏地区渐趋普遍。征诸文献，其中较大的寺集主要有以下几处。

拉卜楞寺集 拉卜楞寺始建于康熙年间，后发展成为黄教六大寺院之一。在其宗教地位不断提高的同时，所在地也逐渐成为甘肃、青海及四川三省交界地区的一个民族贸易中心。民国时张其昀撰《夏河县志》卷1称："游牧族以喇嘛寺为集中互市之地，故拉卜楞又为汉藏贸易之中心，出口以牲畜皮毛为主，进口以粮食茶叶为主。"

卓尼寺集 卓尼寺地处于洮州，清代赐名"禅定寺"，始建于元代。清时依寺形成集贸市场。据光绪《洮州厅志》卷3，每年六月上旬和十月下旬，卓尼寺就有每次十日为期的集市，"六月寺集为买马骡牛羊之所，十月寺集亦然"。

乩藏寺集 乩藏寺位于河州西60里处，始建于明代。据康熙《河州志》卷2载，乩藏寺"规模宏敞，每逢四月八日，远近番民朝谒，多带土产牛马、皮缨等物，与州民互易"。

清代在河州境内，还有两处较为著名的集市——韩家集和马营集，实际上也都是依寺而兴的。韩家集有永昌寺和普刚寺，因此地为韩土司所辖，故寺集兴起后称"韩家集"。马营集则有马营寺。

结古寺集 结古寺位于今青海省玉树县，约建于元代。由于该寺处青海进入西藏的通道要衢，清时即常有内地客商及川西藏商到此处贸易。[40]民国时周希武著《玉树调查记》卷下称："结古为玉树二十五族走集之地。"值得注意的是，该书所统计的玉树全区19个集市点中（包括最大的结古寺集），有17个属于寺集。说明自明清以来，在缺乏城镇的游牧区，寺院在维系区域或民族间经济联系方面起着纽带作用。随着寺集的兴起和发展，寺院所在地又渐渐成为城镇，上述之拉卜楞、卓尼及结古都是如此。另外，像著名的塔尔寺、隆务寺等，在清代都是所在地商业贸易的中心，并由此而孕育成城镇。这是黄河上游民族地区，尤其是游牧区城镇形成发展过程中一个值得注意的现象。

上列寺集仅是资料中所见且显著，实际上则是比较普遍的。民国《甘肃通志稿·民族九·民俗》在叙述西北"番俗"时即称，每逢喇嘛寺"会期，商贾辐辏，士女云集，极一时之盛"。寺集的普遍出现，不仅反映了民族地区商业集市的固有特征，而且反映着明清时期商业贸易活动逐渐向偏远封闭的牧业区拓展的一种趋势，民族地区经济社会发展的封闭状态因此而受到越来越多的冲击。

以上，我们就明清时期黄河上游地区四种类型的民族贸易市场做了一些初步的考察和分析。尽管各具特点，但反映了同一种趋势，即在明清时期高度发展的封建商品经济的促动下，内地与少数民族地区的经济联系日益密切，而商业贸易的形成和渠道也相应多样化，封建国家对这一领域的干预亦渐趋弱化。当然，我们对市场类型的划分仅仅是相对的，各类型的市场之间互有交叉和粘连，甚至有前后之间的相续性。另外，从贸易市场的实质内容上看，四种类型都是以传统的农牧产品交换为主，而且普遍存在着以物易物的原始交换形式。因此，从经济学意义上讲，民族贸易市场并没有发生质的变化，基本上仍停留在商品交换的初级水平上。这也正是黄河上游多民族地区经济发展滞后以及同内地之间差距的表现之一。

参考文献

① 《明史》卷80《食货四·茶法》。

② 《明经世文编》卷115《杨石淙奏疏》。
③ （明）王世贞：《弇山堂别集》卷89《市马考》。
④ （万历）《明会典》卷37《户部二十四》。
⑤ 《明宣宗实录》卷97，宣德七年十二月丁亥条。
⑥ 《明太祖实录》卷100，洪武八年五月戊辰条。
⑦ 《明太祖实录》卷179，洪武十九年十二月甲申条。
⑧ 《明太祖实录》卷217，洪武二十五年三月己丑条。
⑨ 《明太祖实录》卷72，洪武五年二月辛卯条。
⑩ 《明宣宗实录》卷97，宣德七年十二月丁亥条。
⑪ 《明会典》卷37《户部二十四》。另见《续通考》卷2《征榷五》。
⑫ 《明神宗实录》卷356，万历二十九年二月庚寅条。
⑬ 《甘肃新通志》卷22。
⑭ 《明穆宗实录》卷42，隆庆四年五月己丑条。
⑮ 参阅杜常顺《论明代西北地区的私茶》，《青海师范大学学报》1995年第3期。
⑯ 《明太祖实录》卷250，洪武三十年二月丁酉条。
⑰ 《明武宗实录》卷25，正德二年四月丁酉条。
⑱ 《明世宗实录》卷188，嘉靖十五年六月乙未条。
⑲ 《明世宗实录》卷110，嘉靖九年癸酉条。
⑳ （清）梁份：《秦边纪略》卷57，青海人民出版社1987年版校注本。
㉑ 《明神宗实录》卷31，万历二年十一月戊寅条；卷32，万历二年十二月壬子条。
㉒ 《明神宗实录》卷43，万历三年十二月壬申条。
㉓ 《明神宗实录》卷43，万历三年十二月壬申条；卷72，万历六年二月戊戌条。
㉔ 《明神宗实录》卷47，万历四年二月己巳条。
㉕ （明）王士琦：《三云筹俎考》卷2；又见（明）瞿九思《万历武功录》卷8。
㉖ 《明神宗实录》卷96，万历八年二月戊戌条。
㉗ 《清世宗实录》卷96；（民国）《甘肃通志稿·军政五·互市》。
㉘ 《清世宗实录》卷122，顺治十五年十二月乙丑条。
㉙ 《清世宗实录》卷31，雍正三年夏四月己卯条。
㉚ 《秦边纪略》卷1。
㉛ （明）郑洛：《收复番族疏》，（乾隆）《西宁府新志》卷33。
㉜ （光绪）《洮州厅志》卷15《明成祖赐都督李达敕》。

㉝（康熙）《河州志》卷2；（康熙）《岷州志》卷4；（万历）《庄浪汇记》。

㉞（乾隆）《宁夏府志》卷6。

㉟（光绪）《丹噶尔厅志》卷1。

㊱（清）杨应琚：《为边口急请添设县佐以资治理议》，《西宁府新志》卷34。

㊲《丹噶尔厅志》卷5。关于丹噶尔民族贸易，参见杜常顺《清代丹噶尔民族贸易的兴起和发展》，《民族研究》1995年第1期。

㊳（乾隆）《银川小志·边防》。

㊴（民国）《朔方道志》卷2。

㊵（清）那彦成：《请将玉树番族每岁马贡折银循旧交纳疏》，《西宁府续志》卷9。

民国时期河湟地区人地关系问题研究

——以20世纪30—40年代为中心[1]

袁亚丽[2]

关于近代以来人地比例关系问题的争论，学界主要有两种观点。一种观点认为：人地比例失调，人口的增长率远远大于土地的增长率，人地关系紧张；另一种（吴承明、章有义为代表的学者）则认为民国时期人地比例相对缓和，人口对土地没有形成压力，即人口的增长率和土地的增长率呈正态分布。青海多样的地理形态、复杂的人文环境，经济形态不再是相对单一的农业或游牧经济结构，呈现出独特性和复杂性，以往研究对近代人地比例关系等问题关注较为薄弱，本文试图在前辈学者研究的基础上，对民国时期青海农业区人口压力、人地比例、消费水平等问题进行较为粗浅的分析。

---

[1] 论文原载于《青海民族研究》2016年第4期。
[2] 袁亚丽，河北安国人，青海师范大学人文学院教授。

一　人口与耕地的变动趋势

明清时期，青海人口和耕地的统计只有西宁府属地区有概括的数据，其余广大蒙藏游牧地区，因为千百户制度的存在、交通阻隔、语言不通且多游牧不定等原因，向来只有估算数字。近代以来青海行政区划变动较大，民国十八年（1929）青海建省，全省面积 2011050 方里，下辖 15 县（原属西宁府的西宁、大通、乐都、巴燕、湟源、循化、贵德 7 县和 1930 年后增设的民和、门源、共和、互助、都兰、玉树、同仁、果洛 8 县），包括日月山以东的河湟谷地和日月山以西广大蒙藏游牧地区全部为青海管辖区域。本文所指河湟地区包括人口和耕地最为集中的东部河湟谷地（西宁、乐都、民和、互助、大通、湟源）及黄河沿岸贵德、共和、循化及门源各县农业区。

20 世纪 30—40 年代，随着国民政府西北开发政策的实施和抗战大后方建设的需要，大批学者、调查团、记者纷纷到达青海，有关人口和耕地有多方统计数据，但是有些出入较大，很难理清青海人口的实际状况。当时除了团体和个人的调查外，还有省政府民政厅、省党部、经济部中央经济实验农情系、内政部及各县政府等官方调查统计数据，这部分数据出入较小，内容翔实、具体、全面，覆盖了全省人口及耕地，可信度较高。故本文涉及人口和耕地数据以省政府、省民政厅统计数据为参考。

在自然经济条件下，人口和耕地是农业经济的首要生产资源，直接关系到社会经济的盛衰，那么，建省后的青海人口和耕地的实际状况究竟如何？是我们首先需要解决的关键问题，先看表 1。

与清末相比，民国时期的人口增加幅度较大。1930 年全省人口已达 101 万人，1936 年 120 万人，1941 年 151 万人，1943 年 153 万人为最高峰，13 年期间人口增加近 50 万人，增长 1.5 倍；1944 年之后人口有所回落，为 136 万人，1948 年仍然有 130 万人，18 年间总人口增加 29 万人，增长近 1.3 倍，年增长率为 2.81‰，民国时期人口处于较快增长的发展时期。

清末（1908年）西宁府有耕地929千亩，1933年全省耕地面积为190万亩，1937年为195万亩，1941年为779万亩，1947年有所回落，为586万亩，到1949年为676万亩，16年间增加了486万亩，增长3.5倍，增长率为25.6‰。"民国时期全国其他省份随着人口的增加，耕地面积总体呈下降趋势"[①]，而青海耕地不但没有下降反而呈快速增长之势，与吴承明先生提出的"近代人口与耕地都处于增长趋势"的观点相吻合[②]，并且耕地增长率远远大于人口的增长率。

表1　　　　　　　　　　30—40年代全省人口与耕地统计

年代	户数	人数	平均每户人数	总耕地亩数	平均每户耕地亩数	平均每人耕地亩数
1908	80045	361309	4.5	929000	11.6	2.6
1930	205711	1013584	4.93	1901872（1933年）	8.83	1.79
1936	229610	1196054	5.21	1958522（1937年）	8.53	1.64
1940	256940	1512823	5.88	7794682（1941年）	30.33	5.15
1943	264753	1533853	5.79	7794682（1941年）	29.44	5.08
1944	206384	1361358	6.60	7807000（1946年）	37.8	5.7
1947	170724	1068819	6.48	5860324	29.3	4.5
1948	199597	1299541	6.5	6760000（1949年）	33.87	5.21

注：历年每户、每人耕地平均数由笔者计算而来。

资料来源：1.石志新《清代后期甘宁青地区人口与耕地变量分析》，《中国农史》2000年第19卷（1）。2.《最近青海各县社会调查》，《新青海》1933年第1卷第8期；《青海省各县土地面积调查表》，1933年，青海省方志办馆藏。3.《青海省户口统计表》，1936年5月；《青海省各县土地面积统计表》，1937年，青海省方志办馆藏。4.《各省市户口统计总表》；《各县土地面积校定表初稿》，1941年中农所农情报告，青海省方办志馆藏。5.《青海省户口统计》，青海省方志办馆藏。6.《各县户口土地面积统计》（青海省），青海省方志办馆藏。7.《青海省各县市局乡镇保甲户口统计表》，青海省方志办馆藏；许道夫《中国近代农业生产及贸易统计资料》，上海人民出版社1983年版，第10页。

从表1来看，1908年每户耕地数为11.6亩，1930年为8.83亩，1936年为8.53亩，1940年为30.33亩，1944年为37.8亩，1947年为29.3亩，1948年为33.87亩，虽然中间有所回落，但仍然处于持续增长的状态,比清末每户的耕地数有显著增长,18年间每户耕地增加25.04亩,增长近3.8倍,平均每户拥有的耕地数增长也较快;再看人均拥有耕地的情况,1908年人均耕地2.6亩,1930年1.79亩、1936年1.64亩、1940年5.15亩、1943年达5.08亩、1947年4.5亩、1948年5.21亩,1948年比1930年人均增加3.42亩,18年间人均耕地增长近2.9倍。1949年全国人均耕地为2.56亩。近代以来,北方大部分地区随着人口的不断增加,每户、每人拥有的耕地亩数在持续下降,青海人均耕地却在持续增加,并且远远高于当时全国人均数。另据许道夫估计:1946年全国人均耕地为4.25市亩,青海人均耕地为6.52市亩,再次证明青海人均拥有的耕地亩数高于全国平均数。也就是说,随着人口的增加,每户、每人拥有的耕地数也在持续快速增加。

但是青海人口和耕地分布极不均衡,全省约65%的人口集中分布于东部海拔2500米以下,占全省面积3%的东部宜于农耕的河湟谷地狭窄区域内,并且农民人数占大多数,全省65%是农民。李金铮指出:"理清人地比例,是判断人口是否形成压力乃至过剩的一个重要前提。"那么,在地窄人稠的农业区人口和耕地的具体情况又是怎样的呢?如表2所示。

表2　　　　30—40年代农业区、半农半牧区各县人口统计　　　（单位:人）

年代	西宁	互助	大通	乐都	民和	湟源	贵德	化隆	循化	共和	门源	合计
1930	163599	94601	79008	66181	52545	33715	17621	17847	24734	16590	10977	430178
1936	165617	84701	71500	66418	27500	23715	41560	17647	25728	16614	9331	550331
1940	275539	123389	99635	93856	91833	48961	36830	63931	31468	16614	25218	907301
1948	277998	112627	92104	83168	71265	30001	33289	52114	30213	13893	25452	822124
增长率	7.0‰	1.9‰	1.7‰	2.6‰	3.6‰	-1.1‰	8.9‰	19.2‰	2.2‰	-1.6‰	13.2‰	9.1‰

注:1944年改西宁县为西宁市,设置湟中县。故1948年西宁人口数为西宁和湟中县人口总数。
资料来源:1.1930年:民政厅《最近青海各县社会调查》,《新青海》1933年第1卷第8期;2.1936年:《青海省户口统计表》,1936年5月,青海省方志办馆藏;3.1940年:《青海省户口统计》,《中农月刊》1944年第5卷第3期;4.1948年:《从数字上看青海》,《西北通讯》(南京),1948年第2卷第7期。

从表2来看,11县人口1936年为55万人、1940年为90万人、1948

年比1940年稍有回落,为82万人,但是仍然远远高于1930年的人口数,1930年至1948年18年增长1.91倍,年平均增长率为9.1‰,高于吴承明估计的近代以来全国人口年平均增长率6.7‰和章有义估计1932年至1949年17年间,全国人口年平均增长率为3.9‰的增长率。其中化隆人口增长率19.2‰、门源为13.2‰、贵德为8.9‰、西宁为7.0‰,远远高出同期全国平均人口增长率,除了湟源和共和以外,农业区、半农半牧区大部分县人口呈快速增长之势。

黄正林指出"在农业生产技术水平过低的情况下,增加农业耕地面积成为解决粮食问题的最主要的途径"。30—40年代随着人口的不断增加,为了解决粮食问题,省政府积极推进农垦事业,耕地面积也在不断扩大,如表3。

表3　　　　　　30—40年代青海各县耕地面积统计　　　　（单位：亩）

年份	西宁	互助	大通	乐都	民和	湟源	循化	化隆	贵德	共和	门源	合计
1934	402766	264189	232630	160244	167734	157145	101869	125875	73343	46199	75965	1807959
1937	418600	251040	325612	312756	355611	114433	5000	9000	26750	45600	87320	1951722
1947	1464825	1053998	576260	472348	621078	152988	262230	335178	109505	46440	161420	5518500
增长率	26.4‰	30‰	14.8‰	19.5‰	27‰	−0.27‰	15.7‰	16.6‰	4.9‰	0.05‰	11.3‰	20.5‰

资料来源：1934年汤惠荪《青海省农业调查》,《资源委员会季刊,西北专号》第2卷第2期,1942年6月1日,第275页。2.1937年《青海省各县土地面积统计表》,民国二十六年度,青海省地方志资料室馆藏。3.1947年《青海省各县户口土地面积统计表》,1947年,青海省地方志资料室馆藏。

表3反映,11县1934年耕地面积180万亩,1937年195万亩,1947年达约552万亩,1947年比1934年增加了372万亩、增长3.1倍,年增长率为20.5‰,远远高出吴承明估计的"近代全国平均耕地增长率为3.4‰",其中除湟源耕地面积为负增长、共和县耕地增长较慢以外,其余各县耕地面积增长较快,互助增长率为30‰、民和为27‰、西宁为26.4‰,农业区、半农半牧区大部分县耕地呈持续并快速增长之势。

通过表3看出,20世纪30—40年代,青海农业区人口和耕地增长快,而半农半牧区人口和耕地增长缓慢,甚至呈负增长。如农业区的化隆、门源、贵德、西宁、民和、乐都、大通等县人口和耕地增长幅度较大。主要原因是：第一，各县还有大量未开垦的耕地存在，农业发展的空间较大；第二，各县海拔较低、气候温和，适合人们居住，有大量人口移入，从事农业垦殖；第三，人口增长较慢的县耕地增长也不明显。接近牧业区的湟源及半农半牧的共和，人口和耕地均没有增长甚至是负增长，主要原因有：湟源未耕地面积只有21.59%，而且都位于海拔较高的脑山地区，开垦的难度较大、不易垦殖；作为历史上重要的民族贸易集散、交易市场，近代以来受外国资本的冲击，集贸市场严重衰落，大量人口外流，人口出现负增长；位于半农半牧区的共和、牧业为主，虽然有大量未耕地存在，但是气候寒冷、干旱少雨、风沙较大，距离省城西宁路途较远，移入从事垦殖的人数非常有限，开垦的耕地较少，耕地面积增加不明显。民国时期人口和耕地增长主要还是在河湟谷地和黄河沿岸农业较发达的各县，并逐渐有向半农半牧区的门源、共和、都兰等地发展的趋势。

二　人地比例临界点标准问题

李金铮指出："近代北方人均耕地5亩可以维持最低限度的生活"，青海农业地理的基础不够理想，1931年内政部调查青海耕地面积只占全境面积的1.5%，低于同期其他省份，并且高寒气候、地力贫瘠、复种率极低，年仅一季收获的情况下，人均耕地多少才能满足农民的需要，现有耕地能否满足，每家究竟拥有多少田地才能维持一家人最低限度的生活呢？在人口和耕地都较为集中的东部农业区，农家拥有的耕地情况如何？先看表4。

表4反映的内容来看，农业区各县，有耕地者户数不及5亩者占10.81%，10亩以上者占19.23%，20亩以上者占19.42%，50亩以上者占19.78%，100亩以上者占10.88%，500亩以上者占0.56%，1000亩以上者占0.26%。其中拥有10亩至50亩之间耕地的农户为最多，占到58.43%，拥有100亩至1000亩耕地的大农户只占14.27%。上述分析说明青海农家大多数耕地在10至50亩之间，青海农家占有的田地面积并不大。那么，青海农家平均拥有的耕地亩数究竟多少才合适呢？

表4　　　　　　　　1933年青海农家耕地分配

县别	5亩以下	5亩以上	10亩以上	20亩以上	50亩以上	100亩以上	200亩以上	500亩以上	1000亩以上	合计
贵德	283	860	1218	884	609	206	—	—	—	4060
大通	176	1014	874	571	3642	2660	484	43	91	9555
循化	1300	1482	1642	602	258	13	—	—	—	5297
门源	—	104	571	362	294	257	200	73	29	1890
西宁	275	454	820	1455	1592	476	212	58	2	5344
化隆	693	899	1162	1219	1592	1354	200	61	9	7189
民和	2177	2533	2736	2186	661	41	3	—	—	10337
乐都	759	1122	1411	1900	1628	678	226	68	20	7812
互助	1041	1730	1299	2613	2236	1014	238	44	9	10224
湟源	130	224	374	434	348	154	53	4	2	1723
总计	6834	10422	12107	12226	12418	6853	1616	351	162	62962
百分比	10.81%	16.5%	19.23%	19.42%	19.72%	10.88%	2.57%	0.56%	0.26%	100

资料来源：丘咸《青海农村经济概观》，《新青海》第3卷第9期，1935年9月。文中有数字与实际统计不符，为遵照原文，故未予改动。编者注。

表5　　　　　　　　1934年农业区各县人口与耕地统计

县别	户数	人口总数（人）	每户平均人口数	总耕地亩数	每户平均耕地亩数	每人平均耕地亩数
西宁	25872	163599	6.32	402766	15.56	2.46
大通	12756	74008	6.19	232630	18.23	3.13
乐都	9689	66418	6.81	160244	16.54	2.41
民和	10393	52549	5.06	167734	16.14	3.19
互助	13975	94701	6.78	264189	18.9	2.79
湟源	4376	23715	5.42	157145	35.91	6.63
贵德	4510	17621	3.91	73343	16.26	4.16
化隆	4548	17847	3.92	125875	27.68	7.05
循化	5777	24734	4.28	101869	17.63	0.48
门源	1816	10966	5.66	75965	41.83	6.93
共和	4270	23715	3.89	46199	10.82	1.95
合计	97974	566822	5.79	1807959	20.05	3.74

资料来源：汤惠荪、雷男、陆年青：《青海省农业调查》，《资源委员会季刊》第2卷第2期，1942年6月，第269、276页，笔者整理统计而来。文中有数字与实际统计不符，为遵照原文，故未予改动。编者注。

1931年11县每家田地面积平均为18.9亩，人均3.2亩，表5反映的是1934年的调查数据，11县每家有田地为20.05亩，人均耕地为3.74亩，而对农业经济最发达的互助、民和、循化、化隆、贵德、湟源六县调查平均每户拥有耕地29.46亩，陆亭林调查青海农家每户拥有的耕地为40亩；40年代随着耕地面积的急剧扩大，每户、人均拥有的耕地数增长显著，至1948年每户33.87亩，人均5.21亩（表1），"近代全国人均耕地总体呈下降趋势"，而青海每户、人均拥有的耕地数呈增长趋势。20世纪30—40年代青海农家平均拥有的耕地由1931年的20.05亩增加到1948年的33.87亩，汤惠荪调查的29.46亩仅为六县亩数，不能全面反映出农业区11县每户耕地亩数，而陆亭林估计的40亩有些过高，故笔者认为青海农家每户平均拥有的耕地亩数30亩较为合适，基本能够反映出30—40年代农家平均拥有的耕地情况。

三 粮食消费水平与人地关系

人是粮食的主要消费者，人口的急剧膨胀必将导致粮食消费的迅速增加，民国时期青海耕地是否可以满足人口对粮食消费的实际需要呢？也就是说人地比例临界点标准问题将是我们讨论的重点。李金铮提出："探讨人口压力问题的关键是人地比例临界点的确定。人均粮食消费则是衡量人地比例临界点的标准。"关于人均粮食消费问题，学界有不少估计，彭南生认为，明清民国时期每人一年粮食消费1000市斤左右；周志初认为近代全国人均占有粮食600市斤左右就基本上能满足的生存需要。下面笔者将根据学术界已有的研究，分析民国时期青海人均年最低粮食消费量情况，如表6。

表6显示1947年青海省人均年粮食消费总计为526市斤。又有调查指出1941年青海人均常年粮食消费为486.7市斤，说明民国时期随着耕地面积快速增长，种植面积和单位产量增长，人均消费粮食也有所增长。吴承明指出："近代以来全国人均粮食占有量呈下降趋势"，并且"近代

表6 　　　　　1947年青海省主要食粮消费每人年消费量　　　　（单位：市斤）

米	小麦	大麦	玉米	高粱	糜子	米	燕麦	荞麦	豌豆	蚕豆	大豆	黑豆	绿豆	小米	合计
0.8	144.3	218.7	0.8	1.6	6.3	5.7	57.4	14.2	43.1	13.6	13.4	0.4	2.7	2.6	526

资料来源：《青海省主要食粮消费—每人年消费量》，1947年，青海省地方志资料室馆藏。

以来，粮食亩产量、农业收成，尤其是秋收成数在逐年下降"。但青海人均粮食占有量则呈上升趋势，而青海历年主要作物的亩产量、收成均高于当时全国平均数，据黄正林分析："抗战前青海人均粮食产量达1176斤"，远远超出人均粮食最低消费标准。据记载，民国初期青海粮食除供给全省人民的食用外，大部皆运销甘肃兰州，青海西宁、互助、乐都、民和、贵德各县，产量甚富，甘肃粮食均赖青海供给。1929年建省后，"军政各费，需用浩繁，营买粮草，频向民间索求，粮食输出锐减"，但西宁、互助、化隆三县仍然有粮食及清油输出到甘肃兰州，称"河西粮"。也从侧面说明民国时期青海粮食产量能够维持农民最低限度的生活水平。1947年青海小麦、大麦、蚕豆、豌豆等主要粮食作物每市亩产量估计平均为130市斤，按此计算：青海人均有耕地4.1亩、每户5.8人计算（表5），每户拥有耕地23.78亩即可满足对耕地和粮食的最低需求。1947年青海人均耕地为5.5亩，超出临界点1.4亩，每户拥有耕地34.3亩，超出临界点11.7亩，也就是说现有耕地能够满足农民最低限度粮食的需求，这一结论，与以往学者的看法显然不同，人地关系呈缓和之势，学界普遍流行的"近代以来人口压力巨大，人地关系紧张"的观点并不适合当时的青海地区。

另外，青海农牧互补的经济特点，使得农家不以农业为唯一收入来源，农家"每于耕种之外，兼营畜牧"是当时的普遍现象。青海畜牧可分为定牧与游牧两种类型，东部河湟农业区以定牧为主，农主牧副是其生产格局，所养家畜以羊、马、牛为主，大都利用没有开垦的山坡，从事放羊为主，兼有少数牛马，是青海农家的主要副业。放牧的规模，"自数十头至数百头不等，大都混合山羊和绵羊于一处，每农家之侧，有一羊圈"。青海东部农业区的民和、乐都、化隆、同仁、贵德、湟源、共和、大通、门源等县山谷中居住的藏族,"皆耕牧兼营"。关于青海地区牧业经营情形看表7。

表7　　20世纪30年代青海农业区各县畜牧经营情况统计

种类 县别	畜群（羊）最多（头）	畜群（羊）普通（头）	剪毛 次数	剪毛 时期
互助	500	80	2	4月,9月
西宁	90	30	2	4月,9月
大通	1000	50	1	5月
民和	100	25	2	4月,9月
乐都	500	150	2	4月,10月
湟源	1000	50—80	1	5月
门源	4000	150	1	5月
共和	1000	500	2	4月,9月
循化	300	60	2	4月,9月
化隆	100	40	2	3月,9月
贵德	200	70	2	3月,9月

资料来源:汤惠荪、雷男、陆年青《青海省农业调查》,《资源委员会季刊》(西北专号)第2卷第2期,1942年6月,笔者整理统计而来。

从表7中可以看出,位于东部农业区的西宁、互助、民和、乐都、贵德、循化、化隆等农业条件优越的各县,以农业为主畜牧业为副,主要是养羊,畜群数相对较少,最高为500头,普通人家为25头;靠近牧业区的湟源、大通等县因耕地条件不如海东其他各县,故注重畜牧业发展,畜牧群数为最多1000头,普通为50头;而位于半农半牧区的共和、门源等县因气候高寒、适合种植的作物有限,畜牧业较发达,畜群数相对较多,门源最高为4000头,普通也有500头,反映出农牧交错的经济生活,农业区各县农家家畜饲养主要是耕地、拉车、骑乘等自用,肉畜饲养主要是贩卖肉、皮或毛为主,饮食结构以粮食为主,肉类和奶制品为辅;而半农半牧区共和、门源、化隆、循化等县畜牧业发达,饮食结构以肉类和奶制品为主,粮食为辅。因此,青海人均粮食消费低于临近其他省份，同期，陕西人均粮食消费645.1市斤，甘肃624.6市斤，主要是畜牧业奶制品及肉类产品对农家饮食的补充也极大地缓解了人口对粮食的绝对依赖性。

据粮食部调查处1946年调查，粮食用作饲料青海占3.9%、山东占1.3%、河南占1.8%、陕西占1.4%、甘肃占1.3%、宁夏占0.8%，青海农牧互补经济特点导致青海粮食留作饲料用途所占比例高于北方其他省份；青海气候干旱，降雨量偏少，地力贫瘠并多为山地和脑地，作物成苗率不高，因此，用于种子所占比例远远高于全国其他省份，全国各省平均为9.5%左右，而青海高达20.4%，这也是青海农业经济所反映出的独有现象。青海粮食"其他用途"一项在西北各省中所占比重也是最高，陕西为2.3%、甘肃为1.5%、宁夏为0.8%、青海为2.7%，占比最高。主要是用于缴纳田赋的比例远远高于其他省份，这也反映出粮食是青海农业经济的主要收入。因此，农业经济"耕牧并重"的结构决定了粮食作为经济收入的主要来源，除用作食粮外，一部分要留作饲料、一部分留作种子、一部分用于上缴田赋。

综合以上对青海全省和农业区人地关系的考证和计算，得出这样的结论：30—40年代，青海人口和耕地都呈快速增长之势。人口较为集中的农业区各县人口增长率为9.1‰，加上牧业区，全省总人口增长率为2.81‰；随着人口的增加，农业区各县耕地面积增长率为20.5‰，总耕地面积增长率为25.6‰，并且耕地的增长远远大于人口的增长，每户、每人拥有的耕地亩数也在持续增长，无论就全省还是就农业区来说都高出吴承明先生估计的"近代以来全国人口年均增长率6.7‰，耕地面积增长率3.4‰"；章有义估计的"近代全国人口年均增长率2.29‰，耕地面积增长率3.00‰"的增长率。人口与耕地呈正态分布，从维持最低粮食消费角度看，现有耕地能够满足农民的需要，加上农牧经济互补的特点，畜牧业提供的肉类及奶制品会大大缓解人口对粮食的绝对依赖性，人口对土地没有造成太大压力，人地关系趋于缓和之势。因此，民国时期青海农业生产力是有一定发展的，能够适应同时期人口增长的需要，这种变动趋势，与当时全国大多数地区不同，与以往学者的主流认识也不一致，学术界流行的"近代以来人口压力巨大，人地关系紧张"的观点并不适合民国时期的青海。

参考文献

① 费孝通：《内地的农村》，《费孝通文集》第 4 卷，群言出版社 1999 年版，第 217 页。

② 章有义：《近代中国人口和耕地的再估计》，《中国经济史研究》1991 年第 1 期。

③ 翟天松：《青海经济史》（近代卷）（青海人民出版社 1998 年版）；崔永红、张得祖、杜常顺《青海通史》（青海人民出版社 1999 年版）；黄正林《农村经济史研究——以黄河上游区域为中心》（商务印书馆 2015 年版）；王致中等：《中国西北社会经济史研究》（下册）（三秦出版社 1996 年版）均有所涉及。

④《青海全省面积及田地调查》，《新青海》1934 年第 2 卷第 4 期。

⑤ 青海省政府民政厅：《最近之青海：青海十一县户口一览表》；邹国柱《青海农村现状及复兴之意见》，《新青海》第 2 卷第 3 期，1934 年 3 月；汤惠荪《青海省农业调查》，《资源委员会季刊》第 2 卷，1942 年第 2 期；《青海民厅最近之调查——青海全省户口调查》，《新青海》第 3 卷第 10 期，1935 年 10 月；青海省地方志资料室馆藏：《青海省各县土地面积调查表》（民国二十二年）、《青海省户口统计表》（民国二十五年五月）、《后方各省市户口统计总表》、《青海省各县市局乡镇保甲户口统计表》、《各县户口土地面积统计》（青海省）、1948 年《青海省土地户口调查表》和《青海省各县市局乡镇保甲户口统计表》；张其昀、李玉林：《青海省人文地理志》，《资源委员会季刊·西北专号（一）》第 2 卷第 1 期，1942 年 3 月；许道夫：《中国近代农业生产及贸易统计资料》，上海人民出版社 1983 年版。

⑥ 丘咸：《青海农村经济（初稿）》，1934 年油印版；青海省政府民政厅编：《最近之青海》，1934 年新亚细亚学会出版科印行；安汉、李自发：《西北农业考察》，中华书局 1936 年版；顾执中：《到青海去》，商务印书馆 1934 年版；张其昀、李玉林：《青海省人文地理志》，《资源委员会月刊》第 1 卷第 5 期，1939 年 8 月；马鹤天：《西北考察记·青海篇》，南天书局有限公司发行 1936 年版；周希武著，吴均校释：《玉树调查记》，青海人民出版社 1986 年版。还有发表在期刊上的各种调查统计：黎小苏：《青海之经济概况》，《新亚细亚》第 8 卷第 1 期，1934 年 7 月；《中央农业所调查青海土地人口》，《农业周报》1935 年 第 4 卷 第 2 期；邹国柱：《青海农村现状及复兴之意见》，《新青海》第 2 卷第 3 期，1934 年 3 月；《西北：青海农业概况》，《蒙藏半月刊》1934 年第 3 卷 第 4 期；《青海玉树十二族，所占田地及荒地调查》，

《拓荒》1933年第1卷 第3期；《青海垦务概况》，《新青海》1933年第1卷 第10期；《青海各县人口面积统计调查》，《新青海》1935年第3卷第9期；《青海全省面积及田地调查》，《新青海》1934年第2卷 第4期；《青海西宁之农业》，《农业周报》1933年第2卷 第48期；秦万春：《青海农业概况》，《新青海》第1卷第5期，1933年3月；《最近青海各县社会调查》，《新青海》1933年第8期；《最近青海社会调查七则》，《新青海》第1卷第11期，1933年11月；《青海化隆、贵德、循化三县农村之概况》，《农业周刊》1934年第3卷第2期。

⑦ 李金铮：《也论近代人口压力：冀中定县人地比例关系考》，《近代史研究》2008年第4期。

⑧ 吴承明：《中国近代农业生产力的考察》，《中国经济史研究》1989年第2期。

⑨ 章有义：《近代中国人口和耕地的再估计》，《中国经济史研究》1991年第1期。

第三辑　历史地理

青海省的史地[1]

王克明

青海省介绍之一

前 言

青海省是一个不被国人十分注意的地方。但，他是西北省份之一，从开发西北建设西北的呼声传遍了全国，并视为复兴民族的根据地以后，青海的地位，无形中随着开发的声浪而日渐增高了。翻开地图来看，青海西通新疆，西南接西藏，南邻西康，东南通四川，东与北毗连甘肃，成就了他在西北的特殊的重要地域。尤其是新疆被苏俄的势力支配着，西藏在英帝国主义的铁蹄下践踏着，日本也正把持着华北进窥西北，这样，青海成了苏日英三国势力角逐的战场，乃不待言，同时，我国处在风雨飘摇朝不保夕的今日，如何保有我最后的生命线，又是一个迫切的问题，所以对于青海内部的情况，颇值得我们的介绍。

不过，要先明白，青海并不和内地各省一样，有一个简单系统的军事政治经济民族以及风俗等，他具有很复杂的内容，有其特殊的状态，就军事说，一部分在"回军"统治之下，一部分仍在寺院僧侣之手。就

---

[1] 原载于《西北向导》（陕西卷）1936年第14期。

社会说，他是宗教势力与封建势力交织成的地方。就经济说，有原始民族的游牧经济和较为进步的农业经济，看不到进化的生产，虽然西宁各县也有了资本主义国家的机器商品。而民族更为复杂，西北部柴达木地方，有游牧的蒙古人盘踞着，西南部金沙江上游是游牧的藏族生息着，这两大民族所占有的地方约为全省面积的五分之三，甚至三分之二，东面大通河流域，湟水流域，黄河流域，大夏河流域，以至洮河的西岸，又差不多是汉回两族的天下。因此，青海地方，在各方面表现了一种"不平凡"的姿态，同时，由于各种矛盾的发展，外力的激荡，使他本身正在危机四伏之下而残喘着。

青海通常给我们的印象是：除了视为"边远""化外"之外，也都大概想到了他的宝藏无穷、土地肥沃等等，可是，青海的民众，却不像一般人想象着那样"舒服""安乐"，他们也普遍地闹着贫穷，艰苦悲惨的运命，不留情地击在民众们的颈上，使他们辗转呻吟于死亡线上，那么，青海固然在表面上显示了他将来的重要性，但其内里，不能不叫人捏一把汗了。

现在仅据各方面的材料，把青海省的情况，作一个简单的介绍，读者或能关心注意之余，进而作详细的研讨，实是作者的希望。

历史上的青海

青海，古属雍州，复为"析支"地。商、周、秦属于西羌，商周对于西羌，都有打伐，秦并六国，兵不西行，羌种才得以蕃息。汉时属于先零烧当诸羌地，汉武帝伐四夷，西逐诸羌，西羌联合匈奴入寇，被汉将李息徐自击平，羌民跑到湟中，依西海盐池左右，以后时常来侵，赵充国行罢兵屯田的政策，才得稍安。充国所上的屯田策："臣所将士卒马牛，食所用粮谷茭藁（原文如此——编者注），调度甚广，难久不决，徭役不息，恐生他变，为明主忧，且羌易以计破，难用兵碎也。故臣愚以为系之不便，计度临羌，东至浩亹，羌虏故田及公田，民所未垦，可二千顷以上，其间邮亭多败坏者，臣愿罢骑兵，留步兵万二百八十一人，分屯要害处，缮邮亭，浚沟渠，治湟狭以西道桥，今可至鲜水左右，田事出赋人，三十晦至四月草生，发郡骑及属国胡骑各千，就草为田者，游兵以充入，金城益积蓄，省大费。"可见汉用兵青海耗费之大，时日之多。

王莽时，置西海郡。光武初，诸羌入居塞内，金城（今皋兰），属县，都为所有，时马援为陇西太守，击破先零，奏置长史，缮城郭，起坞堠，开水田，勤耕牧。和帝时，曹凤广设屯田，列屯夹河，缮修西海郡，合三十四部，其功甚伟。

三国时，也是诸羌的地方，魏立西平郡。晋代吐谷浑强大，度陇而西，据有现在的青海全部。隋初，破吐谷浑，改西平郡为湟水县，改浇河郡为化隆县，又置西海河源等郡。隋末，仍为吐谷浑所有。

唐初，破吐谷浑，吐谷浑渐衰，时吐蕃强大，灭吐谷浑，尽有其地。吐蕃是藏族，盛时的土地，包括今西藏青海河湟松潘等地方，时常与汉人交绥。高宗永隆元年，吐蕃寇河湟，被黑齿常之打败，常之广置烽戍七十多所，开屯田五千多顷，岁收五百多万石，战守有备，吐蕃不敢深入。唐代用兵青海的次数很多，未能大举平定，甚至在德宗时，与吐蕃订了个互不侵犯条约，约文略为："今蕃汉二国，所守见官封疆，洮岷之东，大唐国界，其塞之西，是为大蕃地，彼此不为杀敌，不举兵戈，不相侵谋。"直到后唐时，吐蕃势衰，回鹘党项诸羌分割其地。赵宋时，西夏代之而兴，盛时奄有青海新疆甘肃宁夏一带地方，为元所灭，在青海置西宁州，乐州，贵德州，和吐蕃朵什思等处宣慰司。明朝中业，蒙古部曾占据青海，明末渐衰。

清初，厄鲁特部从西北侵入青海，现在的和硕特二十九旗，就是厄鲁特部在青海的遗裔。当蒙古族侵入时，番人老远的躲开，以黄河为该二族天然的界限。雍正年间，平定青海，置青海办事大臣，驻节西宁。以旗制管辖蒙人，以土司管辖番人，每年在海滨会盟一次，用以羁縻。嘉道以后，番势较强，再渡黄河以北，蒙人步步后退，到祁连山南麓才止。民国成立，在西宁置青海办事长官，民国四年，改设宁海镇守使，民国十七年，明令划西宁道七县和青海全部为青海省。

地理上的青海

（一）疆域——青海北和东界甘肃省，西界新疆省，南临西康省，东南一部界四川，西南一部界西藏。东西相距一千三百八十千米，南北相距五百八十千米，全省面积为七二八，二九八方千米，居全国各省第四位。

青海虽在吾国之西北部，实居全国的中心，由省内青海湖算起，东岸经线为东经一百零一度，东距东经百三十五度二分之黑龙江和乌苏里江之会口，和西距东经七三十度的葱岭，正好在中央部分，横断青海水面的纬线为三十七度，北距五十四度的萨彦岭，和南距二十度的海南岛，都不过十七度远。所以青海适居中国的中部。

（二）地势——青海是高原地，海位于东北，巴颜喀喇山脉斜贯中央，勒科尔乌兰达布逊山列于西，唐古拉山脉屏于南，岷山西倾山列其东，祁连山脉屏于北。东部较富饶，有农田之利，西部沮洳涣散，瘴气弥漫，南部山水纵横，富鱼盐森林，囊谦一带，地蕴尤多。气候纯为大陆性质。其各地高度如下表（单位尺）。

勒科尔乌兰达布逊山	二三，〇〇〇	祁连山	二〇，〇〇〇
积石山	一八，七五〇	巴颜喀喇山	一七，一八〇
唐古拉山	一五，〇〇〇	鸦砻江西岸	二，〇〇〇
长江发源处	一四，二六〇	黄河在什则等境	一二是，三〇〇
鄂陵扎陵两湖	一二，五三〇	青海湖面	九，八〇〇
柴达木河盆地	九，二五〇	西宁	六，七五〇
湟源	八，八〇〇	玉树	二，〇〇〇

平均高度约自一万尺到一万四千尺间

（三）山脉——大山有六。

唐古拉山——为昆仑山的南支，东南走向为巴沙通拉木山、当拉岭、阿克达木山等，接于横断山脉。

巴颜喀喇山——为昆仑山的中支，到娘磋族分为东北东南二支，东北支沿黄河北岸，为滂马山，至河曲为积石山；东南支沿黄河南岸向东南，为长江黄河的分水岭。

祁连山——为昆仑山的北支，由新青界上东北迤，入甘青界，蜿蜒东北，东走入甘肃界为贺兰山脉。

积石山——大积石山起于噶达素齐老峰黄河源之北，极于黄河曲部之内而止；小积石山起于阿拉克萨尔山，沿黄河北岸东走，到小积石山，出民和境，东入甘肃永靖黄河曲部之内而止。

西倾山——起自岷山羊膊岭北麓，北走为西倾山，一支折而东，入甘肃夏河境，一支东北走，为增得勒山，连吉山，入贵德境。

南山丛岭——纵缀巴颜喀喇山和祁连山的中间，青海周围所有的峰峦都属之，高山有布哈山、黎头山、拜王图岭、甘珠尔齐山、当哈伊玛图山、他拉山等。

（四）河流。

黄河——发源于噶达素齐老峰下，东流娘磋北境，纳折戈河，长云河水，潴为星宿海，千泓并涌，望若列星，由此东流，入扎陵湖，又东潴于鄂陵湖，循昆干北折，绕积石山，经同仁贵德的界限，有多水来会，流在公洼他尔代克九族，又折而东，出民和南境，入甘肃。

长江——有三源：1. 中源为正源，出于当拉岭北麓；2. 北源出于巴颜喀喇得里奔山的那木齐圆乌兰木伦河；3. 南源出于中坝班马族东。三源合于底楚拉巴敦地方，就是通天河，折而东南流，入西康境，名金沙江。

鸦砻江——源出迭喀桑北境巴颜喀喇山南麓，经蒙古尔津、永夏、休马、竹节、歇武等族地，名叫楚玛河，东南流到喀木多出境。

澜沧江——源出唐古拉山的格尔吉匝噶那山，名格尔吉河，东南流为杂楚河，到觉拉寺，折而东南流，入襄谦族地，到乌当先寸地方，入西康境和鄂穆楚河会为澜沧江。

柴达木河——发源于布青山西北麓扎逊池，西流经班禅游牧地，西北流，有乌拉斯河、白河等注入，折而西北流，乌兰乌苏河布隆吉尔河从东北汇入，流潴于扎布逊地，长一千多里。

索克河——为怒江的上源，有二源，一为萨温河，一为古父河，二源既会，东北流，沙宅河从北流入，折而南，流入西康境，名卫楚河。

布哈河——源出布哈的英额池，东流注入青海，为入海第一大水，支流有哈拉西纳河、沙尔池水、包罗河、郡子河等。

大通河——古称浩亹水，源出祁连山的集鲁肯山南，经八宾，俄博境，东南流经永安境，过青石崖、黑石头等地，又经亹源东流；大沙河，克图河，桃里化河等由北来注入，从此水势浩大，折东流入甘界，经西大通、窑街，又折入青海的享堂，和湟水会合，到新城注入黄河。

湟水——有二源：南源名南河，西源名昆都仑河，两水会于湟源城外，水势才盛，折而东流，出西石峡，过暗门峡，到西宁境，名西宁河，东流到乐都境，名碾伯河，又名洛都水，经老鸭峡，合上下川水，出民和县境，会大通河，到甘肃永登县的小紫口，入黄河。

（五）湖泊。

青海——位全省东北境，距西宁约二百六十里，海拔九，八五〇尺，为我国第一大咸水湖，古时海面极广，现在东西径二百里，南北一百三十里，周围约六百六十六里，面积约二万七千二百方里，深度平均约在百尺。海里有二岛，一叫海心山，就是唐时的龙驹岛，长约四里，广约三里，高数百尺，稍西叫海心西山，上有僧寺。

星宿海——在扎陵湖的西面，有泉百余泓，成为潦水，沮洳汪洋，方一百七八十里，灿若列星，番名大敦淖尔，就是星宿的意思。

扎陵湖——也称扎陵海，周围三百多里，东西长而南北狭，海拔一三，三四〇尺，黄河从西北流入，又从东南流出，系淡水湖。

鄂陵湖——在扎陵湖东南五十多里，也称鄂陵海，和扎陵湖大小相似，黄河经湖水的东北流出，湖水青，也系淡水湖。

达布逊湖——就是达木逊淖尔，在全省的西北境，周围百余里，产盐，系咸水湖。

其他像英额池、沙尔池、察卡池、色尔哈池、哈什池、敖罗布池、阿云朵马湖、哈拉湖、伊哈泊、乌尔丁湖、阿拉克池、新盐池、更尔海、大连海、朵海、博尔湖、察汉泊、巴哈泊等，星罗棋布，不胜枚举。

（六）沙漠——以柴达木平原为最多，其大戈壁在柴达木北部，面积有四万四千方里。沙质很细，漠中空气干燥，南面没有大山屏蔽，所以大风起时，尘沙障天，天气晴时，早晚结为漠市。中多咸海，像青海、柴达木河和黄河附地，都有沙漠，占地很广。

（七）地质——大部为古生代层变质和花岗岩所成，覆以火山岩，分布极广。北部祁连山一带，构造复杂，火成岩和结晶岩都有，大通一带，有沥青质泥灰岩。南部以古生代层为最显著，山脉为片麻岩云母岩所组成，山峰则由花岗岩而成。东部和东南部山麓一带，土很肥沃，农牧都宜，沿河的地，大部是冲积层。

（八）气候——完全为大陆气候，寒多暑少，变化很烈，冬夏且多大风，夏季风力尤猛，六月多雨雹，平均雨量很少。西宁附近，黄河上流和海东一带，雨量较多，气候较为和暖，最冷时达摄氏零下二十度，最热时不及华氏八十度。柴达木一带，夏季气候干燥，日中火热如炙，且多雹，或有黑霜，七月即雪，冰期很长。玉树一带，得从滇康到入南海的水气，夏季降雨稍多。

青海农田水利调查概况[①]

安 汉

（一）青海水利沿革

青海地处高原，山脉绵亘，虽为长江大河发源之地，河流密布，而大部游牧民族，不事耕种，故不注意及此。至西宁、乐都、大通、贵德等县，水利之兴，肇端西汉，武帝时赵充国西征，屯兵湟水，择膏腴土地，引水灌田，用充糇粮。彼时兴办范围，仅及上述四县，后渐及于各处，人民因而耕之，历经晋、隋、唐、宋、元、明各代，无大进展。兹分县略述如下。

（1）西宁县　自西汉凿渠屯垦之后，至乾隆间，全县有渠一百三十六道，共灌田亩约二十八万八千六百余亩，及至宣统时，又将县北六十里北川黄家渠以北各渠所共灌之地，划归大道县，其渠道如旧。民国十六年县西云谷川所灌之陶大山各渠，复由上堡巴浪，吴仲各堡扩大渠道，改引湟水以增水量。至十九年，湟水以北沙塘川，红哈二沟及北川河以东之地，划设为互助县，其渠道如旧。

（2）乐都县　清乾隆时，全县有渠六十八道，共灌田约十万亩。民国十九年，划分东峡外之地，新设民和县，其渠道如旧。

（3）大通县　清乾隆时，有渠四道，共灌田六万余亩。至清末业，

[①] 原载于《西北问题》1938年第2卷第11、12期合刊。

将西宁黄泉渠以北各地划归县属之后，因之增渠六道，共灌田约一万九千亩。

（4）贵德县　元明时在东西两河沿流开渠凡十五六道，历年修筑，灌溉称便，清乾隆仅有渠四道，共灌田约二万八千余亩。后因人民生计日进，至民国十七年青海改设行省，该县先后增干渠二道，所灌田亩甚多。

（5）循化县　在汉金城群辖治之地，当时亦有分取黄河之水，灌溉田亩之事。至唐咸亨之后，失陷于吐蕃，沟渠遂废，嗣后地方忽得忽失，亦无一定渠道之开辟。至前清初年西平蒙古，封官设治之后，人民得安其业，沟渠复浚，八工地方以及保安等处水渠颇多，干支渠道密如蛛网，灌溉颇称便利。

（6）化隆县　水利情形，在昔亦与循化相同，皆因得失无定，渠道时开时废，至清乾隆后，诸乱翦平，民得安居，复浚修旧渠灌溉田亩，县南附近黄河一带如邯都上下，多巴昂思多上干旗等渠道极多，约灌田亩全县四分之一，

（7）湟源县　水利兴于清初年羹尧西征之后，至民国十六年，全县共有干渠十四道，支渠颇多，灌田普遍。

（8）互助县　民国十九年划分西宁县属北部一带地方所设立，共划归水渠五十二道，共灌田亩约十一万亩。

（9）民和县　于民十八年新设县治，分划乐都老鸦峡水渠二十二道，约灌田两万余亩。

（10）共和县　其东部尕让尔、红庄尔、什木昂、和尔加等处，水渠之兴修，始于清初，每年应纳水地番贡粮六十八石，西部哇力贡一带水渠，唐始修而复废，后至清光绪初年，由内地人民入住，其地复行开修，有渠二道，灌田约一千二百亩，以前均属西宁管辖，西部恰卜恰原属湟源县治，其水渠亦于清光绪初开修，宣统三年甘肃省垦务总局丈地升课时有渠六道，共灌田三千六百亩。后因连年亢旱，水流渐涸，民十八年设县时，则东巴、拉贡、麻麦、尕和、隆哇等处，水渠率多荒废，又西沙洲至尔什台等。

（二）各县水利现状

民国以来，该省雨量时感不足，各地农民对于水利之请求，孜孜不遗余力，唯各地方官厅，忽视民瘼，各地水利工程，多由人民自动经营，殆无整个设施，而人民大都困于经济，关于工程浩大者，无法兴办，于是茫茫沃野，只以水利不便，无法开垦，各县现有耕地，亦因雨水缺乏，荒歉频仍。至民十八年，新省成立：该省民政厅拟定青海省各县兴修水利办法八条，并拟由各县额粮百五经费项下，提取五分之一，以资兴办，方欲举办，而各处灾情过重，此议无形停止。十九年因灾情极重，省府用以工代赈法，兴办水利，议决给赈洋一万元为辅助。现此肄业按县水利工程之繁简，分派就绪，计西宁县大洋五千七百元，乐都县三千一百元，大通县二千六百四十元，共和县二千零七十元，亹源县七百五十元，贵德县七百元，故由各县按期承领，暂为动工兴修。至大规模之办理，刻因财政困难尚待异日。兹将各县及蒙藏各地水利现状，分述如左（下）。

（1）西宁县　境内有湟水，南川河及北川河，纵横贯流，水利称便。唯西川韦家庄、彭家寨，东川平戎驿临城罗家湾等处，如能引用湟水灌溉，则水利更形发达矣。

（2）乐都县　全县共有湟水，胜蕃沟河，岗子沟河，双塔沟河，高店沟河，马哈拉沟河，峰堆沟河，虎狼沟河，下水磨沟河，卯寨沟河，努木只沟河，上小磨沟河源森林近年砍伐殆尽故也。上述各河皆有水渠，有长至二十华里者，亦有二三华里者。流量最大约为每秒八立方尺，最小为每秒二立方公尺。各渠每年掘修，水量分配，或为轮流制或为平分制，皆有规定。本年雨水特广，在县城附近及白马寺一带，泛滥田地甚多。至开渠治河及设备水车各节，以经费无着，未能实现。

（3）湟源县　境内湟水，巴燕河，乐水河，白水河，毛吉河，阿家兔河，拉拉河，仲隆河皆有水渠，居民对于河水之利用，颇为讲究。全县灌溉地约有百分之七，且天旱时缺水，而官厅毫不帮助，关于大规模之工程，无力兴办。

（4）互助县　全县灌田之河流水渠在第一区（威远堡等）大沙棠川河、安定河；第二区（盐长堡等）有哈拉沟河、红崖子沟河；第三区

(长宁堡等）有景阳川河、苏木运河。第二区之高寨拟引用湟水渠溉，因第一区傅家寨人之阻碍，未能开浚。

（5）贵德县　灌溉田亩之河流为东西二河，两河源于南山磨夫沟郭纳泉，有刘屯渠、洛卡渠漕渠等；灌田约五千亩，东河源于南山新王池，有新隆渠、教场渠、宣渠、查义渠、新拉渠、达子渠、上高渠、腰渠、贡巴大渠、尚仁渠、王屯大渠、因屯大渠、览角大渠十三渠，灌田约三万五千亩。均系元明时代所开，历年屡加补葺，每年由各该渠农民头目督促农民逐一灌溉，但每逢天旱四五月间缺水。县城西南野里哇一带，引泉水灌田，水含碱性，作物沿岸墩湾□有西乡农民集股共建筑水车一架，每年可灌田八百余亩。

（6）化隆县　县属水地川一带，系用一小水灌田，此水由昂忽丹地方发源，后随地易名，流至该地，遂分渠灌。甘都一带所借以灌溉者，亦为一小水，此水由克俭千户雨细流汇流而成大河，流经该地即利用灌田，水灌狭小，且无定名，该地西滩有水车一架东滩有水车二架，唯以河水（黄河）涨落关系，仍不能按时汲引。

（7）亹源县　该县大通河横贯中部，八宝俄博一带有黑沟河，永安城有硫黄河，黑水河，县城左右有白水河、老虎河、大沙河等。然水利未兴，用以灌溉者殊少。如由老虎沟开渠引水，则城北之东北一带之地，均可灌溉。

（8）共和县　县之附近灌田之河首为恰布恰河，有大同乡大渠，太和乡大渠，汎爱乡渠，永和乡渠，新添乡渠，五族乡渠以及新开之民生渠等，共有七渠。盖中移风二乡，引黄河之水灌溉，县西有沙珠玉渠，大河坝渠，县东有芝泉乡渠，第二区罗汉堂有河滨河干各乡渠；第三区龙冲河，沿流有多利苍和尔加渠，尕让沟有尕让阿什贡各渠。上部密跌盖林现有田二三百亩，引用泉水灌溉，泉水含碱，灌田年久，恐被害，居民云，尚有荒地千余亩，如能费四百人工，可引黄河之水灌溉。

（9）民和县　县北为湟水灌溉区域，即上川口及下川口一带临近湟水沿岸，引用湟水支流灌溉，如芦草沟河、新顺堡河、朱拉沟河、巴叔沟河、红嘴堡及西纳沟河均可灌田。县南为黄河灌溉区域，即撒马堡、大马家乡、丹阳城、台家沟、六户沟等地，皆有黄河支流可以灌田。

（10）大通县　境内有北大河纵贯，灌溉田亩甚多，计划中之北大渠及南大渠，如能完成，则灌溉更觉便利矣。

（11）循化县　黄河横贯全县北部，唯河岸较高，不便开渠，已于黄河沿瓦匠村修建水车一架，此外山沟溪水，亦可灌溉。

（12）同仁县　隆务河由南而北，流入黄河，但以水利不兴，灌田不多。

（13）都兰县　县南之哈拉哈图河、察察香卡河、察汉乌苏河，及县沿附近之希里沟河，县西之塞什克河，县东之都兰寺河，莫胡尔河等，河身颇浅，地势平坦，稍司修浚，即可灌溉。

（14）玉树县　结古、称多、安冲等地，系通天河（扬子江上游）流域，囊谦、得马、班马诸地，系杂楚河（澜沧江上游）流域，唯居民重牧轻农，水利不兴。

（15）囊谦县　为海南新设县治，在萧旦曲水西岸开渠两道，香达南开渠一道，共计三渠，可灌田九千亩。

（16）和硕特已垦地之水利

①南左翼头旗，面积约五，〇〇〇方里，地多沙漠，已开耕约六〇〇亩，引用恰卜恰河灌溉。

②南右翼末旗，面积约七，〇〇〇方里，已开耕二，〇〇〇亩，多碱卤沙漠之区，引用境内小水渠灌溉。

③西后旗末地，面积三〇，〇〇〇方里，地多肥沃，适于耕种，已开耕者无多，境内水源甚旺。

④南右翼后旗，面积六，五〇〇方里，地多膏腴，开耕一〇，〇〇〇亩，引用湟水及支流灌溉。

⑤南左翼末旗，面积约三〇，〇〇〇方里，大半可耕，已开耕一，〇〇〇亩，引用长宁川支流灌溉。

⑥东上旗，面积约一三，〇〇〇方里，颇宜耕种，已开耕三〇〇亩，引用长宁川支流灌溉。

⑦北右翼旗，面积约一〇，〇〇〇方里，多碱卤泹洳地，山地尚佳，已耕地为数甚少，可引河水灌溉。

⑧西左翼后旗，面积约一五，〇〇〇方里，地颇肥美，一片水草，

已开耕二〇〇亩，有真果勒河灌溉。

⑨西右翼中旗，面积约一八，〇〇〇方里，地质甚劣，其能耕植者少，可引塔拉源河及舒噶河灌溉。

⑩北右末旗，面积一二，〇〇〇方里，布隆吉河及扎萨卓尔河附近，颇为肥美，宜于农作，已开耕数十段，即引该河水灌溉。

（17）和硕特未垦地之水利

①前左翼头旗，面积七，五〇〇方里，中部肥美，余多盐水，尚无耕地，可引布哈河灌溉。

②北左末旗，面积二〇，〇〇〇方里，大部宜耕，可引布哈河沙尔河灌溉。

③西左翼前旗，面积二〇，〇〇〇方里，开有可耕之延河沿岸，尤宜耕种，灌溉便利；以上南右翼左旗，地多碱卤不毛，西左翼后旗，地多碱卤不毛，西左翼后旗沙地甚多，均不适农耕。

（18）弹罗斯南左翼头旗，面积一一，一〇〇方里，土质气候，均宜耕种，已开耕一六，六〇〇亩，引恰布恰河，恰乙河灌溉。北中旗多碱滩及沙丘地，不宜耕种。

（19）辉特南旗牧地，面积二，〇〇〇方里，土质肥美，宜于农业，已开耕一，七〇〇亩，引博罗普川灌溉。

（20）喀尔喀部南右翼旗，面积三，〇〇〇方里，中部水草肥美，余皆沙卤，已开耕四〇〇亩，引小河流灌溉。

（21）都秀番地，面积一〇，〇〇〇方里，土地肥美宜于农耕，公洼地尔代番地，面积九，〇〇〇方里，多山岭，土质尚佳，耕植亦易；曲加羊冲番地，面积八，五〇〇方里，土质气候均宜农；以上诸地皆可引黄河灌溉，现除畜牧外，尚无耕地。

（22）拉拉番地，多沙石碱卤，土质极劣，不宜农耕；刚明番地，多山岭斜坡，沙量尤多，灌溉不便；千布里番地，地多瘠薄，唯东段较佳，尚无耕地，可引倒淌河灌溉。

（二）附青海省各县兴修水利办法

（一）各县兴修水道，应依本办法之规定。

1. 各县设立水利局办理水利事宜，其局长由各县县长暂兼之。

2. 各县县长应令沿河镇村自行疏浚，务使河基巩固，水流畅达。如彼有关联时，更须由数镇或数村联合，设水利分局，分推董事三人，督率办理前项工作应于每年农隙之时，派夫修理，如不能出夫之户，得出资代雇。

3. 原有沟渠，每年须从新修浚，力求稳固，务使灌溉普及。其沿河可利用河流之处，并须另辟新渠，积极兴办。

4. 近山或近水地方，须通泉通沟，或凿井灌田。如近河地方限于地势，不能引流开渠时，宜备置水车行之。

5. 各县沟渠之尺度，得由各该村村正等规定，呈报县政府备案。

6. 各乡举办前项规定事项，合于国民政府新颁兴办水利防御水灾奖励条例第四条各款之规定者，得由各该县县长查明呈请奖励之。其在事人员，如有劳绩及捐资或募集巨款补助工事者，得由各该县县长查照该条例第七条二三两项之规定，呈请奖励之。

7. 各县联合兴办水利时，其经费由各分筹，或数县协筹。但雇用工力及工匠，均须酌给口食。

8. 沟渠所占土地，均应给价，并呈请豁免钱粮，以昭公允。

9. 沟渠经此次修筑，每年秋后必须补一次，并由督修人员不时查勘有无损坏之处，随时呈明县长核办。

10. 本办法之规定，本省各理事准用之。

11. 本办法自公布之日起施行。

（三）各县水利计划

青海各县应开水渠及应修水车计划及其工程费用，尚无精确之规划，兹将该省民政厅各县县政府及一般之估计，分述如次：

(一) 西宁县

(1) 省城附近计划开渠——自西山韦家庄起至山峡杨沟沿止，计经过六千五百里，引湟水灌溉，此渠完成，则临城南渠，及罗家湾之水车，不必重修。工程浩大，需工约二三万，需款约二万五千元。

(2) 临城南渠——自西川山寨尔庄湟水至刘家寨深沟沿即由深沟地方修筑水道，顺流而下，分段接入南川河各渠，其经过里数约二十里，工程方面，除浚挖外应建设桥坝者二处，约需工五六千，需洋七千二百元。

(3) 平戎等堡大河南渠——引湟水由柳湾庄起共经二十余里，灌田约两千亩。需工五千，费洋四千八百元，即可完成。

(4) 平戎等堡大河北渠——引湟水由涧方沟起，长约十六七里，灌田二千余亩。需工七千余，需洋三千九百六十元即成。

(5) 西川彭家寨渠——自西宁城西十五里之彭家寨而引旧有之渠水，至彭家寨南，约三里许，灌田二千余亩。该渠所经之处，平坦无阻，挖填之处不过五六尺引水出渠口约五六十丈，即可灌田，系急应开修之渠。

(6) 多洛堡渠——在黑林河引水向该庄下半堡河东一带灌溉，开凿容易，约计需工一千多，需洋七百元。

(7) 李家堡渠——在东峡河引水流向西山根一带灌溉，约需工三四千，需洋一千余元。

(8) 柳湾堡渠——自第二区三十里甫，开一新渠，引用湟水，长约三十五里，可灌下红庄及柳湾堡一带之地，约需洋五千三百元。

(9) 云谷渠——自第五区云谷川小山峡口佛爷崖对岸取水，由河东河经家尔吉李家山等十五六庄，长约二十里，约需洋三千元。

(二) 湟源县

立达庄渠——由石嘴引湟水经立达庄至县城南灌溉，约需工六千，需洋三千元。

(三) 乐都县

(1) 水磨渠——自水磨堡陈家庄起经大小沙沟四道，至石嘴堡止，约长十五里，灌田二千四百亩，需工六千余，需洋三千六百元。

(2) 深沟渠——又名大峡渠，自高店堡开坝取水，经小红沟，小脑马沟，马哈拉堡，至深沟之荒滩，约长三十余里，需一万六千三百工，需洋六千五百二十元。

（3）老鸭村渠——由高庙小河沟取水，至旱子湾，可引旧渠，约需三千工，自此至蒲家口，须开新历，约需二千工，又至老鸭城要用旧渠，计全长二十余里，共需五千工，洋二千元。

（四）民和县

（1）官亭杜家寨水车——官亭杜家寨河边马家等处，修水车二架，取用黄河水，需洋一千八百元。

（2）马厂原水车——马厂原磨湾子修水车二架，约需洋二千元。

（3）麻黄滩渠——该滩开渠一道，约需一千工，洋六七百元。

（五）互助县　曹家堡渠——曹家堡系该县一大荒滩，如能开渠引用湟水，能灌田四五千亩。估计需四五千工，洋二三千元。

（六）循化县　黄河沿瓦匠村已修成水车一架，拟于沿河一带，再添造水车八架、每架需洋二千五百元，共两万元。

（七）门源县　拟取县城迤西十余里之老虎沟河水，以灌城北大小生熟地亩，不难开凿，约需洋二千五百三十元。

（八）大通县

（1）北大渠——拟由兴隆河引水，经峡新，旧凉河，直达白阳村，归北大河，计长三十余里，需洋四千余元。

（2）南大渠——白阳化村引北大河水，经过伯极雪良等村，直达鱼樵村，至暗门界，入北大河，长三十四里，约需洋四千八百元。

（九）共和县

（1）口磨底渠——拟于渠口修置水车二架，取水上源开渠，引道，约长二十里，需一万一千余工，洋二千四百元。

（2）苏手拉渠——自苏手拉泉设一水桥，导水出沙山，渠长四里，需三千二百工，洋六百四十元。

（3）民生渠——此系旧渠被洪水冲坏，如将此渠另移渠道，可多灌田亩，计约需洋五百元。

（十）同仁县

（1）缺吾庄渠——由同仁河（即隆务河）东岸引水，自缺吾庄灌溉起,至吾屯庄止,长二十里,约需洋四千元。

(2) 下庄渠——由榻山根引同仁河水起,至下庄止,长十五里,约需洋三千元。

四 结论

上述各县水利计划,其工程较小者,或由该地农民自动开浚,或由全县人民协办开浚,至其工程浩大,费用较多者,则非赖全省之财力或由国家补助,莫能全部完成。且近年来,青海百业凋蔽,负担繁重,民穷财尽,亦达极点。而该省雨量时感不足,兴办水利于全省农业之兴衰,相关至切,唯望青省当局当以穷干精神努力振兴水利,并希从事开发西北之中央机关及各实业团体,对于青海水利工程,予以有效之援助,促其早日完成全省水利计划,则青海瘠硗之地可一变而为富广之区矣。

青海西宁出土的波斯萨珊朝银币[①]

夏 鼐[②]

我在《考古学报》1957年第2期发表了一篇《中国最近发现的波斯萨珊朝银币》以后，林寿晋同志由青海西宁回来，告诉我说，在西宁也发现了一批这种银币。后来承青海文管会寄来拓片和照相（拓片见图一和图三，照相模糊不清楚，未能制版），并附说明。我去函询问，承其再寄来补充说明，并允许我研究后加以发表。我现在写出这篇作为前次文章的补遗。

关于西宁发现这批银币的经过，《考古通讯》1958年一期已有报导，我现在摘录在下边：

> 1956年青海省粮食厅在西宁城内城隍庙街工地挖地基时，挖出这一批银币来。后来交给文化局，一共76枚，其中4枚已残破。根据选出来的20枚来观察，直径2.5—3厘米，重量3.8—4.1克，平均为3.95克。花纹大体上是同一类型，但由不同的印模压印出来的。依照正面王者肖像的不同，可分为二式：A式的王冠前一新月，冠的后部有一雉蝶形饰物，这一式共15枚；B式的王冠，冠上的前后都有翅形物，这一式共61枚（64—65页）。

[①] 论文原载于《考古学报》1958年第1期。
[②] 夏鼐，浙江温州人，中国现代考古学奠基人，中国科学院院士。

我将寄来的拓片细加观察，知道都是波斯萨珊朝卑路斯（457—483）的银币。A 式的几枚（图一），正面都是王者肖像，王冠的侧面和后部都有雉堞形的饰物。这是波斯宗教中"天"的象征[①]，也是袄神奥马兹德的象征。冠顶和前部都有新月各一，冠顶的新月还托住一个圆球。冠后有条带末端的两条飘饰。有些比较清楚的标本，还可以看出王冠底部的一列联珠（图二）。[②]脑后有发髻成球状，髻后有一条由肩部飘上来的飘带。项间有一串联珠组成的项链。由脸前近肩部处开始，有钵罗婆文的铭文一行 KaDI PIRUCI（主上、卑路斯），拓片 1—3 在冠后还有 ML，当为 MLKA（王）一字的残存，拓片 4 在冠前新月上面有 ML 二字母，冠后有 KA 二字母，合成 MLKA 一字（可参阅图四中铭文摹本）。

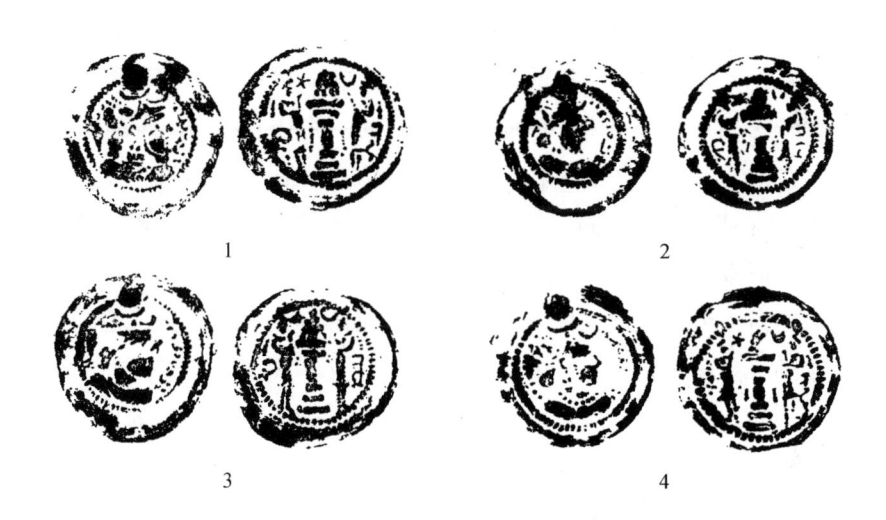

图一　西宁出土的卑路斯银币（A 式）

A 式的背面花纹，是一般萨珊朝银币的拜火教祭坛，坛上有火焰。火焰的两侧为五角星（或六角星）和新月。祭坛的两侧各有祭司一人，相对而立。右侧祭司的背后有铭文，是表示铸造的地点。拓片 1 号和 4 号似乎都是 AH 二字母，相当于摩根书中的 No. 26。据他的考证，可能是阿哈尔（Ahar）（?）的简称，属于阿特罗培忒（Atropatene）省。[③]拓片 3 是 ST 二字母，摩根以为可能是波西德（Perside）省斯坦哈尔（Stakhar）（?）的缩写；但倭克尔以为是法斯（Fars）省的伊斯坦哈（Istakhr）。[④]拓

图二　卑路斯王冠的样式
（依照波普书第三卷 745 图）

片 2 似乎是 ART 三字母，最后一字母不大清楚。倭克尔以为是法斯省的阿尔达希·库拉（Ardashir‐Khurra）的简称。[5]至于左侧祭司的背后，有时无铭文，有时有表示纪年的铭文。这是因为在钱币背面标出铸造地方的例子，已始见于发拉朗（Varahran）五世（420—439）；而标出纪年的，是在这位卑路斯登基后第三年才开始的，在他以前并无先例[6]。拓片 1—3 号无纪年，仅有一涡形符号，或许为王名的第一字母"P"。拓片 4 有纪年，但模糊不清，不能确定。

卑路斯银币 B 式的几枚（图三），虽正面的王冠稍有不同，但仍是同一国王的。萨珊朝国王的银币，每王一般只有一式，但也有例外的，卑路斯的即是一个例子。他的银币共有二式，B 式的特点是王冠的后部没有雉堞形饰物，却换上一对翼翅；冠顶后面没有两条细飘带，而在面前却增加一条由肩上飘起的带形物，和髻后的一条相对称（参看图四）。[7]波斯的宗教观念，以鹰鸟作为太阳的象征，犹我国称太阳为金鸟。这一对鸟翅可能便是代表太阳的，[8]或以为是屠龙之神未累什拉加那的象征。[9]但是波斯的宗教观念，"日、月、行星"的"三重天"，王冠上常有新月和象征"天"的雉堞形饰物，这些翼翅象征太阳似乎更为恰当一些。[10]钵罗婆文的铭文，拓片 1 较清楚，前面的是 KaDI PIRUCI，背后在翼翅和纽结形饰物之间似有 ML 二字母。其余的拓片，铭文都模糊不清楚，仅依稀可认辨出如 Pi、R 等一两个字母。

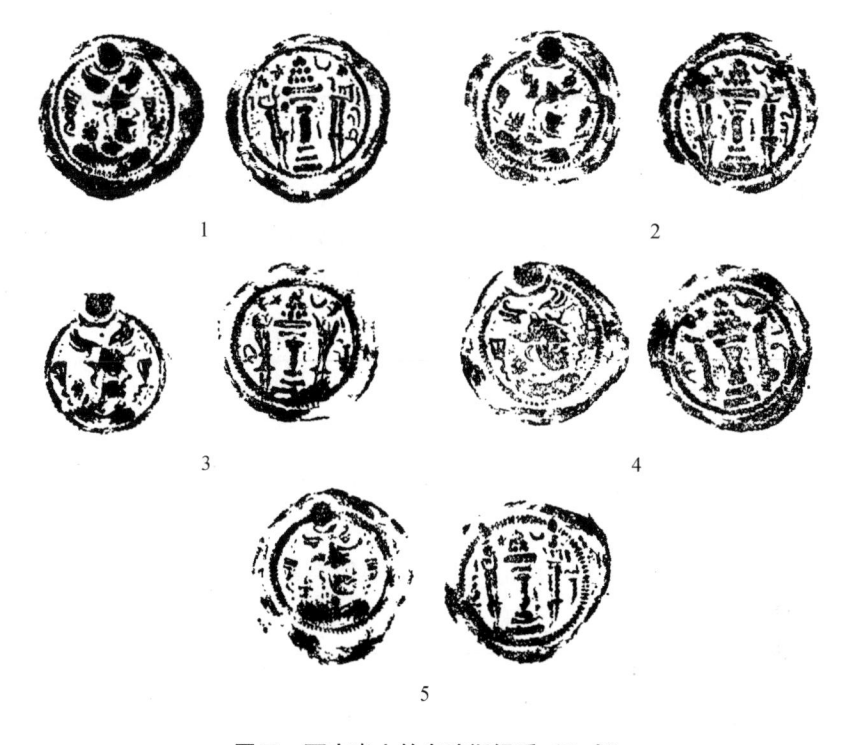

青海西宁出土的波斯萨珊朝银币 257

图三 西宁出土的卑路斯银币（B式）

图四 卑路斯银币（依照摩根书中图400）

B式的背面的花纹和A式的相同。右侧祭司背后标示铸造地点的铭文，拓片1是BLT，2是R（?）A，3不清楚，4似是NB［摩根以为或许是纽本哲（Noubendjan）的缩写］，5似是KR［摩根以为是基尔曼（Kirman）的缩写］。[11]至于左侧祭司的背后标示纪年的铭文，拓片3和A式中拓片1—3的相同，不是纪年。4的开端的字母是S，末尾不清楚，可能是STA（即6字）或SBA（即7字）。拓片5也是模糊不清楚。B式的这次在西宁出土达61枚。前次所叙述及的1957年西安张家坡410号墓中出土的一枚，也是属于这B式的。[12]

前次的文章中已经说过，波斯萨珊朝通使中国第一次见于记载是在北魏文成帝太安元年（455），便是在卑路斯即位的前二年，其后在461、466、468、476各年都曾通使中国，都是卑路斯在位的时期中。[13]当时嚈哒（白匈奴）占据喀布尔河流域，侵略波斯。卑路斯即在和波斯作战中阵亡[14]。当时中国和波斯交通频繁，所以有这样大批的卑路斯银币在我国境内发现。这次的发现虽然出土的情况不明，共存物和原坑的情况完全不知道，但是这样大批76枚之多在一起发现，当为一个窖藏而非偶然遗失的。76枚全部是卑路斯的银币，可以推知埋藏的年代当便在卑路斯在位（457—483）的时期内。这不是一两枚零星发现，如果埋藏时代较晚，76枚中必定混入后代诸王的银币。

关于钱币发现的意义，有些人以为钱币发现的地区便表示政治上统治权力的范围。例如有人谈到波斯王阿尔达希是否曾经进入印度的西北部旁遮普一带地方，说："考古学者曾在该地发现古钱，钱的反面有火与祭坛的印铸图案，与阿尔达希时代的钱币一模一样，因此可以断言萨珊朝的统治势力确曾到过印度旁遮普一带地方。"[15]这种推论自然是不正确的。在我国境内所发现的波斯的银币，便可作为否定这种推论的有力证据。我们知道波斯的钱币在中世纪的中亚和西亚是占有国际货币的地位，流通很广。在波斯国境外所发现的银币，一部分是由于私人带回去作为纪念品，甚至于被带到坟墓中作为随葬品；另一部分，尤其是一大批在一起发现的场合下，是作为商品的等价物被携带着或窖藏着；所以它们被发现的地点，常可表示当时的贸易和交通的路线。

我们现在再来谈西宁的例子。从前我们常以为古代中西交通孔道的"丝路"的东端，是由兰州经过河西走廊而进入今日新疆维吾尔自治区的。这次西宁发现这样一大批的波斯银币，令我们要重新考虑这一问题。我以为由第四世纪末到第六世纪时尤其是第五世纪中（包括卑路斯在位的年代），西宁是在中西交通的孔道上的。这条稍南的交通路线，它的地位的重要在当时决不下于河西走廊。

在文献方面，法显在东晋隆安三年（399），由长安度陇经乾归国（即西秦国，都于苑川，在今甘肃靖远县）前行至傉檀国，度养楼山至张掖镇。[16]足立喜六曾加考证，以为"傉檀国为南凉景王秃发傉檀所都之乐都，当今之甘肃省西宁府碾伯县"。又谓养楼山即是养女山，为西宁县北与大通河南之山脉。[17]按养楼山的位置，他所考证的大致不错。今日仍有一条通路由西宁向西北行，经过大通县和觉源县（即北大通），度越祁连山，经民乐县（旧洪水营）至张掖。[18]但傉檀国当指当时国都的西平，即今西宁县，并非碾伯县（今乐都县）。隆安三年时，南凉国王为他的兄长利鹿孤。根据《晋书》中的载记，利鹿孤即位后，国都由廉川迁至西平（即今西宁县）。元兴元年（402）利鹿孤死，傉檀嗣位，才迁都于乐都[19]。法显称南凉为傉檀国，或由后来追忆之误，或由当时傉檀已综揽军国大权，凉人知有他而不知有利鹿孤，"显师从俗记载，未可料也"。[20]但是法显叙述自己所经过的南凉国都，应该是隆安三年时的西平，而不是两年以后傉檀即位后所迁往的乐都。所以我们可以推定法显这一段路程，是由靖远经兰州、西宁，西北行度越养楼山至张掖，并不经过河西走廊的东段乌鞘岭和武威。沙畹在《中国旅之行家》一文中说："法显与其同行者发自长安，经由今之兰州、凉州、甘州、肃州、敦煌等地，至今日罗布泊南之鄯善国。"[21]这句话有小错误，法显等由兰州至甘州（今张掖）的路程并不经过凉州（今武威）。沙畹因为凉州是在河西走廊的通道上，便臆测以为是一定要经过的，并没有细读原书，以致造成错误。

法显以后不久，昙无竭（法勇）于刘宋永初元年（420）西行求经，初至河南国，仍出海西郡，进入流沙，到高昌郡。[22]按河南国即法显所经过的乾归国（西秦）。这时乞伏乾归已死，他的儿子炽磐嗣位为王。他们父子都曾自称"河南王"。晋义熙十二年（416）晋曾拜炽磐为平西将军、河南公。[23]南凉已为西秦所灭，所以只有海西郡而没有傉檀国（南凉）。"海西"疑为"西海"之误，王莽曾于青海西设置西海郡。东汉永元中也曾一度设置，后复废。[24]《隋书·地理志》有西海郡，和西平郡并列，谓置在古伏俟城，即吐谷浑国都。[25]陶保廉以为汉西海故城在今巴哈淖尔西北和硕特东上旗，隋西海郡则在青海西十五里，当今绰罗斯北中旗地。[26]

《魏书·地形志》和洪亮吉《十六国·疆域志》西秦（卷15）都没有西海郡。这里提及这郡名，如果不是当时郡县兴废无常，史籍失载，便是由于采用古地名。昙无竭所走的路线，由靖远经兰州至青海这一段，是和法显的大致相同。在青海境内，大概也是经过西宁而西的。但是他由西宁如何去到高昌郡（今新疆吐鲁番县），已是无法详考了。

过了差不多一个世纪，宋云等于北魏神龟元年（518）由洛阳赴西域求经。他的路线是：由洛阳出发后，"西行四十日至赤岭，即国之西疆也。皇魏关防，正在于此"。"发赤岭西行二十三日，度流沙至土谷浑国。""从土谷浑西行三千五百里至鄯善城。"[27]顾祖禹谓赤岭在西宁卫西三百二十里。[28]沙畹以为赤岭在西宁之西，而吐谷浑都城应在今青海布喀音噶尔沿岸求之。[29]但是沙畹既以为逾赤岭后的大非川为布喀音噶尔，那么，再西行二十三日的吐谷浑国都，应该在今日柴达木盆地。宋云是敦煌人，他的路程可能由柴达木盆地北行度当金山口至敦煌然后西入行今日新疆。[30]无论他当时是否采取这一条经过敦煌的路线，在他未达到柴达木盆地以前，他一定要经过今日的西宁，才可以达到西宁以西的赤岭，然后入吐谷浑国。

在宋云以后，乾陀罗人阇那崛多由他本国东来长安。他经过于阗等国后，"又达吐谷浑国，便至鄯州，于时西魏后元年也"。"周明帝武成元年（559）初届长安。"[31]鄯州是后魏孝昌二年（526）所置的，即从前的西平郡地。隋大业三年（607）罢州复为西平郡[32]。郡治虽曾由西都县（今西宁）迁至湟水县（今乐都县），可见阇那崛多所经的路线，是由今日新疆和阗（古于阗），经过青海柴达木盆地而达西宁、乐都，然后东行赴长安。

这类文献上的资料，如果再加搜寻，一定还可以再找出一些例子。总之，由文献资料来看，今日青海西宁在第四世纪末至第六世纪初，在当时中西交通路线上是占有相当重要地位的。现在这一大批第五世纪的波斯银币在该地发现，更可替我们增添实物的证据了。

参考文献

① A. U. Pope（主编），*Survey of Persian Art*，卷1（1938年伦敦版）。

②A. U. Pope（主编），*Survey of Persian Art*，卷3，745 图，Z（1939 年伦敦版）。

③J. de Morgan, *Manuel de Numistique Orientalc*, I（1936，巴黎版）。

④J. de Morgan, *Manuel de Numistique Orientale*, I；倭克尔的说法，见 J. Walker, A Cataloguc of the Arab – Sassanian Coins, CXXIX 页（1941 年伦敦版）。

⑤倭克尔前书，CVIII 页。

⑥摩根：前书。

⑦摩根：前书，图 400。

⑧Pope，前书，卷 1。

⑨R. Curicl 等：*Trèsors monètaires d' Afghanistan*（1953 年巴黎版）。

⑩Pope，前书。

⑪摩根：前书，No. 37 和 No. 18。

⑫《考古学报》1957 年第 2 期，图版贰，03。

⑬《考古学报》1957 年第 2 期。

⑭J. de Morgan, *Manuel de Numistique Orientale*. I。

⑮周谷城：《萨珊朝波斯》，见《历史教学》1956 年第 10 期。

⑯足立喜六：《法显传考证》（中译本，1937 年商务印书馆印行）。

⑰同上。

⑱陶保廉：《辛卯侍行记》卷 4（光绪刊本），西宁西北 110 里大通县，又北 90 里北大通，又西 90 里金沙城，又西北 90 里察汉俄博，又北 110 里永固营，又西北 20 里洪水营，又西北 140 里甘州（张掖）。

⑲《晋书》卷 126（开明《二十五史》本）。

⑳岑仲勉：《佛游天竺记考释》（1934 年《国学基本丛书》本）。

㉑沙畹：《中国之旅行家》（冯承钧译本，收入《西域南海考证译丛八编》中，1958 年中华书局本）。

㉒释慧皎：《高僧传》，卷 3（1884 年金陵刊经处本）。

㉓《晋书》卷 125（开明《二十五史》本）；又，秦锡田：《补晋僭国年表》（《二十五史补编》本）。

㉔顾祖禹：《读史方舆纪要》卷 64（1955 年中华书局本）。

㉕《隋书》卷 29（开明《二十五史》本）。

㉖陶保廉：《辛卯侍行记》卷 4（光绪刊本）。

㉗杨衒之：《洛阳伽蓝记》卷 5（《四部备要》本）。

㉘顾祖禹：前书，卷 64。

㉙沙畹：《宋云行纪笺注》，第9—10页（冯承钧译本，收入《西域南海史地考证译丛六编》中，1956年中华书局本）。

㉚陶保廉：前书，卷5，第45页有敦煌至青海柴达木的路程，第45—49页有敦煌至新疆的路程，可以参考。

㉛释道宣：《续高僧传》卷2（1888年金陵刊经处本，改题为《高僧传二集》）。

㉜李吉甫：《元和郡县志》卷39（《武英殿聚珍版》本）。

西平郡与鄯州[1]

李文实[2]

顷读梁今知、马铭二先生译校日人佐藤长氏《唐代青海东部诸城塞的位置兼介绍〈玉树县志稿〉》（见青海省社会科学院编：《社会科学参考》1980年第7期），其中他首先依据天水周子扬（希武）氏《玉树县志稿》（台北版），论述了自古以来有关西平故郡与鄯州治所的异说，得出"鄯州＝碾伯；鄯城＝西宁"的结论。佐藤氏以为"这是不可更动的"，并把过去所以导致歧异的原因，归咎于顾祖禹的《读史方舆纪要》。他山之石，可以攻错。东邦学者的研讨，向为国内学术界所重视。但此说则很片面，把中国学者早已弄清楚的问题，又重搅浑了，殊不可取。

这个问题的症结所在，系由于西平郡和鄯州的治所，自汉、魏至隋唐以迄于宋，迭有变迁，并非固定在一地，从而常为人所误指或间有含混，但自清代修《一统志》，此项纠纷已基本不复存在。佐藤氏虽也参阅了嘉庆重修《大清一统志》，而其结论，仍背史实，诚不可解。不揣简陋，试正其致误之由如次。

天水周希武氏民初曾任职于甘边宁海镇守使署，其所著《玉树土司调查记》一书，初版印行于一九一九年，今在国内极其罕见。兹据佐藤氏所引转引其说如下：

---

[1] 论文原载于《青海民族学院学报》1982年第1期。
[2] 李文实，青海化隆人，原青海民族学院教授。

董祐诚据《元和郡县志》谓：西平故郡在唐湟水县西一百三十二里。据《西宁府志》：湟水即今碾伯县治，西距西宁县城一百一十里。西平故郡在今西宁县附近矣。余考洪（亮吉）《补三国疆域志》，西平郡汉末分金城郡置，魏晋因之。领县四，曰西都、临羌、长宁、安夷（文实按：汉建安中西平郡领县为西都、临羌、安夷、白土，原均属金城郡，三国时始分置长宁，与前西都等四县俱属西平郡此误）。西都首列，当为郡治。洪于西都〔条〕下注曰：魏分破羌县立云云。《晋书·地理志》，西平郡县，皆与魏同〔在魏晋的书上〕，均无破羌县，是西都县为破羌县所改无疑。据□（文实按：此当为"乐"的脱字）都志，后梁吕氏始置乐都郡。西凉有西都郡而无乐都郡，南凉、北凉有乐都〔郡〕而无西都〔郡〕。是乐都〔郡〕为西都〔郡〕所改，又可知也。《水经〔注〕》：湟水东径乐都城南，又东径破羌县故城南。《〔西宁〕府〔新〕志》：乐都〔县〕即今碾伯县治，破羌县即今碾伯县东四十里之老鸦城。是盖西都辖境即汉破羌县故地，而县治〔连同破羌之名〕则自老鸦城西移于碾伯耳。《元和志》又云：湟水县本汉破羌县地。然则魏晋西平郡治之西都与唐鄯州治之湟水，同在汉之破羌县地，今之碾伯县治可断言矣。而《元和志》乃谓：西平故郡在湟水县西一百三十二里，误矣（文中方括号〔　〕均系佐藤氏所加）。

实际上是周氏自己先弄错了。他的大前提是汉末分金城郡置西平，其所领县中"西都首列，当为郡治"，因此就西都之名来定郡治之所在，而在历史上今西宁与乐都均先后有西都之名，周氏对西都之所在，认为是由破羌县所改，于是把西平郡和西都县治所，都定在碾伯县（按：碾伯之名始于明代的碾伯卫及碾伯千户所。碾伯为藏语的译音，当始于宋角厮罗时）。并指出《元和志》沿《水经注》之误。按郦道元《水经注》一河水"又东过金城允吾县北"条下注云：

湟水又东径西平城北，东城即故亭也。……魏黄初中立西平郡，凭依故亭，增筑南、西、北三城以为郡治。

此处所谓的西平城，乃西汉开湟中后所立的西平亭。亭是军事据点，非郡县建置，其地即今青海省治（亦即西宁市治）所在。汉昭帝时于今西宁市西川地区置临羌县（临羌旧县在今西宁市西川镇海堡附近，城居湟水之南；临羌新县故城稍偏东，约当今大堡子附近，城居湟水之北），属金城郡，今省治即在当时临羌县辖境内。大概稍后到了魏黄初中，才在西平亭东城的基础上增筑南、西、北三城以为郡治。总之，由西平亭改设西平郡与西都县，最初都在今省治所在，郦道元所指即此。而周氏却说：

> 余按：此西平城即今西宁县治，乃后凉吕氏之西平郡治，非汉魏之西平郡城也。汉魏以来之西平郡治西都县，实今碾伯，而今西宁县地，当时为临羌〔县〕、安夷〔县〕之地。〔后凉〕吕氏既以西都为乐都郡（原注，《〔十六国〕疆域志》：乐都郡领县一，曰苕藋，当即改西都为之），同时又建西平郡，意此时始移郡治于汉之西平故亭（即西宁），郡城亦当此时所筑。而附郭之县，仍以西都名之。（原注，《〔西宁〕府〔新〕志》：西宁、碾伯皆有西都之名，因此。）

他绕了个大弯子，最后仍回到原地，以为西都县一开始即设在碾伯（今乐都），西平郡亦治此。从而把东晋时后凉吕光置乐都郡，后魏废郡改置鄯州治西都县，周复置郡（亦治西都县）的事混而为一；复以"同时又建西平郡"的设想，把吕光时的建置移往西平亭所在，与原汉、魏时的西平郡混同起来。其所以如此，完全是由于未弄清楚汉、魏以来西都县就设在原西平亭这一事实，硬把西都移往今乐都。大前提错了，自然不会得出正确的结论。而佐藤氏不察，竟然也说"西平亭自汉代就可能在西宁，但应考虑在西宁的西平郡治仍然是从吕光开始的"。这确实是个极大的疏忽！

为了更为明晰起见，我现在分别就西平郡和鄯州的建置沿革，来说明这个问题。

（一）西平郡

西平郡的建置，按时代先后应分汉、魏、晋及隋、唐两阶段来分别加以说明。首先汉、魏、晋西平郡的郡治均设在今青海省治（亦即西宁市治）所在，魏、周时废郡并县（西都县），以其地为鄯州。嘉庆重修《大清一统志》"西平郡故城"条云：

> 今西宁县治，本汉临羌县地。后汉末，析置西都县，兼置西平郡。《魏志》：建安中，以杜畿为护羌校尉，领西平太守。魏太和元年，西平曲英反，杀临羌令，西都长遣将军郝昭、鹿磐讨斩之。《十六国春秋》：吕光大安二年，西平太守康凝自称匈奴王，阻兵不从。秃发乌孤太初元年，自称西平王。三年，以弟利鹿孤为凉州牧，镇西平。既而乌孤死，利鹿孤代立，遂居西平，更称河西王。傉檀代立，还居乐都。永宏二年，沮渠蒙逊拔西平，执太守曲承。《水经注》：湟水径西平城北，东城即故亭也。魏黄初中立西平郡，凭依故亭，增筑南、西、北三城，以为郡治。魏、周时，郡县俱废。

又，同书"西宁府建置沿革"条云：

> 《禹贡》雍州之域，古西戎地。汉为金城郡临羌、破羌等县地。后汉建安中置西平郡，晋初因之。东晋隆安中，为南凉国都（此下注云：隆安三年，秃发乌孤迁居乐都，其弟利鹿孤徙西平，傉檀还居乐都。西平即宋之西宁州，今之府治。乐都，唐鄯州，今碾伯县也）。

又"西宁县"条云：

> 汉金城郡临羌县地。后汉建安中，分置西都县，为西平郡治。晋因之，后魏废。

首先，以上均说明汉、魏、晋时代西平郡治，都在西都县，而此西都县自初设时即在今省治所在，而并不在碾伯县（今乐都）。

其次，隋、唐时又设立西平郡，其郡治均设于湟水县（今乐都），而不再在今省治。

《大清一统志》"西宁府建置沿革"条云：

(隋）大业初，复改州曰西平郡。

这个所改的州，就是后魏时所置的鄯州，后周又置乐都郡，州、郡治所最初都在西都县。开皇初废郡，十八年改西都为湟水县，西都之名，从此便不复存在。汉、魏、晋西都，均在今西宁市（亦即省治所在），而隋初西都，则移于今乐都，后被改为湟水县。《大清一统志》"乐都故城"条云：

西平郡旧置鄯州，治湟水县，旧曰西都。后周置乐都郡，开皇初郡废，十八年改曰湟水。

又，同书"碾伯县"条云：

后魏初郡废，孝昌中改为西都县，为鄯州治。隋开皇十八年改曰湟水，为西平郡治。唐为鄯州治。

由此可知自吕光置乐都郡，西都县仍旧未变。后魏时初废郡为鄯善镇，孝昌二年改镇立鄯州；后周又复置乐都郡，州、郡均治西都县。隋初废郡置湟水县，大业三年罢州复置西平郡，郡治即在湟水。然则这个西都是湟水的前身，也就是沿后周之旧。并不是周氏所说那样："后凉吕氏始置乐都郡。西凉有西都郡而无乐都郡，南凉、北凉有乐都[郡]而无西都[郡]。是乐都[郡]为西都[郡]所改。"乐都原是郡而西都是其所属县，并未改西都为乐都郡，而是改西都县为湟水县，郡名则改为西平，此西平与汉、魏、晋时设在今省治的西平同名而异其地。佐藤氏说"在西宁的西平郡治仍是从吕光开始的"。事实恰好相反，吕光设乐都郡的地方，到隋才有西平之名。

隋所置西平郡，唐武德时又改为鄯州，天宝初仍恢复西平郡，到乾元初又改为鄯州，其地都在今乐都。至宋元符二年，改置湟州，后又改乐州。设在西宁的鄯州，在宋崇宁三年始改为西宁州，并赐郡名曰西平。这算是最后一个西平郡，又回到汉、魏时原地去了。自隋以后，由于改来改去，西平郡名存在的时间不长，以致有时为人所弄不清楚。实际上《大清一统志》"乐都故城"条对此做过明确的辨证，而为周子扬氏和佐藤氏所忽略了。兹移录如下，作为本节结语：

> 按古西平郡有二治：魏晋西平，本汉临羌县地，唐为鄯城县，宋为青唐城，置西宁州，即今府治也；隋西平乃汉破羌县地，晋、宋时乐都，唐为鄯州，宋为邈川城，置乐州，即今碾伯县也。参考《水经注》、《元和志》、《旧唐志》诸书可见。或混为一地，误。

按《宋史·地理志》："乐州，旧邈川城。"大中祥符七年，角厮罗自宗哥城（今平安县）更徙邈川，元符二年，王瞻发兵取之，以为湟州。上面所说邈川，是角厮罗时名称。此地在没吐蕃前名鄯州治湟水，大概角厮罗徙居后改为邈川，宋兵收复后改名湟州。邈川与湟州、乐州，都是今乐都县所在。

（二）鄯州

古鄯州先后亦有二治所：后魏鄯州与南宋再建鄯州均在汉、魏、晋西平郡所在地，即今青海省治，原西宁府（县）。后魏初废西平郡，改立鄯善镇。后魏明帝孝昌二年（公元五二六），改镇置鄯州。唐鄯州治所即在今乐都。唐武德二年讨平薛举，改隋西平郡置鄯州。《旧唐书·地理志》载：

> 鄯州，下，都督府：隋西平郡。武德二年平薛举，置鄯州，治故乐都城。贞观中置都督府，天宝元年改为西平郡，乾元元年，复

为鄯州。上元二年九月，州为吐蕃所陷，遂废。所管鄯城三县，令河州收管。

据《唐书》记载，武宗会昌中吐蕃以尚婢婢为鄯州节度使，说明其时鄯州之名仍未变。所云鄯城三县，即湟水、龙支、鄯城。鄯城县是唐仪凤三年分湟水县置。杜佑《通典》："鄯城县，汉西平郡，故城在西。"《元和郡县志》："县东至州一百二十里，仪凤三年分湟水县治。北枕湟水，西即土楼山。"

今西宁北山寺，古称土楼神祠。所谓东至州，即当时设在今乐都的鄯州。有时误把鄯城和鄯州相混淆，从而也把西平郡故城与唐初的鄯州相混淆。这对一般不熟悉地理沿革的人来说，是不足为奇的。就是在《大清一统志》中，此处与彼处有时也眉目不清，需要仔细查对与分析。

唐初鄯州治所在故乐都城，这在《唐书》上是清楚的。但在上元初没于吐蕃后，情况就有了变化。武宗会昌中，吐蕃以尚婢婢为鄯州节度使；宣宗大中五年，沙州刺史张义潮以鄯州来降，指的都是故乐都城。其后角厮罗徙治其地，便成了邈川城，显然角厮罗把鄯州一名改称了。等到宋朝初次收复，便把邈川建为湟州，而把鄯州又移治于西平郡故城，即唐鄯城县所在地。《大清一统志》对此问题亦并未交代清楚。今按《宋史·地理志》"乐州"条云：

> 旧邈川城。元符二年收复，建为湟州。……宣和元年，改为乐州。

说明原鄯州所在地，已由邈川改为湟州、乐州，不再存鄯州名称。同时同书又在"西宁州"条云：

> 旧为青唐城。元符二年陇拶降，建为鄯州，仍为陇右节度，三年弃之。崇宁三年收复，建陇右都护府，改鄯州为西宁州。

把邈川建为湟州，把青唐建为鄯州，都是元符二年的事。到过了六年以后，重收复鄯州，便改名为西宁州。西宁之名自此始，鄯州一名，遂成为历史上的陈迹。从这里我们可以发现宋代鄯州是青唐城的改建，而原来在故乐都城的鄯州，早为角厮罗改为邈川城。《大清一统志》"西宁府建置沿革"条却说：

> 乾元初复为鄯州，属陇右道。上元二年，没于吐蕃。宋元符二年收复，复置鄯州陇右节度，三年弃之。崇宁三年收复，复置鄯州陇右节度，建陇右都护府，改鄯州为西宁州，赐郡名曰西平。

这就不免有把唐鄯州与宋新置鄯州均归在今乐都之嫌！因为没于吐蕃的鄯州，原在今乐都县，而宋在崇宁三年收复青唐城后即在其地复置鄯州，这并不是一件事。不过《大清一统志》的编者，也并非完全不清楚。如他们又在"碾伯县"条下云：

> 唐为鄯州治。上元后随州没吐蕃。宋初号邈川城，元符二年收复，置湟州。建中靖国元年弃之，崇宁二年又复，三年置倚郭县，五年罢。大观三年，加向德军节度。宣和元年，改曰乐州。

在这里便未再提重建鄯州事，眉目就完全清楚无疑了。

读书遇到问题而不能解决，确实是件苦事，若一旦弄清楚了，便感到如释重负，又变为乐事。佐藤氏与我远隔异域，而竟由于他这篇文章的启示，使得我顺藤摸瓜，穷一昼夜之力，把这个复杂纷繁的小问题，理出个头绪来，也未始不是一件乐事了。

古青海路考[1]

周伟洲[2]

青海路在古代中西交通上的地位和意义，以及它作为著名的"丝绸之路"中国境内一段重要的交通路线，早已为人所知。中外学者们都做过一些考证，基本上明确了这条道路兴盛、衰落的时间及行走的大致路线等[1]。但是，这些论著大都是从其他角度来论述，因而难免有遗漏和欠妥之处。本文拟在前人研究的基础上，专门对此路做一番考察，时间从汉代起至北宋止，大约一千三百多年的时间。如有错误之处，望批评指正。

一　南北朝至隋初青海路的兴盛

从远古以来，青海地区就是我国古代羌族的聚居地。秦汉以前，青海的羌族北与蒙古草原的匈奴，东与中原地区的汉族，就已经发生了密切的关系，并且居于青海河曲一带的羌族也有一部分向东南迁徙到今四川西北定居。[2]因此，可以说早在秦汉之际，青海地区向北横切河西走廊至蒙古草原，向东经湟水流域至中原，向东南经岷江至四川，形成了三

---

[1]　论文原载于《西北大学学报》1982年第1期。
[2]　周伟洲，广东开平人，陕西师范大学中国西部边疆研究院教授，博士生导师。

条主要的交通路线。到西汉武帝时，张骞通西域，汉朝于河西置酒泉、武威、张掖、敦煌四郡，至此经河西走廊入西域的"河西路"正式畅通，东西方的交通日益兴盛，河西路作为丝绸之路东段的主要干线也日趋重要。

从青海向西经柴达木盆地入西域的"青海路"，在南北朝以前未正式见于记载。不过，从种种迹象来看，这条路可能与河西路一样，也早在秦汉以前就已存在。三十多年前，我国著名考古学家裴文中先生根据青海湟水流域等地出土大量的新石器时代遗物，推测由祁连山南，沿湟水至青海湖，再经柴达木盆地而至新疆，是一条主要的中西交通要道。[③]青海羌族聚居之地，秦汉时其西直接与新疆东面的"若羌"相接。这两部分羌族之间应该是有交往的，他们交往所通过的道路就应是青海路。[④]但是，这都是一些推测，青海路是否早在新石器时代或秦汉时已存在，还需要以后大量出土的文物资料来证实。

到南北朝时，国内形势发生了变化：北魏统一了北方，与南方汉族所建政权相对峙；在蒙古草原也兴起了一个强盛的政权柔然（又称作"蠕蠕""茹茹""芮芮"），与北魏相对峙；在青海和河西等地建国的南凉、西秦、北凉等先后为北魏所灭，吐谷浑则兴起于甘肃南部、四川西北及青海等地，统治了原有的羌、氐等族。南朝政权欲与西方交往，柔然与南朝联合，共抗北魏，都要经过吐谷浑所据青海地区。早在刘宋建立的初期（420—430年），时据河西的北凉政权和柔然均遣使至刘宋，他们所经由的道路就是从河西走廊经吐谷浑的"河南"（指经青海贵德、循化的黄河以南之地），沿岷江到刘宋的蜀郡（治今四川成都），史称此路为"河南道"。[⑤]又，北魏太延五年（439），北魏灭北凉沮渠牧犍，牧犍弟无讳、安周西奔鄯善（今新疆若羌），于四四一年袭据高昌（今新疆吐鲁番地），重建北凉。接着无讳遣常侍氾隽奉表到宋。[⑥]氾隽从高昌是由何路至刘宋的呢？史书并未记载，根据无讳袭据高昌得到柔然帮助的情况看，[⑦]他很可能是经过柔然及吐谷浑的河南道入蜀的。[⑧]

以上所述，仅是说明南北朝初，蒙古草原、河西走廊等地由河南道入蜀一段交通路线的情况。从青海经柴达木盆地入西域的青海路正式见于记载，大致是在北魏太平真君六年（445）前后，北魏高凉王那征吐谷浑慕利延之时。《魏书》卷四《世祖纪下》记：

> （八月）壬寅，高凉王那军到曼头城，慕利延驱其部落西渡流沙，那急追。故西秦王慕璝世子被囊逆军拒战，那击败之。被囊轻骑遁走，中山公杜丰精骑追之，度三危，至雪山，生擒被囊、什归及炽磐子成龙，送于京师。慕利延遂西入于阗国。

按《隋书》卷二十九《地理志上》河源郡注云："置在古赤水城（今青海曲沟）。有曼头城、积石山，河所出。"则曼头山当在今青海湖东南共和县一带。慕利延从曼头城向西经青海湖南，到其老根据地"白兰"（即今青海柴达木盆地）。⑨所渡之流沙，当为今柴达木盆地中的沙碛。另一支由原吐谷浑西秦王（北魏所封）慕璝世子被囊等所领军队，为魏军击败后，由白兰向西北，"度三危，至雪山"。三危，据《通鉴》卷一二四胡注："郦道元曰：三危山在敦煌县南。"又，《元和郡县志》卷四十瓜州晋昌县（今甘肃安西东南）云："雪山在县南一百六十里，积雪夏不消，东南九十里。南连吐谷浑。"则被囊等是从柴达木盆地北上，先至敦煌南的三危山，后又向南逃至雪山，被魏军擒获。从青海柴达木盆地西北至敦煌，乃是古青海路的另一分道。⑩而慕利延则渡流沙，西入于阗，"杀其王，死者甚众"。⑪就是说，他是由曼头城沿青海湖南，至柴达木盆地（白兰），西入鄯善、且末，到于阗的，这条路就是所谓的"青海路"。

以后，经由此路往来于西域者，文献记载颇多。《高僧传》卷一十二《释慧览传》云：

> 释慧览姓成，酒泉人。……览曾游西域，顶戴佛钵。……还至于阗，复以戒法授彼方诸僧。后乃归。路由河南。河南吐谷浑慕延（即慕利延）世子琼等敬览德闻，遣使并资财令于蜀立右军寺，览即居之。

此云慧览由于阗至吐谷浑，再从吐谷浑至蜀。据此，可推测他经由的路线，应是从于阗至且末、鄯善，东入青海柴达木盆地，再从青海湖南，经洮水至龙涸（今四川松潘），沿岷江而下到成都。唯慧览经吐谷浑的年代不详，据上文慧览至吐谷浑时，慕利延还未死去，而慕利延死于刘宋元嘉二十九年（452）。[12]故此事当在四四五—四五二年之间。

又，五一八年（北魏神龟元年），北魏遣宋云、惠生一行赴西域所走的路线，也经由青海路。据杨衒之《洛阳伽蓝记》卷五所记：宋云一行"初发京师（洛阳），西行四十日至赤岭（今青海湖东南日月山），即国之西疆也，皇魏关防正在于此"。"发赤岭西行二十三日，渡流沙至土谷浑国。路中甚寒，多饶风雪，飞沙走砾，举目皆满，唯土谷浑城左右暖于余处。……从土谷浑西行三千五百里，至鄯善城。其城自立王，为土谷浑所吞，今城（内主）是土谷浑第二息宁西将军，总部落三千以御西胡。"[13]宋云一行从赤岭西行至土谷浑城，此城法国人沙畹认为在今青海布喀音噶尔沿岸求之。[14]按宋云等经吐谷浑时，吐谷浑王为伏连筹，此时还未以青海西十五里的伏俟城为首都，故土谷浑城不可能是伏俟城。从宋云的路线及文中云"暖于余处"的情况看，土谷浑城当在青海柴达木盆地东南之都兰县。[15]如此，宋云一行的这段路线是从洛阳，西至今西宁西南的日月山，从青海湖南行至都兰，穿柴达木盆地至新疆的若羌。这条路线与慕利延入于阗的路线大致相同。

在宋云一行前后，青海路兴盛情况，还有两事必须提及：一是南齐时（479—502年）漠北柔然与南齐之间为建立抗魏同盟，相互遣使所经由的道路；二是梁代（502—557年）西域的哒、高昌、龟兹（今新疆库车）、于阗、波斯（今伊朗）等不断向梁"遣使朝贡"，所经由的道路。

据《南齐书》卷五十九《芮芮虏传》记：昇明二年（478），太祖辅政，遣王洪轨（又作"王洪范"）使芮芮，"克期共伐魏虏"。建元二年（480）、三年，柔然频遣使至齐。同书《河南（吐谷浑）传》亦云：建元元年（479）齐高帝对吐谷浑使者说："……又仍使王世武等往芮芮，想即资遣，使得时达。"又，永明三年（485），齐遣丘冠先使河南（吐谷浑），"并送芮芮使"。可见，柔然与南齐之间的交通是经由吐谷浑所据的"河南道"的。但文中并未明言河南道以西的通路是取道青海路，还是横切河西走廊，走居延路。上引《芮芮虏传》还记：齐益州刺史刘悛遣使江景玄使丁零（即指从柔然分出的高车国，时控制了高昌、鄯善等地），道经鄯善。[16]显然，江景玄所行之路线是经过吐谷浑，且走的是青海路，此其一。当时，吐谷浑的势力也伸入鄯善、且末之地，与高车国、柔然等争夺这一带地区，此其二。根据上述两点，我们可以推测：南齐时，柔然、高昌等同南齐通使走的是青海路。

到了梁代，远在中亚阿姆河流域的嚈哒（《梁书》中的"滑国"）于天监十五年（516）、普通元年（520）、七年（526）、大同元年（535）、七年（541），向梁遣使。[17]波斯于中大通二年（530）、五年（533）、大同元年，也遣使至梁。[18]龟兹遣使见于记载的有天监二年（503）、普通二年（521）；于阗遣使有天监九年（510）、十三年（514）、十八年（519）、大同七年（541）等。[19]这些地区和国家遣使至梁，是否经由吐谷浑境的青海路呢？首先，从他们至梁的道路来看，从青海、河南入蜀是最捷近的路线。当时，吐谷浑已经成为中西贸易的中继者和向导。[20]他们由青海、河南入蜀完全可能。其次，《梁书·诸夷传》"滑国"云："其（嚈哒）言语，待河南人译然后通。"河南人即吐谷浑人。这不正暗示着嚈哒入梁朝贡（贸易）是通过吐谷浑人的引导，而且走的是青海路吗？再次，《宋高僧传》卷二十七"系曰：未闻中华演述佛教倒传西域有诸乎？通曰：昔梁武世，吐谷浑夸吕可汗使来，求佛教及经论十四条……[21]原其使者必通华言，既达音字。到后，以彼土言译华成胡，方命通会。彼亦有僧，必辗转传译，从青海西达葱岭北诸国，不久均行五竺，更无疑也"。此明言梁代与西域的交通，是"从青海西达葱岭（指今帕米尔）"。因此，梁朝与西域、柔然的交通，是经由青海路的。

不仅如此，五三四年北魏亡后，在北方形成东、西魏，北齐、北周的对峙局面。东魏、北齐因阻于占据河西的西魏、北周，所以它与西域等地的通使贸易，也多由青海路，即经过北面的柔然，然后从河西南下入吐谷浑，由青海路到西域等地。欲证明此点，可举《周书》卷五十《吐谷浑传》所记为例：

　　魏废帝二年（553）……是岁，夸吕又通使于齐氏。凉州刺史史宁觇知其还，率骑袭之于州西赤泉，获其仆射乞伏触扳、将军翟潘密，商胡二百四十人，驼骡六百头，杂彩丝绢以万计[22]。

这条资料表明：（一）吐谷浑夸吕可汗与东魏、北齐通使贸易是横切河西，由凉州赤泉，[23]北入柔然；（二）吐谷浑使者一行由其国重臣仆射、将军率领，且带有西域商胡二百四十人，驼骡六百头，杂彩丝绢以万计，可见，吐谷浑作为中西贸易的中继者和向导是名副其实的；（三）这些商胡显系西域商人，他们在吐谷浑人的引导下，从西域到吐谷浑必定走的是青海路，然后，冒着风险横切河西走廊，不幸的是，这一次为西魏凉州刺史史宁所截获；（四）从商胡从北齐带回来的货物是丝绸来看，当时中西贸易丝绸是主要的商品，青海路成为著名的丝绸之路之一段也是名副其实的。

另外，《续高僧传》卷二《阇那崛多传》还记：印度僧人阇那崛多经渴罗盘陀（今新疆塔什库尔干）、于阗，"又达吐谷浑国，便至鄯州（治今青海乐都），于时西魏后元年也"。他由于阗至吐谷浑，又至鄯州，此段路当经由青海路。唯其到鄯州时的"西魏后元年"，诸家说法不一。夏鼐先生以此指恭帝元年（554）；冯承钧先生说是指废帝元年（552）。[24]按《庾子山集》卷十四《豆卢永恩神道碑》云：永恩于"后魏元年改封龙支县侯。三年，朝廷使大将安政公随突厥（讨）吐谷浑，归国"。安政公即史宁，此事《北史·史宁传》系于恭帝三年（556），则后魏元年当指恭帝元年，夏先生说是。

最后，还要提及的是，1956年在西宁出土的七十六枚波斯萨珊卑路斯王朝（457—483年）的银币，乃是青海路兴盛的实物证据。[25]

青海路的兴盛，一直继续到隋大业年间。公元五八一年，隋文帝统一中国，河西走廊一线开通。但是，内地与西域的交通经常为吐谷浑和北方的突厥所阻，"故朝贡不通"。[26]炀帝即位后，重用裴矩，力图重新打通与西域的通路。于是就有大业四—五年（608—609）宇文述和炀帝亲征吐谷浑之事。结果吐谷浑可汗伏允逃遁，客于党项，"其故地皆空，自西平（今西宁）临羌城（青海湟源县）以西，且末以东，祁连山以南，雪山（指今岷山）以北，东西四千里，南北两千里，皆为隋有"。[27]大业五年，隋于吐谷浑地"置西海、河源、鄯善、且末四郡"。㉘至此，自然地理条件较青海路优越得多的河西路又畅通无阻，成为中西交通的要道。

到大业末（618），"天下乱，伏允复其故地，屡寇河西，郡县不能御焉"。㉙吐谷浑复其故地后，继续充当中西贸易向导的角色，青海路可能一度有所复兴，但终因国内混乱局面而逐渐衰落。

二 唐至五代青海路的衰落

六一八年唐朝建立后，于次年（武德二年）灭李轨，据有河西之地。可是，当时中西陆路交通并未畅通，因为"自隋乱，碛路闭，故西域朝贡皆道高昌"，㉚而高昌麹氏王朝与西突厥联合，"凡西域朝贡道其国，咸见壅掠"。㉛同时，靠近河西走廊的吐谷浑也不时攻略河西、陇右等地，阻碍西域交通。因此，唐太宗在国内基本安定之后，为扫清中西交通的障碍，于贞观八年（634）命李靖为西海道行军大总管，率各路大军对吐谷浑大加征伐。

据文献记载，李靖大军于贞观九年三月于鄯州（治今青海乐都）集结，闰四月，先后击败吐谷浑于库山（即今青海日月山）㉜、曼头山（在曼头城附近）等地。然后由库山分军为二：李靖率李大亮、薛万均、薛万彻、契苾何力等为北路，出其右；侯君集、道宗为南路，出其左。而李靖的北路军追击吐谷浑伏允可汗的行军路线，即青海路。《册府元龟》卷九八九记此路军的路线，是"出曼头山，逾赤水，涉青海，历河源、且末，穷其西境"。北路军从库山出发，西北出曼头山，逾赤水。此赤水即同书所云之"赤海"，《新唐书·薛万均传》记破吐谷浑天柱王的"赤水源"，同书《契苾何力传》作"赤水川"。地当在青海与曼头山之间，即今青海布喀河与茶卡盐池之间的乌兰乌苏河（蒙语红水河之意）。然后大军至青海西十五里的吐谷浑国都伏俟城。关于此，《通典》卷一五五、《新唐书·李靖传》都有明确记载。此时，李靖则留驻伏俟城一带，李大亮、薛氏兄弟、契苾何力等则追伏允于河源。此河源当指隋河源郡的西部。此事在《唐会要》卷八十九"党项"条内有记述，内云："又有黑党项，在赤水（隋河源郡之赤水）之西。李靖之西讨也，浑主伏允奔之，处以空闲之地。"在此地，李大亮曾破吐谷浑于蜀浑山，[33]伏允西走。李、薛等追伏允，沿柴达木盆地至且末。伏允逃入且末与于阗之间的沙漠突伦碛（又作"突伦川"），伏允为部下所杀。后李大亮等回军青海，与李靖会合。如上述路线无大误的话，李靖北路军，特别是李大亮等的行军路线基本上走的是青海路。伏允被杀，其子慕容顺在青海降李靖，唐朝封慕容顺为西平郡王，"继其宗祀，允归令胤"。[34]

过了五年（贞观十四年），唐太宗又遣侯君集等夺取中西交通的门户——高昌，以其地为西州。[35]这样，唐朝终于扫清了河西路的障碍，不久又击败西突厥，尽取西域之地，设置郡县、都护府。从此以后，河西路成了唐朝与西方的交通干线，青海路则趋衰落。

到唐高宗龙朔三年（663），兴起于今西藏的吐蕃王朝灭掉了吐谷浑，尽据青海之地。从而使由青海西宁南下到吐蕃首府拉萨的南路得以兴盛起来。[36]由于吐蕃可以从今西藏西北部进入西域，而且以后他又占领了河西及西域各地，因此，从青海经柴达木盆地入西域的青海路，对吐蕃来说意义不大。同时，由于吐蕃占领了陇右、河西及青海等地，唐代也无法经河西或青海与西域交往，青海路因而更加衰落。

这种情况一直继续到唐末。五代时，河西路又兴盛起来，在北方建国的梁、唐、晋、汉、周等五个政权，与河西及西域的往来还是比较频繁的。他们之间的交通主要还是经河西路。这只要举出晋天福三年（938）高居晦使于阗的行程即可明了。居晦所行的路线是：从灵州（今宁夏银川南）过黄河，经凉州、甘州（张掖）、肃州（酒泉）、瓜州（今甘肃安西东南）、沙州（敦煌），出阳关，西行到仲云（月氏余种，在今罗布泊东南一带），再至大屯城（今新疆若羌），过陷河（今新疆车尔臣水），到于阗。[37]这是由传统的河西路入于阗的。

三 青海路的再次兴盛时期——北宋

北宋建立后，于河西凉州之地置西凉府。据有凉州以西地区的甘回鹘和西州回鹘两个小政权接受宋的封号，并与宋保持着频繁的朝贡贸易关系。因此，在北宋明道元年（1032）以前，北宋与西域的陆路交通主要经河西路。

《宋史》卷四九〇《天竺传》云：宋乾德四年（966），僧行勤等一百五十七人到西域求法，其所历地区为"甘、沙、伊、肃等州，焉耆、龟兹、于阗、割禄等国"。同书《于阗传》记载更为明确，文云，大中祥符二年（1009）于阗黑汗王使者罗厮温奏曰："昔时道路当有剽掠，今自瓜、沙抵于阗，道路清谧，行旅如流。"说明当时的河西路是畅通无阻的。

另外，从内蒙古阴山或蒙古草原经居延海，向西入高昌的"居延路"，也是畅通的。著名的王延德使高昌的行记内，就记载他于太平兴国六年（981），从夏州（今陕西横山西）出发，西经河西走廊北的合罗川（今甘肃弱水）至居延，再向西经马鬃山到伊州（今新疆哈密）、高昌。[38]

上述情况到北宋咸平六年（1003）以后，逐渐发生了变化。由党项为主的割据势力崛起于今宁夏、陕北，此年党项族首领李继迁攻下河西的重镇凉州。在回军时，继迁遭吐蕃潘罗支部伏击，不久死去。至宋景德元年（1004），潘罗支死，凉州大乱，赵德明（继迁子）复取凉州。[39]从此，德明即经常劫掠至宋的贡使，阻断由河西路入宋的交通。如大中祥符四年（1011）八月，回鹘贡奉使过境，为德明所掠，后宗哥族（即后唃厮啰的组成部分之一）"发兵护送，方得至京师"。[40]宗哥族居湟水流域，其护送回鹘使当改道由湟水至临州（治今甘肃临洮）、秦州（治今甘肃天水）一线至京师（开封）。又，《宋史》卷四九〇《大食传》亦云："先是，其入贡路由沙州，涉夏国，抵秦州。乾兴初[41]，赵德明请道国中，不许。至天圣元年（1023）来贡，恐为西人钞略，乃诏自今取海路由广州至京师。"到天圣六年（1028），德明子元昊攻占甘州。明道元年（1032），元昊嗣位，正式建立夏国（西夏），再度从回鹘手中取凉州。景祐三年（1036），元昊羁天竺至宋的进奉僧于夏州，又取"瓜、沙、肃三州"及居延等地，"由是西域贡僧遂绝"。[42]

这样，北宋一方面加强中西海上交通，另一方面则努力从秦凤路一线打通从青海至西域的通道。当时，居于湟水流域的吐蕃各部正好逐渐趋于统一，各部拥唃厮啰为首领，居宗哥城（今青海西宁、乐都之间）。大中祥符八年（1015）唃厮啰遣使至宋，表示臣属，并请讨西夏以自效。明道元年，宋授唃厮啰"宁远大将军、爱州团练使"。就在此年，西夏夺回凉州，"潘罗支旧部往往归厮啰"，厮啰"又得回纥种人数万"。于是，唃厮啰部得以强盛起来。《宋史》卷四九二《唃厮啰传》在叙述了上述事实后，又云：

> 厮啰居鄯州（今青海西宁），西有临谷城（《宋史·地理志》作临西城，距西宁四十里）通青海，高昌诸国商人皆趋鄯州贸卖，以故富强。

内云高昌诸国商人趋鄯州贸易的道路，就是经青海柴达木盆地至西宁的青海路。据此，将青海路再次兴盛的时间大致定为明道元年，是比较妥当的。

至于北宋时青海路行走的具体路线，《宋会要辑稿》第一九七册《拂菻国》条有记载。内云：元丰四年（1081）十月，拂菻国贡方物，其首领"言其国……又东至西大食及于阗王所居新福州，次至旧于阗，次至约昌城，乃于阗界。次东至黄头回纥，又东至达靼，次至种榅。又至董毡所居，次至林擒城，又东至青唐，乃至中国界"。《宋史·拂菻国传》此段作："东自西大食及于阗、回纥、青唐，乃抵中国。"拂菻国即东罗马帝国（拜占庭），[43]其使东经西大食（阿拉伯）到于阗黑汗王朝的新福州（《宋史》作"新复州"），再到旧于阗（今和田），又东北到约昌城（今若羌，《续资治通鉴》作"灼昌城"）。"次东"，则必然进入柴达木盆地西北。"黄头回纥"，据日人考证，即元代的撒拉畏兀儿，[44]今天的撒拉族，时居敦煌南，今阿尔金山一带。"又东至达靼"，《宋会要辑稿·于阗传》作"草头达靼"，显系达靼之一部。按五代至宋，达靼（指所谓的"白达靼"，而非指蒙古黑达靼）居地主要在阴山、贺兰山及其以西一带游牧。[45]但是，北宋时可能有一部分名草头达靼者，南徙到今酒泉、张掖、南祁连山南北麓一带游牧。《续资治通鉴长编》卷三四六，元丰七年六月条记："上初手诏李宪曰：回鹘与吐蕃近世以来，代为亲家。而回鹘东境与鞑靼相连……"回鹘当时居西州（吐鲁番）、甘州（张掖），其东当指张掖、武威南北一带，而祁连山南北麓正是鞑靼游牧生息的好地方。因此，从黄头回纥所在的阿尔金山，经柴达木盆地向东进入祁连山南的草头鞑靼，"次至种榅"。

关于种榅，日本学者有两种说法，一谓即宗哥城，一说即上引高居晦行记中的"仲云"，地在今哈密一带。[46]按"榅"音也读作"浑"，则种榅即仲云之异译。可是，仲云在沙州之西，今哈密、罗布泊一带，不在草头鞑靼与青海之间。正因为鞑靼、仲云主要居地在北，所以有的学者主张拂菻使者从约昌城经黄头回纥后，北上至哈密（仲云），再东北至居延（鞑靼），然后南下横切河西走廊至青唐（西宁）。[47]这种看法首先是与上引文明言使者经由的次序不符。其次，使者必将两次经过西夏控制的河西，而且居延一带西夏也置重镇（黑城），难道使者不怕西夏或契丹的抄略？因此，这种看法是难以让人接受的。按上引高居晦行记中说，仲云系"小月氏遗种也"，而祁连山南原系小月氏故地，[48]这一带留有小月氏余部也是可能的。如此，则种榅是指遗留在祁连山南、草头鞑靼东的小月氏余部。

由种榅再向东，"至董毡所居"。按董毡（唃厮啰子）居青唐城（西宁），[49]故此可能有误。下云之"林擒城"，即宁西城。《宋史》卷八十七《地理志》云："宁西城旧名林金城改今名。"又云："西宁州（即鄯州，治青唐）西至宁西城四十里。"林金城即林擒城，译音不同故。从林擒城，"又东至青唐"。这条道路与青海路基本一致，不同之处是从柴达木盆地至西宁一段，唐以前一般是从青海湖南行走，此为湖北。从青唐向东到临、秦等州，然后由关中到河南，至北宋京师。

又，同上书《于阗传》也云：元丰六年（1083）五月，宋神宗在延和殿召见于阗进奉人安泊，问其经何国来？安答称："由黄头回纥、草头鞑靼、董毡等。"此与拂菻使所走的路线一致。同书又云：神宗令于阗大首领"画到鞑靼诸国距汉境远近图，降付李宪。有朝旨：委宪遣人假道董毡使鞑靼故也"。此事在同书《回鹘传》有记载，内云：元丰七年，"敕李宪择使聘阿里骨（董毡养子），使谕回鹘，令发兵深入夏境"。可见，于阗、西州回鹘与北宋通使同样经由青海路。这条道路一直到北宋末，基本上是畅通的。这只要从于阗等国在北宋宣和年间（1119—1125年）仍不断遣使至宋的事实便可以推知。

最后，还必须说明一点，即北宋时海上交通十分发达，西方有许多国家如印度、大食（阿拉伯）等基本上是从海路到北宋的广州。所以，作为中西陆路交通的青海路的地位，远不如唐代以前了。

北宋以后，青海路虽然也是时断时续，但截至今日，由青海西宁到新疆的公路，基本上仍是采取古青海路的路线。

参考文献

① 见夏鼐《青海西宁出土的波斯萨珊朝银币》，载《考古学报》1958年第1期；冯汉镛：《关于"经西宁通西域路线"的一些补充》，载《考古通讯》1958年第7期；松田寿男：《吐谷浑遣使考》上、下，载《史学杂志》第48编第11、12号；前田正名：《西夏时代避开河西的交通路线》，载《史林》第42卷第1号等。

② 《后汉书》卷八十七《西羌传》。

③ 裴文中：《史前时期之东西交通》，载《边政公论》1948年第7卷第4期。

④ 有的同志引《汉书》卷六十一《张骞传》内云，骞出使西域，"留岁余，还，并南山，欲从羌中归"一句，认为骞走的是青海路。按"并南山"，也可解释为沿祁连山北麓，再进入"羌中"。而羌中只是泛指临洮（今甘肃岷县）以西之地。故上述资料不能证明青海路当时早已存在。

⑤ 《南齐书》卷五十九《芮芮虏传》云："芮芮常由河南道而抵益州"。

⑥ 《宋书》卷九十八《氐胡传》等。

⑦ 见《魏书》卷三十《车伊洛传》。

⑧ 按无讳、安周在高昌重建北凉的政权，于460年为柔然所灭。自444—460年间，这个政权还多次遣使至宋，双方使者往返的道路走的应是青海路。详细考证见唐长孺《北凉承平七年（449）写经题记与西域通往江南的道路》，载《魏晋南北朝隋唐史资料》第1期（内刊）。

⑨ 慕利延西入白兰，见《魏书·吐谷浑传》。又，关于白兰的位置，参见上引《吐谷浑遣使考》上的详细考证。

⑩ 见上引夏鼐先生文。

⑪ 《魏书·西域传》于阗条。又慕利延与被囊分道，可从《魏书》的《天象志》《西域传》等仅记慕利延入于阗的道路，以及别支中山公杜丰所率魏军追被囊等

可知。

⑫ 从《通鉴》卷一七六，系慕利延卒于元嘉二十九年。

⑬ 引自范祥雍《洛阳伽蓝记校注》，古典文学出版社1958年版。

⑭ 沙畹：《宋云行纪笺注》，冯承钧中译文，载《西域南海史地考证译丛六编》。

⑮《中国历史地图集》第四册，即将吐谷浑城置于都兰。又，佐藤长：《西藏历史地理研究》。

⑯ 据冯承钧《高车之西徙与鄯善国人之分散》（载《辅仁学志》第11、12期），江景玄使丁零在齐永明十一年（493）前。

⑰⑱⑲均见《梁书》卷五十四《诸夷传》；同书卷三《武帝纪下》等。

⑳ 见上引《吐谷浑遣使考》下。

㉑ 按梁武帝时，吐谷浑求经论一事，《南史》卷七《梁本纪中》系于大同六年（540）五月。

㉒ 此事又见《魏书·吐谷浑传》，《周书》卷二十八《史宁传》等。《史宁传》记此事为废帝三年，误。

㉓《唐会要》卷七十八记："赤水军，置在凉州西城，本赤乌镇，有泉水赤，因以为名。"

㉔ 见上引夏鼐先生文；冯承钧：《历代求法翻经录》。

㉕ 见上引夏先生文。

㉖《隋书》卷六十七《裴矩传》。

㉗㉙《隋书》卷九十七《吐谷浑传》。

㉘《隋书》卷三《炀帝纪上》。

㉚㉛《新唐书》卷二二一上《西域传》焉耆条、高昌条。

㉜ 关于库山的位置，请参见上引佐藤长《西藏历史地理研究》，岩波书店1978年版。

㉝《旧唐书》卷六十二《李大亮传》。

㉞《唐大诏令集》卷一二九，《原吐谷浑制》。

㉟《新唐书·西域传》高昌条。

㊱ 佐藤长曾撰《唐代青海拉萨间的道路》一文，载《东洋史研究》第24卷第1号，可参考。

㊲ 原文见《新五代史》卷七十四《四夷传附录第三·于阗》。

㊳ 王延德行记见《宋史》卷四九〇《外国传六》高昌国；详细考证见王北辰《古代居延道路》，载《历史研究》1980年第3期。

㊴㊵ 吴广成:《西夏书事》卷七、八;《宋史》卷四八五《夏国传上》等。

㊶㊷ 按《西夏书事》系此事于乾兴元年（1022）五月；又见同书卷十二。

㊸ 张星烺:《中西交通史料汇编》第一册，中华书局1977年版。"据克拉勃罗德及鲍梯以为即东罗马皇帝迈克尔（Michael Ducas）……亨利玉尔以为遣使者，非迈克尔即其政敌白里洋牛斯改撒（Bryennius Caesar）。"

㊹ 桑田六郎:《回纥衰亡考》，载《东洋学报》17卷1号等。

㊺ 参见箭内亘《兀良哈及鞑靼考》卷下，陈捷等译，商务印书馆史地小丛书。

㊻ 见上引桑田六郎文及前田正名文。

㊼ 见前引前田正名文。

㊽ 见《后汉书·西羌传》等。

㊾ 按《宋史》卷四九二《唃厮啰传》云:"董毡病革，召诸酋领至青唐"，可知其住青唐城。

青海平安县出土东汉画像砖图像考[1]

许新国[2]

在人类社会中,人把自己的本质放到自身以外,创造了无数为人们生存所依赖的神,并赋予神以人的性格和意志,从而通过神来表达人的希望和欲求。神的属性与神的完善性,全系于古人所设想的神的全能和创造。而表现神的性格和意志,反映人的希望和欲求的画像,则通过对于神的情感和形象的描绘,使之由不可测度的天界进入人间社会。以美术特具的可视形象使人们更好地感到神的威力,以建立人们心中的丰碑。

由于我们的先人对神的无限敬畏,"于是歌颂其威灵,致美于坛庙,久而愈进,文物遂繁。"[1]所以形成了独具风格的中国古代神话艺术,并有着其发生、发展的历史过程。随着原始氏族公社的瓦解,奴隶制的出现,"人们把生的观念推广至整个宇宙,就产生了统一的至上神。天上的神乃是地上王的投影"。[2]"殷人尊神,率民以事神,先鬼而后礼。"[3]这在艺术的表现上也日渐得到了多层次、多角度的表现空间。

当人们向往神的超人力量时,自身已被它神秘因素的威慑所攫住。汉代,神学作为统治者巩固政权的工具,加之在繁盛的封建经济下人们幻想长生不死、升仙极乐,这使神的信徒们沉醉于蛊惑人心的神秘幻梦

---

[1] 论文原载于《青海社会科学》1991年第1期。
[2] 许新国,山东邹平人,原青海省文物考古研究所所长,研究员。

中，迷恋来世的幸福。他们为死后的海市蜃楼所诱惑，不再了解环绕在他们周围而可以感觉到的现实世界。这一时期有关神的画像大量出现于墓室、宫殿之中，表明了神与人、神与物、神与社会间的关系，形成了中国神的画像发展史上的高峰。平安画像砖为我们留下了这一历史时期画像的实物资料。

1982年，青海省文物考古队在海东地区平安县窑坊发现汉代墓群一处，同年进行发掘，其中发掘画像砖墓两座。其中一墓虽遭破坏，但仍见一百三十四块画像砖镶嵌在墓壁上，砖长20厘米、宽16厘米。墓葬均为单室穹庐顶砖室，伴出的还有五铢钱和丝绸残片等随葬品，其年代为东汉晚期，下限可至三国时期。

据原发掘报道："画像题材丰富多彩，有力士、甲骑、宴饮、神鸟与日月舞人等六种。画像砖排列为，墓门两边有两块甲骑；墓室甬道每边为六块。这六块又分为上下两层，上层甲骑，下层力士；墓室西壁共八块，排列四层：一层力士，二层甲骑，三、四层为宴饮、神鸟、日月舞人；墓室东壁、南壁、北壁的排列方法，内容与西壁略同……力士砖被置于墓室的最下层。"[④]这批画像砖为以往所未见，其构图新颖，画面简洁，雕刻风格粗犷古拙，不仅是艺术珍品，而且对研究古代的丧葬制度、神话传说和宗教思想都具有重要的参考价值。这批画像砖的墓葬资料尚未发表，但其照片发表于《全国出土文物珍品选》图册中。现就画像砖的图像，按墓室砖列的位置，从上而下的顺序进行考证和研究。

一　日月舞人即月亮神图

日月舞人画像砖列置于墓壁的最上层，图像为一站立的妇人形象，椎髻、长阔脸、大耳。上身穿窄袖长袍，交领，右衽。下身着襞裙，裙带自肩背处伸出，飘绕于手臂。其右臂下垂，左臂托举一轮新月，高度齐眉，头部左侧方为一太阳图像，太阳里有一鸟，形依稀可辨。笔者认为，此画像人物应系古代神话传说中的月亮女神（图版一）。

在以往出土的汉代砖画中，女娲的图像常见捧月，故女娲应是月亮

图版一

神，而在古代的神话传说中，女娲还被追奉为人类之母。女娲始见于《楚辞》《礼记》和《山海经》，而对她事迹的详细记载却是在汉人的著作中。西汉《淮南子》记录了她炼五色石补苍天的神话；东汉《风俗通义》又记载了她团土造人的传说。

在我国出土的汉代画像砖中，女娲的形象常同伏羲联在一起，伏羲最早被汉族崇奉为神是在战国，而被列为三皇之一，是在秦以后。人们一直把他作为自己的始祖。关于他们兄妹相配的神话，最早见于唐代李冗的《独异志》内。到了西汉，他们始出于同一画面。东汉以后，其形象大量出现于绘画之中，且常作交尾之状，比较明确地反映了他们这对偶神的关系。

西王母亦被古人作为月亮神来看待，最早见于《山海经》的记载。随着时代的发展，她的形象、性别、职司、神性都有了较大的变化。在《穆天子传》中，西王母由山神演化为"人王"。在《淮南子》中，西王母由"司天之厉及五残"的凶神变成"托身于月"据有不死之药的吉神。到了西汉初，这位"豹尾虎齿"的丑人一变而为容貌绝世的灵人美女。这些变化反映了西王母所处空间位置的扩大。"万民皆仰西王母"，[⑤]拥有万民信仰的西王母，人们祭祀她主要是因为其具有幸福长寿的神性。

同西王母相对应的是东王公。该神的由来，据考证与日神"东皇""东君"有关。到了汉代，它同西王母形成配偶关系之后，成了分管男仙名籍的领袖，从此在神界中占据了较高的地位。

东王公、西王母在中国宗教史上，汉以前并不占有重要地位。西汉以后，由于他们所属神性人为的发展，出于社会的功利目的，得到了上层社会的重视，因而被列为重要神祇。他们在神界地位的提高，同当时盛行的道家思想密不可分，西王母遂成为道家修炼成正果的神仙，她与东王公对偶关系的日趋明确，又成了分管男仙、女仙的两大首领。这种对偶关系的形成，正是朝着世俗化方向发展的必然结果。

在汉代神画像中，虽然两对主神分属不同思想体系，其成因与发展也不尽相同，但它们之间还是有许多共性。如均同日、月神有关，均有男女、阴阳对称关系；均表现为功能对称；规天矩地，分管男仙女仙等等。这种对称关系，反映了世俗对于天仙神灵的要求，也是世界所存在的一种普遍的对称现象的反映。由于汉代神画像所处的地域不同，形象的对称和结构的对称又显示了它的多样性和复杂性。

作为月亮神，平安出土的这块显著标志是为一女人，手捧新月，同以往我国出土的画像均有差异，唯一的对称是日月。天体中最引人注目和经常影响人们生活的是日月，故世界各国在远古社会中几乎都存在着不同形式的日月崇拜。"日月所以悬著何？助天行化，昭明地下也。"[6]"日月扬光者，人君之象也"，[7]它们的自然属性被人格化，成为代表天意的最高统治者"助天行化"的工具。它和阴阳的契合，更成为汉代哲学中用以引申的概念。同时它又附会了男女不同的性别，在汉代画像中，常见伏羲手托日轮，女娲手托月轮，亦有将日月捧于胸前者，以示日、月神的地位。平安出土的画像砖，仅有月神，而未见日神，但在其旁画有一太阳，反映了地方的特点。在日月形象的刻画上，平安的这件也不同于其他地点所出。其他地点画像中日月的外形一般都描画为圆形，这种构想并不是随意为之的，而是和汉人的宗教思想紧密相连。"政太平则日圆而多辉，政升平则月清而明。"[8]例如，在成都天回山崖墓石棺等画像中，伏羲、女娲就是各自手托一圆轮，而平安的这件太阳为圆形，月亮却画作弯形。

太阳中有鸟的形象，平安的这件与以往所出相同。太阳和鸟的关系早在"十日并出"的神话年代就已形成，"下有汤谷，汤谷上有扶桑，十日所浴，在黑齿北。居水中，有大木，九日居下枝，一日居上枝"，[9]"汤谷上有扶木，一日方至，一日方出，皆载于乌"，[10]而"尧命羿仰射十日，中其九，乌皆死，坠羽翼"的神话，[11]后来却引起了屈原的反诘，"羿焉毕日，乌焉落羽"，[12]可见到战国时日与乌即联系在一起。到了汉代，日中的踆乌又和为西王母取食的三青鸟联系起来，"旧者阳精之宗，积而成鸟，象乌而有三趾"，[13]所以踆乌变为三足乌，其形象增加了更为明显的特征。在其他地点所出的汉画中，日中的踆乌常作飞形或立状，平安的这件踆乌亦为立姿。与其他地点的形式差异，反映了神话的地方特色，体现了作者的审美情趣。

此砖图像中的月亮神。月亮在右，太阳在左，仅有一妇人图像，《历中经》云："西王母夫人两乳者……左乳下有日，右乳下有月。"这种集太阳、月亮于一身的说法，仅见于文献，尚未得到出土文物的证实。平安出土的这块，距此说不远。太阳、月亮、妇人在同一幅画面上刻画，也许是二者集于一人的另一表现形式。因此，笔者认为平安出土的这件月亮神图像可能更接近于西王母。

与其他地点出土的画像相比，平安出土的这件，没有对称的东王公、异兽、仙人、龙虎座等常见的形象。但对称的日月形象以及日中的踆乌等为我们识别其形象，提供了切实的依据。

需要指出的是，主神的形象不是单一的、清晰地呈现于人们的感官，而是多重地、模糊地进入人们的意识，是不同时代、不同地域和民族而造成不等的状况。所以在主神的形象系统的组合上并没有一个既定不变的模式。

二 神鸟——凤凰图

神鸟砖被置于从下往上数的第三层与第四层。图像为一相向而对立的一对鸟形。应是传说中的凤凰图像。同河北省望都二号汉墓出土的石枕彩绘"双凤含仙草"图案接近[14]（图版二）。

首先应当指出，凤和凰在神话中原本是神鸟，凤与凰其实都不是任何现实鸟类的化身。只是在有了凤凰的概念以后，人们才试图从现实中找到一些鸟的形象比附和实体化。

《山海经·南次三经》云："丹穴之山……有鸟焉。其状如鸡，五彩而文，名曰凤皇，首文曰德，翼文曰义，背文曰礼，膺文曰仁，腹文曰信。是鸟也，饮食自然，自歌自舞，见则天下安宁。"孔颖达传："雄曰凤，雌曰凰。"

《说文》云："凤，神鸟也。天老曰：'凤之象也，鸿前麐后，蛇颈鱼尾，鹳颡鸳思，龙纹龟背，燕颔鸡喙，五色备举。出于东方君子之国，翱翔四海之外，过昆仑，饮砥柱，濯羽弱水，莫宿风穴，见则天下安宁'。"《说文古本考》谓"莫宿风穴"古本作"莫宿丹穴"。丹穴即《山海经》所谓"丹穴之山"。凤之形象大略备于斯。

郭沫若先生在《卜辞通纂》中说："古人盖以凤为风神。"《禽经》亦说："凤禽，鸢类。越人谓之风伯。飞翔则天大风。"凤鸟就是风伯，古人已清楚地指出了这一点。凤凰亦是"火精"，是太阳的生命意象。太阳每天象鸟一样运行不止，所以先民把它看作有生命的神鸟。

图版二

凤凰画像被做成画像砖嵌入墓壁，是因为凤凰是一种祥瑞之鸟，"见则天下安宁"，起保佑死者亡灵的作用。

三　宴饮——佛教比丘图

该画像砖中，有一庑殿顶的房屋。屋檐两头用木柱支撑，木柱与屋檐之间接以栌斗，从图像上观察，栌斗系穿斗式结构，木构架的结构技术已日渐完善和成熟。这种中国建筑所特有的斗拱，在汉代不仅见载于文献，还多见于东汉的石阙、崖墓和明器之中，在东汉画像砖建筑图像中也屡有发现。这时的斗拱既用以承托屋檐，也用以承托平坐，它的结构机能是多方面的，同时也是建筑外观形象的一个重要组成部分（图版三）。

图版三

房屋内有两个人物。均头戴僧帽，身披复肩袈裟。左边一人，右臂下垂于股，左臂袒露。右边一人，左臂垂直于膝，右臂袒露。两人相对禅坐于巨案上。左边人物的左臂同右边人物的右臂，连臂放置于二者之间的一件钵上。案下有一小人双手捧一侈口细颈圆腹罐，做跪伏侍奉状。

二者头部供奉一瓶，瓶中插有兰草。

图像中禅坐的人物系佛教僧人比丘形象。比丘是出家受具足戒者的通称，男称比丘，女称比丘尼。两比丘相对而坐叫作对首，对首系佛教三种羯摩法之一。

比丘之间供奉的巨瓶是天德瓶，又叫宝瓶，佛教认为天德瓶是菩提的心，它同如意珠一样，能够满足人间的一切乐欲。

禅坐又名结跏趺坐，是佛教修禅人的典型坐法。佛教认为采用这种坐法最安稳不疲极，"魔王见之其心恐怖"。

案下捧罐侍奉的小人应是饿鬼。饿鬼是佛教三涂之一，受地狱之苦，为佛教诸天所驱役。钵是比丘的食器，佛教称为应器，即应该受人供养者所用之食器。

整个画面反映的可能是僧道送丧的情景。《燕翼贻谋录》说僧道送丧即"丧家命僧道诵经设斋作醮，日资冥福也"。

佛教传入我国，殆始于西汉末期[15]。东汉时特别是东汉后期因社会危机日益加重而导致的政治腐朽，道德沦丧，物质贫乏，达到类似罗马帝国产生基督教时的那种"经济、政治、智力和道德的总解体时期"[16]的严重程度，人们为寻求精神上的解脱，就纷纷沉湎于宗教。

画像砖属东汉后期，那时，人们以四神象征四方星座，并普遍把象征太阳、月亮的"伏羲""女娲""东王公"和"西王母"当作神仙来供奉。画像砖中佛教比丘图既然列置在与"月亮神""凤凰"相对应的位置上，可知也是当作一种神仙来供奉的。这种对远方地区的地理认识中的神话传说，到东汉后期已并入太平道的信仰之中。如《太平经·师策文》《解师策书诀第五十》便有"使人寿若西王母"（王明《合校》本62、68页，中华书局1960年版）之说。当东汉顺帝以后，太平道和天师道等早期道教盛行于大河上下，长江南北之时，"伏羲"与"女娲"，"东王公"与"西王母"已成为道教信奉的神人。平安画像砖墓正值其时，那时的神仙图像，自然具有道教信仰的性质。

综上所述，至少可以得到或加深以下几点认识：(1) 最迟至东汉的桓、灵时期，在青海省的湟水流域，佛教图像已经有了一定程度的传布，佛教信仰已扩大到地方豪右这一阶层中的某些人之中；(2) 当时的佛教信仰，的确是同其他起自本土的信仰交糅在一起，它还处在早期道教、神仙思想乃至传统的土地崇拜的附属地位，但佛教信仰毕竟已经占据了一定的思想阵地，并正在逐步扩大。

东汉时期的佛教艺术作品，过去已有零星发现，但由于材料不足，对于当时的艺术手法还说不清楚。现从平安县出土的佛教画像砖可以明显看出，我国早期的佛教图像雕刻，并没有明显的犍陀罗艺术风格。用中国汉代传统的画像雕刻技法，表现外来的佛教题材，是平安画像砖佛教图像的重要特点。

对中国东汉时期的佛教图像，俞伟超先生在《东汉佛教图像考》《孔望山摩崖造像的年代考察》等文章中，[17]进行了详细的考定，使过去难以判断的某些佛教图像，得以肯定。平安画像砖是中国东汉时期存在佛教图像的又一重要佐证。

四　甲骑——武士图

甲骑图像共有两种，均为武士形象，头戴盔，身穿甲下身铠甲过膝。手中执矛，面向墓室。而武士所骑的骏马也头朝墓门，一方面象征着墓葬的主人生前是征战的武将；另一方面象征这些武士正在为保护墓主人亡灵的安全而恪尽职责（图版四、五）。

从图像上看，战马的马具有辔头，包括络头、衔、缰绳等。鞍具有鞍、鞯和障泥，胸带和鞧带，未见马镫。是否存在着鞍桥从图像中看得不甚明显，但固定鞍具的胸带和鞧带则很清楚。

两块甲骑砖雕刻技法均显粗犷而古朴，体现着汉代雕刻艺术的气势与古拙的艺术风格，给人们以丰满朴实的意境。

五　力士——"土伯"图

被称作力士的画像砖列置于墓壁的最下层。所见形象是粗眉大眼，

图版四

图版五

高颧长耳,颏下有须。其上身裸露,胸肌暴突。下身穿短裤,两腿下蹲,双臂弯曲伸至耳际做托举状,实为一令人恐怖的大力士形象(图版六)。

我们认为,这个力士形象应是"土伯"。

《楚辞·招魂》记载了当时荆楚地区的巫师向东南西北及上天下地六方招魂归来的招辞。招辞中所说东南西北四方的内容,图像中没有表现,

图版六

但上天、下地二方却画出了主要内容。从整个画像砖排列顺序来看，月亮神、凤凰、比丘、甲骑等图像列置于力士之上，应为上天，而力士则为下地。如《招魂》中说：

> 魂兮归来，君无上天些。虎豹九关，啄害下人些。一夫九首，拔木九千些。豺狼从目，往来侁侁些，悬人以娭，投之深渊些。致命于帝，然后得瞑些。归来归来，往恐危身些。
>
> 魂兮归来，君无下此幽都些。土伯九约，其角觺觺些。敦脄血拇，逐人駓駓些。参目虎首，其身若牛些。此皆甘人，归来归来，恐自遗灾些。

所谓上天之中的"虎豹九关"，王逸的注释是"天门凡有九重，使神虎豹执其关闭，主啮天下欲上之人而杀之也"。所谓"幽都"，王注："地下后土所治也，地下幽冥，故称幽都。"所谓幽都的"土伯"，王逸又解释它是"其身九屈"，"广肩厚背"，"身又肥大，状如牛也"。这些特征，与平安画像砖中参目虎首，屈身硕肥的力士形象极其接近，这当是"土伯"无疑。

自古人世称为阳世，把地下称为阴间，这在镇墓文中有这样的描述：

> 生人上就阳，死人下归阴；生人上就高台，死人深自藏。"[18] "上天苍苍，地下茫茫，死人归阴，生人归阳，生人有里，死人有乡。[19]

东汉人不仅认为有阴间和阳间，而且还认为，阴间同阳间一样，也有由冥吏所构的地下官僚体制。见于镇墓文中所说的地吏多见"冢公、冢伯、墓伯、丘伯和土伯……"[20]在汉代或汉代以前，公伯是对神的称呼。如称河神、风神为"河伯""风伯"，称社神为"社公"，宋玉称土神为"土伯"。

汉人想象的阴间地府，将"土伯"形象列置于墓中，其主要目的是让死者的亡灵得到土神的保护，免受啄害，早日悠扬于太空，认此以归。招魂之俗，在东汉时的青海占有一定地位，是显而易见的。

画像砖是一种难得的艺术品，制作过程虽不太复杂，但也必须经过能工巧匠之手，非一般人所能胜任。据研究，其制法是：先将所绘图像画面描绘在专门的模具上，再将画面剔去一层，加上必要的线条做成模子，再用模子压印湿软的土坯，晾干烧制而成。因此，画像砖具有雕塑和绘画两重意义。

画像砖墓所在的平安县，在汉代系边塞重地。《后汉书·西羌传》谓元鼎六年平羌以后，始置护羌校尉，《汉书·地理志》失载。《通鉴·汉记》四十一永初四年条云："按《水经注》羌水出湟中西南山下，迳护羌城东，故护羌校尉治，又东经临羌城西，护羌校尉盖治临羌县界也（笔者注：今湟源）。然宣帝置护羌校尉，本治金城令居，东都定河陇之后，护羌校尉治安夷县（笔者注：今平安驿），既而自安夷徙临羌。"《后汉书·西羌传》云：建初元年"拜故度辽将军吴棠领护羌校尉，居安夷。二年夏，……武威太守傅育代为校尉，移居临羌"。平安县的所在地平安驿，即汉代所置的安夷县，历史上曾是护羌校尉的治地，画像砖墓在此地出土，对于考察这一段史实，也有重要的价值。

六　结语

　　秦朝灭亡之后，代之而起的汉王朝通过实践的反馈调节，纠正了战乱中偏离稳定的振荡现象，重新回复到稳态，这是地主阶级成长和封建制度完善过程中由成功经失败再向正常轨道转折发展的历史转折。同这一历史转折紧密相关的，是统治集团对于统治思想的抉择和对历史经验的总结。他们实行了"清静无为，与民休息"的政策。通过建立法令，招募流亡，废除徭役，和安边塞，屯垦卫戍，消灭割据，分封诸王，迁徙豪强等一系列政策的实施，很快就医治了战争的创伤，带来了经济的繁荣，为强大的汉朝奠定了基础。

　　汉初，采取了"无为而治"的原则。将老子小国寡民的思想，改造成新型的统一封建制度的政治思想，"载其清静，民以宁一"。[21]到汉武帝时，又"罢黜百家、独尊儒术"，儒家思想开始占统治地位。后来董仲舒将儒家学说和阴阳五行结合起来，终于建立起了以"天人感应""君权神授"等神学目的论的唯心主义思想体系，从而成为汉代占统治地位的儒教神学和官方哲学。假天之威来弥补强力统治的不足，把汉王朝中央集权的封建制度视为天授的、永恒不变的神圣制度，是神的意志的体现。

　　汉代社会的特殊境况，决定了它需要道家的神仙思想作为统治思想的添加剂，故儒道两家虽各树一帜，但不尽相斥。神在人们的意识中构成了一种自由地、浪漫地游戏于人世之外的精神实体，人们祈求将自身扩展到人世间不易得到的自由空间中去。在这种通往神仙世界的迷途中，有许多求得躯体不朽的道术，不仅有炼丹和药物，还有服食、呼吸、导引、房中以及静坐冥想等，而以方术之士作为人类通往神仙世界的使者。借助这一切"企冀列入仙班，或羽化或登仙"。[22]

　　平安汉画像砖是顺应这一历史土壤和结构而产生的。汉代画像作为中国神话史发展的中介，它有着与前朝相继承与发展的关系，但由于年代久远，能够窥见这种关系的实物与文字资料所剩无几。从这个意义上讲，平安画像砖是弥足珍贵的。

（本文所用的照片均由本所刘小何同志拍摄，特此说明并表示感谢）

参考文献

① 鲁迅：《中国小说史略·神话与传统》，人民出版社 1975 年版。

② 王友三：《中国无神论史纲》，上海人民出版社 1983 年版。

③ 《礼记·表记》。

④ 《我省发现画像砖墓》，《青海日报》1982 年 8 月 24 日。

⑤ 张华：《博物志》。

⑥ 班固：《白虎通义》。

⑦ 《瑞应图》。

⑧ 《礼斗威仪》。

⑨ 《山海经·海外东经》。

⑩ 《山海经·大荒东经》。

⑪ 《淮南子》。

⑫ 屈原：《离骚》。

⑬ 张衡：《灵宪》。

⑭ 河北文物队《望都二号汉墓》，文物出版社 1959 年版。

⑮ 汤用彤：《汉魏两晋南北朝佛教史》。

⑯ 恩格斯：《布鲁诺·鲍威尔和早期基督教》，《马克思恩格斯全集》卷 19，第 334 页。

⑰ 俞伟超：《先秦两汉考古学论集》。

⑱ 《艺术丛编》第二册。

⑲ 《古器物款识小录》。

⑳ 罗振玉：《地卷征存》。

㉑ 《史记·曹相国世家》。

㉒ ［英］李约瑟：《东方长生不老丹的概念与化学药剂》。

西汉时期湟中地区的交通[①]

陈新海[②]

湟中，指湟水谷地，《资治通鉴·汉纪》云："湟中，湟水左右地也。"由于湟中地处河西走廊之南，黄河谷地之北，特别是对河西走廊具有特殊的意义。西汉时期，匈奴强盛一时，不仅占据着河西走廊，而且，控制着西域诸国和活动在湟中地区的西羌诸部。横亘在河西走廊和湟中之间的祁连山，虽有绵延千里的高大山脉，但其间的阙口、河谷亦复不少，有不少河流均发源于祁连山南麓，经河谷、阙口而北流入河西走廊，诸如武威郡姑臧县的谷水、张掖郡觻得县的羌谷水、酒泉郡禄福县的呼蚕水、敦煌郡冥安县的籍端水和龙勒县的氐置水等，均是如此。而这些阙口、河谷就成为匈奴与西羌相互联系的通道，常常导致胡羌合兵攻击西汉边郡。当武帝为解除匈奴的威胁，割断胡、羌联盟，而有汉军进入湟中地区。同时，也促进了湟中地区的交通的发展。

西汉时期，湟中地区的交通从其走向上看，可分为三个方向，即北向与河西走廊诸郡的交通；东向与金城的交通；西向与鄯善间的交通。现略作叙述，以求指正。

[①] 论文原载于《中国历史地理论丛》1997年第1期。
[②] 陈新海，山东冠县人，廊坊师范学院社会发展学院教授。

一　北向：湟中与河西走廊间的交通

汉宣帝神爵元年（前61），因义渠安国处理西羌问题不善而招致先零羌部落的反叛，义渠安国战败，兵退令居。汉宣帝派赵充国将兵平叛。赵充国进至金城后，渡黄河，过四望峡，至西部都尉府。时酒泉太守辛武贤建议：先兵分两路由张掖、酒泉南进，合击位于"鲜水北句廉上"的罕开羌，以去先零羌之势，再进而平先零羌。于是，宣帝命辛武贤将兵出击"去酒泉八百里"的罕开羌，又命赵充国，"鲜水北句廉上"的罕开羌距"将军可千二百里。将军其引兵便道西并进，虽不相及，使虏闻东方、北方兵并来，分散其心意"，以起威慑之作用。这一计划终因赵充国的力谏而未实施，却向我们提供了张掖、酒泉至湟中的交通的有关消息。在弄清这条路线的具体走向之前，需先搞清先零羌、罕开羌及鲜水的具体位置。

先零羌，西羌诸部中最强的一支，居于湟水谷地。武帝元鼎五年（前112），与封养、牢姐等羌解仇结盟，北联匈奴，合兵10万，共攻令居、安故，围困枹罕。六年冬，汉遣将军李息、郎中令徐自为将兵10万击平之。"羌乃去湟中，依西海、盐池左右。"[①]40余年后，宣帝元康初年，要求"渡湟水北，逐民所不田处畜牧"，"是后，（先零）羌人旁缘前言，抵冒渡湟水，郡县不能禁[②]"。先零羌又回到了湟水谷地，是以才有赵充国湟中之行。

罕开羌为罕羌、开羌的合称。时因部落势弱而依附于先零羌。[③]居住在祁连山南麓，北当张掖、酒泉、敦煌郡。[④]《汉书·地理志》张掖郡觻得县条下载："羌谷水出羌中，东北至居延入海，过郡二，行二千一百里。"酒泉郡禄福县条下载："呼蚕水出南羌中，东北至会水入羌谷。"敦煌郡冥安县条下载："南籍端水出南羌中，西北入其泽，溉民田。"龙勒县条下载："氐置水出南羌中，东北入泽，溉民田。"羌谷水为今张掖河，亦名黑河；呼蚕水为今北大河；籍端水为今疏勒河；氐置水为今党河；均发源于祁连山南麓。可见，西汉时，祁连山南麓是有羌族居住的，而且是适宜畜牧的好地方。《太平寰宇记》卷一五二《陇右道·甘州》张掖县条下引《西河旧事》云："祁连山在张掖、酒泉二郡界之上，有松柏五木，美水茂草，山中冬温夏凉，宜畜牧，牛羊充肥。"罕开羌大致就活动在这些河流上源所形成的谷地之中。

对鲜水的地望，目前有二种解释，一是认为鲜水即鲜水海，即今青海湖。顾祖禹、齐召南、魏源等均主此说。顾祖禹《读史方舆纪要》"西海"条云："西海亦曰仙海，亦曰青海，亦曰卑禾羌海，亦曰鲜水海"，鲜水就是指鲜水海。齐召南《宏达堂丛书·水道提纲》"青海"条云："青海在西宁府边西五百里，古名西海，亦曰卑禾羌海，即鲜水也。"魏源《国朝绥服蒙古记》云："青海，古西海郡，在西宁府三百余里，其水周七百余里，群水绕之，潴而不流。蒙古语曰'库克淖尔'，又谓之'察汗托罗海'。环海居者皆番族，分左右二境，下界海岸，上界湟水。其地西回疆，南卫藏，北玉关，袤延二千余里，至京师五千余里，本汉时鲜水诸羌也。"另一种认为鲜水为羌谷水，即今张掖河。《括地志》云："合黎，一名羌谷水，一名鲜水，一名覆表水，今名副投河，亦名张掖河，南自吐谷浑界流入甘州张掖县。"⑤鲜水为今张掖河即黑河是正确的。"鲜水海"一词最早出现于《汉书·王莽传》中，其传云："羌豪良愿等种，人口可万二千人，愿为内臣，献鲜水海、允谷盐池"，王莽以其所献地置西海郡。《汉书·地理志》"临羌县"注云："西北至塞外，有西王母石室、仙海、盐池。"鲜水海即仙海。若罕开羌在今青海湖北，这不仅距酒泉的距离远超出"八百里"之数，距赵充国却没有"千二百里"之遥，里数不符；而且，酒泉兵、张掖兵也无法合击罕开羌，与辛武贤的计划不符。再者，罕羌活动在张掖、酒泉郡南的发源于"羌中"的鲜水上，此鲜水当为今黑河无疑。而《汉书·地理志》所云的出羌中的羌谷水当指今黑河的西源，而非东源俄博河。黑河从托勒山发源后向东流至黄藏寺附近折而回流，正好形成一个钩子的形状，这与颜师古在为"句廉"所作的注"句廉，谓水岸曲而有廉棱也"相符。这正是"鲜水北句廉"的地方。最后，辛武贤的计划是兵分两路，一路从张掖出发，一路从酒泉南进，两路分别沿着今宁张公路北段和北大河河谷南进，而黑河与北大河均发源于托勒山的南北麓，酒泉军沿北大河及其支流朱龙关河到今托勒以后，北越热水达坂即可进入黑河上游；张掖军南行越扁都口至今俄博，转而沿黑河东源俄博河西行，即可与酒泉军相遇，正可达到"分兵并出张掖、酒泉合击䍐、开在鲜水上者"的军事目的。在这个军事计划中，要求赵充国沿湟水西进，以起到牵制先零羌，震慑䍐开羌的作用，并没要求赵充国直接出击䍐开羌，诏书中所说的"将军其引兵便道西并进，虽不相及"其意就是在当时的形势下，赵充国的军队尚不能直接参与合击䍐开羌的战斗，即不能到达"鲜水北句廉"，合击䍐开羌主要是张掖、酒泉两军的任务。

在辛武贤的军事行动计划中，只说明了由张掖、酒泉到祁连山南鲜水的路线，对由张掖或酒泉如何到湟中却没有交代。从当时的形势和地理条件来讲，由张掖、酒泉到湟中的路线是由张掖南至今民乐，越扁都口至今俄博，转而沿俄博河西行到今祁连，南行过大通河上游至今海晏境内，即青海湖北岸地区；若由酒泉出发则沿北大河谷进入祁连山南麓，越大通河上游，即可到达今海晏县境内。由今海晏到湟中就较便捷了。这条由河西走廊的张掖、酒泉南到青海湖北岸的道路，对于匈奴、西羌来说是很重要的。征和五年（前88）先零羌豪封煎等遣使通匈奴，走的就是这条路。[⑥]由这条路北行至张掖郡境后，北行过长阮和穹水塞（在日勒、番和北）、盐泽（即休屠泽以西的大盐池，今日的雅布拉盐池），再经沙阴（今腾格里大沙漠北侧），[⑦]就可到达匈奴地界。

从张掖经扁都口到俄博，除了西行到青海湖北岸这条路之外，尚可由俄博继续南行过大通河，进入今西宁的北川河谷地，南行至西宁，这就是今宁张公路线。这条路在西汉时亦很重要，西汉中后期在今西宁北的长宁川，修建了一个长宁亭。[⑧]20世纪70年代末80年代初，在今大通县后子河乡上孙家寨发掘出30余座汉墓，随葬品中有600余枚汉武帝至汉宣帝时期的五铢钱，大量有关军事方面的木简以及印章（阴刻篆书"马良私印"）。[⑨]众多的汉墓、军事方面的木简等都可能与赵充国屯田有密切关系，只有在赵充国屯田湟中之后，汉军才大量地留在湟中地区。这些汉代文物的出土，正说明今宁张公路在汉代已成为湟中地区与河西走廊间的重要通道。

明清时期，由河西走廊经扁都口到青海湖畔或今西宁的路线仍很兴盛。

《秦边纪略》卷三《甘州卫》"甘州南边"条云："凡往来青海、西宁者，由口（指扁都口）而行，路虽逾山，实为捷径也。""甘州南边近疆"条亦云："有明时，张掖、青海相往来，内若王师，外若海夷，咸出入扁都口，而止宿于野马川。盖山口之路宽平，而山中之水草丰茂也。海氛靖，川之草木猥奥，今则披山通道，出入扁都口者，马相接，肩相摩矣。"

二 东向：湟中与金城间的交通

西汉时期，湟中东向与金城（今甘肃兰州附近）间的交通道路，可分为北道和南道。这两条道路在《汉书·赵充国传》中均有记载。

北道 其传云："充国子右曹中郎将卬，将期门佽飞、羽林孤儿、胡越骑为支兵，至令居。虏并出绝转道，卬以闻。有诏将八校尉与骁骑都尉、金城太守合疏捕山间虏，通转道津渡。"卬押运粮草为赵充国的"支兵"，走的这条"转道"（颜师古注曰："转道，运粮之道也"）即是西汉进入湟中的一条主要道路。武帝时，霍去病击河西匈奴时，就曾筑令居塞，令居塞成为西汉进入湟中的桥头堡。征和五年，李息、徐自为将兵10万平先零羌、封养、牢姐诸羌兵攻令居、安故之乱，概是从令居入湟中，将先零等羌逐出湟中的。宣帝神爵元年，义渠安国使行诸羌，斩先零羌豪30余人，先零羌叛，"安国以骑都尉将骑三千屯备羌，至浩亹，为虏所击，失亡车重兵器甚众。安国引还，至令居，以闻"。义渠安国所走的也是此道。

赵充国和赵卬均由金城出发，兵分南北两路向湟中进发。概因北道为西汉军队、使臣往来之路，沿途有军卒护卫，故命赵卬从此道西行，以确保安全。西羌也知道这条路是汉王朝进入湟中的重要道路，故设有羌兵阻挡，袭扰赵卬之粮队，这才有金城太守等搜捕山中羌虏，疏通运道津渡之举。

赵卬所走的北道是由金城西行渡黄河，沿乌亭逆水北行，经枝阳、允街等县，至令居塞（今甘肃永登西），折而向西南，至位于浩亹水上的浩亹县，过浩亹水西行至今冰沟，冰沟在今青海乐都县境，靠近大通河西岸，清时设冰沟堡，"北负卓子山，南面荒山，中通一径，乃庄、湟必由之孔道也。……自是而东北，由大通河则庄浪之西大通矣"[10]。庄浪治永登，西大通又称河桥驿，即汉浩亹县治。由冰沟南行即可到达今民和的上川口，上川口有一古城，即是西汉金城郡西部都尉府治所，[11]正与赵充国会合。

南道 即赵充国进军湟中的路线。其传云："充国至金城，须兵满万骑，欲渡河，恐为虏所遮，即夜遣三校衔枚先渡，渡辄营阵，会明，毕，遂以次尽渡。……遣骑候四望峡中，亡虏。夜引兵上至落都，……遂西至西部都尉府。"赵充国到金城之后，待兵满万骑，遂率军西渡，过四望峡。四望峡，一说为今老鸦峡，一说在今八盘峡。文颖为四望峡作注云："金城有三峡，在南六百里。"四望峡即是金城三峡之一，金城在今兰州市附近，而老鸦峡在今乐都县境，两者相去远矣。据李文实等人的考证，[12]四望峡即今八盘峡一带；落都也非今乐都，而是羌语"隆多"的谐音，意为川口或沟口，地在今八盘峡西北的张家台一带。过四望峡、落都之后，经今古鄯、巴州至上川口古城，即西部都尉府治所，与其子卬会合。

秦汉时期，在县以下设有乡亭，亭承担着双重任务，即"司奸盗"和邮递事宜，从亭的设置亦可得到当时交通的消息。西汉时期在湟中也设有亭，所谓"冰解漕下，缮乡亭，治沟渠"，又云："以闲暇时下所伐材，缮邮亭，充入金城。"而西汉政府具体地设置了那些亭，没有明确记载。《水经注》卷二《湟水注》中记载了一些亭，但这些亭并非均是西汉时期的，也可能有东汉及以后时期的。若从交通路线这个角度上讲，西汉时期的交通路线是能够被东汉所承袭的，故此，从中可以窥视到西汉时期湟中地区的交通概况。《水经·湟水注》共记载了长宁亭、西平亭、东亭、永登亭、街亭、阳非亭等。长宁亭在今大通县北长宁川中，西平亭在今西宁市，东亭在今西宁市东小峡附近，永登亭在今甘肃永登县西，街亭在今永登县西北，阳非亭在今永登县西，当时的令居塞正在今永登县西北。若将诸亭联结起来就是：从西平亭向东经东亭，沿湟水谷地到浩亹河流域（即浩亹县），向东北行经永登亭、阳非亭，即可到达令居塞。由此可见，湟中至金城的交通道路北道，一直是两汉时期重要的邮路，而该道路的南道，自赵充国通行之后，也成为湟中至金城的通衢，后世的隋炀帝西征吐谷浑、唐刘元鼎出使吐番等均沿此道。

三　西向：湟中与敦煌、鄯善间的交通

　　敦煌郡在河西四郡中位列最西端，境内的玉门、阳关为丝绸之路的孔道，出玉门、阳关往西域有南北两道。敦煌郡无疑成为汉王朝的西部门户。鄯善为西域诸国之一，"当汉道冲"，"从鄯善旁南山北，波河西行至莎车"，西越葱岭则可至大月氏、安息等地。⑬南山，指今祁连山、阿尔金山和昆仑山，在汉代人眼里诸山为一体，故有"其南山，东出金城，与汉南山属焉"之语。⑭从湟中至敦煌或鄯善的道路，汉初就已见诸史籍。《史记·大宛列传》云：张骞到月氏国后，"竟不能得月氏要领。留岁余，还，并南山，欲从羌中归，复为匈奴所得"。张骞想避开匈奴故准备从南山南麓的羌中返回长安，虽未得通，却说明湟中与西域间是有路可通的。《汉书·赵充国传》云："后月余，羌侯狼何果遣使至匈奴藉兵，欲击鄯善、敦煌以绝汉道。"狼何，是小月氏种，活动在阳关西南祁连山南麓一带，敦煌郡境的籍端水和氏置水均发源于祁连山南的"南羌中"，此南羌概指的就是狼何种羌。狼何羌的这次行动是与先零、罕开诸羌的行动一致的，相互之间自然有使者往来，"解仇作约"，而联结两者的路线史书却没有明载。据推测，当是沿湟水谷地西行，经今海晏县，穿日月山北段山口，⑮至青海湖北岸，再沿布哈河西去进入柴达木盆地。柴达木盆地自然条件极差，只在盆地的南北边缘有一些绿洲，傍宗务隆山南穿过绿洲而北越当金山口至敦煌，或继续西行至今茫崖镇，而至鄯善国境。这条路比较艰难，不仅山谷陡峻而且还要历沙漠、戈壁等。⑯张骞当时对此路也是有所了解的，他回到长安后说："今使大夏，从羌中，险，羌人恶之。"⑰西汉占据湟中地区之后，对这条路也没有进一步地开发和利用，只是处于遥控的状态。赵充国在"留田便宜十二事"中说："至春省甲士卒，循河湟漕谷至临羌，以视羌虏，扬威武，传世折冲之具，五也。""治湟峡中道桥，令可至鲜水，以制西域，信威千里，从枕席上过师，十一也。"这条路到吐谷浑时期才逐渐兴盛起来。

参考文献

① 《后汉书》卷八七《西羌传》。

② 《汉书》卷六七《赵充国传》。下文所引凡不注出处者，均引自《赵充国传》。

③ 《汉书·赵充国传》："初，罕、开豪靡当儿使弟雕库来告都尉曰先零欲反，后数日果反。雕库种人颇在先零中，都尉即留雕库为质。"

④ 《汉书·赵充国传》："将军计欲至正月乃击罕羌，羌人当获麦，已远其妻子，精兵万人欲为酒泉、敦煌寇。"又"今罕羌欲为敦煌、酒泉寇，饬兵马，练战士，以须其至，坐得致敌之术，以逸击劳，取胜之道也"。

⑤ 转引自《史记·夏本纪》"合黎"条下《正义》注。

⑥ 征和五年时，湟水谷地的羌人已被李息、徐自为逐出湟水谷地。《后汉书·西羌传》："羌乃去湟中，依西海、盐池左右。"

⑦ 参见王宗维《汉代祁连山路考述》，《西北师范学院学报》1983年第3期。关于沙阴、盐泽、长阮、穷水塞的地望，有不同的解释，见顾颉刚《从古籍中探索我国的西部民族——羌族》，《社会科学战线》1980年第1期；刘满《关于西汉昭宣时期的羌匈交通路线》，《青海社会科学》1983年第5期。

⑧ 《水经·湟水经》"长宁川"条。

⑨ 李智信：《青海古城考辨》，西北大学出版社1995年版。

⑩ 《秦边纪略》卷一《西宁卫》。

⑪ 《水经·湟水注》："湟水又东南迳小晋兴城北，故都尉治。"上川口古城即小晋兴城，也就是都尉（金城郡西部都尉府）治所。

⑫ 李文实：《关于四望峡所在的再探讨》，《青海地方史志研究》1983年第2期。庞琳：《〈汉书·赵充国传〉中四望峡、落都及西部都尉府的位置》，《青海民族学院学报》1986年第2期。

⑬ 《汉书》卷九六《西域传》。

⑭ 《汉书》卷九六《西域传》。

⑮ 从今西宁至湟源后分南北两线，分别沿青海湖南北岸西行。今青藏公路走的是南线，而当时狼何羌、罕开羌均在青海湖北，因此，当为北线。在今海晏三角城、尕海城和刚察北向阳古城等汉代古城，均在北线。

⑯ 赵荣：《青海古道探微》，《西北史地》1985年第4期。

⑰ 《史记》卷一二三《大宛列传》。

西北黄河古渡考（一）[①]

刘 满[②]

黄河是我国第二大河，也是丝绸之路在我国境内必经的唯一大河。在今青海、甘肃和宁夏三省区境内的黄河上，有过不少的津渡和桥梁。这些津渡、桥梁及其相关的城邑山川、军镇戍守和交通路线，与当时社会的政治、经济、军事和交通都有着重要的关系。本文在前人研究的基础上，就这些津渡桥梁的地理位置、有关的交通路线及地名做一些探索，不当之处，请大家指正。

一 河桥（河厉、洪济桥）

在黄河上游的青海省境内，关于河桥的最早记载见于《后汉书·西羌传》：

> （贯）友乃遣兵出塞，攻迷唐于大、小榆谷，获首虏八百余人，收麦数万斛，遂夹逢留大河筑城坞，作大航，造河桥，欲渡兵击迷唐。迷唐乃率部落远依赐支河曲。

[①] 本文原标题为《西北地区黄河古渡考》，是关于青海、甘肃和宁夏三省区黄河古津渡桥梁的考证，这里只是有关青海省部分的。论文原载于《敦煌学辑刊》2005年第1期。
[②] 刘满，甘肃兰州人，兰州大学教授。

《水经注》也作了记载：

> 河水又东迳允川，而历大榆、小榆谷北，羌迷唐、钟存所居也。永元五年，贯友代聂尚为护羌校尉，攻迷唐，斩获八百余级，收其熟麦数万斛，于逢留河上筑城以盛麦，且作大船，于河峡作桥渡兵，迷唐遂远依河曲。①

从上述两段记载可知，贯友修建的河桥位于被称作大榆谷、小榆谷的地方。大、小榆谷在今青海湖南、黄河弯曲东流的地方，而且地处黄河南岸。依《水经注》所记之先后顺序，河水先"东迳允川，历大榆、小榆谷北"，而后才流经所谓的"沙州北"：

> 河水右迳沙州北。段国曰：浇河西南百七十里有黄沙，沙南北百二十里，东西七十里，西极大杨川。望黄沙，犹若人委干糒于地，都不生草木，荡然黄沙，周回数百里，沙州于是取号焉。②

在记载沙州北之后，《水经注》才记载了"河水又东迳浇河故城北"。大小榆谷、沙州北的"黄沙"地和浇河故城等三个地方，都在黄河南岸，大致方位是：由浇河故城溯河而上，就是地属沙州的"黄沙"地，再由沙州的"黄沙"地北溯河而上，就是大、小榆谷。浇河故城的位置在今青海贵德县河阴镇（说详下文），这是我们赖以证考其他相关地名的基点。如此说不误，那么依《水经注》所记，"浇河西南百七十里"的"黄沙"地，就应在今贵德县河阴镇西南约170里的贵南县中部地区。贵南县"中部为滩地，主要有木格滩、哇什滩、巴洛滩"。③在有的《青海省地图》上，木格滩等三个地名之"滩"，均作"塘"，④这是汉语的"滩"，藏语作"塘"，故"滩"又作塘。这三个滩地都是黄河南岸的沙窝，其中木格滩是最大的，其次是哇什滩、巴洛滩。木格滩就在贵德县河阴镇（浇河故城）西南100多里，正当黄河龙羊峡峡谷之南，而且其范围、景观，与《水经注》所记之沙州的"黄沙"地也相类。因此，可以肯定地说：《水经注》中河水所经沙州的"黄沙"地，就是今青海贵南县中部的木格滩及其附近的沙滩，"河水右迳沙州北"的一段河水，指的就是今青海贵南、共和及贵德三县间的龙羊峡。而且依《水经注》所记之顺序，大、小榆谷也应在木格滩和龙羊峡以西的黄河南岸，也就是今贵南县的西北部。

关于大、小榆谷的位置，清人陶保廉说：

> 今贵德厅西南一百三十里沙沟，又名乌兰河，疑即逢留之转音。其二榆谷，盖在乌兰河左右。⑤

陶氏所说的沙沟（河），又名先木多沟、夏曲，汇集了贵南县东部的琼门（山）、狼千杂（山）和西山的水流，西北流经贵南县过马营乡、沙沟乡，在龙羊峡上峡口的查纳（今龙羊峡拦河大坝西，现已没入龙羊峡水库）东北流入黄河。陶氏的大、小榆谷在沙沟左右说，只能说与《水经注》所记是比较接近的，或者说沙沟只是大、小榆谷的一部分。因为东汉时隃糜相曹凤在分析烧当羌为害的原因时曾说：

> 自建武以来，其犯法者，常从烧当种起。所以然者，以其居大、小榆谷，土地肥美，又近塞内，……北阻大河因以为固，又有西海鱼盐之利，缘山滨水，以广田畜，故能强大。⑥

因此他建言朝廷：

> 臣愚以为宜及此时，建复西海郡县，规固二榆，广设屯田，隔绝羌胡交关之路……又殖谷富边，省委输之役，国家可以无西方之忧。⑦

首先，这说明，大、小榆谷是东汉的屯田区之一，它的范围应该是比较大的，否则就谈不上"殖谷富边，省委输之役"。其次，这里生产的"谷"不是五谷中的杂粮，如青稞、豌豆之类，而是小麦。上述记载中，

"收麦数万斛""收其熟麦数万斛"之"麦"和"熟麦",就是明证。由此可见,大、小榆谷是一个出产小麦的地方,而且还是一个能生产相当数量小麦的农业区。

既然古代的大、小榆谷是一个可以生产小麦的地方,那么今天大、小榆谷的所在地,也应该是而且必须是一个能出产小麦的地方。这是我们在考证大、小榆谷的地理位置时,必须要满足的条件之一。当然我们也承认,古今的气温是有变化的,但是这种变化是比较小的。竺可桢先生认为,我国历史上的"最低温度在公元前1000年、公元400年、1200年和1700年,摆动范围是1—2摄氏度"。[⑧]因此,在同一个地区,今天可以生产小麦的地方,汉代也是可以生产小麦的,反之亦然。在今青海省海南地区黄河南岸的贵德、贵南、同德三县中,除了贵德县为青海省春小麦高产区外,其余二县均"以牧业为主",只有贵南县"西北部由于黄河及其支流切割形成许多台地和盆地,为农业区",[⑨]而且"河谷地区主产春小麦"。除此之外,在贵南县以南的黄河南岸,因为气温的关系,找不到可以生产小麦的农业区,更谈不上能生产相当数量小麦的农业区。在贵南县西北黄河南岸的滨河地区,有的黄河两条支流:一条就是陶氏所说的沙沟(河),另一条就是茫拉河。茫拉河发源于贵南县与泽库县界的甘强,西北流经森多乡、拉乙亥乡、茫拉琼托(贵南县驻地)和茫拉乡,经拉干峡流入黄河。在这两条河的下游及两河间的黄河南岸地区,就是所谓的"黄河及其支流切割形成"的"许多台地和盆地",是该县的农业区。这里地处木格滩和龙羊峡以西的黄河南岸,而且是除贵德县外黄河南岸唯一的小麦产区,这与《水经注》所记的大、小榆谷的情况是相符的。因此,大、小榆谷应在今贵南县的西北部。具体地说,就是贵南县境内的茫拉河、沙沟(河)下游的河谷地区,及其与黄河交汇的沿河地区。《后汉书·邓训传》李贤注说:大、小榆谷者,"两谷名也"。据此,我们认为:大、小榆谷作为地域名,指的是贵南县的西北地区,即茫拉河、沙沟(河)两河河谷及其与黄河交汇的沿河地区;作为"两谷名",指的是今贵南县境的茫拉河河谷和沙沟(河)河谷。从流程和流域面积来看,大榆谷当为流程较长、流域面积较大的茫拉河,小榆谷当为沙沟河。

上引《后汉书》及《水经注》说，贯友所建的河桥，在"逢留大河"和"河峡"上。为了考证贯友所建河桥的所在，就必须先确定逢留大河是哪一条水。关于逢留大河，《资治通鉴》胡三省注说："此大河即黄河。河水至此有逢留之名，在二榆谷北。"[10]前引陶氏说则认为，逢留大河是乌兰河，即今沙沟河。

我们认为，胡三省注的逢留大河为黄河说是有道理的，而陶氏的逢留大河即沙沟河说是不能成立的。首先，《水经注》中的"河"，是古代对黄河的专称，是不能用来指称黄河的支流的；"河桥"是古代黄河上桥梁的专称，也是不能用来指称黄河支流上的桥梁的。同样的道理，《水经注》所说的"于河峡作桥"之"河峡"，只能是黄河上的峡谷，也不是指黄河支流上的峡谷。其次，《水经注》引"阚骃曰：河至金城县，谓之金城河，随地为名也。"[11]胡注所说"河水至此有逢留之名"，与阚骃所说河水"随地为名"[12]的通例是相符的。再次《后汉书·西羌传》说，"作大航，造河桥"。既然是以大航造桥，这样的桥肯定是浮桥。既然是"作大航"造浮桥，说明这条河有相当的宽度和深度，当然制造这样的大航至少是一两艘，或三四艘。在二榆谷境内，即使是一座两三艘大船的浮桥，这样的桥只能建在黄河上，不可能建在黄河的支流上。因为当地较大的黄河支流茫拉河的河宽只有15—20米，充其量也是"春可涉，秋夏乃胜舟"，在这么一条河上造桥，是根本不需要"作大航"的。总之，逢留大河不是陶氏所说的沙沟（河），而是黄河流经大、小榆谷这一段的名称。具体地说，逢留大河是古人对今青海贵南县、共和县境这一段黄河的专称。

在确定了大、小榆谷和逢留大河的位置之后，下面我们再来讨论贯友所建河桥的位置。上引《后汉书·西羌传》说，"遂夹逢留大河筑城坞，作大航，造河桥"，说明河桥是建在逢留大河上的。上引《水经注》说，"于逢留河上筑城以盛麦，且作大船，于河峡作桥渡兵"，说明河桥也是建在逢留大河上的，而且是建在逢留大河的"河峡"上的。不言而喻，逢留大河、河峡，都在古代的大、小榆谷地区。上述论证说明：大、小榆谷指的是贵南县的西北地区，即茫拉河、沙沟（河）两河河谷及其与黄河交汇的沿河地区；逢留大河是古人对今青海贵南县、共和县境这一段黄河的专称。而在这一地区的黄河上,龙羊峡是唯一的黄河峡谷,因此贯友建桥的"河峡"只能是今贵南、共和两县境的龙羊峡。

必须指出,《水经注》没有专门记载今龙羊峡的文字,也没有对龙羊峡上下左右的山形地势作任何记叙,"于河峡作桥渡兵"中的"河峡"二字,是《水经注》关于今龙羊峡的仅有的记载。龙羊峡"跨贵南县、共和县和贵德县。龙羊,藏语意为险峻峡谷。西起贵南县查那村,东至贵德县咋那村,峡长38.6公里,河槽宽30—100米"。[13]河峡所在地与河水所经的沙州"黄沙"地相邻,正是古人所说的二榆谷地区一带。峡谷两岸多悬崖绝壁,相对高差150—200米,河床落差35米。除了峡谷上下两峡口,峡谷之中是高山深涧,而且水流湍急,既无法摆渡过河,也是无法建造浮桥的。因此贯友建桥的地点只能在地属大、小榆谷的龙羊峡上峡口。

2003年8月,我们专程考察了龙羊峡。在龙羊峡大坝北面的高山上,放眼远望,大坝以西是水库库区,水连天际,一片汪洋。大坝以东的黄河宛如一条溪水,在高耸的群山中无语东流。[14]龙羊峡水库始建于1976年,1986年下闸蓄水。蓄水面积383平方千米,总库容量247亿立方米。[15]由于库区面积很大,现在库区所在的黄河两岸的景观,与建水库之前的差别是很大的。那么在修建水库之前,龙羊峡大坝以西黄河沿岸是什么样子呢?在青海省测绘局编制、1980年3月出版的《青海省地图》(1∶500000)上看,龙羊峡上峡口往上,直到贵南县西北原拉乙亥公社上下的黄河河谷中,不仅河面开阔,而且河中有大大小小的河滩。在拉乙亥以下的河段上更是如此,有的地方河面宽达3—4里,河谷中河滩更多。在这样的地方,显然是不宜设置渡口,也是不适宜修建浮桥的。

在龙羊峡水库下闸蓄水之前,只有沙沟(河)入河口之东、龙羊峡水库大坝之西的河道是比较狭窄的。因为这里河面狭窄,所以旧时从青海共和县至贵南县、贵德县的道路就是从这里过河的。这条道路的经由是这样的:从共和县城沿恰卜恰河北岸往东,经今曲沟乡;由曲沟乡沿黄河北岸往东,在今龙羊峡大坝西、查纳(查纳寺)东北的上峡口渡河,再往西到查纳;从查纳循沙沟河谷而上,就到了贵南县的沙沟乡;由沙沟乡往东北可到贵德县城,往南可到贵南县城。这是旧时由共和通往贵德、贵南两县的道路，也应该是一条古道。这条路就是在今龙羊峡大坝西、查纳东北的上峡口过河的，说明这里自古就是一个渡口。在修建龙羊峡电站时，从共和县吊庄到龙羊峡水电站建了一条龙羊峡电站专用公路，即吊龙公路。后来龙羊峡水库建成蓄水，曲沟乡以东的黄河北岸及原有的道路，还有沙沟河入河口地区，查纳及原来经由查纳的道路，都成为库区，永远地消失了。

我们认为，当年贯友"于河峡作桥"之"河峡"，就在龙羊峡上峡口、旧时道路所经的渡口上，其地在龙羊峡水库大坝之西，查纳东北。这里地处龙羊峡上峡口，峡口以上的黄河河面逐渐由宽变窄，受峡口瓶颈的限制，峡口以上的黄河水流比较平缓。加之两岸地势较高，基岩裸露，河岸固定，不仅适宜建桥，而且也适宜作渡口。另外，在西北高寒地区，冬天的河面上形成了当地特有的桥，名曰"冰桥"。必须指出的是，这种冰桥并不如有的辞书说的，是"河上结冰坚固，可以行走，谓之冰桥"，[16]黄河上的冰桥是由黄河上漂流而下的冰块堆积叠架而成的。因为黄河上峡口河岸狭窄、水流较缓，冬天这里是最早形成冰桥的地方，也是冰桥最为稳定的地方，因而这里也是在冰上过河比较安全的地方。此地为古代大、小榆谷地区，且在黄河峡谷龙羊峡上峡口，由此溯黄河而上，在贵南县、共和县两县境的黄河上再没有任何峡谷，因此贯友所建的河桥的位置非此莫属。

顺便指出，在《中国历史地图集》（以下简称《图集》）东汉凉州刺史部图中，将贯友所建河桥标在今贵德县城东的黄河上，将大、小榆谷标在今贵德县城东与尖扎县交界的黄河南岸地区，将逢留大河标在贵德、尖扎、化隆三县交界处的一段黄河上，又将汉代以屯田有名的归义城、建威城标在今贵德、化隆两县交界的黄河北岸。[17]我们认为，《图集》的上述说法是有问题的，与文献所记是不合的。今贵德、尖扎、化隆三县交界地区，除了今贵德县城东的河东乡外，其余的地方都是山区，黄河南北两岸一带均为海拔三四千米的高山。这一段黄河上有松巴峡、李家峡两个峡谷，两岸山高沟深，峡谷之中水深流急。在这一段黄河的南岸，是贵德县城东的东山林场和尖扎县北的坎布拉林场，属黄南高原的山地，交通十分不便。在这样的地方，无论古今都是不能成为屯垦区的。东汉时，归义、建威屯田就有 27 部，占当时屯田 34 部的大部分，[18]《图集》将归义城、建威城标在这样的地方，与古文献的记载也是不符的。再说，如以上述地区为逢留大河与大、小榆谷，那么《水经注》所记的沙州北的"沙地"、浇河故城，将置于何地？"河桥"又建在哪里？因此，《图集》的河桥、逢留大河、归义城、建威城以及大、小榆谷位置说，都是不能成立的。

贯友所建之河桥为黄河上游最早的浮桥。之后，吐谷浑在大、小榆谷北、贯友修建河桥的地方，即今龙羊峡大坝之西的西上峡口上，也建了一座桥，名为河厉。据《水经注》记载：

> 按段国《沙州记》：吐谷浑于河上作桥，谓之河厉，长百五十步，两岸垒石作基陛，节节相次，大木从横更镇压，两边俱平，相去三丈，并大材以板横次之，施钩栏甚严饰。桥在清水川东也。[19]

这是一座完全用木料搭建的悬臂式木梁桥。桥身是用粗大的圆木"节节相次"，互相镇压、叠架而成的。我国黄河上的古桥大多数为浮桥，而用木材为梁，架构河桥，尚属首次，这是黄河桥梁史上的一大创举。从《水经注》所记情况来看，河厉的桥身与今甘肃榆中县兴隆山的云龙桥、渭源县清源镇渭河上的灞陵桥相类似，不同的是这两座桥上建有廊，是廊桥，而河厉的桥面上是没有廊的。另外，这两座桥的桥面是弧形的，而河厉的桥面的两边是平的。

到了唐代，在河桥、河厉所在的今龙羊峡大坝西的上峡口上又建了洪济梁。《新唐书·吐蕃传》记载说：

> 河之上流，繇洪济梁西南行二千里，水益狭，春可涉，秋夏乃胜舟。

洪济梁又名洪济桥，《元和郡县图志》卷 39 廓州下记载了与洪济桥有关的方向和道里：

> 威胜军，在积石军西八十里宛肃城。
>
> 金天军，在积石军西南一百四十里洪济桥。

由上述两条记载可知，唐积石军西80里有宛肃城，宛肃城一作"宛秀城"，[21]为威胜军驻地；宛肃城西南60里洪济桥，为金天军驻地，积石军经宛秀城至洪济桥为140里。宛秀城不仅是威胜军的驻地，还一度是唐代另一浇河郡的治所。据《资治通鉴》卷217玄宗天宝十三载记载：

> 秋，七月，癸丑，哥舒翰奏：于所开九曲之地置洮阳、浇河二郡及神策军，以临洮太守成如璆兼洮阳太守，充神策军使。

胡三省注说：

> 洮阳、浇河二郡，皆置于洮、廓二州西南。廓州，本浇河郡，天宝元年更名宁塞郡。洮州西八十里磨环川置神策军。《新书》曰：浇河郡置于积石之西。

廓州，本名浇河郡，天宝元年更名宁塞郡。到了天宝十三载，哥舒翰在廓州西南、积石军之西又新置浇河郡。《唐会要》卷78载：

> 宛秀军，同前年（笔者按：前年指天宝十三载）分九曲置浇河郡，内置军焉，以臧奉忠为太守，充军使。

这说明，宛秀城为新置的浇河郡郡治，而且还是宛秀军的驻地。新置浇河郡的第二年即天宝十四载，就发生了安史之乱，陇右各州郡相继沦陷，唐代有关的地志均不载新置的浇河郡的情况。

那么这个新置浇河郡的治所宛秀城在哪里呢？严耕望先生说：

> 积石又西八十里至宛肃城（约今共和），一作宛秀城，……又西南六十里至洪济桥，北周置洪济镇。（约今共和西南数十里）天宝十

三年哥舒翰置金天军。[21]

严先生也认为"积石军、故浇河城近今贵德县治",[22]这样他的宛肃城约在今共和说、洪济镇约在今共和西南数十里说,就都有了问题。今贵德县河阴镇到共和县恰不恰镇的直线距离为150多里,这与《元和郡县图志》"积西军西八十里宛肃城"的记载相去甚远。1929年共和始建县,驻地为曲沟大庄(今曲沟乡),1954年迁驻恰不恰。就是按河阴镇与共和县原驻地曲沟大庄间的距离计,两地的直线距离约为120里,同样与《元和郡县图志》的记载相去甚远。由此可见,严先生的宛肃城约在今共和说是不能成立的。既然严先生的宛肃城约在今共和说是不能成立的,那么以此说为前提的推理,即洪济镇约在今共和西南数十里说,当然也是不能成立的了。我们认为,宛肃城不在今共和县,而在今沙沟乡驻地附近;洪济镇应在今沙沟乡西北数十里,当在今贵南县沙沟乡查纳东北、龙羊峡大坝之西的峡口上。东汉时贯友曾在这里修建河桥,后来吐谷浑也在这里建过桥,当然唐代的洪济桥也建在这里,这三座桥都建在同一个地方,即龙羊峡大坝之西的峡口上。

《中华人民共和国地名大词典》贵南县条说:

唐天宝年间设浇河郡,治今沙沟乡境。[23]

从河阴镇与沙沟乡的方位、里数来看,《大词典》这一说法,与"积西军西八十里宛肃城"的记载还是接近的。由沙沟乡境往西北数十里就到了沙沟河入河口的查纳,两地间的距离为60多里,这与文献所记宛秀城到洪济镇约60里的记载也是接近的。这个推断,无论从积石军(今河阴镇)、宛秀城(今沙沟乡驻地附近)和洪济镇(今龙羊峡大坝西的峡口上)三地间的方位、分里数和合里数,都可以说是接近的。总之,我们认为,浇河郡治宛秀城在今贵南县沙沟乡驻地附近,洪济镇、金天军在贵南县沙沟乡西北。龙羊峡大坝之西的峡口上,河桥、河厉、洪济桥与洪济镇、金天军同在一地,也在龙羊峡大坝西的黄河渡口上。

另,据唐卢怀慎《请毁河桥奏》载:

顷者，吐蕃以河为界。神龙年中，降公主，吐蕃遂过河筑城，置独山、九曲两军，去积石三百里，又于河上造桥。吐蕃今既叛我，此桥即应毁拆。桥既见毁，城自然拔。[24]

《新唐书·吐蕃传》及《资治通鉴》均载此事，可知在积石军西300里之黄河上还有吐蕃所建之另一座桥。从"距积石三百里"的记载来看，此桥当建在青海兴海县曲什安河入河口处的曲什安乡附近。

二 浇河故城渡（河津县渡、积石军渡）

关于浇河故城的位置，各家说法虽然不一，但以主今贵德县城说者为近是。清光绪《西宁府续志》说在贵德厅城东；[25]丁谦认为是"今贵德西十里上暗门、下暗门诸古城址"，陶保廉亦主此说；[26]王仲荦先生说在"今贵德县南"；[27]严耕望先生认为"积石军、故浇河城近今贵德厅治"。[28]《中华人民共和国地名大词典》贵德县条下说：

东晋时期后凉、北凉、南凉地方政权均设浇河郡，治浇河城（今河阴镇）。[29]

河阴镇条下又说：

镇人民政府驻地河阴，古名浇河城，历为治所，为青海重镇之一。[30]

上述诸家之说，有的未作论证，有的论证过于简略。我们认同浇河故城在河阴镇说，下面从几个方面加以证明。

首先，在记载了大、小榆谷和沙州之后，《水经注·河水注》记载了浇河故城的位置及相关水道：

> 河水又东北流，入西平郡界，左合二川，南流入河。又东北，济川水注之，水西南出滥渎，东北流入大谷，谓之大谷水，北迳浇河城西南，北流注于河。河水又东迳浇河故城北，有二城东西角倚，东北去西平二百二十里。宋少帝景平中，拜吐谷浑阿豺为安西将军浇河公，即此城也[31]。

今贵德县城西北、龙羊峡下峡口咋那村以东有二水，一为多拉河，一为农春河，均南流入黄河，当是《水经注》所记的"左合二川"之二川。关于"北迳浇河城西南"的济川水，杨守敬认为就是贵德县的龙池河。[32]在今贵德县驻地河阴镇东、西有两条水：一为东河，因流经河阴镇东而得名；一为西河，因流经河阴镇西侧而得名，两条水均为黄河支流。杨氏所说的龙池河，即西河。西河又名西沟、西沟河、莫曲、莫曲（渠）沟河，发源于青海泽库县北部托洛岗，在贵德县河阴镇西的西河滩流入黄河。杨氏的济川水为龙池河说，即今西河说，与《水经注》所记是相符的。贵德河阴镇北有南流入河的多拉河和农春河，河阴镇西有北流入河的西河，这与《水经注》所记的浇河故城及其相关水道的情况是相合的。因此，浇河故城当在今贵德县驻地河阴镇。这是证据之一。

2003年8月，我们在贵德县河西乡下刘屯村探寻贵德城西的古城。发现这里的城已辟为农田，刘屯村102号村民崔吉寿家的院中还有一点城墙的残留部分。据崔吉寿说，此村原名刘屯寨子，为一长宽不及百米的堡寨，只有南门。据《西宁府新志》记载：

> （贵德所）上暗门，在所西十五里。
> 下暗门，在所西十里。二门以外，俱系番戎住牧，界连青海，有戍楼防兵焉。[33]

这两个暗门即上暗门和下暗门，就是现在的上刘屯村和下刘屯村。关于这两个村子的命名，是因为：

明洪武十三年（公元1380年）由甘肃河州迁来世袭百户刘姓在此屯垦，后分上、下两屯，故名。㉞

这说明上暗门、下暗门及其所在的两座小城，是明代屯垦、戍守者居住之地，并非浇河故城遗址。而且如依丁谦、杨守敬说，以河阴镇西的古城为浇河故城，那么就与《水经注》所记浇河城上下的水道完全不合，而且与杨氏所说济川水为龙池河说相矛盾。

其次，上文所引《水经注》记载，浇河故城"东北去西平二百二十里"。东汉西平郡治在今青海西宁市。《大清一统志》西宁府关隘下载："贵德营，在府南二百二十里。"㉟又，《辛卯侍行记》载："今贵德东北八十里朝天驿，八十里申中驿，六十里西宁，共二百二十里。"㊱以上两书所记西宁至贵德里数均为二百二十里，两者方位也基本一致，这与《水经注》所记浇河故城"东北去西平二百二十里"也是相符的。说明浇河故城就在贵德县河阴镇，而且古代有路通西平。这条道路大致就是今天的（西）宁、贵（德）公路线，具体经由是：由贵德城西的贺尔加（今贵德黄河大桥西侧）过黄河，沿北山山麓至阿什贡（属尕让乡），溯尕让河河谷而上，经拉脊山口，再沿南川河河谷到西宁。这是浇河故城在今贵德河阴镇的证据之二。

再次，关于浇河的位置和命名问题，即浇河是今天的哪一条水，它为什么要命名为浇河？这一问题的讨论，对我们考证浇河故城的位置是很有意义的。丁谦认为，浇河是一条黄河支流的名字。他说：

浇河郡，唐改廓州，当在今贵德西十里上暗门、下暗门诸古城址，郦氏所谓二城角倚者也，南有暖水河出番地完受族，所谓浇河者矣。㊲

丁氏所说的暖水河即流经今贵德县河阴镇西扎仓温泉的小河。我们专程去了扎仓温泉及其所在的河，这是一条很小的水，而且丁氏没有做任何论证，其说就很难令人置信。另外，杨守敬的浇河位置说，实际上就是对丁谦说的否定：

> 若浇水则沙州一带水道之通名，滥水、漓水、洮水皆属焉，非别有一浇水也。故善长并不言其发源何山，其入河在何地，安得别标有一浇水乎？《说文》曰：浇，水也。可知汉时并非水名，至晋末始有浇河之名耳。㊳

杨氏的"若浇水则沙州一带水道之通名"说，也没有作任何论证，且其说本身也是难以置信的。但他所说的有两点值得注意，一是"善长并不言其发源何山，其入河在何地，安得别标有一浇水乎？"另一点杨氏引用《说文》说明，"浇"字在"汉时并非水名，至晋末始有浇河之名耳"。杨氏以上的说法是非常有理的，说明浇河并不是一条水的名字。而且已如上述，古代的"河"是黄河的专称，是不能用来指称黄河的支流的，当然也就不能用来作黄河支流的所谓"通名"。

我们认为，浇河是浇河故城上下一段黄河的名称。在浇河、浇河城、浇河郡这几个地名中，是先有浇河，而后才有浇河城、浇河郡的，浇河城、浇河郡是浇河的派生地名。关于浇河的命名，《读史方舆纪要》西宁镇浇河城条下作了如下解释：

> 浇河城，在达化废县西百二十里。《通典》曰：晋时吐谷浑阿豺所筑。水洄洑曰浇，城盖置于浇河回曲处。㊴

顾氏的"水洄洑曰浇"说是有所本的，汉刘向《楚辞·九叹》：

> 波澧澧而扬浇兮，顺长濑之浊流。

王逸注曰：

> 回波为浇也。

洪兴祖补注曰：

>浇，女教切，湍也；一曰水回波，见《集韵》，旧音叫。[40]

从王逸、洪兴祖的注文来看，"水洞洑曰浇"的释名是符合古义的，"城盖置于浇河回曲处"的说法也符合我国地名的命名规律。我们认为，浇河不是一条水的名字，它和上述逢留大河一样，是"随地为名"，是浇河故城附近一段黄河的名称。古人之所以称这一段黄河为浇河，意在说明这里的黄河之水不是奔流直下，而是回旋而流的；浇河城，就是建在黄河水流回旋处的城。笔者在实地考察中发现：旧时贵德城北的黄河，就是回旋而流的；旧时的贵德县城就是建在黄河水流回旋处的。

下面我们就看一下贵德县河阴镇上下一段黄河的历史与现状。黄河自龙羊峡下峡口罗汉堂乡咋那村出峡，流经贵德县城驻地河阴镇北，而后东流入松巴峡。因为河阴镇处在龙羊峡下峡口和松巴峡上峡口之间，河阴镇又地处黄河与东河、西河交汇形成的三河盆地上，所以河阴镇上下这一段黄河的河谷比较开阔，河道中有不少大大小小的沙滩。在河阴镇东北的黄河上，北岸有向南伸入黄河河谷的虎头崖（此处正在修建另一座贵德黄河大桥），南岸有滴水崖，使黄河河道变得狭窄，形成一个瓶颈。由于河道变窄，水流不畅，这样就在虎头崖以西、河阴镇北的黄河北岸的河谷盆地上形成一个洞水地带。过了虎头崖，黄河河道又呈喇叭口状，又变得比较开阔，而且河中也多沙洲。到了贵德县城东北莫让乡的阿什贡南，因地处松巴峡上峡口之西，黄河河岸又变得狭窄，又一次形成一个瓶颈。这样在虎头崖和阿什贡之间的河道上又形成一个洞水地带。为了"围河造田"，当地政府在这里修建了贵德防洪大堤。今移录《中华人民共和国地名大词典》贵德防洪大堤条如下：

>贵德防洪大堤：在海南藏族自治州贵德县中部迤北，黄河北岸。1986年始建，1990年建成。西起罗汉堂乡尼那村，东至尕让乡阿什贡村。全长20.7公里。有五条总长33公里干渠，31条总长24.5公里支渠和558座渠系建筑设施。具防洪、灌溉、养殖等综合效益。[41]

从1980年出版的《青海省地图》（1∶500000）上看，在修建大堤之前，河阴镇上下的黄河河道是很宽的，河道中有二三十个沙滩，有的地方河岸宽达四里左右。2003年8月间，我们乘船考察了河阴镇上下的一段黄河。现在虽然修建了贵德黄河大堤，但河阴镇北的黄河河道还是比较宽的，河中仍有几个较大的沙滩，将河水分为南北两个河道，北河道水深，南河道水浅，当时我们乘坐的汽船只能在北河道上通过。在修建贵德防洪大堤以前，这里的黄河北岸是一个很大的河湾。

另据兰州大学高明寿先生（66岁）讲：他的老家就在贵德河阴镇。新中国成立初期，由贵德县城到西宁，是在今河阴镇西的黄河大桥所在地过浮桥。当时的路是大车道，是沿黄河北的北山湾修的。车道一边傍山，一边临水。从今黄河北岸到北山湾山根间，是积水和河漫滩，有红柳滩、芨芨滩等。一到黄河水涨时，河漫滩被淹，现在公路所经到北山湾一带，就成了一片水乡泽国。

上述情况说明，在修建大堤之前以至古代，今贵德河阴镇北的黄河河道是很宽的，大堤到北山湾的地方原来是一片很大的洇水地带，因此古人就将这一段黄河命名为浇河，将临水而建的城邑命名为浇河城。浇河及浇河故城的命名，也说明浇河故城就在今贵德河阴镇，这是证据之三。

另外，《元和郡县图志》卷39廓州下记载说：

> 古西羌地，……献帝建安中，分金城置西平郡。南凉秃发乌孤以河南地为浇河郡。周建德五年于今理西南达化县界浇河故城置廓州，盖以开廓边境为义。隋大业三年罢州，复为浇河郡。

同书廓州米川县下记载：

> 积石军，在州西南一百五十里。仪凤二年置。西临大涧，北枕黄河，即隋浇河郡所理。[42]

上两条记载说明，浇河故城，为北周廓州治，后为隋浇河郡治河津县，唐时为积石军。可知北周廓州治、隋浇河郡、唐积石军三地，都在浇河故城。

《隋书·地理志》浇河郡河津县下说："大业初置浇河郡，有滥水。"那么河津县的滥水是哪一条水呢？杨守敬说：

> 《水经·河水注》：河水又东北，济川水注之。水西南出滥渎，东北流入大谷，谓之大谷水，北迳浇河城西南，北流注于河。按：济川水出滥渎，则可亦称滥水，故此《志》以滥水目之。❸

杨守敬说、《隋书·地理志》所说的滥水，即《水经注》中流迳浇河故城西南的济川水。如前所述，济川水即今贵德县河阴镇西的西河，这也说明河津县治就在今西河流经的河阴镇。

还要指出的是，《元和郡县图志》说积石军"西临大涧，北枕黄河"，那么浇河故城西的大涧指的是什么呢？涧、峡二字，都指两山夹水处，而且涧、峡二字连用，也指峡谷。积石军西临的"大涧"，当指龙羊峡。上述滥水、大涧之今地，亦与古人所记基本相合，此为浇河在今贵德河阴镇之第四个证据。

最后，据《旧唐书·哥舒翰传》记载：

> 吐蕃每至麦熟时，即率部众至积石军获取之，共呼为"吐蕃麦庄"，前后无敢拒之者。

说明唐积石军当时为小麦产区。贵德县的地势，南北高中间低。南部为黄南山地，北部为拉脊山及其延伸部分，中部县城附近地区，黄河与西河、东河交汇，形成三河盆地。三河盆地清代就是一有相当规模的农业区。据《大清一统志》记载：

> 周屯渠，在西宁县贵德厅城东五十里，分支渠十四，溉田九百八十二段。又四十八户渠，在贵德城东南四里，分支渠十二，溉田二千一百八十一段。河东渠，在贵德城东五里，分支渠八，溉田七

百一十段。刘屯渠，在贵德城西南三十里，分支渠六，溉田四百二十段。本朝乾隆六年开筑。㊹

从清代这些记载中，可以看出当时贵德城附近的农业是比较发达的。今天，在青海海南地区的共和、兴海、同德、贵德、贵南五县中，贵德是唯一以农业为主的县，而且"贵德县为全省春小麦高产区之一"。㊺这与唐代积石军产麦的记载也是相吻合的，说明贵德河阴镇是唐代积石军的驻地，从而说明浇河故城也在这里。这是浇河故城在今贵德河阴镇的第五个证据。

以上五个方面充分证明，浇河故城就在今贵德县河阴镇。另外唐代还在积石军的附近设置过几个军，除上述的金天军、威胜军外，还有宁边军、武宁军、曜武军。《元和郡县图志》卷39廓州米川县下记载说：

> 宁边军，在积石军西，黄河北。
> 武宁军，在洪济桥东南八十里百谷城。

根据方位、里数与形势，我们认为，宁边军当在今贵德河阴镇西、河西乡的贺尔加村。此地为河阴镇西北黄河上古今渡口和津梁所在，自古以来是贵德到西宁的必经之路，故为戍守要地。武宁军在洪济桥东南80里，其地当在今贵南县东北的过马营乡境内。

贵德自古即为州郡治所，为农业区，且地处交通要津，所以唐天宝十三年（754）置积石军，"管兵七千人，马一百匹"。㊻严耕望先生在论及积石军的地位和作用时指出：

> 积石军既阻涧枕河，东通廓州，分达河、鄯，复北通鄯城，出大斗，达甘、凉，西南至九曲，西走青海南大非川，兼以土地肥美，麦产丰盛，盖古大小榆谷之地，故久为黄河上源军事交通中心之名城。㊼

三　唐廓州（宁塞郡）渡

　　唐廓州，又称宁塞郡，州治化成县，"本后魏石城县地，废帝二年，因境内有化隆谷，改为化隆县。皇朝因之，先天元年改为化成县"，[48]天宝初，又改为广威县。在古文献中，除了廓州的四至八道外，其他可资参照的资料是很少的，而且记载又不具体，这就给考证廓州州治化成县的位置造成了困难。唐廓州州治化成县，原名广威县，"广威，后魏石城县"，[49]因此我们先看看《水经注》有关石城县的记载：

　　　　河水又东北迳黄川城，河水又东迳石城南，左合北谷水，昔段
　　　颎击羌于石城，投河坠坑而死者八百余人，即于此也。河水又东北
　　　迳黄河城南，西北去西平二百一十七里。[50]

《水经注疏》引董祐诚曰：

　　　　此《注》称黄河西北去西平217里，当在今西宁县东南，巴燕
　　　戎格厅西境。[51]

董氏所说的大致位置，是符合《水经注》的记载的。理由如下：东汉西平郡治所在今西宁市。拉脊山为湟水谷地与黄河谷地的界山，西起日月山南端，东至民和县南部的官亭，长170千米，宽10千米左右，一般海拔3500米，拉脊山口和青沙山口是西宁通往黄河谷地的交通要道。已如上述，拉脊山口是西宁通往贵德一带的必经之地，石城县、黄河城位于今贵德县城以东的黄河北岸，而且距离西平为217里，其通往西平的道路，当在今西宁东南青沙山口一线求之。由西宁经青沙山口往南到黄河谷地的道路经由是这样的：从西宁往东到平安县，平安县是临（夏）平（安）公路的起点，由此往南经青沙山口，到化隆县的扎巴乡；再由扎巴乡往南至五道岭（属化隆县德加乡），五道岭是五（道岭）河（南）公

路的起点,由五道岭继续沿临平公路往东南,可到化隆、循化、甘肃临夏县等地;由五道岭往西南,沿五河公路可到尖扎、同仁、河南等县和甘肃甘南地区。这条道路古已有之,而且由于西北高原地区山河形势的限制,古今路线的变化是不大的。据《辛卯侍行记》记载:西宁府东至平戎驿(今青海平安县驻地)70里,平戎驿南至札什巴堡(今化隆县札巴乡)60里,[52]扎巴乡往南至五道岭16里。石城县和黄河城在黄河河谷之北,当然应在五道岭西南的五河公路线上。在五道岭西南一线的黄河北,群科镇是化隆县西境黄河谷地上最大的集镇。群科镇驻地是古城村,距五道岭约40里。这样,由古城村至西宁约186里。那么黄河城当在今古城村东南约30里的黄河北岸,其地当在今尖扎县马克唐镇东北、黄河北岸的日兰附近,石城当在古城村附近的黄河北岸。而上述两地都在化隆县西境,即清巴燕戎格厅西境,这就证明,董氏的黄河城在巴燕戎格厅西境说是对的。

前人关于廓州州治所在,有几种说法。光绪《西宁府续志》巴燕戎格厅下说:

> 金刚城,在青库尔东,距厅城六十里,即廓州旧治也。[53]

《辛卯侍行记》说:

> 唐廓州西距浇河一百五十里,今贵德东一百六十里康家寨,……康家寨逾河而东(按原文误作"西")约三十里抵金刚城,此城西距贵德西古城址约一百五十里,则唐廓州治疑亦在金刚城左右,且金刚之音近于廓也。[54]

金刚城即今群科镇古城村,这与《水经注》所记之石城县的方位是接近的。对于廓州州治的所在,严耕望先生先则说是在循化县西的"甘都堂上下":

> 若就《通典》《寰宇记》言之,廓州正北至鄯州一百八十里,西

北至鄯城县二百八十里。检视地图，则州治当在今化隆县南循化县稍西黄河北岸之甘都堂上下。然廓州东或东南至河州三百九十里，……东或东北至鄯州龙支县二百九十里或三百九十里，则廓州治所又当在循化县西甘都堂之西甚远。故《通典》《寰宇记》所记颇自相抵触。[55]

继而严先生又说是在贵德县城东的"阿什贡上下"：

若就《元和志》论之，东北至鄯州二百四十里，东至河州三百九十里，则当在E102度以西、贵德县以东，约当阿什贡上下。如此则东南至河州三百九十里，东至龙支二百九十里，皆无不合。然《元和志》明云积石军在浇河故城，《水经注》明云浇河城东北至西平郡（今西宁）二百二十里，即在今贵德县治附近。而廓州又在军城之东一百八十里或一百五六十里，则州治决不能西至阿什贡。[56]

最后严先生否定了前两说：

故今姑置于E102度附近，即《民国地图集·甘肃宁夏东部人文图》之峡群寺地区。[57]

我们认为，《通典》《元和郡县图志》和《太平寰宇记》关于廓州四至八到的记载基本上是正确的，《西宁府续志》和陶保廉的唐廓州治在金刚城说是有道理的。下面我们就设定今群科镇古城村为廓州治，以古文献中廓州的四至八到为据，来求证廓州治所的位置。

第一，关于唐廓州北至鄯州的里程。《通典》卷174廓州（宁塞郡）下载：

北至西平郡一百八十里。

同书鄯州（西平郡）下记载说：

南至宁塞郡一百八十里。

《通典》两条所记廓州至鄯州的里数、方向完全一致。《寰宇记》卷155廓州下、卷151鄯州下两处均作180里，且方向也一致，《元和郡县图志》卷39鄯州下作"西南至廓州二百四十里"，廓州下失载。可以肯定，廓州、鄯州一南一北，其间距离为180里。《元和郡县图志》所记之240里，有两种可能：一是廓州、鄯州间别有一间道，一是记载有误。唐鄯州治湟水县，在今青海乐都县。由乐都到古城村，和上述西宁到古城村一样，必须经由今平安县，自平安县以南走的都是同一条道路，而且里程也完全相同。唯一的差别是，古时西宁到平安驿为70里，乐都到平安驿为60里，[38]两者相差10里。上述西宁至古城村约为186里，那么乐都到古城村的距离约为176里。这与上述文献所记廓州到鄯州的180里可以说是完全相符的，此为唐廓州治在今古城村之一证。

第二，关于廓州西北到鄯州鄯城县的里程。《通典》《太平寰宇记》只记载廓州至鄯州为180里，没有记载廓州北至鄯州鄯城县（治所在今西宁）的里数。上述西宁到平安驿比乐都到平安驿多10里，据此可以推算出唐廓州北至鄯城县的距离为190里左右。这一路线是廓州北至鄯州鄯城县的大道，是经由青沙山口的，无论古今都是由西宁到群科古城最捷近的一条道路。

另据《通典》卷174廓州下载：

西北至西平郡鄯城县二百八十里。

《元和郡县图志》失载，《太平寰宇记》卷155作"西北至鄯州鄯城县二百八十里"。以上二志所记方向都是西北，里数都是280里。这条道路与廓州北至鄯州鄯城的道路，不仅方向有别，而且里程上也相去甚多，可知这是廓州和鄯州鄯城间的另一条道路。由于拉脊山的阻隔，从黄河谷地的群科古城到湟水谷地的西宁城，只能经由西宁东南的青沙山口，或者经由西宁西南的拉脊山口。二者必居其一，此外是无路可走的。上述的道路是由廓州西北行，且道里比廓州北至鄯城的大道多出近百里，肯定不是经由今青沙山口的。因此这条道路应从地处西宁西南的拉脊山口一线求之。我们认为，这一道路的大致经由如下：从古城村往北，经五道岭到扎巴乡，这与上述廓州至鄯州的道路相同。由扎巴乡往西北经查甫乡、雄先乡、江扎村（属支扎乡，以上均属化隆县）、千户庄，这一段路是在拉脊山之南。从千户庄往西宁的路，与上述贵德经千户到西宁之路相同，即往北经由拉脊山口、南川河谷到西宁。已如上述，古城村经五道岭到扎巴乡为 56 里，扎巴乡到千户庄约 120 里，[59]千户庄到西宁为 120 里，[60]以上共计 296 里，这比唐廓州西北至鄯城的里数多出约 16 里。我们认为，古今道路曲直不同，加之扎巴乡到千户庄的里数是根据地图估算的，其中肯定是有点误差的。从千户庄到扎巴乡的这一段路，今天仍是一条简易公路。2003 年 8 月，笔者从贵德到化隆县时走的就是这条路。我们从千户庄往东，经过拉脊山主峰（海拔 4469 米）北的大山，由山下到山上的这一段路，是由几个"之"字形的道路重叠而成的。登上山顶，回首山下，真是令人心惊。这条路位于拉脊山之南，从千户庄往南可到贵德，往北可到西宁，继续往西，可以不经湟水谷地直达日月山、共和县等地。这也是一条古已有之的道路（说详下文）。上述论证说明，以古城村为唐廓州治，与文献所记廓州西北至鄯州鄯城县的方位、里数是基本相符的。此为证据之二。

第三，关于唐廓州至河州的里程。据《元和郡县图志》卷 39 廓州下记载：

> 东至河州三百九十里。

同书河州下亦记载：

> 西至廓州三百九十里。

《通典》卷 174 廓州、河州两州下记载的里数，与《元和郡县图志》相同，而两州间的方位与《元和郡县图志》略有差异。[61]《太平寰宇记》卷

154 河州下所记亦同。以上三书所记相同，都说明唐河州与廓州间的距离为390里。

古时由河州至群科古城村的道路是怎么样的呢？《辛卯侍行记》卷3记载了河州至循化厅的道路：

> 河州赴循化二路：一由西北一百二十里积石关……三十里孟达工，……西四十里清水工，十里循化厅；一由河州西南，五十里韩家集，……折西北三十里老鸦关，……二十里盘坡驿，二十里起台堡，……三十里立轮驿，……四十里清水工，十里循化厅。[62]

这两条路中，一是由河州往西北，经今甘肃积石山县（驻地吹滩镇）境到积石关（在今积石山县大河家镇西黄河边），再沿积石峡循黄河南岸到循化县。一是由河州往西南，经今临夏县（驻地韩集镇，原名韩家集），而后往西北过达里加山口，经起台沟（河）到循化县。这条两路均为200里，后者为大道，而且是古代河州、鄯州间大道，今临平公路即取此道。

《辛卯侍行记》也记载了循化厅到西宁府的道路：

> 循化西北行十五里沿河塘，渡河西行十五里甘都堂堡，折北六十里巴燕戎格厅，西北行六十扎什巴堡，转东北六十里平戎驿，循湟水西北行七十里西宁府。[63]

已如上述，河州赴循化二路均为200里。再由循化厅15里沿河塘，15里甘都堂（今化隆县甘都镇），60里巴燕戎格厅（今化隆县驻地巴燕镇），以上共计290里。今化隆至五道岭为42里，五道岭至古城村约40里。以上总计由河州至古城村的里数为372里，与文献所记廓州至河州的里相差18里。一般说来，古代道路迂曲，现代道路直捷，因此这两者可以说是接近的，此为证据之三。

第四，关于唐廓州西到积石军的里程。《通典》卷174廓州下载：

> 西至积石军一百八十里。

《元和郡县图志》卷39鄯州下、《太平寰宇记》卷155廓州下、《旧唐书·地理志》、《资治通鉴》[64]等书，所记方向、道里都与《通典》相同。又，《通典》卷174廓州下载：

> 西南到积石军一百六十一里。

《元和郡县图志》卷39廓州米川县下作"积石军在州西南一百五十里"，《太平寰宇记》卷155廓州下作"西南至积石军一百六十里"。从上述记载可知，廓州到积石军有两条路：一是各书志均一致记载的西180里，我们简称为"西路"；一是西南150里（或160里），简称为"西南路"。

关于廓州至积石军的两条道路，严耕望先生是这样解释的：

> 廓州向西行黄河北岸，循岸折西南，凡一百八十里至静边镇（近今贵德县治E101度30分，N36度），……又由廓州西行三十里至达化县，又一百二三十里，亦至镇，盖行黄河之南也。静边镇本古浇河城，贞观中置镇，仪凤二年升置积石军，统兵七千人。[65]

严先生认为，由唐廓州到积石军的两条路，一条在黄河北岸，一条在黄河南岸。我们认为，这两条路都在黄河南岸。《辛卯侍行记》记载了一条由康家寨到贵德厅的道路：

> 十里康家寨，三十里李家峡……二十里双布塘，……四十里汪佐塘，折西二十里扎麻山，十里白石崖，……三十里下河墩……十里贵德厅。[66]

显然这条路是在黄河南岸，而且由康家寨到贵德的距离是160里，再加上康家寨到金刚城的30里，这样金刚城到贵德为190里，与上述唐廓州"西至积石军一百八十里"的记载是接近的。这条路与廓州至积石军之"西路"相当。据群科村村民谈海福（回民，80岁）讲，他在新中国成立前是往贵德贩运粮食的。驮粮的牲口是从古城村南渡河，上山到康家寨，而后沿黄河南岸而行，经坎布拉、吉利（属尖扎县）、查达（属贵德）到贵德县城的。谈海福老人所走的路，与《辛卯侍行记》所记的路线大致相仿，当为唐廓州至积石的"西路"。那么唐廓州到积石军一百五六十里的"西南路"，位于"西路"之南，而且里数又少二三十里，当然是不会绕行黄河北岸的。我们认为，由唐廓州到积石军的两条路，都是经由康家寨的：一条由康家寨沿黄河南岸行，稍迂曲，故为一百八九十里，这是"西路"；另一条由康家寨向西偏南，大致沿贵德、尖扎两县间东西流向的河谷行，较直捷，故为一百五六十里，这是"西南路"。在这两条道路中，康家寨是两条道路的交叉点。

《元和郡县图志》卷39廓州达化县下载：

> 达化县，下，东至州三十里。本后周置达化郡并达化县，开皇三年罢郡，移县入郡廨，即今县是也。皇朝因之。[67]

达化县东到廓州为30里，上引《辛卯侍行记》康家寨东至金刚城的距离也是30里，两地方向和道里亦相合，说明唐廓州达化县治在今尖扎县康家寨。以康家寨为达化县，达化县东至廓州30里，浇河城又在达化县西120里，[68]这与上述积石军在廓州西一百五六十里的记载也是接近的。总之，以古城为廓州治，与文献中所记廓州至浇河、积石军的方向、道里基本是相符的。这不仅说明古城村为廓州治，也说明浇河故城、积石军就在贵德河阴镇。此为证据之四。

第五，关于廓州至鄯州龙支县的里程。《通典》卷174廓州下记载：

> 东至西平郡龙支县二百九十里。
> 东北到西平郡龙支县三百九十四里。

这两条记载，《太平寰宇记》卷155作：

> 东至鄯州龙支县二百九十里。

东北至鄯州龙支县三百九十里。

两书的记载，《太平寰宇记》所记的东北至鄯州龙支县的里数比《通典》少4里，其余完全相同。由此可知，廓州至鄯州龙支县有两条道路：一条是290里，另一条是390（394）里。关于廓州东至鄯州龙支县290里的道路，我们认为就是唐廓州到鄯州、再由鄯州至龙支县的道路。具体说来就是：从唐廓州治即今群科古城北行，经青沙山口到今平安县，由平安县沿湟水河谷往东到鄯州治即今乐都县，再从乐都沿湟水河谷往东到龙支县。理由是，首先，唐宋时人所记廓州北至鄯州为180里，[69]由鄯州沿湟水河谷东到龙支县的距离是135里，[70]两数相加为315里，与唐宋人所记廓州"东至西平郡龙支县二百九十里"相差25里，两者可以说是比较接近的。这是从唐宋人所记作证明。其次从明清时两地的实际距离来看，如上所述，群科古城村到乐都的距离约为176里，这与唐宋人所记廓州至鄯州的180里少4里。龙支县在今民和县南的古鄯镇，其地原名古鄯堡，[71]在西宁"东南二百六十里"。[72]西宁至乐都为130里，那么乐都至古鄯亦为130里，这与唐宋人所记鄯州至龙支县之135里少5里。上述两组数字证明，唐宋时人所记廓州东至鄯州龙支县290里的道路，就是唐廓州到鄯州、再由鄯州至龙支县的道路。这条道路的经由是：从唐廓州治即今群科古城北行，经青沙山口到今平安县，由平安县沿湟水河谷往东到鄯州治即今乐都县，再从乐都沿湟水河谷往东到龙支县，即今青海民和县古鄯镇。这也就证明唐廓州治在今群科古城村。

在古代志书的四至八到中，方向上出现差异是比较常见的。因此在考证古代地名时，必须注意辨方位、定路线、计道里。这三者中，辨方位尤为重要，其次才是定路线、计道里。因为方向一误，必然是南辕北辙。已如上述，廓州"东至西平郡龙支县二百九十里"的路线，实际上就是今天的如下一段路：从今群科古城北行，经青沙山口到今平安县，由平安县沿湟水河谷往东经今乐都县到民和县，再向南到古鄯镇。这条道路是今群科古城东到古鄯镇的唯一捷径，而在这条道路的"东北"或附近地区，根本就没有这么一条连接古城村和古鄯镇、长390（作394）里的道路。因此上述廓州"东北到西平郡龙支县三百九十（四）里"的记载，在方向上肯定有误。既然"东北"有误，那么"东北"可能为"东南"之讹。因为从黄河河谷的廓州治（古城村）到湟水河谷的龙支县（古鄯镇），由于拉脊山的阻隔，只能有两条路：一是经由青沙山口到乐都，沿湟水河谷东到龙支县；另一条是由廓州东南到河州北的黄河谷地，而后往北到龙支县。因为山川形势的限制，这是两条最捷的道路。除此之外，是没有第三条更近的道路可走的，古代如此，直到今天也是如此。这后一条道路的路线是：由古城村经化隆、循化两县城，在甘都镇东南渡黄河后，沿积石峡东到积石关。这一段路的今循化县清水乡到积石山县积石关段，就是唐代廓州、鄯州到河州的间道。这一段路经由黄河的积石峡段，是傍黄河南岸而行的。在积石关东北渡黄河，西北经民和县的官亭镇到古鄯镇。积石关渡就是隋炀帝当年渡河的临津关渡，由积石关渡到古鄯镇的这一段路也是隋炀帝西巡所经的道路（说详下文临津渡部分）。如上所述，由古城至化隆约82里，[73]化隆至积石关170里，[74]积石关到官亭镇约30里，官亭镇到古鄯约90里，以上共计约372里。这与廓州东南到西平郡龙支县394里的记载，也是接近的。这就说明，《通典》卷174和《太平寰宇记》卷155所记廓州"东北到西平郡龙支县三百九十（四）里"，在方向上有误，"东北"当为"东南"之讹。同时也说明唐廓州在今群科镇古城村。

我们已从唐廓州至鄯州、廓州至鄯城县、廓州至河州、廓州至积石军和廓州至龙支县等五个地方的不同的方向和里程，对唐廓州州治的位置作了论证，充分说明廓州州治化成县就在今群科镇古城村。下面我们再来讨论唐廓州治渡口的位置。

在群科村村民马贵（回民，60岁左右）的带领下，我们来到了群科村南已废弃的渡口上。群科村位于康杨黄河大桥之东，群科镇驻地古城村之西，康杨黄河大桥以东至群科村西一段，黄河河道靠近黄河北岸，形成一个大的弯曲地带。这一段的黄河南岸，傍河的地方是河漫滩，河南岸是河滩村（属尖扎县）。因此这里黄河的河岸是很开阔的，加之河南岸有河漫滩，是不适宜设置渡口的。黄河流到群科村西，因北岸高地阻挡，又折而南流，在群科村南离南岸数十米处又折而东流。黄河在群科村南折而东流，两岸之间距离只有几十米，渡口就设在群科村南，河滩村东。由群科村渡口过河,上山西北行,就是康家寨。我们认为,唐廓州渡当在今群科村南。

四　广违城渡

《水经注》在记载了石城、黄河城之后,接着记叙了广违城:

> 河水又东北迳广违城北,右合乌头川水。水发远川,引纳支津,北迳城东而北流,注于河。河水又东迳邯川城南,……[75]

由此可知,广违城与石城、黄河城两城相近,且地处这两个城东面的黄河下游。上述记载说明,黄河流经广违城北,而乌头川水北流迳广违城东后注入黄河。可知广违城位于黄河南岸,乌头川水西岸,且该城在乌头川水入河口附近。现在的关键是乌头川水是今天的哪条河?董祐诚说:

> 今有清水河,出贵德厅南,东流,合南来一水北流,东为循化厅界,西为贵德厅界,又北入于河,疑即乌头川水。其南来一水,疑即所谓支津也。[76]

我们认为,乌头川水即今黄河支流隆务河。隆务河,又名隆务格曲、格曲,发源于泽库县东部禾茂乡夏德日,流经泽库、同仁、尖扎三县,在尖扎县昂拉汇入黄河。全长156.8千米,主要支流有扎毛河、阿羊襄河、江龙河、木合沙河等,《水经注》所记的"水发远川,引纳支津",就是指这些支流而言的。董氏所说的清水河,是隆务河支流之一,上段名为清水河,是今贵德、同仁两县界河。下段又名羊智河,先后有隆务古曲、撒莫河注入,为同仁、尖扎两县界河。董氏以清水河为乌头川水,是将支流当作了主流,而董氏疑为支津的"南来一水",恰恰是乌头川水的主流。此外,从流向上看,隆务河是自南向北流的,正如董氏所说是"南来一水",而清水河是东北流的。这样隆务河与乌头川水的流向是一致的，而清水河的流向就不那么相符。可以肯定，《水经注》中的乌头川水即今隆务河。

首先，隆务河入河口地当尖扎、化隆、循化三县交界处，地属尖扎县当顺乡，在当顺乡驻地香干村东。据《水经注》所记，广威城就在今隆务河流入黄河处，在黄河南岸，隆务河西岸。笔者于2003年8月考察时看到，在隆务河入河口上下，黄河两岸都是石山，两河交汇处附近河面较窄，河岸两边石质阶地平缓开阔，都是适宜作渡口的。隆务黄河大桥就建在隆务河入河口的山嘴上，在这座大桥的稍西一点的地方正在修建一座新的黄河大桥，这里就是原来黄河上的老渡口。依《水经注》所记，广违城就在隆务河入河口西，黄河南岸，而石城、黄河城在黄河北岸。可以肯定，地处黄河南岸的石城、黄河城，与黄河南岸的广违城之间是有路相通的。那么连接黄河南北两岸的渡口，即广违城渡也应在今隆务河口之西的老渡口，即今新建的隆务黄河大桥所在的地方。

另据《元和郡县图志》卷39廓州米川县下记载：

曜武军，在州南二百里黑硖川。

廓州与化城县治在今群科古城，曜武军驻地在群科古城南200里。根据方位和里数，其地当在今同仁县的保安乡。那么廓州与曜武军间的道路就应该是今五河公路[77]的群科镇到隆务镇段。具体地说，就是由群科沿黄河北岸而下，在今新隆务河大桥所在的老渡口渡河，再溯隆务河谷而上到保安乡。因为五河公路是这里南行的唯一公路，此外是无路可走的。

其次，曜武军驻地为黑硖川，顾名思义，黑硖川当是黑色的硖谷。保安乡在同仁县驻地隆务镇北24里，隆务河西岸。保安南北地处隆务河谷地带，"'隆务'，藏语意为峡谷、农业区"。[78]2003年8月，我们从隆务黄河大桥过黄河，而后溯隆务河谷南行到同仁县城北的保安乡。隆务河谷两边是高耸的黑色石山，与唐人所说的黑硖川的景观是很相似的。

再次，保安乡自古地处交通要道，就唐代交通而言，保安乡北通廓州、鄯州，东南可达河州、洮州，由此溯隆务河而上，就是唐玄宗时唐蕃一度争战的黄河九曲。因为保安地处交通要道，为当时唐蕃争战之地，所以哥舒翰才设置曜武军驻守在这里。⑦

总之，自北魏以来，广违城渡一直是黄河上的渡口之一。

五　邯川城渡（盐泉城渡、吐蕃河桥）

在记载了由南向北流入黄河的乌头川水之后，《水经注》才记载了邯川城：

> 河水又东北迳广违城北，右合乌头川水……，注于河。河水又东迳邯川城南，城之左右，历谷有二水，导自北山，南迳邯亭，注于河。河水又东，临津溪水注之……⑧

说明邯川城及其有关的历谷二水，位于乌头川水入河口以东，临津溪水入河以西。已如上述，乌头川水为今隆务河，隆务河口以东就是古什群峡（又名公伯峡，在循化查汗都斯乡西北古什群村以西）。古什群峡长约30里，黄河在群山中穿流，在古什群峡以东，就进入了循化县城所在的黄河谷盆地。循化县城以东就是积石峡。积石峡地处青海循化和甘肃积石山两县间，长约50里。古什群峡与积石峡之间，长约几十里，是宽阔的黄河川地，土地肥沃平整，邯川城当在这一段黄河北岸的川地上求之。

关于邯川城的位置，《水经注疏》云：

> 董祐诚曰：邯川城当在今巴燕戎格厅所属土司境。《元和志》合川郡守捉，在鄯州南百八十里。邯、合声相近，疑为一地。守敬按：《元和志》，米川县西至廓州一百里，前凉张天锡于此置邯川戍。⑧

董氏疑邯川城、合川守捉为一地，杨氏又以邯川戍比附邯川城，这是有问题的。据《元和郡县图志》卷39廓州下记载：

> 米川县，下，西至州一百里。本前凉张天锡于此置邯川戍，后

魏孝昌二年于戍城置广威县。贞观十年，于本县东一百二十里黄河南岸置米川县，属河州。永徽六年，移于河北，属廓州。

上述记载说明，前凉之邯川戍，即后魏之广威县，亦即唐廓州东100里的米川县。根据方向和里数，其地当在今化隆县巴燕镇南。[82]合川守捉在鄯州南百八十里，[83]其地应在今化隆县巴燕镇附近。[84]《水经注》明言"河水又东迳邯川城南"，说明邯川城在黄河北岸附近，不会在远离河岸60里外的今化隆县巴燕镇。因此董祐诚邯川城与合川守捉"疑为一地"说，以及杨氏的比附，是不能成立的。

《辛卯侍行记》云：

> 今巴燕戎南六十里有甘都堂城，城北有二水来会，则甘都堂即邯川、邯亭矣。[85]

《辛卯侍行记》邯川城即今甘都堂说是正确的。已如上述，邯川城当在古什群峡和积石峡之间的黄河北岸的谷地上，甘都镇就在这里，而且地当今临（夏）平（安）公路，且为这一带最大的集镇。另外，上引《水经注》云，"河水又东迳邯川城南，城之左右，历谷有二水，导自北山，南迳邯亭，注于河"。今甘都镇北有巴燕河（流经化隆县驻地巴燕镇），西有毕消河，两条河都自北而南，在甘都镇西汇合后流入黄河。而且《中华人民共和国地名大词典》说："甘都，为藏语'噶木多'音译转写，意为三岔河口。因居黄河、巴燕河、毕消河交汇处而名。"[86]这都说明巴燕河、毕消河当为历谷之二水，甘都镇为邯川城。

邯川城即东汉时东、西邯所在地。东、西邯为东汉时的屯田区，侯霸曾"置东、西邯屯田五部"。[87]《水经注疏》曰：

> 赵（一清）云：《后汉书·马武传》章怀注，以此水分流，谓之东、西邯也。[88]

《后汉书·马武传》章怀注说得很明确，邯川城即东汉的东、西邯：

郦元《水经注》曰：邯川城左右有水，自北出，南经邯亭注于河。盖以此水分流，谓之东、西邯也，在今廓州化隆县东。

《通典》卷189边防五亦云：

邯，水名，分流左右，在今宁塞郡。

章怀注、《通典》均说东西邯在唐廓州，而且章怀注说在唐廓州化隆县东。唐贞观时，今甘都镇地属唐廓州化隆县。如上引《元和郡县图志》所述，唐高宗永徽六年，米川县（今化隆县巴燕镇）从东南120里、黄河南岸的原米川县（当在今循化县东的清水乡附近），迁到黄河北新县址（今化隆县巴燕镇附近），并由河州改属廓州，今甘都镇才属于米川县。章怀注说邯川城和东、西邯"在今廓州化隆县东"，当是以贞观时的行政区划而言的。东、西邯是"水名，分流左右"，今甘都镇亦有巴燕河和毕消河分流左右。东、西邯是古代的屯田区，而且有屯田五部；今甘都镇所在的黄河、巴燕河、毕消河谷地亦为重要农业区。这都说明，东、西邯也在今甘都镇，东、西邯的五部屯田区当在甘都镇附近的黄河、巴燕河、毕消河谷上。总之汉代的东、西邯和《水经注》中的邯川城，实在一地，都在今化隆县南的甘都镇。

邯川城所在的今甘都镇，东汉初为屯田区，而且地当北魏鄯善镇与河州间的官道上，唐时又是鄯州、廓州与河州间必经之地，南临黄河，附近必然是有渡口的。关于这条道路的情况，《旧唐书·吐蕃传》有如下记载：

其年（开元二十六年）七月，希望又从鄯州发兵夺吐蕃河桥，于河左筑盐泉城。吐蕃将兵三万人以拒官军，希望引众击破之，因于盐泉城置镇西军。

此条记载又见《新唐书·吐蕃传》及《资治通鉴》。由上述记载可知，杜希望从鄯州发兵夺吐蕃河桥，且在河岸上建有盐泉城，并在盐泉城设置镇西军，以守护河桥。关于镇西军，文献记载是有歧义的。《通典》卷172 州郡序目下云：

> 镇西军，安乡郡（河州）城内，臣亡父先臣杜希望开元二十六年置。

《元和郡县图志》卷39 鄯州下、《唐会要》卷78 所记与《通典》略同。而《元和郡县图志》河州下又云：

> 镇西军，在州西一百八十里，开元三年哥舒翰于索恭川置。

《新唐书·地理志》河州下所记及《资治通鉴》开元二十六年胡注，与《元和郡县图志》略同。上述关于镇西军的记载，在时间、地点、人物上有分歧，有人对此已提出了质疑：

> 按《旧书·哥舒翰传》，天宝六年始代王忠嗣为节度，开元初仕不甚显。鄯州叙镇西军在河州城内，开元二十六年杜希望置。此云在州西一百八十里，人地时事迥别。[89]

对于文献记载中的歧异，严耕望先生作了这样的解释：

> 《通典》称此军置在河州城内，佑为希望之子，所记应最可信。然与《两传》及《通鉴》所记当时情事不相应。……疑此军始置在河州城，不久即移至河州西一百八十里之盐泉城，在河南岸，河上有桥。[90]

严先生的解释是合理的，可以肯定：镇西军，在河州西180里的记载是可信的。关于盐泉城的位置，《西宁府续志》卷1 古迹类新隶循化厅下说：

> 盐泉城，在城西，亦号镇西军。唐开元二十六年，杜希望夺吐蕃之河桥，于河左筑盐泉城。……今厅治河岸皆出盐，回民赖以为

生业。其掌教坊渡口，又为往来要道，吐蕃之河桥，当在于此。故知其城在厅治西也。[91]

我们认为，《西宁府续志》关于盐泉城、吐蕃河桥在循化城西说，是非常有理的。因为当时的形势是唐军先夺取了吐蕃河桥，为了守卫吐蕃河桥，就在河南岸筑盐泉城，于是盐泉城内就派驻镇西军。因此吐蕃河桥、盐泉城和镇西军都在同一个地方，确定了吐蕃河桥的位置，也就确定了盐泉城和镇西军的位置。所以《续西宁府志》在记叙盐泉城时说，"掌教坊渡口，又为往来要道，吐蕃之河桥，当在于此"。掌教坊渡又名依麻目（又作乙麻木）渡，位于循化城西的依麻目庄北的黄河上，清代这里就是循化厅最大的民渡，有官船二只。[92]之所以如此，是因为古什群峡以下的黄河进入了开阔地段，河道或弯曲，或南北摆动，或河道中有河滩，都不利于设置渡口。而依麻目渡位于循化县积石镇与甘都镇南北大路适中之地，这里河道基本顺直，河面较窄，附近又无河心滩，无论古今都是不可替代的渡口，今循化黄河大桥就建在依麻目渡口上游约一里处。我们认为，吐蕃河桥就在今循化黄河大桥东约一里的依麻目渡。另，《西宁府续志》谓"今厅治河岸皆出盐，回民赖以为生业"。今循化县积石镇有大别列村、尕别列村，"别列""撒拉语意为盐土"，[93]这两个村子地属积石镇，就在依麻目渡口附近。我们认为，盐泉城当在依麻目村附近，那么驻守盐泉城的镇西军也应在这里。必须指出的是，河州至镇西军是180里，河州至今循化县积石镇是200里，再加上由积石镇到依麻目村的10里，就是210里。这与河州至镇西军的180里的记载，相差30里，差距是有些大。有人认为，镇西军"在今循化撒拉族自治县清水乡一带"。[94]对这一说法，我们是持怀疑态度的。河州与清水乡的距离是190里，与河州至镇西军180里的记载可以说是相符的。但是相符之处也是仅此而已，在其他方面清水乡一带是不具备吐蕃河桥、盐泉城和镇西军驻地的条件的。清水乡左右地处积石峡上峡口，黄河两岸均是石山，只有南岸有路可通积石镇。而与清水乡相对的黄河北岸是陡峭的石山，根本无路可走，直到今天也是如此。在这样一个无路可通的地方，无论古今根本就不需要渡口，当然也不需要桥梁。因此所谓的建城驻军，守卫桥梁，在这样一个无路可通的地方都是无从谈起的，这就从根本上动摇了所谓镇西军在今循化县清水乡一带的说法。总之，我们认为，吐蕃河桥、盐泉城和镇西军都在今循化城西依麻目村北的黄河上，盐泉城和镇西军就在依麻目村。

另外，《资治通鉴》卷249唐宣宗大中三年（849）载：

> 二月，吐蕃论恐热军于河州，尚婢婢军于河源军。婢婢诸将欲击恐热，婢婢曰："不可。我军骤胜而轻敌，彼穷困而致死，战必不利。"诸将不从。婢婢知其必败，据河桥以待之，诸将果败。婢婢收余众，焚桥，归鄯州。

河源军驻地在鄯州鄯城县，即今西宁市城关。婢婢进军河州，当由今西宁向东经平安县、青沙山口和化隆县城南下，在盐泉城即今循化城西的依麻目村所在的黄河南岸"据河桥以待之"。兵败后，烧毁河桥，又顺原路退回鄯州。此河桥与上述杜希望所夺吐蕃河桥当为同一桥。

六　鸡项关桥

除吐蕃河桥外，鸡项关渡也是唐代的渡口之一。据《资治通鉴》卷249唐宣宗大中四年记载：

> 吐蕃论恐热遣莽罗蔺真将兵于鸡项关南造桥，以击尚婢婢军于白土岭。婢婢遣其将尚铎罗榻藏将兵据临蕃城以拒之，不利，复遣磨离羆子、烛卢巩力将兵据牦牛峡以据之。……婢婢粮乏，留拓跋怀光守鄯州，帅部落三千余人就水草于甘州西。

这一战事又见于《新唐书·吐蕃传》：

> 大中三年，婢婢屯兵河源，闻恐热谋度河，急击之。婢婢统锐兵扼桥，亦不胜，焚桥而还。恐热间出鸡顶岭关，凭峡为梁攻婢婢，

至白土岭，败其将尚铎罗榻藏，进战牦牛硖。……婢婢粮尽，引众趋甘州西境，以拓跋怀光居守，恐热麾下多归之。

严耕望先生对这次双方的行军路线是这样解释的：

> 实则大中三年，婢婢进军路线，盖由鄯城河源军南渡河桥与恐热战于河南也。其行程与明年（大中四年）恐热行军路线恰相反，然取道则一。是恐热此次行军虽经白土岭，但不直北攻鄯州，而由白土向西北绕道临蕃军城再折东取河源军，盖此河源军为婢婢重要根据地。婢婢兵败西北走甘州，恐热尾追至瓜州，乃闻怀光守鄯州而回军耳。⑥

严先生的解释是正确的，但不够具体。可以肯定，上述《资治通鉴》大中四年所记，与《新唐书·吐蕃传》大中三年所记为同一件事。合两条记载来看，恐热此次由河州进军先取前述廓州至河州道（见前文唐廓州渡部分之第三：关于唐廓州至河州的里程），在今循化地区兵分两路：一路进军河桥，另一路向西，在鸡项关南的黄河上造桥。两军都是欲进军白土岭，⑯进一步进攻河源军驻地鄯城县。婢婢亦兵分两路：一路在鸡项关南拒敌，"为恐热所败"；另一路由"婢婢统锐兵扼桥，亦不胜"。两路都先后失利，婢婢只能"焚桥而还"。于是"恐热出鸡顶岭关，凭硖为梁攻婢婢，至白土岭，败其将尚铎罗榻藏"。在白土岭一战之后，恐热本可经由今青沙山口往北经平安往西，直攻鄯城县。但正如严先生所说，"恐热此次行军虽经白土岭，但不直北攻鄯州，而由白土向西北绕道临蕃军城再折东取河源军"。必须指出，恐热由白土岭西北至临蕃军城之道，就是上文中所论证的廓州"西北至西平郡鄯城县二百八十里"道路的一段（见前文唐廓州渡部分之第二：关于廓州西北到鄯州鄯城县的里程），即由扎巴至千户庄，再由拉脊山口到今西宁的道路。这里还有几个地名的位置是需要讨论的，这几个地名是临蕃城、牦牛硖和鸡项关。

先讨论临蕃城和牦牛硖。严先生说：

> 《新唐志》鄯州鄯城县"西六十里有临蕃城"。此临蕃军殆其地。

略测今地，当在今图镇海堡地区。《一统志》西宁府卷关隘目，"镇海营在西宁县西五十里，西去石峡边墙二十里，明嘉靖十三年筑城"。盖因唐代故地耳。⑰

我们认为，临蕃军的驻地不应在今镇海堡地区。正如严先生所说，"河源军为婢婢重要根据地"，因此婢婢在逃往甘州之前，临蕃城、牦牛硖两地的争战，双方都是以攻防河源军驻地鄯城县而展开的。从婢婢一方讲，正因为临蕃城和牦牛硖两地失守，鄯城县难保，婢婢才逃往甘州。从恐热一方讲，他的进攻目标是鄯城县，没有任何必要绕道今镇海堡地区，"再折东取河源军"。因此，临蕃城和牦牛硖当在由拉脊山口至西宁的南川河河谷上，不应在西宁西湟水河谷的镇海堡。

《新唐书·地理志》鄯州鄯城县下载："西六十里有临蕃城。"已如上述，临蕃城不应在湟水河谷，而应在南川河河谷上。进一步说，就在由拉脊山口至西宁的南川河河谷上。今湟中县驻地鲁沙尔镇东南12里的申中村（属上新庄乡），为清申中驿，其地距西宁60里，⑱与上述《新唐书·地理志》所记临蕃城里数相同。而且申中村地处由拉脊山口至西宁的南川河河谷上，我们认为，临蕃城当在今湟中县新庄乡的申中村。同样的道理，牦牛硖也应在由拉脊山口到西宁的南川河河谷上求之。

最后我们来讨论鸡项关的位置。鸡项关，《新唐书·吐蕃传》作"鸡顶岭关"，上引《资治通鉴》胡注说："鸡项关亦在河州界。"已如上述，今古什群峡与积石峡之间，长约几十里，其间是宽阔的黄河谷地。这里有两处渡口：一是循化县城西依麻目渡（在今循化黄河大桥东约一里），一是循化县西查汗都斯乡古什群村北的古什群渡。这两个渡口中，依麻目渡是黄河上的重要渡口，它位于化隆县甘都镇和循化县驻地积石镇之间，是古今黄河南北大道必经之地。古什群渡位于甘都镇和积石镇西，无论从南岸的积石镇经由该渡口到北岸的甘都镇，还是从北岸的甘都镇经由该渡口到南岸的积石镇，都须沿南北两岸绕行三四十里。两相比较，经由依麻目渡渡河比较直捷，而古什群渡就比较迂曲。《辛卯侍行记》在记述河州至西宁的道路时说："循化西北行十五里沿河塘，渡河西行十五里甘都堂。"⑲这里所说的沿河塘就是伊麻目渡。我们认为，邯川城渡、镇西军渡、吐蕃河桥、以及上文婢婢先扼守、后焚毁的河桥,都在今循化县城西的伊麻目渡。关于鸡项关南之桥,就在循化县西查汗都斯乡古什群村北的古什群渡。古什群渡位于循化积石镇西47里,地处古什群峡下峡口。1934年,这里修过一座名叫通化桥的木桥。1939年,又在这里修过一座木握桥。[10]"恐热间出鸡顶岭关,凭硖为梁攻婢婢,至白土岭",这里的"硖"即峡,即今古什群峡。"凭硖为梁"者,即在公伯峡下峡口上修建了桥梁。无论是从依麻目渡河,还是从古什群渡河,两条道都在甘都镇会合,都可北到西宁。恐热从鸡项关渡河,经今甘都镇到白土岭(当指今青海化隆县境的拉脊山)。今古什群渡口上也修了大桥,由此过河经甘都镇亦可往北到化隆县北的拉脊山。可见无论古今,都是如此。因为依麻目渡比较直捷,今天仍是西宁至临夏间的主干公路所经之地。而古什群渡地处古今大道之西,比较迂曲,不是古今道路的主干道,所以史书说"恐热间出鸡顶岭关"。因为今循化县城以西只有两个渡口,依麻目渡地处比较平坦开阔的河川地上,而古什群渡位于古什群峡的下峡口上。因此只有古什群渡才有"凭峡(硖)为梁"的条件,这也是我们以鸡项关桥在古什群渡的理由之一。

邯川城渡的出现是比较早的。从东汉在东、西邯屯田开始,这里已成为陇西郡(治所在今甘肃临洮县)和金城郡(治所在今青海民和县古鄯镇)之间往来的重要的渡口之一。由陇西郡治经由故枹罕县(治所在今甘肃临夏县韩集镇东的双城),在邯川渡过黄河,就可到达以西宁为中心的湟水河谷地区。直到今天,这里仍是连接甘肃和青海间的要冲。

参考文献

① 陈桥驿:《水经注校释》卷2,杭州大学出版社1999年版。
② 同上书,第24页。
③ 《中华人民共和国地名大词典》第3卷,商务印书馆2000年版。
④ 《青海省地图》(1:500000),青海省测绘局编制,1980年3月。
⑤ 陶保廉:《辛卯侍行记》卷4,甘肃人民出版社2002年版。
⑥ 见《后汉书·西羌传》,又见《水经注·河水注》。
⑦ 同上书。
⑧ 竺可桢:《中国近五千年来气候变迁的初步研究》,《竺可桢文集》,科学出版

社1979年版。

⑨《中华人民共和国地名大词典》第3卷，第5676页同德县条、第5680页贵南县条。

⑩《资治通鉴》卷48，汉和帝永元五年，胡三省注。

⑪《水经注校释》卷2，第31页。

⑫《水经注校释》卷2，第31页。

⑬《中华人民共和国地名大词典》第4册，第6539页龙羊峡条。

⑭时当黄河枯水时节，龙羊峡电站的四台机组中只有一台机组在发电，所以黄河也就没有往日奔腾咆哮的声威。

⑮《中华人民共和国地名大词典》第4册，第7287页龙羊峡水库条。

⑯《汉语大词典》第2册，汉语大词典出版社1988年版，第399页"冰桥"条。

⑰《中国历史地图集》第2册，中国地图出版社1975年版，第50—51图。

⑱《后汉书·西羌传》载："归义、建威屯田二十七部……东西邯屯田五部，增留、逢二部，……列屯夹河，合三十四部。"

⑲《水经注校释》卷2，第24页。

⑳《新唐书·地理志》廓州下："西八十里宛秀城有威胜军。"按：依《元和郡县图志》所记，"西八十里"上应加"积石军"三字。又，《元和郡县图志》卷3校勘记八九"宛肃城，《考证》：王应麟引'肃'作'秀'"。中华书局1983年版。

㉑严耕望：《唐代交通图考》第2卷，"中央研究院"历史语言研究所1985年版，第542页。

㉒《唐代交通图考》第2卷，第540页。

㉓《中华人民共和国地名大词典》第3卷，第5680页。

㉔《全唐文》卷275。

㉕《西宁府续志》卷1，青海人民出版社1985年版，第58页。

㉖丁谦：《水经注正误举例》（求恕斋丛书）卷5。陶说见《辛卯侍行记》卷4，第235页。

㉗王仲荦：《北周地理志》卷2，中华书局1980年版，第202页。

㉘《唐代交通图考》第2卷，第31页、第540页。

㉙《中华人民共和国地名大词典》第3卷，第5677页。

㉚同上注㉙。

㉛《水经注校释》卷2，第25页。

㉜《水经注疏》卷2，"今以龙池河当济川水为合"，第134页。

㉝《西宁府新志·青海方志类编（下册）》，第850页。

㉞见《中华人民共和国地名词典》第3卷，第5678页刘屯条。

㉟《大清一统志》卷270《西宁府二》，中华书局1986年版。

㊱《辛卯侍行记》卷4，第235页。

㊲丁谦：《水经注正误举例》（求恕斋丛书）卷5，第24页。

㊳《水经注疏》卷2，第131页。《说文》原文作："浇，沃也。"

㊴见《读史方舆纪要》卷64，中华书局1955年版。《辛卯侍行记》卷4亦谓"《通典》水冋桴曰浇"，而《通典》一书中查无此语。

㊵见《楚辞补注》下册，中华书局1957年版，第494页。

㊶《中华人民共和国地名大词典》第4卷，第7278页。

㊷《元和郡县图志》鄯州下载："积石军，廓州西一百八十里。"

㊸杨守敬：《隋书地理志考证附补遗》，《二十五史补编》第4册，中华书局1955年版。

㊹《大清一统志》卷270，中华书局1986年版。

㊺《中华人民共和国地名大词典》第3卷，海南藏族自治州条。

㊻《元和郡县图志》卷39鄯州下，"马一百匹"又作"马三百匹"。

㊼《唐代交通图考》第2卷，第540—541页。

㊽《元和郡县图志》卷39廓州化成县下。

㊾《通典》卷174廓州下。

㊿《水经注校释》卷2，第25页。

(51)《水经注疏》卷2，江苏古籍出版社1989年版，第135页。

(52)《辛卯侍行记》卷3，第229页。

(53)《西宁府续志》卷1，青海人民出版社1985年版，第59页。

(54)《辛卯侍行记》卷4，第229页。

(55)《唐代交通图考》第2卷。

(56)同上。

(57)同上。

(58)《辛卯侍行记》卷3，平戎驿"循湟水西北行七十里西宁府"；又，同书卷4，碾伯县（今乐都县驻地碾伯镇）"（渡湟水）六十里（过大峡）平戎驿"；《大清一统志》卷270，西宁府平戎驿下所记亦同。

(59)扎巴至千户庄的里数估算如下：扎巴乡至查甫乡约25里，查甫乡至雄先乡约25里，雄先乡至支扎乡江扎村约20里，江扎村至千户庄约50里。

⑥《西宁府新志·青海方志资料类编（下册）》，千户庄城"南去府治一百二十里"。

⑥《通典》河州下作"西至宁塞郡三百九十里"，与《元和郡县图志》同；《通典》河州下作"东南至安乡郡三百九十里"，与《元和郡县图志》略有不同。

⑥《辛卯侍行记》卷3，第229页。

⑥《辛卯侍行记》卷3，第229页。

⑥《旧唐书》卷38《地理志》总叙；《资治通鉴》卷215，天宝元年。

⑥《唐代交通图考》第2卷。

⑥《辛卯侍行记》卷3。

⑥《太平寰宇记》卷155，廓州达化县所记相同。

⑥《旧唐书·地理志》廓州达化县下："吐浑浇河城，在县西一百二十里。"又，《太平寰宇记》卷155 廓州达化县下："浇河城，亦谓之故廓州，在县西一百二十里。"

⑥见《通典》卷174 廓州下；《太平寰宇记》卷151、155 鄯州下及廓州下。

⑦《元和郡县图志》卷39 鄯州龙支县下，及《太平寰宇记》卷151 鄯州龙支县下。

⑦吴景敖：《西陲史地研究》。

⑦《青海方志资料类编》下册。

⑦前文估算古城村到五道岭约40里，五道岭到化隆为42里。

⑦见前文所引《辛卯侍行记》。

⑦《水经注校释》卷2，第25页。

⑦《水经注疏》卷2，第136页。

⑦五河公路北起青海化隆县的五道岭，经昂思多、群科、隆务（同仁县）、泽库县城到河南蒙古族自治县驻地优干宁。

⑦《中华人民共和国地名大词典》第3册，第5667 隆务庄条。

⑦《元和郡县图志》卷39 廓州下载："右宁边等五军，并天宝十三年哥舒翰奏置。"按宁边等五军中包括曜武军。

⑧《水经注校释》，第25页。

⑧《水经注疏》卷2，第136页。

⑧上述廓州治在群科镇古城村，由唐廓州治到东100里的米川县，其大体的经由如下：从古城村到五道岭约40里（此为估计里数），五道岭至化隆为42里，化隆至甘都堂60里。米川县当在化隆县巴燕镇南。

㉝ 见《通典》卷172州郡二序目，又见《元和郡县图志》卷39鄯州下、《旧唐书·地理志》和《资治通鉴》卷215，天宝元年。

㉞ 前引《辛卯侍行记》，碾伯县（今乐都）至平安戎驿60里（卷4，第253页），平戎驿至扎什巴堡60里，扎什巴堡至巴燕戎格厅60里（卷3，第229页），共180里。

㉟ 《辛卯侍行记》卷4，第236页。

㊱ 《中华人民共和国地名大词典》第3册，第5654页甘都镇条。

㊲ 《后汉书·西羌传》。

㊳ 《水经注疏》卷2，第136页。

㊴ 《元和郡县图志》卷39，校勘记第64条引清人张驹贤的《考证》。

㊵ 《唐代交通图考》第2卷，第510页。

㊶ 《西宁府续志》卷1，第61页。

㊷ 《西宁府续志》卷1，第113页。

㊸ 《中华人民共和国地名大词典》，第5657页大别列条。

㊹ 《中华人民共和国地名大词典》，第5656页循化撒拉族自治县条。

㊺ 《唐代交通图考》第2卷。

㊻ 拉脊山自今化隆县的青沙山口向东南延伸到民和县南部的官亭。我们认为，此处的白土岭指拉脊山口南段，与《水经注》卷2"（白土）川出白土城西北岭下"之岭，均为今拉脊山。

㊼ 《唐代交通图考》第2卷。

㊽ 《辛卯侍行记》卷4，"贵德东北八十里朝天驿，八十里申中驿，六十里西宁"，第235页。

㊾ 《辛卯侍行记》卷3，第229页。

⑩⑩ 青海公路交通史志编审委员会办公室《青海公路交通》，1986年印刷。

青海黄河古渡示意图

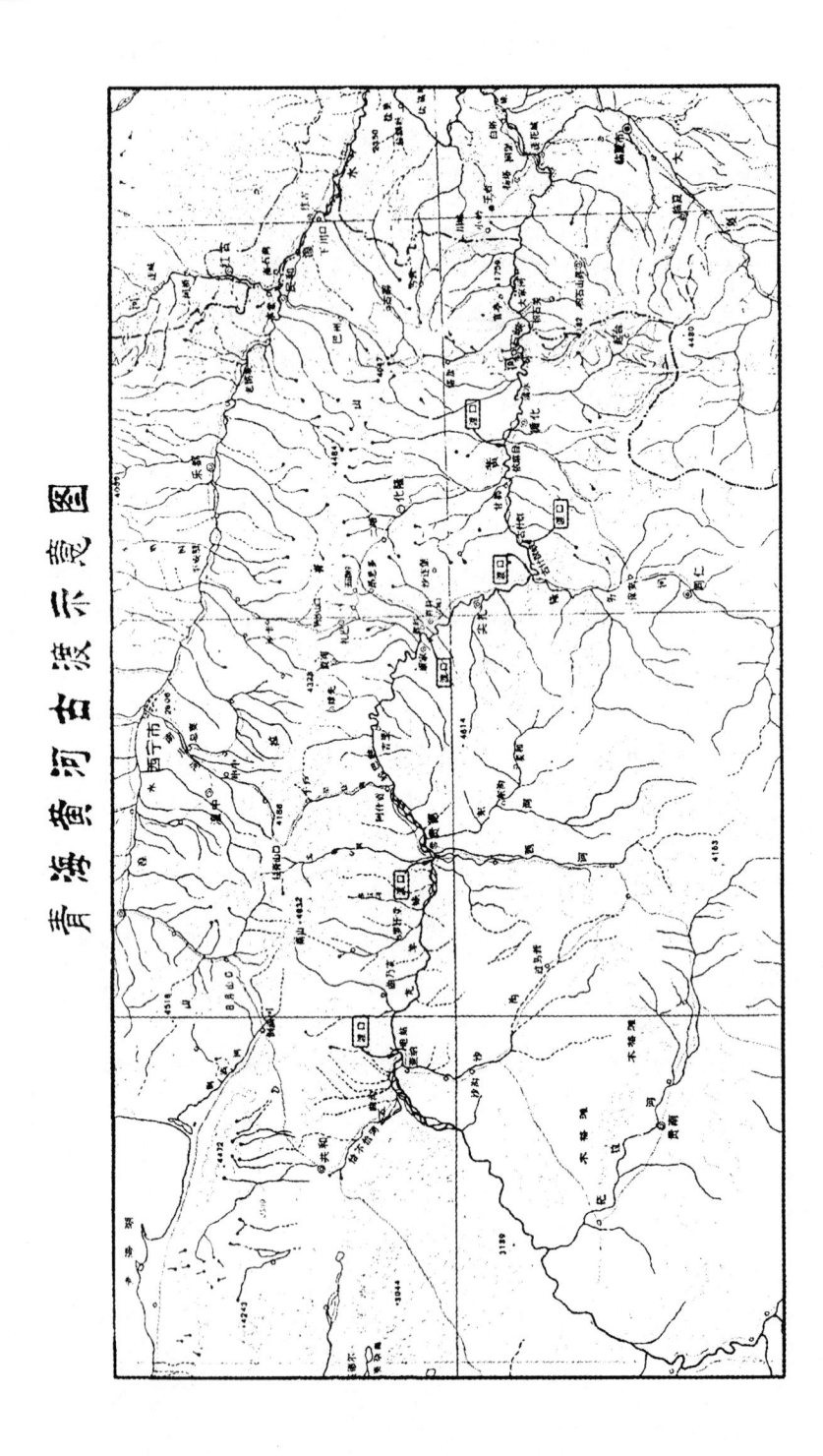

古玉石之路与丝绸之路青海道

张得祖[①]

一 上古时期沟通中西交通的玉石之路

丝绸之路是什么时候出现的？通常认为是西汉张骞通西域以后。所以人们把张骞通西域称为"凿空"，以为是中西交通及丝绸贸易的"开端"。其实早在先秦乃至上古时代，中西经济文化交流即已开始，大量考古文物资料已充分证明了这一点。正如著名考古学家裴文中先生指出的："东西方的交通，决不是由张骞开始，汉以前就有。因为史前时期的文化，东西两方有许多相同之处，例如彩陶，必定是东西文化两相交流的结果。"[①]近些年又有学者提出："在丝绸之路形成的1600多年前，就有一条和田玉的运输线在欧亚大陆上铺展，使中国古文明和西亚乃至欧洲古文明悄然交融。"[②]和田玉产于昆仑山下之于阗，青海境内更有丰富的昆仑玉。此地之玉东输中国本土由来已久，在距今6000多年的北方红山文化遗址和南方良渚文化遗址，都出土了大量的和田玉玉器。古人对玉情有独钟，我国先秦文献中有大量以昆仑玉为媒介、联络西王母国与内地关系的传说记载，如《瑞应图》载："黄帝时，西王母乘白鹿来献白环。"《世本》载"舜时，西王母来献白环及珮"。《穆天子传》载，周穆王在

[①] 张得祖，青海乐都人，青海师范大学人文学院教授。

见西王母后,"取玉版三乘,载玉万只"而归。和田玉西输西亚诸国,从巴比伦、叙利亚发现古器物所用之玉,以及欧洲各国发现石器时代所用之玉皆为于阗的产物。至于丝绢传入西方,早在公元前5世纪希腊史学家希罗多德的《历史》等文献中就有记载。我国第一部地理书《山海经》以及《管子》《淮南子》中的对西域部族及地名的记载等,都不同程度地反映了汉以前中原地区与西域各国经济文化的交往,很早以前即已发生。

据考证,从上古到先秦逐步形成的通往西方的陆路通道的东段路线主要有三条:一是从关中或今河南北上经漠南阴山山脉至居延海绿洲(今内蒙古额济纳旗境内弱水下游),趋向天山南北麓至西域,即所谓的"居延路"或"草原路";二是从关中过陇山,经河西走廊入西域,即所谓的"河西路";三是由祁连山南,沿湟水至青海湖,再经柴达木盆地而达今新疆若羌的古"青海路"。裴文中先生认为"湟水两旁地广肥沃,宜于人类居住,况湟河河谷文化发达,由史前至汉,皆为人类活动甚盛的地方,史前遗物,到处皆是,与渭河及洮河流域相类似",因此推断"汉以前的东西交通,是以此为重要路线"而且"是主要之道"。[③]

这条被裴文中先生确定为中西方交通的"主要之道"的青海路,由于它穿越盛产美玉的昆仑山,把大量昆仑玉输往祖国内地和西亚乃至欧洲,成为沟通中西方古代文明的"玉石之路"。秦汉以后随着中国丝织业的发达,丝绸逐渐代替了玉,成了沟通中西经济文化交流的主要媒介。但丝绸流通的路线,仍步古玉石之路的后尘,从某种意义上说,古玉石之路开了丝绸之路的先河。

自汉武帝遣张骞出使西域,并在河西设武威、酒泉、张掖、敦煌四郡后,河西路开始兴盛,成为中西陆路交通东段的主要干线。而居延路和青海路则相对冷落了下来,但仍不失为一条重要的辅道。

二 魏晋南北朝时期青海路的兴盛

自魏晋以来,西域各属国纷纷脱离中原王朝的控制,河西走廊也先后出现了前凉、后凉、南凉、西凉、北凉等地方割据政权，战祸频仍，河西走廊以及由此分支的南北两条故道时常阻塞不通，当时在今甘肃西南部及青海草原由鲜卑慕容部建立的吐谷浑国，经过树洛干、阿豺、慕瓆、慕利延等几代人的开拓经营，已经成为地跨东西数千里，包括鄯善、于阗在内的中国西部强国。吐谷浑立国350年，而且始终与中原王朝以及南北朝都保持着密切的关系。这一切为丝绸之路青海道的兴盛提供了时间、空间上的条件和必要的政治保障。

1. 河南道

河南道，古称羌氐道，又因这条道路是沟通雍、梁二州间的古道，故亦称雍梁道。早在战国初期，秦献公兵临渭首，河湟羌人为避其兵威，向黄河以南迁徙，移居到岷江、白龙江、西汉水乃至长江上游一带，和氐人生活在一起，形成所谓越嶲（今四川西昌）羌、广汉（今四川广汉）羌、武都（今甘肃成县）羌等，这是河南道见之于史籍之始。

三国初期，河湟地区成为魏蜀争夺的对象，蜀后主延熙十年（247），蜀将姜维由羌氐道北上，支持西平蛾遮塞、凉州治无戴等羌人首领的反魏斗争，被魏凉州刺史郭淮在河关（今甘肃积石山县大河家）、白土（今青海民和官亭）、龙夷（故西海郡治）等地战败，治无戴投奔姜维，由羌氐道南入蜀中，被安置在繁县（今四川新繁县）定居，两年后，姜维又曾自氐羌道北上进兵西平，无功而返。

永嘉之乱后，前凉张轨父子，在政治上与东晋保持着密切联系。由于前赵、前秦先后占据中原，羌氐道又成了前凉通向东晋的主要途径。

公元420年进入南北朝之后，国内形势发生了变化。北魏统一了北方，与南方汉族政权相对峙；兴起于漠北的柔然又与北魏相对峙。在青海和陇右、河西建立政权的南凉、西秦、北凉先后灭亡的同时，吐谷浑却在西部崛起。在这种形势下，柔然、吐谷浑以及西域各国均同时与南北两大政权交往。而南方汉族政权也力图打通与西方的交通，以便与西方贸易。可是从江南向漠北或西域的主要道路均为强敌北魏所据，于是南朝历代政权只有从四川西北经吐谷浑与漠北柔然和西域交往，河南道就更加兴盛起来。

刘宋景平元年（423），河西的北凉沮渠氏和吐谷浑阿豺均向刘宋朝贡，并接受其封号，然后双方不断有使臣往返。元嘉六年（429）前后，柔然的使者也出现在刘宋的都城建康（今江苏南京），④柔然此时的势力已达今新疆哈密一带。因此，柔然到刘宋的使者应是从居延路或蒙古草原南下，经其盟国北凉的酒泉或张掖，再经吐谷浑所据河南的浇河，沿西倾山北麓至龙涸（今四川松潘），顺岷江而下入蜀的。上述北凉、吐谷浑的使者也均由此道至刘宋。因为此道必经青海黄河河曲以南之地，故史称"河南道"。亦因吐谷浑国又称为河南国，史籍中把贯穿吐谷浑的道路称为"河南道"或"吐谷浑道"。如《南齐书·芮芮虏传》所云"芮芮常由河南道而抵益州"。《南齐书·皇后传》载："永明元年，有司奏贵妃、淑妃并加金章紫绶，佩于阗玉。"于阗玉即和田玉，也是通过河南道转输到南齐的。关于这条路线，吐谷浑王慕利延在元嘉二十七年（450）上宋文帝刘义隆的表文中说得更具体："若不固者，欲率部曲入龙涸、越嶲门。"⑤说明吐谷浑不仅与南朝刘宋王朝关系密切，而且对进入蜀地的交通道路也十分熟识。

由吐谷浑早期牙帐所在地莫贺川（今青海贵南县茫拉河流域）沿黄河南东达洮河上游，经龙涸再沿岷江南下至益州；或经洪和（今甘肃临潭县）沿嘉陵江或汉江入长江，而后自长江而下抵达建康的道路，就是丝绸青海路河南道东段的主要干线。

2. 湟中道

从关中过陇西，渡黄河进入湟水流域，经鄯州（今青海乐都）抵达西平（今青海西宁），并向西、向南、向北辐射，西接羌中道，南连河南道，北面通过乐都武威道、西平张掖道至凉州、张掖。人们把湟水流域这条四通八达的主干通道称为湟中道。

东晋隆安三年（399），名僧法显与慧景、道整、慧应、慧嵬等人自长安出发西行，过陇西，经湟中道，越过养楼山（今大坂山），出扁都口至张掖，转往西域至天竺求经。

更具说服力的是，1956年在西宁出土的76枚波斯银币。据鉴定均系波斯萨珊王朝卑路斯王时代（457—483年）的银币⑥。当时，这种银币在中亚和西亚流行很广，属国际性的货币。70年代大通县上孙家寨乙区第3号墓出土一件单耳银壶，从形体和纹饰观察，当出自古代西亚大国安息人之手。[7]这些波斯银币及安息银壶等物的出土,就是当时青海路兴盛,湟中道成为中西交通重要通道、西平成为中西方贸易重要集散地的可靠的历史见证。

由陇西西渡黄河进入湟中道,虽有多处古渡口,但自汉以来主要有两条通道:一是由枹罕西行,至今炳灵寺及大河家过黄河至官亭;二是由金城往西渡黄河,有钟泉河、新城、八盘峡、小寺沟四渡,其中小寺沟是首要津渡。东晋安帝义熙年间(405—418年),西秦在炳灵寺的黄河上架起了长40丈、高50丈的"飞桥",从此,大大方便了丝绸之路青海路东段的交通。刘宋永初元年(420),僧人法勇(昙无竭)等一行25人就是经过此桥入青海境往西域求经的。

3. 羌中道

所谓"羌中道",就是指沿青海湖南北两岸西行,横贯柴达木盆地进入南疆的道路。有学者认为羌中道为汉武帝时霍去病或公孙敖出征河西过程中打通的路线;也有人认为是元鼎六年筑令居塞后开通了羌中道;还有人认为是北魏征吐谷浑时,慕利延败退柴达木盆地,由白兰西入鄯善、于阗,开辟了这条道路。其实不然,羌中道是古代羌人在早期大迁徙中自然开辟的道路,若羌以及西域的众多羌人原是从今甘青地区西迁的,长期以来,相互保持着密切的联系。这种联系一直通过这条"羌中道"来维持着。同时,羌中道很早就已成为中西方经济文化交流的纽带。张骞出使西域,返程时"欲从羌中归",[8]说明他早已知道这条"羌中道"的存在。

河南道和湟中道西段,都交会于羌中道。南梁时,远在中亚的波斯(今伊朗),嚈哒(今阿富汗北)和龟兹(今新疆库车)、于阗等国,相继遣使通贡,基本上都是由羌中道转走河南道往返的。吐谷浑始邑于伏罗川后,与北魏的交通,也是多由羌中道入湟中道的。北魏神龟元年(518),已迁都洛阳的胡太后遣崇立寺比丘惠生向西域求经,有敦煌人宋云偕行,由湟水流域经赤岭(今日月山)、吐谷浑城(今青海都兰巴隆)等地西出羌中道至鄯善。北周武成元年(559),印度乾陀罗人阇那崛多,也是由于阗经吐谷浑国至鄯州等地去长安的。

可见,魏晋南北朝时期,是青海交通的一个重要发展时期。

三 隋唐以后丝路青海道经久不衰

隋以来，随着大一统局面的实现，河西走廊恢复了它作为东西丝路干线的重要地位。然而，横贯青海高原的中西通道也并没有因此而中衰。唐贞观九年（635），李靖讨伐吐谷浑，其国主伏允又步北魏时慕利延之后尘，遁往西域，"走图伦碛，将托于阗"。⑨这一事实表明，唐时通往西域的青海道并未废弃。7世纪中期，伴随着吐谷浑的亡国，古老的青海道被吐蕃王朝所控制，并利用它频繁地同中原和西域展开商业贸易。自20世纪80年代以来，青海省文物考古部门在今青海省海西州都兰县境内发现吐蕃时代墓葬近千座，并发掘其中60座，出土丝绸残片达350件，其中图案不重复的品种达130余种，内112种为中原织造，18种为中、西亚地区织造，而在中、西亚织品中，以粟特锦居多。有一件织有中古波斯人使用的钵罗婆文字锦，经德国哥廷根大学中亚文字专家D. N – Mackenzie教授确定，上面所绣文字是波斯萨珊王朝所使用的，意即"伟大光荣的王中王"。这是迄今已知世界上仅有的一件8世纪波斯文字锦。除丝织品外，墓葬中还出土了大量东西方文物，中原文物有唐"开元通宝"钱、小宝花铜镜以及大量漆器等；中、西亚文物有粟特金银器、玛瑙珠、红色蚀花珠、铜盘残片和铜香水瓶等。⑩大量东西方文物尤其是相当丰富的丝织品的出土，表明在吐蕃统治时期，丝路青海道仍然是十分兴盛的。吐蕃墓葬集中的都兰地区应该是当时青海道的一个枢纽和东西贸易的中继站。

特别是唐朝文成、金城二公主先后进藏和亲是汉藏关系史上的盛事。唐蕃古道的开辟，藏史称为沟通汉藏间友谊的黄金桥。唐蕃驿道东起于渭河，沿西行至临洮渡洮河，再至河州凤林关渡黄河，进入青海海东，逾赤岭转而西南行，经今海南州共和、兴海两县境入果洛州之花石峡，至玛多之黄河沿，渡河至众龙驿（今野牛沟），逾巴颜喀拉山，至当达（今玉树称多清水河），折而西向，渡西月河（今扎曲河），入年错部落境，即唐刘元鼎所称多弥国之地。再南下通天河（牦牛河），渡河至今玉树县安冲境，前行至达木云，西达悉逻诺驿（今达木云之卧金云），由此西南行至查午拉山，进入西藏境内，至黑河，南抵逻些（今拉萨）。[11]唐蕃古道开辟以后，它不仅是唐蕃之间的驿道，而且延长至今中尼、中印边境，成为一条新的国际通道。隋唐以后，丝绸南路青海道仍经久不衰。

综上所述，从古玉石之路到丝绸南路青海道，都反映出青海在古代交通史上的重要地位。它不仅对中西方经济文化交流、传播人类古代文明产生了深远的影响，而且为近现代交通的发展奠定了坚实的基础。

参考文献

①③裴文中：《史前时期之东西交通》，《边政公论》1948年第7卷第4辑。

②《中国和田玉》，《北京晚报》1995年3月14日。

④《宋书·少帝纪》，卷4。

⑤《宋书·鲜卑吐谷浑传》，卷96。

⑥夏鼐：《青海西宁出土的波斯朝银币》，《考古学报》1958年第1期。

⑦青海省文物考古研究所：《上孙家寨汉晋墓》，文物出版社1993年版。

⑧《汉书·张骞传》，卷61。

⑨《新唐书·吐谷浑传》，卷221。

⑩许新国：《寻找遗失的"王国"——都兰吐蕃墓葬的发现与发掘》，《青海考古纪实》1997年。

⑪吴均：《西月河的位置——对日佐滕长〈西藏历史地理研究〉中的一些问题的商榷之三》，《青海师范大学学报》1987年第1期。

吐谷浑与昆仑玉[①]

罗 新[②]

自从日本学者松田寿男 1937 年发表《吐谷浑遣使考》以来,[①]吐谷浑在中西交通史上的特殊地位受到中外学者长期的注意,已经累积了相当多的成果。吐谷浑之路,或曰青海路,[②]或曰河南道,[③]或曰古羌中道,[④]在南北朝时期曾经成为丝绸之路主干路段之一,而吐谷浑民族所起的特殊历史作用,也受到越来越多的重视。吐谷浑之路曾经承担的政治、外交乃至文化交流方面的历史任务,前辈学者已经有了很好的研究。至于它在经济贸易方面的功能,也因考古工作的进展得到了研究者的揭示。[⑤]本文写作的动机,是希望在既往研究的基础上,对吐谷浑之路作为丝绸之路重要路段的贸易功能,进行一点比较具体的研究。

我的问题是,来往于吐谷浑之路的各种商队,都携带和贩售着什么样的商品呢?从东向西,大宗商品可能仍然是传统的丝绢等纺织品。《周书·异域·吐谷浑传》记载西魏废帝二年(553 年),西魏军队袭击了由吐谷浑军队护送的、自北齐西归的一支商队:

> 是岁,夸吕又通使于齐氏。凉州刺史史宁觇知其还,率轻骑袭之于州西赤泉,获其仆射乞伏触扳、将军翟潘密、商胡二百四十人,

[①] 论文原载于《中国史研究》2001 年第 1 期。
[②] 罗新,湖北随州人,北京大学中国古代史研究中心教授,博士生导师。

驼骡六百头，杂彩丝绢以万计。

这支有一定规模的商队的主要物资，既是"杂彩丝绢"，说明此时的中西贸易中，西方对东方（华北地区）物资的兴趣还是集中在丝绢等纺织品上。当然，还会有许多其他商品，与丝绢一起源源输向西方。

那么，商胡东来时，又主要携带什么商品呢？从商业原则出发，这些商胡在东来的过程中，必定会一路上从事贸易活动，把一地物资携往另一地贩售，如此积聚利润，并充行资。这种活动可能是一站一站进行的。江左的南朝对吐谷浑物资的兴趣，从史书中有限的记载看，似乎主要集中在马匹上。吐谷浑产善马（所谓蜀马），是南朝良种军马的主要来源，学者论之详矣。我这里要讨论的，是经由吐谷浑之地，丝路贸易中由西域向南朝（甚至包括北朝）输入的另一项大宗商品——昆仑玉。[6]

玉在中国文化中向来重要，可是《禹贡》九州的范围之内，却甚少产玉之地，至于高等级的软玉，自古就必须仰赖西域的于阗（今和田地区）等地。[7]早在张骞凿空之前，中原与西方的贸易之路上，昆仑玉就是重要商品。[8]汉武帝之后，和田玉的输入数量远远超过先秦，汉代玉器中使用的大量羊脂玉便是证明。[9]当然，各个时期的贸易路线和行使贸易职能的民族是会有变化的。[10]南北朝时期，当吐谷浑承担起丝路东部枢纽责任的时候，[11]经由吐谷浑地区，昆仑玉仍然向东输送；处在战乱分裂中的广大东部地区，尤其是江左的南朝，依然能够获得和田等地的美玉。

有关的史料是如此稀少，以致我们有时只好向一些传统史料学并不信任的文献求助。目的只是为了说明这一时期昆仑玉贸易与吐谷浑的关系，非敢逾越规矩、轻涉说部，博雅君子，幸留意焉。

一　河南国与南朝间的昆仑玉贸易

题为晋王嘉撰、梁萧绮录的《拾遗记》，被《四库全书简明目录》称为"事迹十不一真"，其卷六所载三国时事迹即有如下一条：

> 先主甘后，沛人也，生于微贱。……至十八，玉质柔肌，态媚容冶。先主召入绡帐中，于户外望者如月下聚雪。河南献玉人，高三尺，乃取玉人置后侧，昼则讲说军谋，夕则拥后而玩玉人。常称玉之所贵，德比君子，况为人形，而不可玩乎？后与玉人洁白齐润，观者殆相乱惑。嬖宠者非惟嫉于甘后，亦妒于玉人也。后常欲琢毁坏之，……先主乃撤玉人，嬖者皆退。当斯之时，君子议以甘后为神智妇人焉。[12]

此条记事之必伪，清人王士禛与今人齐治平均已力辨。[13]只是，作伪的并非王嘉（子年），而是南朝人。据《晋书·艺术传》和《高僧传》卷五释道安传所附王嘉传，王嘉为十六国前期人，前秦末年为姚苌所杀。可是，此条记事中有"河南献玉人"一语，河南者，河南国也。魏晋南北朝时期曾被称河南国的，只有乞伏西秦和吐谷浑两个政权，[14]时间都在王嘉死后。乞伏乾归与其子乞伏炽盘称河南王的时间极短，而南朝宋、齐、梁各代封吐谷浑君主为河南王的传统持续了一百多年，[15]所以，在正史及其他各种文献中，河南国基本上是指吐谷浑的。在今本《拾遗记》中，前引刘备与甘后事迹一条，放在正文即王嘉原本之中，而不是置于梁代萧绮的所谓"录"中。从上述时间上的矛盾看，此条记事的作者即使不是萧绮，也必是南朝时期的其他什么人。

这条不合史实的记事，也并非全无研究的价值。就本文而言，其价值就在于"河南献玉人"的记载。吐谷浑与南朝密切的通使关系，以及经由吐谷浑之地而沟通的西域各国与南朝间的通使关系，频繁地见载于南朝史书，当然也必定给了当时的人以很深的印象。吐谷浑并不产玉，但于阗国的玉只有经过吐谷浑才能运达南朝。至于吐谷浑在于阗玉贸易中，是仅仅充当商胡的保护人还是兼营中间贸易，我们已无法知晓。从"河南献玉人"一语，可以看出，在南朝时代的江左人士心目中，或者在事实上，河南国与运抵南朝的于阗玉，是有直接关系的。

吐谷浑与南朝的交通，经过益州、荆州，沿长江抵达建康。吐谷浑与益州的关系，据《梁书·诸夷·河南国传》：

> 其地与益州邻，常通商贾，民慕其利，多往从之，教其书记，为之辞译，稍桀黠矣。

同书同传还记载，天监十三年（514年），伏连筹遣使献"金装马脑钟二口"，又表请于益州立九层佛寺，并获得梁武帝允可。益州是吐谷浑贸易之路的重要一站，所以有大量胡商居住或活动于益州。《隋书·儒林·何妥传》：

> ……父细胡，通商入蜀，遂家郫县，事梁武陵王纪，主知金帛，因致巨富，号为西州大贾。

何妥一家极可能是粟特商胡。同样可能是粟特商胡而活动于益州的人还很多。《续高僧传》卷二五释道仙传：

> 本康居国人，以游贾为业。梁周之际，往来吴蜀，江海上下，集积珠宝。

另一个常被引用的例子，见于《高僧传》卷七宋释慧叡传：

> 经行蜀之西界，为人所抄略，常使牧羊。有商客信敬者见而异之。

陈寅恪先生曾说："……六朝、隋唐时代蜀汉亦为西胡行贾区域，其地之有西胡人种往来侨寓，自无足怪也。"[16]在另外一个地方，他再次强调"蜀汉之地当梁时为西域胡人通商及居留之区域"[17]。

益州处于如此地理位置，在昆仑玉贸易中，自然应当有特殊性，史籍中相关的资料也偶可一见。前面提到的何妥，其兄何通，便以治玉见称。《隋书·何稠传》：

> 何稠字桂林，国子祭酒妥之兄子也。父通，善斫玉。

何通活动于萧梁时期，家在益州郫县，身为西域胡商，以治玉见称，可见益州还是一个昆仑玉加工地。江左所得玉器，相当部分可能是在益州、由何通这样的西域胡商加工生产的。

从益州到建康，要经过在南朝政治中有着分陕之重的荆州。昆仑玉贸易在荆州的历史痕迹还是可以找到的。《周书·于谨传》载，于谨率领西魏大军围攻江陵，擒杀梁元帝，"虏其男女十余万人，收其府库珍宝"，这些珍宝包括：

> 宋浑天仪，梁日晷铜表，魏相风乌、铜蟠螭趺，大玉径四尺、围七尺。

这种大尺寸、高等级的玉石，当然产自于阗。《南齐书·河南传》载齐武帝永明三年（485），遣使于芮芮（柔然）：

> 遣给事中丘冠先使河南道，并送芮芮使。至六年乃还。得玉长三尺二寸，厚一尺一寸。

案丘冠先之使，自益州西至吐谷浑，再绕道达漠北柔然，并不经过于阗。他的大玉，应当是在吐谷浑地区从胡商手中得到的。这暗示吐谷浑地区存在着玉石交易市场。

梁元帝宫中的大玉，反映了荆州作为昆仑玉贸易重要中转站的意义。另外，在说部材料中，关于荆州地区的玉器，还可举出唐人张读《宣室志》卷六所载南朝刘宋时事一条：

> 宋顺帝升明中，荆州刺史沈攸之，厩中群马，辄踶蹋惊嘶，若见他物。攸之令人伺之，见一白驹，以绿绳系腹，直从外来。围者具言其状，攸之使人夜伏枥边候之。俄而见白驹来，忽然复去，视厩门犹闭。计其踪迹，直入阁内。时人见者，咸谓为妆奁间物。沈有爱妾冯月华，臂上一玉马，以绿绳穿之，至暮辄脱置枕边，尝夜

有时失去,晓时复□。试取视之,见蹄下有泥。后攸之败,不知所在。[18]

这一条还被收进《太平广记》中,文字小异。[19]古代文献关于动物玉雕的记载中,马是比较少的。元人汤允谟《云烟过眼录续集》列举"总管太中滦阳赵伯昂仁举所藏器",有曰:

　　玉马一,高五寸有奇,雕琢极精,作嘶鸣状,如生,玉色温美。[20]

这个玉马,比沈攸之的爱妾冯月华的那个玉马的尺寸要大,所以不能放在一起考虑。[21]

吐谷浑与昆仑玉贸易的特殊关系,使南朝人把"河南献玉人"的当前经验,误植入二百年前的三国时代,遂有今本《拾遗记》中刘备与甘后之事。但分析这种误植,却使我们更清楚地看到,吐谷浑与南朝玉石、玉器的供应,的确有着不可分割的关联。

二　吐谷浑与于阗国

　　吐谷浑所以在昆仑玉贸易中起到如此重要的作用,一个主要原因就是它的国土范围向西扩张,已经紧邻于阗。《梁书·诸夷·河南传》明确说:"其界东至叠川,西邻于阗,北接高昌。"据《魏书·吐谷浑传》,早在公元445年,北魏高凉王那率军攻击吐谷浑慕利延于白兰,"慕利延遂入于阗国,杀其王,死者万余人"。当然这还只是一次流窜行为。吐谷浑把势力伸展到塔里木盆地的东南缘(鄯善、且末),可能是在伏连筹时期,即在北魏宣武帝永平元年、梁武帝天监七年(508),[22]也有学者把时间提早到在北魏文成帝兴安元年即宋文帝元嘉二十九年(452)。[23]控制了鄯善、且末之后,吐谷浑就可以撇开河西走廊,把传统的西域南道与青海道完整地接通起来。

《洛阳伽蓝记》卷五载宋云、惠生《行记》，记录宋云一行于北魏孝明帝神龟元年（518），取道吐谷浑地区，前往南亚，其经行鄯善一节云：

> 从土谷浑西行三千五百里，至鄯善城。其城自立王，为土谷浑所吞。今城内主是土谷浑第二息宁西将军，总部落三千，以御西胡。[24]

这段话非常具体地描述了吐谷浑控制鄯善的情形。以游牧为基本经济生活方式的吐谷浑，派出重要贵族（伏连筹的第二子），率领"部落三千"，镇守鄯善，可见吐谷浑对鄯善的重视。应当注意的是，上引文中说吐谷浑在鄯善驻重兵，其军事防御目标，乃是"西胡"。鄯善、且末以西，隔着宽阔的大戈壁（即唐代的图伦碛），最近的国家是于阗国。那么，这里的西胡，就是指于阗国吗？

我认为，这里的西胡，并不是指紧邻的于阗国，而是指这一时期已经把统治势力伸展到大半个塔里木的嚈哒（南朝史书中称为滑国）。《梁书·诸夷·滑国传》：

> 元魏之居桑乾也，滑尤为小国，属芮芮。后稍强大，征其旁国波斯、盘盘、罽宾、焉耆、龟兹、疏勒、姑墨、于阗、句盘等国，开地千余里。

《魏书·西域传》嚈哒国条：

> 嚈哒国，大月氏之种类也，亦曰高车之别种。……其人凶悍，能斗战。西域康居、于阗、沙勒、安息及诸小国三十许皆役属之，号为大国。

据《洛阳伽蓝记》卷五录宋云、惠生《行记》记嚈哒国云：

> 受诸国贡献，南至牒罗，北尽敕勒，东被于阗，西及波斯，四

十余国皆来朝贺。[25]

可见这个时期的嚈哒乃是葱岭东西最为强大的势力之一，是丝绸之路这一区段的主要监护势力。这个势力在塔里木地区威风一时，在塔里木北缘的发展，曾在麹氏高昌时期到达焉耆;[26]向塔里木南缘各绿洲的发展，东到于阗之后，便遇到吐谷浑的阻挡，未能跨过图伦碛而至且末、鄯善。这正是前引宋云、惠生《行记》中称吐谷浑驻兵鄯善"以御西胡"的历史背景。

应当重视，吐谷浑对塔里木东南缘的控制，实质上是在与嚈哒争夺丝路贸易的监护权。吐谷浑阻止了嚈哒势力的进一步东进，从而建立了从西域南道经青海地区至益州的吐谷浑之路。嚈哒势力在塔里木南缘受阻于吐谷浑，在塔里木北缘受阻于柔然，于是出现了嚈哒、柔然和吐谷浑三种势力分割环塔里木各绿洲国家的局面，三种势力间是否发生过军事冲突，已无从考证，但客观上形成了一种均势。《魏书·高车传》载北魏宣武帝给高车主弥俄突的诏书曰：

> 蠕蠕、嚈哒、吐谷浑，所以交通者，皆路由高昌，掎角相接。

形成均势以后，这三种势力间，似乎还结成了一个反对北魏势力向西域挺进的同盟。这样理解吐谷浑与嚈哒的关系，也许是符合历史实际的。从前引"以御西胡"一语，我们还知道，即使在和平同盟的关系中，吐谷浑仍然在鄯善地区保持着对于阗方向的军事戒备，这可能是均势得以维持的一个根据。

吐谷浑对鄯善和且末的控制，从北魏后期一直到隋。《隋书·西域·吐谷浑传》称吐谷浑国境"地兼鄯善、且末"。虽然且末河谷如今也已成为玉料产地之一，但是古代限于技术条件，这一地区的玉矿并没有被开发出来。[27]吐谷浑的境土之内，不能产玉。经由吐谷浑地区进行的玉石贸易，其产品都来自吐谷浑紧邻的于阗国。这一时期于阗役属于帕米尔以西的嚈哒帝国，但嚈哒对其势力范围内的附属各国，并没有进行直接统治。[28]于阗在贸易、外交等方面，仍然有着很大的独立性。

更值得注意的是，吐谷浑之路取代河西成为这一时期的丝路干道，与吐谷浑对鄯善、且末的有效控制关系极大。是吐谷浑的政治和军事存在，决定了丝路经由西域南道自于阗向东行，不是循着自然条件较好的河西路，而是折而进入高寒险峻的青藏高原。隋炀帝时期，河西的张掖成为丝路贸易的重要中转站，其原因在于尽管吐谷浑之路仍然发挥着干道作用，而由于南北分裂局面的结束，吐谷浑之路东端的伸展不得不发生变化，只好向北绕至河西。是张掖而不是敦煌成为这一时期丝路贸易的中转集散中心，正可说明吐谷浑之路所面临的历史困境。

南北朝时期，吐谷浑与嚈哒在塔里木地区相对和平的关系，保证了丝路的畅通和有序。历来在丝路贸易中都扮演重要角色的于阗国，当然会发挥其独特的作用，这种作用之一，就是源源不断地向东输出于阗玉。

三 吐谷浑地区的昆仑玉问题

自于阗国向吐谷浑，行经昆仑山北麓诸绿洲，至吐谷浑控制下的且末、鄯善，由鄯善向东南越过阿尔金山，经柴达木盆地，进入吐谷浑的核心地区白兰、都兰（吐谷浑城），再向北即到达青海湖西岸吐谷浑的都城伏俟城。这条路线直到近代还是西宁与和田间商队的行道。[29]这条路在南北朝时期，作为丝绸之路的主干路段，又是和田玉向中国东部，特别是向江左的南朝源源输入的孔道。

南朝使用于阗玉的直接证据，是有关宫廷用玉的。《南齐书·皇后传》载：

> 永明元年，有司奏贵妃、淑妃并加金章紫绶，佩于阗玉。

这里的于阗玉，是指以于阗玉料（籽玉）加工而成的玉器。前面提到的丘冠先从河南所获大玉，以及于谨破江陵以后从梁元帝萧绎宫中所获大玉，都属于未经加工的于阗籽玉。这类玉料运抵南朝后，再由南朝玉匠加工成各类玉器。

南朝玉器的雕琢技艺，承自汉魏，有着悠久的传统。但是出现在南朝的玉器，并不全是南朝琢玉工艺的成果。经由吐谷浑之路来到南朝的于阗玉，也有已经加工成器的。前举何通的材料，说明益州地区也是玉器加工地之一。前面我们引用《拾遗记》中"河南献玉人"的故事中，玉人便是以成品形式由河南（吐谷浑）"献"进来的。那么，这个玉人，是在吐谷浑地区加工而成的呢，还是早在于阗便已经琢磨成器？这个问题非常有趣。当然，《拾遗记》这种小说"事迹十不一真"，实不足据以考史，但是正史中也有这类材料涉及同一问题。《梁书·诸夷·于阗国传》载：

> 大同七年，又献外国刻玉佛。

于阗是玉料产地，如果此佛不是在于阗刻成，那么，又是在哪里刻成的呢？这里的"外国"，从文意看是指阗以西的国家。但是，于阗国把本地所产的玉料运到西边很远（极可能是指葱岭以西的国家）的"外国"去加工成玉佛，再进献给萧梁，似乎难以理解。这个问题值得进一步研究。

元人陶宗仪《南村辍耕录》卷二八有"于阗玉佛"一条：

> 丞相伯颜尝至于阗国，于其国中凿井，得一玉佛，高三四尺，色如截肪，照之，皆见筋骨脉络，即贡上方。又有白玉一段，高六尺，阔五尺，长十七步，以重不可致。[30]

这个玉佛是否由于阗本地雕琢，没有材料可以说明。它与萧梁时期那个玉佛之间有什么关系，也难以论定。只是这里明确地描述了玉佛的尺寸和色彩，其中"色如截肪"一语，是专门形容于阗玉中的极品羊脂玉的。宋人张世南《游宦纪闻》卷五：

> 大观中，添创八宝，从于阗国求大玉。……后果得之，厚、大逾二尺，色如截肪，昔未始有也。[31]

这里的"色如截肪"也是形容羊脂玉的，羊脂玉乃是雕刻宝玺的佳品。伯颜在于阗发现的玉佛，就是以羊脂玉雕琢而成的珍物。元代的于阗已经是伊斯兰的世界，我推测，这个玉佛可能是在伊斯兰势力东进、佛国于阗即将沦陷时被深埋地下的，时间当在公元1000年前后。㉜但它的雕刻时间难以确定，因而它与萧梁时期于阗国所进的"外国刻玉佛"的关系也就无从考证。

关于于阗地区玉雕业的兴起，现在比较流行的看法，是从唐代开始，唐代以前，于阗只是向外输出原料，加工玉器则必须求助于外国。㉝研究古玉的专家杨伯达先生近来对这一看法提出了质疑，他通过对唐代的"番人进宝"玉带板的研究，认为可能在初唐以前，于阗就存在着碾玉治玉的手工行业；其治玉行业的衰落，主要是在伊斯兰化以后。㉞

根据汉魏以来于阗与中原政权关系的变化，我认为于阗地区的治玉业可能是在南北朝时期兴起的，也就是说，当于阗国与东部地区的政权间不存在严格的藩属关系，政治上有机会脱离其直接控制以后，贸易上才能有更充分的地方性发展。相对平等的政治关系，为于阗与内地（主要是南朝，当然有时也包括北朝）间发展充分而自由的贸易和商业关系提供了更好的条件。于阗的治玉业在这个政治和商业背景下得以兴起，是可以理解的。此外，中国玉文化的发展和演变，即东部地区在玉器消费方面所发生的变化，可能也是于阗治玉业得以兴起的一个原因，因无关本文宏旨，此不复赘。

本文要讨论的是，吐谷浑在这种历史进程中，发挥了什么作用呢？吐谷浑不仅提供了商业路线，而且，很有可能也提供了商业需求和商业信息。前面我们提到《宣室志》记载的刘宋时期的玉马，我们未能判断其产地。吐谷浑地区是否也存在着一定规模的治玉业呢？依我们前面所说，吐谷浑地区存在着玉石市场，那么也可能存在玉器市场，《拾遗记》中"河南献玉人"的玉人，可能就是这类玉器市场上的商品。进一步说，一定规模的治玉业是可能存在的。

当然，吐谷浑地区的玉石贸易，或者玉器贸易，甚至可能存在的治玉行业，都不太可能是由吐谷浑族操作的。吐谷浑地区大量的粟特商人才是这类贸易的主要操作人。但是，吐谷浑民族，或吐谷浑国家，在这类贸易活动中获得了巨大的利益。吐谷浑以富藏珍宝著称，这些珍宝便是吐谷浑在南北朝时期从丝路贸易中所获。

《周书·史宁传》记载史宁率西魏军队协助突厥木汗可汗袭击吐谷浑（《周书》称吐浑），特别强调了对吐谷浑的珍宝的掳获：

……逾山履险，遂至树敦。敦是浑之旧都，多诸珍藏。……生获其征南王，俘虏男女、财宝，尽归诸突厥。……木汗亦破贺真，虏浑主妻子，大获珍物。

吐谷浑从丝路贸易中所获取的巨大财富，到隋代还受到注意。《隋书·裴矩传》记载裴矩长期在河西接待商胡，搜集西域情报，对吐谷浑的情况非常了解，他后来力劝隋炀帝举兵征吐谷浑，理由就与吐谷浑的财宝有关：

矩盛言胡中多诸宝物，吐谷浑易可并吞。……竟破吐谷浑，拓地数千里。

四　余论

随着益州地区在梁末入北，特别是随着南北分裂局面的结束，吐谷浑地区在政治、军事和商业贸易方面的地位不复如前，丝路干道离开吐谷浑地区、回到河西的局面即将到来，一个全新的历史时期也就开始了。在这种历史背景下，昆仑玉贸易之路，自然也回到传统的河西走廊。但是，吐谷浑民族和吐谷浑地区在隋唐两代，即使在吐蕃统治时期，由于其独特的地理位置，仍然与丝路贸易有着重要关联。

发现于吐鲁番的一件粟特语地名录（T.ii.D.94），记载了9—10世纪粟特人在欧亚大陆的经商路线，这些地名自西而东分别是：扶菻、苫国、波斯、安国、吐火罗、石国、粟特、拔汗那、竭盘陀、佉沙、于闐、龟兹、焉耆、喀喇沙尔、高昌、萨毗、吐蕃、吐浑、弥药和薄骨律。[35]其中萨毗、吐蕃、吐浑都在今青海境内，吐浑即吐蕃治下的吐谷浑民族。

考古学证据也显示，唐代的青海境内仍然是中西文化交流的热点之一。1982—1985 年，青海省考古工作者在海西州都兰县的热水乡和夏日哈乡，发掘了一批唐代的吐蕃墓葬，出土大量丝织品、陶器、木器、金银器、铁器、铜器、珠饰、皮革制品和木简牍等。根据许新国先生对出土文物中粟特系统金银器、波斯风格丝织物的研究，[36]可以肯定地说，外来文化特别是中亚地区各民族的文化，对青海境内的吐蕃，或吐蕃治下的吐谷浑等民族，存在着很深的影响，也直接证明了丝路青海道的持续繁荣。可是，都兰吐蕃墓出土物中没有玉器，反映吐蕃文化笼罩下的青海地区不再是玉石和玉器贸易的主要中转站。尽管史书记录唐宪宗和唐文宗时吐蕃"朝贡"物品中有"玉腰带"若干，[37]但比起稍后来自河西归义军及甘州回鹘贡品中的"团玉"，[38]数量及重要程度都大大不如。

很显然，隋炀帝以后，尽管西北地区先后受到突厥及吐蕃等不同民族力量的影响，但由于中原与江南归于统一，丝路干道的东端直指长安与洛阳，河西走廊的传统地位便恢复了。

参考文献

① 松田寿男：《吐谷浑遣使考》上、下，《史学杂志》，48 编，第 11、12 期；中译本，周伟洲译，《西北史地》1981 年第 2、3 期。

② 周伟洲：《吐谷浑史》，宁夏人民出版社 1985 年版；王育民：《丝路"青海道"考》，《历史地理》第四辑，1986。

③ 唐长孺：《北凉承平七年（449）写经题记与西域通往江南的道路》，载《向达先生纪念论文集》，新疆人民出版社 1986 年版。

④ 初仕宾：《丝绸之路"羌中道"的开辟》，载联合国教科文组织所编《十世纪前的丝绸之路和东西文化交流——沙漠路线考察乌鲁木齐国际讨论会（1990 年 8 月 19—21 日）》，新世界出版社 1996 年版。

⑤ 夏鼐：《青海西宁出土的波斯萨珊朝银币》，《考古学报》1958 年第 1 期。

⑥ 这里提到的昆仑玉，包括产于今新疆和田地区和田河上游以及莎车叶尔羌河

上游的各种软玉。这些地区自古以来就是世界上主要的软玉产地。

⑦ 栾秉璈：《中国宝石和玉石》，新疆人民出版社 1989 年版。

⑧ 尹达：《中国新石器时代》，生活·读书·新知三联书店 1955 年版；殷晴：《和田采玉与古代经济文化交流》，《新疆文物》1994 年第 3 期；程越：《古代和田玉向内地输入综略》，《西域研究》1996 年第 3 期。

⑨ 夏鼐：《汉代的玉器——汉代玉器中传统的延续和变化》，《考古学报》1983 年第 2 期。

⑩ 林梅村：《开拓丝绸之路的先驱——吐火罗人》，载《西域文明》，东方出版社 1995 年版。

⑪ 松田寿男：《吐谷浑遣使考》（下），周伟洲译，《西北史地》1981 年第 3 期。

⑫ 本文引述《拾遗记》，用今人齐治平校注本，中华书局 1981 年版。

⑬ 王士禛：《古夫于亭杂录》卷四，《四库全书》子部杂家类杂说之属，台北商务印书馆 1983 年版，第 870 册；齐治平点校本《拾遗记》，中华书局 1981 年版。

⑭ 唐长孺：《南北朝期间西域与南朝的陆道交通》，载《魏晋南北朝史论拾遗》，中华书局 1983 年版。

⑮ 据《宋书》卷九六《鲜卑吐谷浑传》，元嘉十六年（439 年）宋文帝封吐谷浑酋长慕延（即慕利延）为河南王。此后齐、梁维持了这个传统，到梁武帝大同六年（540 年）文献记载的吐谷浑最后一次遣使南朝为止，河南国的称号保持了至少一百年。

⑯ 陈寅恪：《李太白氏族之疑问》，载《金明馆丛稿初编》，上海古籍出版社 1980 年版。

⑰ 陈寅恪：《隋唐制度渊源略论稿》，上海古籍出版社 1982 年版。

⑱ 张读：《宣室志》，《丛书集成初编》本（编号 2703），商务印书馆 1960 年版。

⑲ 《太平广记》卷四〇一，中华书局 1961 年点校本。

⑳ 汤允谟：《云烟过眼录续集》，《丛书集成初编》本（编号 1553），商务印书馆 1960 年版。

㉑ 我于 1999 年夏，在青海省博物馆观赏过一个由青海省文物商店收藏的玉马。此前我在青海省文物处与青海省考古研究所编写的《青海文物》上见到过照片图版（图版 157，文物出版社 1994 年版；说明文字见第 157 页）。高 12 厘米，长 18.5 厘米，玉质为青白玉，是 1987 年的征集品。这枚玉马雕琢浑朴，头大腿短，卷尾回首，透着朴拙的苍然古意。虽然是征集品，但从玉马全身的深褐色土沁看，应当出自地下。可惜已无从获取其原始出土资料了，判定时代的依据就只剩了器物本身。博物馆

展出时定为唐代器物。但是，在现有的出土唐代玉器中，还没有发现玉雕的马，动物玉雕中除了葬玉类的玉猪和装饰类的玉龙等，艺术品一类只见有玉牛、玉羊，参见曲石《唐代玉器》(《华夏考古》1995 年第 3 期)。这枚玉马如果属于唐代，那么就是特例。由于玉马的玉料显然是和田玉，我想了解玉料与玉器间的关系，即玉马是否由邻近的和田或古代青海本地所产；当然玉马由内地雕成再输入青海的可能性是不能排除的。如果把玉马的时代向前移一点，即南北朝隋唐之际，那么，它与吐谷浑的关系怎样？

㉒ 周伟洲：《吐谷浑史》，宁夏人民出版社 1985 年版。

㉓ 黄文弼：《古楼兰国历史及其在西域交通上之地位》，载《黄文弼历史考古论集》，文物出版社 1989 年版。

㉔ 范祥雍：《洛阳伽蓝记校注》，上海古籍出版社 1978 年版。

㉕ 范祥雍：《洛阳伽蓝记校注》。

㉖ 松田寿男：《古代天山历史地理学研究》，陈俊谋译，中央民族学院出版社 1987 年版。

㉗ 栾秉璈：《怎样鉴定古玉器》，文物出版社 1984 年版。

㉘ 余太山：《哒史研究》，齐鲁书社 1986 年版。

㉙ 吴景敖：《西陲史地研究》，"白兰于阗间之交通线"，中华书局（上海）1948 年版。

㉚ 陶宗仪：《南村辍耕录》卷二八，中华书局 1959 年版。

㉛ 张世南：《游宦纪闻》卷五，与李心传《旧闻证误》合印本，中华书局 1981 年版。

㉜ 李吟屏：《佛国于阗》，新疆人民出版社 1991 年版。

㉝ 李吟屏：《佛国于阗》。

㉞ 杨伯达：《番人进宝玉带板》，载古兵选编《珍宝鉴别指南》，上海文化出版社 1992 年版。

㉟ W. B. Henning, Sogdian List, Sogdica, London, 1940；这些地名中包括高昌、吐浑在内的五个，是由林梅村识别的，见林梅村《粟特文买婢契与丝绸之路上的女奴贸易》，载《西域文明信息》。

㊱ 许新国：《都兰吐蕃墓中镀金银器属粟特系统的推定》，《中国藏学》1994 年第 4 期；《都兰吐蕃墓出土含绶鸟织锦研究》，《中国藏学》1996 年第 1 期；《青海都兰吐蕃出土太阳神图案织锦考》，《中国藏学》1997 年第 3 期。

㊲《册府元龟》卷九七二外臣部朝贡五，唐宪宗元和十二年四月条及唐文宗太

和元年八月条。

㊳《册府元龟》卷九七二外臣部朝贡五，后梁太祖乾化二年、后唐明宗长兴元年、后唐闵帝应顺元年及后晋高祖天福三年，有河西地区曹氏归义军与甘州回鹘仁美可汗进玉的记录。称"团玉"或玉若干团，是这个时期的特点。

汉族移民与河湟地区的人文生态变迁[①]

李健胜[②]

河湟地区是中华文明的重要发源地之一。距今 5000 年前后，生活在河湟地区的主要居民是马家窑文化人群，其高度发达的彩陶文化是河湟地区原始文明的重要特征之一，当代考古工作者通过对马家窑文化中的彩陶、生产工具、聚落遗迹等的分析，认为马家窑文化是以农业生产为其主要作业方式的，兼有畜牧和狩猎活动。[①]距今 4000 年前后，马家窑文化被马厂文化类型所取代，这一时期的农业生产工具和彩陶更为发达，[②]人们在陶罐中还发现了这一时期的居民们储存起来的农作物种子，[③]这说明这一时期河湟地区的居民们更倚重农业生产方式。在辛店、卡约文化时期，河湟地区的居民曾经历了一次大的人文生态变迁，由于人口的增多、气候的变迁，农业生产所需自然地理基础发生大的变化，农业所需的环境负载力也逐步下降，农业生产方式逐步瓦解，取而代之以游牧业。相关考古工作已证实卡约文化时期，河湟大部分地区的居民已走向游牧化，蓄养食草动物成为主要的作业方式。[④]由此可知，河湟地区早期的人文生态系统随着居民的变动、自然环境的变迁以及作业方式的改变，经历过一次大的重组进程。

[①] 论文原载于《西北人口》2010 年第 4 期。
[②] 李健胜，青海贵南人，青海师范大学黄河文化研究院教授，博士生导师。

由农业作业方式为主的生活方式、宗教信仰和知识传承到以游牧作业方式为主的人文系统建构，是河湟地区早期居民利用和适应自然资源，创造更为适宜的人文生态系统的结果。到西汉前中期，和中原地区相较，河湟地区已经成为一个生态的、社会的和文化形态的边缘地区。也从这一时期开始，河湟地区逐步迎来汉族移民，这一地区的人文生态系统由此也发生了大的变化。

一 河湟汉族移民的来源

移民活动是指人的聚居位置在空间上的移动，迁移的过程则是在特定的推力和拉力的双重作用下完成的。葛剑雄先生认为，"中国历史上的移民有各种类型，有其不同的特点，但就性质而言，却基本只有两种——生存型和发展型"。[⑤]对于河湟地区的移民而言，导致中原人口迁入河湟地区的主要动力来自历代中原政权的移民政策，换言之，河湟地区的移民类型主要是"以行政或军事手段推行的强制性移民"[⑥]。

具体而言，河湟汉族移民的来源分为以下几种。

首先，由政府牵头组织汉族由中原地区迁往河湟，这种移民可称为政策性移民。历代王朝皆视移民实边为治疆良策，因此，直到清代，河湟汉族移民的主体仍为政策性移民。

为隔绝匈奴与羌族的联系，西汉在河湟地区实行"徙民实边"之策。元鼎五年（前112年），先零羌联合匈奴进攻西汉边塞，将军李息、郎中令徐自为率兵反击"羌乃去湟中，依西海、盐池左右。汉遂因山为塞，河西地空，稍徙人以实之"。[⑦]"永平元年，复遣中郎将窦固、捕虏将军马武等击滇吾于西邯，大破之。事已具武等传。滇吾远引去，余悉散降，徙七千口置三辅。"[⑧]始自两汉的政策性移民，是河湟地区最早的汉族土著的前身，之后，政策性移民迁往河湟的步伐一直没有停歇，如隋炀帝时期，击败吐谷浑，"伏允遁逃于山谷间，其故地皆空。自西平临羌城以西，且末以东，祁连以南，雪山以北，东西四千里，南北两千里皆为隋有。置郡、县、镇、戍，发天下轻罪徙居之"。[⑨]

其次，由戍边士卒转化而成的移民也是河湟汉族移民的一大来源。

戍边士卒既是中央王朝开疆拓土的军事主体，也是屯田垦殖的主要劳动力。自赵充国屯田河湟以来，历代王朝皆以屯田为实边之策，诸多戍卒因屯田而留居河湟，成为当地汉族移民的一大来源。至唐代前期，"军、镇、监、务，三百余城，常以中国兵更戍，而凉州置使节度之"。⑩唐玄宗时，"岁调山东丁男为戍卒，缯帛为军资，有屯田以资糗粮，牧使以娩养马。大军万人，小军千人，烽戍逻卒，万里相继，以却于强敌"。⑪唐明宗"天成中，权知西凉府留后孙超遣大将拓拔承海来贡，明宗召见，承海云：'凉州东距灵武千里，西北至甘州五百里。旧有郓人二千五百为戍兵，及黄巢之乱，遂为阻绝。超及城中汉户百余，皆戍兵之子孙也。'"⑫

正如明人张钟在《屯田议》中所指出的，"昔唐德宗问李泌复府兵之策，以兵多食少，欲减京西戍兵。泌请发左藏积缯，因党项易牛，铸农器，粜麦种，分赐缘边军镇，夏秋耕荒田而种之。沃土久荒，收入必多，戍卒获利，则愿耕者众。既因田致富，则不思归。及戍期将满，下令有愿留者，即以所开田为永业；家人愿来者，本贯给食而遣之。是后收入既赡，耕者愿留，家人愿来，变关中之疲敝为富强"。⑬戍边士卒是中央王朝屯田实力的主体，自然也就成为重要的移民来源。

复次，驰刑徒或犯禁之人被发配至河湟，进而成为当地居民，这也是中原汉族移居河湟的一种方式。

自西汉以来，驰刑徒或犯禁之人被发配至边疆，是配合中央王朝移民实边之策的一项具体措施，如汉平帝元始四年，"时王莽秉政，讽羌献西海之地，置西海郡而筑五县，徙天下犯禁者处之，周海亭燧相望"。⑭西海"在湟中西"，⑮即今青海湖地区，西海郡所辖五县，部分在河曲地区，即今青海海南州境内，部分在大通河流域上游地区，即今青海海晏县三角城一带。驰刑徒及犯禁之人徙于上述地区，说明汉族移民的步伐已迈进河湟西缘区域。

北魏高宗文成皇帝年间，由河湟地区投奔北魏的源贺提出将死罪之人移往河湟，以实边地，"贺上书曰：'臣闻：人之所宝，莫宝于生全；德之厚者，莫厚于宥死。然犯死之罪，难以尽恕，权其轻重，有可矜恤。

今劲寇游魂于北,狡贼负险于南,其在疆场,犹须防戍。臣愚以为自非大逆、赤手杀人之罪,其坐赃及盗与过误之愆应入死者,皆可原命,谪守边境。是则已断之体,更受全生之恩;徭役之家,渐蒙休息之惠。刑措之化,庶几在兹。虞书曰"流宥五刑",此其义也。臣受恩深重,无以仰答,将违阙庭,豫增系恋,敢上瞽言,唯加裁察。'高宗纳之。已后人死者,皆恕死徙边"。[16]

犯禁之人被发配至河湟的典型事例即是明初南京珠玑巷居民远徙河湟一事,[17]据民国人士马鹤天记载,民国二十六年(1937)二月十八日,他在青海大通老爷山下游访,"又有一桓姓者来谈,据云南京人,祖居南京竹竿巷,因明太祖初登基时,宫中庆祝春节,有社火,令全城人民分日轮入宫内游观,时马娘娘亦在宫中观之,人民望见笑呼马娘娘,但马娘娘面上多麻,见人民笑呼,误以为呼麻娘娘,大怒,询知该日入游者为竹竿巷人,遂一律流放至西北青海,今西宁城内尚有数家,皆竹竿巷人也云云。专制时代皇帝之权威,固属可畏,然亦或系当时移民之一法,因明初曾移民至青海也"。[18]今天,翻检河湟地区汉族家谱,仍可见祖先因得罪皇太后而发配至河湟的记载。

此外,游宦之人也是汉族移民的来源,历史上,曾事宦于河湟者为数不少,他们中的一部分留居于此,经年历久,其子孙后裔遂成为当地土著。早在两汉时,赵充国之后赵掾居破羌县任三老即是一例。至控工,马鹤天于民国二十六年(1937)二月十八日,在老爷山下,"至一商号稍休息,主人湘人,来此已十年。据云因游宦流落青海,以此间土地价廉,故居之,普通每亩价仅四五元,但每年仅收粮斗余,近年因负担较重,白赠人亦每无人愿耕"。[19]

二 两汉至隋唐时期河湟地区的汉族移民

《后汉书》卷八七《西羌传》云:"及舜流四凶,徙之三危,河关之西南羌地是也。滨于赐支,至乎河首,绵地千里。赐支者,《禹贡》所谓析支者也。南接蜀、汉徼外蛮夷,西北接鄯善、车师诸国。所居无常,依随水草。地少五谷，以产牧为业。"两汉时期，羌族是河湟地区的主要居民，他们所从事的主要作业方式为游牧业。《后汉书·西羌传》亦云："河湟间少五谷，多禽兽，以射猎为事，爰剑教之田畜，遂见敬信，庐落种人依之者日益众。"可见，部分羌族在河湟地区也从事农业生产。之后，河湟地区成为人口迁移和屯田垦殖的目的地，这一地区的人文生态系统也随着历代中原政权的"屯垦戍边"和"移民实边"政策逐步从游牧文化向农耕文化转变。河湟地区的此次人文生态系统变迁始于两汉时期汉族屯田河湟的活动，至晚清时仍在持续。此次河湟地区人文生态系统的变迁主要是通过强势文化的生态移植完成的，其背后的推力是历代中原政权的"大一统"政策。在较少考虑自然环境因素、原有人文生态对土著居民的儒化以及环境负载力等的情况下，中原农耕文化及其人文生态系统深刻地改变了河湟地区的人文风貌。

汉初，匈奴"破东胡，走月氏，威震百蛮，臣服诸羌"。[20]河湟羌族为匈奴所挟，时常侵扰汉朝边地。据《汉书》卷四九《晁错传》，汉文帝时，晁错提出"徙民实边"的建议，他认为"令远方之卒守塞，一岁而更，不知胡人之能，不如选常居者，家室田作，且以备之"。随着汉朝国力的充实，他的这一建议到汉武帝时得以实践。据《汉书》卷六《武帝纪》，汉武帝元狩四年（前119），"关东贫民徙陇西、北地、西河、上郡、会稽凡七十二万五千口"。这是西汉政权向河湟地区移民的前奏。也是从汉武帝始，汉政权确立了"征伐四夷，开地广境，北却匈奴，西逐诸羌"[21]的政策。《后汉书》卷八七《西羌传》记载，元鼎五年（前112），先零羌联合匈奴进攻西汉边塞，将军李息、郎中令徐自为率兵反击，羌族"乃去湟中，依西海、盐池左右；汉遂因山为塞，河西地空，稍徙人实之"。元鼎六年（前111），李息、徐自为还进占河湟腹地，并在这一地区迁徙汉族，开置公田，这是中原政权向河湟地区进行政策性移民的开端。

据《汉书》卷六九《赵充国传》，汉宣帝时，河湟羌族叛乱，西汉政府派老将赵充国进兵湟中，平定羌乱。为确保河湟地区的长治久安，赵充国建议政府"罢兵屯田"，汉宣帝"诏罢兵，独充国留屯田"。赵充国利用来自淮阳、汝南等地区的士兵和驰刑、应募之人屯田，把中原地区先进的农业技术传播至河湟地区。

据《汉书》卷九九《王莽传》,新莽时期,在湟水以西、青海湖周围地区设立西海郡,"徙天下犯禁者处之",为充实西海郡人口,王莽不惜扩大"犯禁"的范围,"又增法五十条,犯者徙之西海,徙者以千数万"。西海郡郡城包括今青海省海晏县甘子河乡的尕海古城、今青海省共和县曲沟乡的曹多隆古城、今兴海县河卡乡宁曲村的支东加拉古城等,[22]这说明这一时期龙羊峡以上的黄河两岸及湟水上游也曾留下中原汉族移民的足迹。

东汉时期,政府在河湟地区析置护羌校尉、金城郡,后又从金城郡析置西平郡,并在河湟地区展开大规模的屯田活动。《后汉书》卷四六《邓训传》记载,永元元年(89),护羌校尉邓训击败烧当羌后,令2000多驰刑徒在黄河两岸"分以屯田,为贫人耕种"。至永元十四年(102),东汉政府在黄河两岸共屯田34部,加上原有在湟水地区的屯田,东汉政府在河湟地区的屯田规模远超前代。

值得注意的是,两汉时期在河湟地区展开的屯田实际上是军屯,其主要劳动力为戍卒,所移之民大多也为驰刑徒和应募之人,特别是"终东汉一代,朝廷既无实力,也无向西北移民的意图,而只能强迫减罪的死刑犯及其家属迁往边区。这类迁移虽然也有屯田或开发的作用,但主要是军事防御的紧迫需要"。[23]不过,"在长期的屯田实边中,一批又一批的内地汉族留居下来,建立了自己的家园,形成西陲边疆新的土著,他们为青海东部地区的开发做出了重要贡献"。[24]

东汉末年,河湟地区的羌族多次起义反抗汉政权的统治与压迫,经过多年的战争,河湟地区人口离散、生产败坏,汉族移民及其文化传统为基础的人文生态亦遭到破坏。据《三国志》卷一六《苏则传》,曹魏时期,金城郡"户不满五百",西平郡的户口损失也很严重。苏则任金城郡守后,收辑流亡人口,还"亲自教民耕种,其岁大丰收,由是归附者日多"。另据《三国志》卷五《明元郭皇后传》,曹魏政权还营造西平郡城,兴修水利,整治陋俗,使河湟地区"风化大行,百姓归心",河湟汉文化也得以兴盛,出现郭、麴、田、卫等士家大族,其中,郭、麴二姓家族成员对曹魏两晋时期河湟地区的政治与文化多有影响。[25]

东晋时期，羌族进一步东进，河湟地区的行政建制遭到破坏，汉族豪强趁势在此地形成割据政权。据《晋书》卷八六《张轨传》，当时中原政局纷乱，"避难之国唯凉土"，受张氏前凉等政权的招募，大批汉族也从内地移居至河湟、河西一带。

十六国时期，河湟地区成为民族迁徙、交会之地，氐、羌、鲜卑等民族先后在此地建立过政权，其中河西鲜卑秃发氏建立的南凉政权对河湟地区的政治、经济、文化产生过重要影响。据《晋书·秃发乌孤载记》记载，南凉政权广泛收笼"夷、夏俊杰"，其行政建制亦仿照汉制，这说明河湟地区已有的汉文化对南凉政权多有影响，也说明汉文化在当时河湟地区的人文生态系统中开始占据较为重要的地位。吐谷浑在青海建立政权后，也大力吸收汉文化，"司马、博士皆用汉族儒生"。这一时期，除部分汉族由中原迁入外，"后凉、南凉、西凉、北凉各政权都做过几次有一定规模的人口迁移，但一般仅限于河西地区内部，至多不超出河湟地区的范围"。[26]

唐朝在青海东部设鄯、廓二州，以管辖河湟地区。据《旧唐书》卷一九六《吐蕃传》，吐蕃攻灭吐谷浑政权后，河湟地区成为唐和吐蕃的必争之地，为了防御吐蕃的扩张，唐朝不仅"岁调山东丁男为戍卒，缯帛为军资"，还"屯田以资糇粮，牧使以娩羊马"，河湟地区成为唐朝重要的屯田之地。唐朝前中期，唐蕃两国以赤岭（今青海日月山）为界，相约两国和好，无相侵略。安史之乱后，驻守河湟地区的唐军入中原靖难，边备空虚，吐蕃趁机攻战河西、陇右之地，河湟地区为吐蕃所掠。

吐蕃政权对河湟汉族采取强制同化的政策，当时汉族处境悲惨，[27]《通鉴考异》卷一七引《建中实录》云："河陇之士约五十万人，（吐蕃）以为非族类也，无贤愚，莫敢任者，悉以为婢仆，故其人苦之。"随着吐蕃统治的深化，时间已久，"逾代之后，斯人既没，后生安于所习"，出现了"汉儿尽作胡儿语，却向城头骂汉人"[28]的情形。诗人贾至作《送友人使河源》云："举酒有遗恨，论边无远谋。河源望不见，旌旆去悠悠。"感叹国无良谋，边塞沦丧。[29]在这一时期的河湟人文生态系统中，吐蕃文化占有主导地位，原有的汉族移民普遍被吐蕃化，与此同时，汉族想要收复河湟的愿望也较为强烈，唐人作诗云："去年中国养子孙，今著毡裘学胡语。谁能更使李轻车，收取凉州入汉家。"㉙据《新唐书》卷二一六下《吐蕃》记载，长庆二年（822）刘元鼎入吐蕃会盟，沿途见"兰州地皆粳稻，桃李榆柳岑蔚，户皆唐人，见使者麾盖，夹道观"。中唐诗人吕温曾作诗："行行忽到旧河源，城外千家作汉村。樵采未侵征房墓，耕耘犹就破羌屯。金汤天险长全设，伏腊华风亦暗存。"河源军故址在今青海省平安县境内，唐肃宗时为吐蕃所占，四十多年后诗人来到此地，仍见汉村耕地、伏腊华风。㉚可见，尽管河湟地区受吐蕃管辖，但汉族居民及其作业方式已深深扎根此地。

三　两宋至明清时期河湟地区的汉族移民

北宋时期，散居在河湟地区的吐蕃人建立了以青唐城为中心的唃厮啰政权，史称青唐政权。为了制衡西夏，北宋对青唐政权采取了羁縻怀柔政策。据《续资治通鉴长编》卷一四九（宋仁宗庆历四年条），在西北边防问题上，宋人主张"凡边上臣僚图实效者，在于选举将校，训练兵马，修完城寨、安集蕃、汉，以备寇之至而已"。另据《续资治通鉴长编》卷二二四（宋神宗熙宁四年条），宋神宗时，权力上层在河湟边防问题上的看法出现分歧，文彦博认为，招纳吐蕃无补于事，王安石却认为，"不烦兵，不费财，能抚结生户，不为西人所收以为边患，焉得为无补"？他还认为，"我以天下之大，四夷不敢伐，不敢忽，非文王之事也。且元后作民父母，使疆场之民为夷狄所陵，岂不得已？然此事要以谋，不可以力，当居万全之地，以制夷狄之命而已"。正是出于这样的考量，宋神宗任用力主"开边"方略的王韶发动熙河之役，王韶虽然曾攻占了河湟要地，但因遭到吐蕃各部的强烈抵抗，最后无功而返。又据《通鉴长编纪事本末》卷一四〇（宋徽宗收复鄯郭州条），宋徽宗时，宋军又攻入河湟，"开拓疆境幅员三千里，其四至：正北及东南至夏国界，西过青海至龟兹国界，西至卢甘国界，东南至熙河、兰、岷州，连接阶、成州。计招降到首领二千七百余人，户口七十余万"。河湟地区重新被纳入中原政权的版图。据《宋史》卷一九〇《兵志四》，北宋王朝还"多方招刺弓箭手垦辟闲田，补助边计，以宽飞挽之劳"。在此地兴修水利，大力发展农业，并设立市易务和榷场，新的汉族移民也开始进入河湟地区。[32]

北宋在河湟的统治较为短暂，宋兵东却后，河湟地区又成为金、西夏等政权的角力之地。然而，经过数代中原政权的移民与开发，以农业为主的作业方式已扎根河湟，据宋人李远《青唐录》描述，宗哥川"长百里，宗河行其中，夹岸皆羌族居，间以松篁，宛如荆楚"。这说明湟水谷地的吐蕃人过着定居的农耕生活，这也从一个侧面说明河湟地区的人文生态日益受到汉族的作业方式及其文化传统的影响。

元朝在河湟地区曾设西宁州和贵德州，并在少数民族聚居区推行土司制度。有元一代，藏传佛教在河湟地区影响甚大，河湟地区的汉族人口不仅没能增加，相反，据《元史·刘容传》记载，蒙古军队初入西宁州后，曾将该州大批民户迁往原金朝属地西京大同路，西宁州户口不足6000。有关元史的相关资料中，亦未见有新的汉族移民来到河湟地区的记载。

明朝在河湟地区实行卫所制度，洪武六年（1373），明朝改西宁州为西宁卫，宣德七年（1432），西宁卫升为军民指挥使司，兼理地方民政事务。洪武八年（1375），明朝在元朝贵德州地方设置归德守御千户所。明朝在河湟地区大兴军屯，永乐时，仅西宁卫屯田面积就达20万亩，在籍军户人口也较为稳定。

除军屯移民外，明朝还在河湟地区实行民屯和商屯，《西宁府新志》卷一六《田赋志·户口》记载，洪武十三年（1380），明政府从河州移民48户至归德千户所"开垦守城，自耕自食，不纳丁粮"。《西宁府新志》卷二五《官师志·名宦》载，万历年间，董汝为担任西宁兵备，"开屯田数万顷，招抚流移数千家"。《西宁府新志》卷三十《纲领志下》亦载，万历二十三年（1595），陕西巡抚乔庭栋勘查出西宁等地"额外荒田九百六十八顷，召民耕种，永不起科"。此外，据《明宣宗实录》卷三十二记载，西宁卫还多次被指定为盐商纳盐粮之地，这说明此地还可能有过商屯。从青海省贵德、贵南二县黄河沿岸汉族家谱记述来看，明代进入河湟地区的移民大多也是驰刑徒和应募之人。此外，如前文所述，还有甘肃河州地区的汉族被迁往青海湟水及黄河沿岸的情况。万历末年，河湟地区的屯田已达30万亩左右,由于这一时期移入或原本生活在河湟地区的人口数量并不庞大,人地关系较为宽松。[33]正如《明孝宗实录》卷一五一所言,"各处流民久住成业",军士家眷也在军屯耕地之外开垦荒田,有些官田的性质也向民田转化。

有清一代,中原人口激增。顺治八年(1651),全国人口总数为10,633,236人,而到乾隆六年(1741),全国人口总数激增至143,411,559人。人口的过快增长使得一些地区的环境负载力出现超负荷的现象,人地矛盾较为突出。清政府为解决人口问题,效法明朝,实行移民屯田政策,河湟地区也成为容纳清政府政策性移民的地区之一。

此外,出于军事目的的移民现象也在持续。雍正二年(1724),清政府在平息罗卜藏丹津的叛乱后,控制了河湟地区。在川陕总督、抚远大将军年羹尧奏报的《青海善后事宜十三条》中,便有"边内地方宜开垦屯种"的奏议,建议清政府向河湟地区移民。第二年,清政府从北京、山西、陕西等地移民河湟,西宁府和碾伯县承纳了大量来自中原的军屯移民。据相关学者分析,清政府的军屯和政策性移民活动并不如明朝那样成功。由于地方官员的怠政与贪污,屯田时兴时废,到1747年,西宁府及碾伯县征收赋额的田亩共计6060余顷,与明末相比,反而减少了600余顷。[34]

中原地区频繁发生的自然灾害,使得大量人口被迫迁移至河湟地区谋求生计,这也是清代移民迁入河湟地区的重要形式。来自河南、山西等省的移民迫于生计,自发地迁出世居之地,河湟地区也是他们自发迁入的目的地之一,"尽管清朝官办农垦每每失败,但自发的迁徙一直没有间断,青海成为政治流亡及自发移民的渊薮"。[35]民族冲突也是导致移民的因素之一,乾隆至道光年间,甘肃河州地区发生过数次回乱,清人著《秦边纪略》卷一《河州》云:"回之叛亡而附西夷及汉族之命者,咸萃渊薮(指青海)焉。"

四　汉族移民与人文生态变迁

综观两汉至隋唐时期河湟地区的汉族移民及其人文生态变迁，不难发现，这一时期的汉族移民主要是政策性移民，其中大多数人为军屯士卒及其后裔，此外，驰刑徒及应募之人也占有很大比重，汉族移民迁入河湟地区的规模和程度也往往受制于中原政权对这一地区的统治程度。由于河湟地区是多民族文化交会之地，这一时期汉文化对河湟地区整体人文生态系统的作用与影响也远未达到主导之地位。然而，汉族人口的迁入，一方面使这一地区的农业生产得以发展和进步，另一方面也改变了这一地区的人文风貌。

两宋至明清时期，汉族移民对河湟地区作业方式和人文风貌的影响日益加重，除军屯移民外，自发迁入河湟地区的汉族人口也逐渐增多，特别是明清时期，河湟地区不仅接纳了大量的汉族移民，河湟腹地还成为移民迁出之地，汉族移民的足迹遍及湟水上游及龙羊峡以上的黄河谷地。也是在明清时期，在河湟地区人口构成中，汉族人口占主导地位，农业作业方式也成为河湟地区占有主导地位的生产方式，汉族人口及其文化传统成为左右这一地区人文生态系统及其特质的主要因素。

细而论之，汉族移民对河湟地区人文生态的变迁起到过如下作用。

首先，河湟地区因逐步吸纳了政策性移民以及自发迁入的汉族人口，进一步使河湟地区成为典型的以农业生产为主要作业方式的地区，汉族移民的进入改变了河湟地区的人人、人地和地地关系，使得河湟地区人文生态系统所依赖的经济基础发生大的变化。

在特定的人文生态系统中，人们的作业方式以及与之相关的生活方式、宗教信仰和知识传承等要素决定着这一人文生态系统的性质。随着波浪式的移民活动以及湟水地区汉族居民的北上和西进，原本属于游牧文化区的湟水上游和黄河河谷，逐步被开发成新的农业区。中原移民濡化于世代相传的农耕生活，他们每到一地往往将草原开垦为农田，他们的生活方式逐步为土著居民所接受，久而久之，也改变了这些土著居民的作业方式。

限于当时的生产力发展水平，早期汉族移民对河湟地区自然资源的开发和利用尚属初级阶段，尽管有些行为具有明显的掠夺性和强势文化的政治诉求，但并没有对河湟地区的自然环境造成破坏性影响。由于湟水川水地区的环境负载力十分有限，到了清中后期，湟水流域出现水土流失、生态恶化等的问题，人们开始开发河湟两岸的浅山地区，以解决业已突出的人地矛盾。因为早期移民已经开发并占有川水地区，后来移入河湟的人们对湟水两岸进行波浪式的开发，迁入河湟的时间越晚的居民，向河湟地区浅山、高地及龙羊峡以上黄河谷地移民的可能性就越大。总之，历代移民逐步将农业作业方式推广至河湟各地，深刻地改变了这一地区居民的作业形态及其生活方式。

其次，汉族移民还将中原儒家文化引入河湟地区，他们进行的文化传播活动进一步加剧了河湟地区人文生态的变迁。

随着中原移民的到来，为适应他们的文化及教育等需求，历代政府致力在河湟地区推行儒学。从出土于青海省乐都县高庙镇白崖子村的"三老赵掾之碑"碑文来看，两汉时期河湟地区已有专事教化的汉族文人。魏晋时期，避居河西的士家大族中涌现出一批知名学者，如郭氏家族成员中有人"作《春秋墨说》《孝经错纬》，弟子著录千余人"（《晋书》卷九四《郭荷、郭瑀、祈嘉传》）。明宣德三年（1428），政府在西宁卫设立卫儒学，清雍正三年（1725），西宁卫改为西宁府，原卫儒学改为府儒学，并在西宁、碾伯二处设县儒学。此外，政府和民间力量通过兴办义学、社学和书院，使得原本属于荒蛮之地的河湟地区成为儒学流布较盛的地区。儒学在河湟地区的传播彻底改变了河湟地区原始的知识传承习惯，中原移民的文化教育传统和知识结构到清末时已经成为河湟地区占据主导地位的知识形态。

移民的进入，也意味着与之息息相关的文娱形式的进入与迁播。比如，青海平弦戏的产生就与之密切相关。清朝同治年间，这一地方戏种开始在河湟地区流行，其曲调大致类似于乾隆六十年（1795）刊印的《霓裳续谱》和道光八年（1828）刊印的《白雪遗音》，而其旋律多与北京、天津的俗曲相同，部分则与江浙俗曲相同，此外，"兰州鼓子"和陕西平弦对青海平弦影响较大。青海平弦戏与中原各地俗曲的多重关系，进一步说明了清代河湟地区移民来源的多元特点，以及中原各地文化对河湟地区人文生态变迁所起的多重影响。

最后，由于移民河湟的推力主要来自历代中原政权，以及中原地区频发的自然灾害或动乱，所以移入河湟地区的人口往往是迫不得已才进入青海的。受制于当时的社会发展程度，加之河湟地区天然地缺乏吸纳人口的引力，且河湟地区自古以来是多民族聚居的地区，大量移民的到来，尽管在客观上丰富了河湟地区人文生态的内涵，与此同时，也带来诸多负面因素。

在我国历史上，自发形成的移民往往是生态灾难的受害者，那些从山西、河南"走西口"至河湟地区的移民，往往在当地无法生活，迫不得已选择迁移他地，以谋求生路。当这些移民进入河湟地区后，他们因为不是政策性移民的对象，其移民活动往往带有一定的盲目性，他们的垦殖行为也会对当地居民的生活产生一些不良的影响，进而加剧这一地区的人地矛盾。当土著居民的生活及其作业形态受到外来移民的影响时，他们往往会将生活中出现的困难归咎于外来移民，从而产生所谓的地域歧视。这种地域歧视在人文生态系统中主要关涉人与人之间的关系，而持续性的地域歧视自然会影响到人文生态系统自为的变迁及其过程。

移民的到来客观上对族群间的文化交流起着积极的作用，但这种人文生态系统中的动态平衡过程一旦受外力的不良影响，很可能会出现失衡或崩溃的现象。在历史上，这种现象往往通过族群矛盾得以体现，1895年，在西宁府出现的回族起义，与之前河湟地区的大旱有关，但回族起义直接导致的则是族群间的矛盾和冲突。有清一代，河湟地区出现的各种族群冲突很大程度上都与移民问题有关，而族群间的冲突也影响着河湟地区人文生态系统的平衡与稳定。

总之，从整体上看，河湟地区的汉族移民主要是政策性移民，历代汉族移民的迁入导致河湟地区人文生态在整体上从游牧文化向农耕文化变迁，与移民活动有关的文化传播也使河湟地区成为典型的农耕文化区。河湟地区的汉族居民向湟水上游和龙羊峡以上的黄河谷地迁移，使得更多的草原地带开发成农耕区，也使这里的人文生态发生了巨大变化。迁入河湟地区的移民和从河湟地区迁出的居民尽管在当时没有让这些地区普遍出现环境负载力超负荷的现象,但由于河湟地区的人口承载力相对有限,移民的到来事实上已经导致了一定程度的人地矛盾,从而也影响到了河湟地区人文生态系统的稳定性,这也是值得关注的一个问题。

参考文献

① 青海省文物考古队:《青海民和阳洼坡遗址试掘简报》,《考古》1984年第1期。

② 青海省文物管理处考古队、中国社会科学院考古研究所:《青海柳湾》,文物出版社1984年版。

③ 青海省文物管理处考古队、中国社会科学院考古研究所青海队:《青海乐都柳湾原始墓地反映出的主要问题》,《考古》1976年第6期。

④ 高东陆、许淑珍:《青海湟源莫布拉卡约文化遗址发掘报告》,《考古》1990年第11期。

⑤ 葛剑雄:《中国移民史》(第一卷),福建人民出版社1997年版。

⑥ 葛剑雄:《中国移民史》(第一卷),福建人民出版社1997年版。

⑦《后汉书》卷八七《西羌传》,中华书局点校本,1965年版。

⑧《后汉书》卷八七《西羌传》,中华书局点校本,1965年版。

⑨《北史》卷九六《吐谷浑》,中华书局点校本,1974年版。

⑩《新五代史》卷七四《四夷附录》,中华书局点校本,1974年版。

⑪《旧唐书》卷一九六上《吐蕃上》,中华书局点校本,1975年版。

⑫《宋史》卷四九二《吐蕃》,中华书局点校本,1977年版。

⑬ 青海省社会科学院、青海省地方志编纂委员会、王昱主编:《青海方志资料类编》上册,青海人民出版社1987年版。

⑭(清)杨应琚纂修,李文实校注:《西宁府新志》卷二〇《武备》,青海人民出版社1988年版。

⑮(清)杨应琚纂修,李文实校注:《西宁府新志》卷二〇《武备》,青海人民出版社1988年版。

⑯《魏书》卷四一《源贺传》,中华书局1974年版。

⑰ "珠玑巷"又称为"竹竿巷""珠子巷"等,在不同的家谱、民间传说中说法不一,可能是音讹的结果,应指同一地点。

⑱ 马鹤天著,胡大浚点校:《甘青藏边区考察记》,甘肃人民出版社2003年版。

⑲ 马鹤天著，胡大浚点校：《甘青藏边区考察记》，甘肃人民出版社2003年版。
⑳《后汉书》卷八七《西羌传》，中华书局点校本，1965年版。
㉑《后汉书》卷八七《西羌传》，中华书局点校本，1965年版。
㉒ 崔永红、张得祖、杜常顺主编：《青海通史》，青海人民出版社1999年版。
㉓ 葛剑雄：《中国移民史》（第二卷），福建人民出版社1997年版。崔永红、张得祖、杜常顺主编：《青海通史》，青海人民出版社1999年版。
㉔ 崔永红、张得祖、杜常顺主编：《青海通史》，青海人民出版社1999年版。
㉕ 葛剑雄：《中国移民史》（第二卷），福建人民出版社1997年版。
㉖ 汶江：《吐蕃统治下的汉族》，《西藏研究》1982年第3期。
㉗《全唐诗》卷六三三《河湟有感》，中华书局1960年版。
㉘ 赵宗福选注：《历代咏青诗选》，青海人民出版社1986年版。
㉙《全唐诗》卷三八二《陇头行》，中华书局1960年版。
㉚ 赵宗福选注：《历代咏青诗选》，青海人民出版社1986年版。
㉛ 刘建丽、段有成：《北宋对河湟地区的开拓论略》，《青海民族研究》2003年第3期。
㉜ 姚兆余：《明清时期河湟地区人地关系述论》，《开发研究》2003年第3期。
㉝ 田芳：《中国移民史略》，知识出版社1988年版。
㉞ 田芳：《中国移民史略》，知识出版社1988年版。
㉟ 姚兆余：《明清时期河湟地区人地关系述论》，《开发研究》2003年第3期。

丝绸之路河南道多元宗教文化传播研究[1]

张泽洪[2]　焦丽锋

丝绸之路河南道是吐谷浑时期东西文化交流的重要通道。吐谷浑是我国古代西北民族之一，作为从辽东慕容鲜卑中分离的吐谷浑人，有着北方民族传统的原始宗教信仰。但立国以后的吐谷浑宗教，又不可避免地受到中原儒释道三教的影响。因此，吐谷浑宗教呈现出多元信仰的特色，本文对吐谷浑多元宗教简略分析如下。

一　吐谷浑时期丝绸之路河南道佛教的传播

吐谷浑是我国古代西北民族之一。4世纪初，吐谷浑部从辽东慕容鲜卑中分离出来，西迁至内蒙古阴山。西晋永嘉末年（307—313），又从阴山南下，经陇山，到今甘肃临夏西北。不久，又向南、向西发展，统治今青海、甘南、川西北等地。到吐谷浑孙叶延时（329—351），始建立地方政权，以祖父吐谷浑之名为国号和部族名。吐谷浑最盛时的疆域：东起今甘肃南部、四川西北，南抵今青海南部，西到今新疆若羌、且末，

---

[1]　论文原载于《世界宗教文化》2015年第6期。
[2]　张泽洪，四川三台人，四川大学道教与宗教文化研究所二级教授，博士生导师。

北隔祁连山与河西走廊相连接。

吐谷浑（285—663）立国300多年间，是丝绸之路河南道商贸繁荣时期。因吐谷浑王国对丝绸之路河南道大力经营维护，黄文弼称其为"吐谷浑道"。由于此交通线在黄河以南，且吐谷浑曾被刘宋、萧齐封为河南国，其王被封为"河南王"，故此段丝绸之路时称为"河南道"。[①]历史上，吐谷浑王被刘宋、南齐封为"河南王"。《宋书》卷五《文帝本纪》载元嘉十六年（439）六月己酉，"陇西吐谷浑慕容延改封河南王"。[②]《南齐书》卷二《高帝本纪》载建元三年（481）冬十月戊子，"以河南王世子吐谷浑度易侯为西秦河二州刺史、河南王"。[③]《南齐书》卷五十九《河南氐羌》载建元三年（481），"以河南王世子吐谷浑易度侯为使持节、都督西秦河沙三州诸军事、镇西将军、领护羌校尉、西秦河二州刺史、河南王"。[④]所谓丝绸之路河南道，是南北朝时期吐谷浑与周边联系的通道。丝绸之路河南道以吐谷浑为中心，北通河西走廊，南通益州成都，东通陇右，西通今新疆若羌和且末，西南经藏彝走廊通西藏、印度。当时从南朝都城建康溯长江而上，进入巴蜀，走"益州道"至成都。再从成都北上，走"岷山道"，到达吐谷浑南界龙涸城[⑤]，再西北行入"河南道"，经今青海，穿柴达木盆地进入西域，这就是南北朝时期西路交通的益州→岷山道→河南道。[⑥]所谓岷山道，即蜀郡至河南道的一段路，因需越岷山雪岭并傍岷山而行得名。[⑦]《梁书》卷三十《裴子野传》载南朝萧梁时，"西北徼外有白题及滑国，遣使由岷山道入贡"，[⑧]即从河南道入岷山道至成都而赴建康。"河南道"是南朝与西域间交往的主要通道，在中西文化交流上起着重要作用。其中，成都经岷江上游至松潘草地西通且末的道路，是南朝与吐谷浑乃至西域联系的重要通道。

南北朝时期的丝绸之路河南道，沟通了南朝与吐谷浑及西域诸国。从南朝都城建康先至成都，再由成都沿岷山道西行，从丝绸之路河南道进入吐谷浑，再西度葱岭或北往蠕蠕（芮芮，即柔然）、嚈哒。当时前凉、西凉、北凉政权及北朝的北魏、北齐，亦通过丝绸之路河南道与南朝保持联系。《南齐书》卷五十九《芮芮虏》载："先是益州刺史刘悛遣使江景玄使丁零，宣国威德，道经鄯善、于阗，鄯善为丁零所破，人民散尽。于阗尤信佛法。丁零僭称天子，劳接景玄，使反命。芮芮常由河南道，而抵益州。"⑨可见，南北朝时期西域漠北的柔然人，亦常通过丝绸之路河南道东达成都。

《南齐书》卷五十九《河南氐羌》载："鲜卑慕容廆庶兄吐谷浑为氐王。在益州西北，亘数千里。其南界龙涸城，去成都千余里。大戍有四，一在清水川，一在赤水，一在浇河，一在吐屈真川，皆子弟所治。"⑩龙涸城，在今四川松潘县镇坪。清水川，在今青海曲什安河以北的骆驼滩。浇河指浇河城，在浇河河口、黄河南岸，即今青海海南藏族自治州贵德县河阴镇以东，为吐谷浑王阿豺所筑。⑪吐屈真川，在今青海省乌兰县东茶卡盐池附近柴集河一带。龙涸城及设立在清水川、赤水、浇河、吐屈真川的军事要塞，是丝绸之路河南道上的重要隘口。总之，丝绸之路河南道成为中西交通的中心之一，在南北朝时期具有重要的地位。

南北朝时期南朝僧人赴西域学法求经，大多游走于丝绸之路河南道吐谷浑境内。梁释慧皎《高僧传》卷十三，载高僧释法献发誓西游往观圣迹。"以宋元徽三年，发踵金陵，西游巴蜀，路出河南，道经芮芮。既到于阗，欲度葱岭，值栈道断绝，遂于于阗而反。获佛牙一枚，舍利十五身，并《观世音灭罪咒》及《调达品》，又得龟兹国金锤鍱像，于是而还。其经途危阻，见其别记。佛牙本在乌缠国，自乌缠来芮芮，自芮芮来梁土，献赍牙还京师十有五载。"⑫刘宋高僧释法献元徽三年（475）西域求法，从金陵到成都，再沿丝绸之路河南道而至阗，往返经历15年之久，就是南北朝高僧西游寻法的典型例证。

南北朝时期往来于西域和南朝之间的僧人除法献外，还有释慧叡、释明达、释慧览、阇那崛多等，也曾从河南道进入巴蜀传教。梁释慧皎《高僧传》卷七《义解四》载释慧叡："常游方而学，经行蜀之西界，为人所抄掠。常使牧羊，有商客信敬者，见而异之，疑是沙门，请问经义，无不综达，商人即以金赎之。"⑬唐释道宣《续高僧传》卷二十九《兴福篇》载释明达："以梁天监初，来自西戎，至于益部。"⑭该传记载释明达招抚巴峡蛮夷，在汶中救赎被缚小豚，则他应是从河南道进入益州弘法。

梁释慧皎《高僧传》卷十一《习禅》，载刘宋京师中兴寺高僧释慧皎览游西域传法，后沿丝绸之路的河南道返回南朝，"路由河南，河南吐谷浑慕延世子琼等，敬览德问，遣使并资财，令于蜀立左军寺，览即居之。"[15]慕延，即《魏书》《北史》记载的慕利延。这是吐谷浑王室信仰佛教的记载。唐释道宣《续高僧传》卷二载阇那崛多："会谯王宇文俭镇蜀，复请同行。于彼三年，恒任益州僧主，住龙渊寺。"[16]宇文俭天和年间（566—571）出为益州总管，则北天竺梵僧阇那崛多此间曾在连接河南道的中心枢纽成都传教。学界讨论吐谷浑宗教，多谈及佛教在吐谷浑的传播，佛经史籍中所见僧人往返于丝绸之路河南道，确乎促成了佛教在吐谷浑的传播。

南朝僧人释玄高在吐谷浑弘法，因被河南二僧进谗言挑拨，河南王不信任释玄高而疏远之，只得被迫退居河北林阳堂山隐居。梁释慧皎《高僧传》卷十一《释玄高传》载："时长安县弘法师，迁流岷蜀，道洽成都。河南王借其高名，遣使迎接。弘既闻高被摈，誓欲申其清白，乃不顾栈道之难，冒险从命。既达河南，宾主仪毕，便谓王曰：'既深鉴远识，何以信谗弃贤，贫道所以不远数千里，正欲献此一白。'王及太子赧然愧悔，即遣使诣高，卑辞逊谢，请高还邑。……王及臣民，近道候迎，内外敬奉，崇为国师。河南化毕，进游凉土。"[17]此记载河南道栈道之难，折射出丝绸之路河南道某些路段的艰险。

梁释慧皎《高僧传》卷八《释玄畅传》载河西金城释玄畅洞晓经律，深入禅要，为佛学之宗，"齐骠骑豫章王嶷作镇荆、峡，遣使征请。河南吐谷浑主，遥心敬慕，乃驰骑数百，迎于齐山"。[18]《梁书》卷五十四《西北诸戎传》载：南朝梁立国时，吐谷浑河南王休留代死，"子休运筹袭爵位。天监十三年，遣使献金装马脑钟二口，又表于益州立九层佛寺，诏许焉"。[19]吐谷浑王室两次在益州建寺，以对崇信佛教的南朝梁武帝示好。尤其天监十三年（514）兴建九层佛寺的规模，显示其崇信佛教的愿心。上述史籍佛经的记载，说明在南朝刘宋齐梁时期，各代吐谷浑王都有崇奉佛教的举措。

《南史》卷七《梁本纪》载梁大同六年（540）五月己卯，"河南王遣使朝献马及方物，求释迦像并经论十四条。敕付像并《制旨涅槃》《般若》《金光明讲疏》一百三卷"。[20]关于吐谷浑夸吕可汗遣使至建康向梁武帝求经之事，宋赞宁《宋高僧传》卷第二十七《唐京兆大兴善寺含光传》评论说："昔梁武世，吐谷浑夸吕可汗使来，求佛像及经论十四条。帝与所撰《涅槃》《般若》《金光明》等经疏一百三卷付之。原其使者必通华言，既达音字，到后以彼土言译华成胡，方令通会。彼亦有僧，必辗转传译，从青海西达葱岭北诸国，不久均行五竺，更无疑矣。"[21]此段有关中华演述佛教倒传西域的论述，说明吐谷浑所处的丝绸之路河南道有僧人西行传法，从南朝传入的佛经将会先译为吐谷浑文字，并辗转传译至葱岭以北诸国。

在吐谷浑王慕利延死后，从弟拾寅继位的时期，佛教已盛行于吐谷浑社会。《梁书》卷五十四《西北诸戎传》载吐谷浑："弟子慕延，宋元嘉末又自号河南王。慕延死，从弟拾寅立，乃用书契，起城池，筑宫殿，其小王并立宅。国中有佛法。拾寅死，子度易侯立。"[22]这是南朝刘宋至齐之际，吐谷浑社会有佛法的明确记载。《梁书》卷五十四《西北诸戎》载吐谷浑河南王伏连筹死，"子呵罗真立。大通三年，诏以为宁西将军、护羌校尉、西秦、河二州刺史。真死，子佛辅袭爵位"。[23]《梁书》卷三《武帝本纪》《南史》卷七十九《河南传》《资治通鉴》卷一百五十四《梁纪》高祖武皇帝，都记载名为"佛辅"的吐谷浑王袭爵位之事。[24]据周伟洲先生考证，佛辅为吐谷浑第十六王，530—534年在位。[25]"佛辅"应是崇佛之人取的佛号，吐谷浑国王将佛号贯于姓名之中，确乎反映出吐谷浑王室对佛教的尊崇。

在吐谷浑崛起于西部的时代，也是儒释道三教盛行于南北朝的时期。北魏神元帝时期，僧至200万人，寺院3万余所，史称"自古佛塔之盛，无出于此"。南朝以兴建佛寺著名，僧尼人数也很多。刘宋有寺院1913所，僧尼36000余人。齐代有寺院2015所，僧尼32500余人。梁代有寺院2846所，僧尼82700余人。陈代有寺院1232所，僧尼32000人。因此，唐代诗人杜牧《江南春绝句》诗感叹："南朝四百八十寺，多少楼台烟雨中。"[26]

吐谷浑东边的西蜀，既是西南佛教中心，又是道教的发源兴盛之地，儒教浸润影响更是很深。我们知道吐谷浑通过丝绸之路河南道与南朝保持联系，西蜀成为中原文化传播吐谷浑社会的前沿之地。丝绸之路河南道兴盛于南北朝时期，南朝与吐谷浑、西域地区的交往，是由西蜀成都顺岷江而上，经龙涸（今松潘）入甘南，经吐谷浑都城伏俟城（今铁卜卡古城），过柴达木盆地，越阿尔金山到鄯善、且末，再由西域南道入中亚。

吐谷浑北部的河西地区，更是佛教兴盛之地。《魏书》卷一百十四《释老志》载："凉州自张轨后，世信佛教。敦煌地接西域，道俗交得其旧式，村坞相属，多有塔寺。"[22]五凉政权崇尚佛教，也势必影响吐谷浑社会。宋赞宁《宋高僧传》卷二十七《唐京兆大兴善寺含光传》的评论，就昭示出儒释道三教影响吐谷浑及西域的情况："故车师有《毛诗》《论语》《孝经》，置学官弟子，以相教授。虽习读之，皆为胡语是也。又唐西域，求《易》《道经》，诏僧道译唐为梵。二教争菩提为道，纷拏不已。"[23]这条僧道译唐为梵、佛道论争的记载，说明吐谷浑及西域社会佛道二教的客观存在。

青海省都兰县热水乡察汉乌苏河南岸的露斯沟，有吐谷浑时期的摩崖石刻图像。石刻题材有坐佛像、立佛像、马图像。露斯沟石刻为基本相同的三佛形象，其坐佛像的浮雕手法，与内地一佛二菩萨的造像、刻画都明显不同，该石刻将骏马图像与佛像并刻一处，反映出吐谷浑游牧民族的特色。石刻年代大约始凿于北朝中期，石刻所在的柴达木盆地都兰地区，早在吐谷浑建国之初，即为吐谷浑所据。都兰一带在北朝时期为吐谷浑人的据地，可判断露斯沟佛教石刻是吐谷浑人崇佛的举动。在石刻造像中将骏马与佛像并刻一处，反映吐谷浑人保持了原始宗教的图腾信仰。辽东慕容鲜卑第十一世祖慕容乾归被推为君长，就有神灵乘白马降世的灵异。北魏崔鸿《十六国春秋》卷二十三《前燕录一》载慕容廆"十一世祖乾归者，见神着金银襦铠，乘白马金银鞍勒，自天而坠，鲜卑神之，推为君长"。[29]这种既保持传统宗教又接受佛教信仰的举措，反映出吐谷浑人开放的文化心态。

二　郭里木棺板画所见吐谷浑的原始宗教信仰

2001年下半年，青海德令哈市郭里木古墓墓地被盗掘。2002年8月，青海省文物考古研究所与海西州民族博物馆工作人员对德令哈市郭里木乡的两座古墓进行清理发掘。结果发现了两座墓3具木棺的四面均有彩绘棺板画，棺板上有精美的彩绘图画，线条流畅，色彩艳丽，场面壮观，风格独特，画工高超，是不可多得的唐代绘画珍品。此郭里木出土彩绘棺板画，有赖青海学者柳春诚不辞辛苦实地临摹，得以复原再现部分画面内容，为进一步的学术研究保存了珍贵资料。《中国国家地理》2006年第9期"青海专辑"刊载了这批墓葬的棺板画照片和四篇专稿，所载高质量的棺板画图片颇便于我们研究。郭里木墓葬棺板画人物众多，画法细腻，构思奇特，内涵丰富，对研究吐谷浑社会生活习俗、宗教文化有极高价值。

关于郭里木棺板画的图像与主题，许新国、柳春诚、程起骏、罗世平、林梅村、霍巍、吕红亮等先后进行研究，[30]提出为吐蕃赞普墓、吐谷浑王墓、苏毗贵族墓等不同观点。

郭里木棺板画分A、B棺板及档板。郭里木古墓棺板画A板画面表现吐谷浑人的狩猎、征战、日常生活。柳春诚、程起骏认为A板由六组画面组成，即狩猎图、行商图、宴乐图、野合图、射牛祭祀图、贵妇盛典图。[31]并将六组画面主题作文学性的概括提炼：云响雕翎飞瀚海，明驼万里送宝来，复开大漠须尽欢，云雨巫山未断肠，弯弓射牛祭天地，塞上女儿面如月。[32]罗世平则将A板画面解读为：猎鹿驱牛，驼运赴盟，拂庐宴饮，客射牦牛，男女合欢，并将A板画主题称为《会盟图》。[33]

郭里木棺板画A板由多个叙事情节组成，欢乐宴饮是叙事的主题和中心。我们根据对棺板画A板内容的分析，特提出与前人研究不同的解读。

棺板画A板之一为狩猎图。画面左下方有三只向西奔跑如飞的鹿，后面紧追一骑马的年轻猎人。最下方的一只鹿已被射中左心窝，左上有三位骑马猎人正在追逐两头狂奔的野牦牛，右边的一头野牛已被射中要害。猎鹿射牛的狩猎画面，是古代青藏高原游牧民族生活的真实写照。

棺板画A板之二为野合图。大帐右上角画面是一对青年男女，紧挨二人脚后跪坐着一位手执奇特器物的老人。此画面应是巫师萨满颂咒作法，以祈求神灵保佑族群的繁衍和强大，这是吐谷浑人原始生殖崇拜习俗的反映。

棺板画A板之三为行商图。画面上一峰健驼向东而行，骆驼之前有四位骑士，按警戒扇形行进，骆驼之后紧随一位骑士。画面上第二顶大帐前有二人躬身迎接商队。画面是吐谷浑善于经商，开拓丝绸之路河南道商贸的形象展现。

棺板画A板之四为贵妇迎宾图。画面右下角一排六位贵妇，身着款式不同的衣服，发式也各有特点。这些贵妇似乎正在迎接贵宾，吐谷浑人与北魏鲜卑相同之处，是妇女有着较高的社会地位。

棺板画A板之五为椎牛滤酒图。画面右上方一头黑牦牛被拴在木桩上，一位中年男子手挽雕弓对准牛心窝引而欲发，后面一女子手拿弓箭准备射第二箭。旁边有四位女子站成一排，其中一女手端三只酒杯的盘子，另一女正在斟酒。表现吐谷浑人椎牛滤酒，准备宴请客人的习俗。

棺板画A板之六为宴饮欢乐图。此图位居棺板画之中心，画面中共有17人，分三处饮酒作乐。左有7位贵族或富商，盘坐在锦垫之上开怀畅饮，其前有一个人高举大筚篥仰天吹奏。画面有两顶相连的大帐，高卷的大帐内一男一女亲切对酌。帐门左有一妇女执坛侍酒，帐门前有一男士正举巨觥与人对饮，后立三位侍宴之人。画面勾勒出吐谷浑人宴饮生活的场景，是死者生前荣耀和地位的集中展示。

青海海西州郭里木棺板画A板六组画面，通过狩猎、野合、商道、迎宾、椎牛、宴乐等不同生活场景的描画，概括表现出死者生前的业绩和荣耀，折射出吐谷浑人社会生活的实态。

郭里木棺板画B板画面内容由祭祀鲜卑山、打牲巫祝图、千里奔丧图、哭祭亡灵图、上国来使图、歌舞送魂图、四方献礼图、诵咒送灵图八幅画面组成。[34]B板图画是死者死后丧葬仪礼的展示，盛大的丧葬仪式同样反映出死者的尊荣和地位。B板画面显示吐谷浑丧葬的民族特色，即丧葬是沿用传统的原始宗教祭祀仪典，我们根据对B板画面内容的分析，同样提出与前人研究不同的解读。

B板画面之一为祭祀鲜卑山图。辽东慕容鲜卑有祭祀神山的习俗，鲜卑人境内有大鲜卑山，因而该族群号称为鲜卑。吐谷浑迁徙至青海地区之后，仍然保留神山信仰，因而在吐谷浑境内也有鲜卑山。北魏郦道元《水经注》卷二《河水》引《释氏西域记》载："牢兰海，东伏流龙沙堆，在敦煌东南四百里阿步干鲜卑山，东流至金城，为大河。"[35]阿步干为鲜卑语，可知阿布干鲜卑山为吐谷浑人所命名。大致可知吐谷浑在西迁之后，曾将祁连山中段之山称为阿步干鲜卑山，作为吐谷浑人顶礼祭拜的神山。

B板画面之二为射鹿巫祝图。画面是两位骑士策马弯弓射中一鹿，射鹿图右面有一人跪而击鼓，右有两位头戴法帽的祭司，正在歌舞跳神。

B板画面之三为千里报丧图。旷野中有三人乘马疾驰，其中一人手执长幡，表示用最快的速度将死者的死讯通知各方。

B板画面之四为吊唁使团图。画面右下角一位王室人员正躬身迎接吊唁使者，他们是远道而来的上国吊唁使团，吊唁使者后面跟随着一队骑士，装束是"甲骑具装"的重骑兵。

B板画面之五为吊丧献礼图。画面是一对夫妇在接受吊丧者的礼物，妇女手端一只大酒杯，向献礼者敬酒表示谢意，后面还排列着七位献礼者。在受礼夫妇后面站着两位中年男子，一人面带喜色举手而言。吊丧献礼者的服饰各有特点，显示吊丧者来自于不同的族群。

B板画面之六为祭奠亡灵图。画面中心为一口巨大的棺材，棺中躺着头缠缠头的死者，面部至身体盖着白布。棺后三位贵妇和一男子满脸悲戚之情，其右下方有二人跪拜棺前，棺前一排四位男客正在行祭奠之礼，左侧还有三位骑马者手执鞭杖，赶着大群牛马来献祭奔丧。为首贵妇身后有一双峰骆驼，象征为死者运来随葬物品。骆驼右侧有一大瓮，后站一位束发饰珠贝的青年女子。

B板画面之七为歌舞送魂图。画面左中为一吐谷浑人的大帐，帐前一排坐着7位年轻女子。中间身着红色华服的女子手指右前方一位男子，旁边一女子手端酒杯向男子躬身敬酒。男子之后有一位双手叉腰的舞蹈者，还有一排女子在唱丧歌，脸上带着些许的悲伤。《后汉书》卷九十《乌桓鲜卑列传》载乌桓："俗贵兵死，敛尸以棺，有哭泣之哀，至葬则歌舞相送。"㊱歌舞送魂图的生动画面，正是吐谷浑人歌舞送魂习俗的展示。

B板画面之八为念经送灵图。在左下角画一头戴缯帽的长老，身着大开领法服盘腿而坐，右手执法杖，正在念诵经文。左右端坐五位法师，个个神情肃穆。前方立一高于人头的大瓮，一人正在向瓮中投物。画面主题显示吐谷浑众法师，正在为死者做丧葬烧灵指路仪式。《后汉书》卷九十《乌桓鲜卑列传》载乌桓："肥养一犬，以彩绳缨牵，并取死者所乘马衣物，皆烧而送之，言以属累犬，使护死者神灵归赤山。"[37]念经送灵图为鲜卑人葬礼诵经送灵之古俗。《三国志》卷三十《乌丸传》注引《魏书》载乌丸人的葬俗："至葬日，夜聚亲旧员坐，牵犬马历位，或歌哭者，掷肉与之。使二人口颂咒文，使死者魂神径至，历险阻，勿令横鬼遮护，达其赤山。然后杀犬马衣服烧之。"[38]乌丸鲜卑送死者灵魂回归的赤山，史称在辽东西北数千里。我们知道吐谷浑史称为河南氐羌，吐谷浑王也有氐王之称。在西南氐羌族群丧葬仪式中，都要请祭司为亡者灵魂指路，使之返回祖先居住地。祭司主持丧仪念诵《指路经》，指引亡灵爬雪山翻雪岭，渡过湖水大河，遭遇森林、猛兽、鬼怪、悬崖等无数艰难险阻，最终到达祖地与祖先团聚。《三国志》关于乌丸人葬俗指路的简略记载，反映鲜卑人历史上也有为亡灵指路的仪式习俗，祭司指引亡灵顺祖迁路线返回祖居地，这是原始宗教祖先崇拜的表现。吐谷浑在第九代主阿豺时，乘十六国割据战乱之机，兼并河湟、陇右一带的氐、羌部族，地方数千里，实力广大，号为强国。[39]则氐羌人丧葬指路的习俗，亦可能为吐谷浑人所吸纳。

辽东慕容鲜卑有"祝天地山川之神"的原始崇拜习俗，[40]自然界出现的各种灵异现象，都可能成为鲜卑先民原始崇拜的对象。宋乐史《太平寰宇记》卷七十一《河北道》柳城县龙山载："慕容皝十二年，黑白龙各一见于龙山，皝亲率群寮观龙，去二百余步，祭之以太牢，二龙交首，嬉翔解角而去。皝大悦，赦境内。号新宫曰和龙宫，又筑院，因起景云殿。扶黎故城，在今县东南，其地带龙山，即慕容皝祭龙之所。"[41]吐谷浑在从北方迁徙青海之前，鲜卑人中原始宗教颇为盛行。《晋书》卷九十七《吐谷浑传》载："吐谷浑曰先公称卜筮之言，当有二子克昌，祚流后裔。"[42]卜筮是原始宗教常用的预测吉凶的法术，吐谷浑鲜卑确乎擅长占卜法术，敦煌文献所见的卜师、阿师，就多由吐谷浑人充任。敦煌文书S.3074V《吐蕃时期某寺破历》载："出白面壹硕五斗，付张履九，充窟设吐浑阿师。"归义军时则称作卜师，亦由吐谷浑人担任，P.4640v《归义军军资库己未、庚申、辛酉等年布纸破用历》记载："又支与退浑卜师纸伍张。……五月二日，都押衙罗通达传处分，支与卜师悉兵略等二人各细布壹匹。"P. 2040v《后晋时期净土寺诸色入破历算会稿》载："褐捌尺，看卜师人事入。"吐谷浑，亦称吐浑，唐后期五代又称之为退浑。

综合郭里木棺板画的画面内容，透露出吐谷浑的原始宗教信仰。郭里木墓葬棺板画 A 板 B 板画面，以死者生前死后对比的表现手法，生动展示了吐谷浑人原始宗教祖先崇拜的观念。在中国少数民族的宗教观念中，生与死是阴阳两隔之事，但先民认为人的灵魂不会死去，将会返祖归宗与祖先生活在一起。郭里木棺板画 A 板画面，以丰富生动的绘画象征方法，浓缩展示死者一生的业绩，有狩猎的英姿，有商道的繁荣，有椎牛滤酒的宴饮之乐，还有种族繁衍的象征表现。B 板集中展示了丧葬仪典的社会画面，有千里奔丧的外交使团，有本族群奔丧献祭的亲友，有丧葬场中的祭祀歌舞，有祭祀鲜卑山的古俗，有法师的诵经指路，盛大的祭祀场面反映死者的崇高地位，也彰显出族群内在的强大凝聚力。在西南氐羌族群的丧葬指路习俗中，祭司所念诵《指路经》的内容有两大主题，一是历数死者生前的功绩和辛劳，二是告诫死者顺祖先迁徙路线寻祖归宗。而郭里木墓葬棺板画 A 板 B 板画面，以图像的形式同样展示出丧葬的主题，这应该是棺板画安慰死者告慰生者的宗教功能所在。

三 郭里木棺板画中的道教文化元素

棺板画是丧葬文化习俗的产物，具有祈愿、驱灾辟邪、灵魂升天的宗教功能。春秋战国时期的楚墓就已有棺板画，魏晋南北朝隋唐更是盛行于中原各地。今考古发现的棺板画，就有甘肃新城魏晋古墓葬棺板画、甘肃高台骆驼城魏晋墓棺板画、宁夏固原北魏棺板画、山西大同智家堡北魏墓棺板画、新疆喀什莎车县喀群乡唐代棺板画、河南焦作市郊老万庄金代棺板画等。从各地棺板画的主题来看，其内容既反映民间的神灵信仰，也生动展示当地的社会生活习俗。例如，甘肃新城棺板画男棺盖板上前绘东王公、后绘西王母，女棺盖板绘伏羲、女娲。宁夏固原北魏棺板画既绘东王公、西王母，又图绘郭巨埋儿、蔡顺抱棺、火烧大舜等故事。

都兰地区特殊的地理气候，使埋藏一千多年的棺板画得以保存至今。郭里木墓葬三具棺木有前后档板六块，分别绘有青龙、白虎、朱雀、玄武图案，还有金乌、玉兔的形象，这些前后配衬的装饰画面，同样反映吐谷浑人的信仰习俗。研究者多认为是吐谷浑对中原汉文化的吸收，在中原汉文化的丧葬习俗中，四灵确为陪葬之灵物。晋郭璞《葬书·外篇》说："夫葬以左为青龙，右为白虎，前为朱雀，后为玄武，此言前后左右之四兽，皆自立穴处言之。"[43]玄武垂头，朱雀翔舞，青龙蜿蜒，白虎驯伏，象征四灵兽对死者灵魂的护持，这是中原丧葬习俗中四灵的运用。我们认为棺板画的四灵和金乌玉兔的图像，是道教影响吐谷浑社会的表现，以下试根据道经的记载论述之。

青龙、白虎、朱雀、玄武，道教称为四灵、四象，分别为中国古代神话的东方、西方、南方、北方之神，道教神系中称其为东方七宿星君、西方七宿星君、南方七宿星君、北方七宿星君。道教又统称青龙、白虎、朱雀、玄武为四灵神君。宋元道经《灵宝玉鉴》卷十二《敕坛思存章》说："四灵者，青龙，白虎，朱雀，玄武，四灵神也。"[44]宋张君房《云笈七签》卷七十二说："夫四象者，乃青龙、白虎、朱雀、玄武也。"[45]明代道经《天皇至道太清玉册》卷八甚至为四灵取了专门的名称，称四灵名为："青龙帝君孟章，白虎帝君监兵，朱雀帝君灵光，玄武帝君执明。"[46]

道教赋予四灵多重的宗教功能。唐李淳风《金锁流珠引》卷二十八说："青龙、白虎、朱雀、玄武，号四时，主春夏秋冬是也。"[47]道教四灵常作为保护神出现，东晋葛洪《抱朴子·内篇》卷十五《杂应》渲染老君出行的神异说："左有十二青龙，右有二十六白虎，前有二十四朱雀，后有七十二玄武，前道十二穷奇，后从三十六辟邪，雷电在上，晃晃昱昱，此事出于仙经中也。见老君则年命延长，心如日月，无事不知也。"[48]道教斋坛法师的存想通神法术，高功要存想四灵护佑坛场。宋金允中《上清灵宝大法》卷二说斋戒存想："有青龙、白虎、朱雀、玄武四圣将也。"[49]道教的诸多禁法术，都要存想四神才有灵验。宋陈椿荣《太上洞玄灵宝无量度人上品经法》卷一载高功存思口诀："青龙、白虎、朱雀、玄武，四神也。"[50]由此，吐谷浑棺板画彩绘四灵，是期望四灵神力护佑墓主人。道教有四灵可化神兵之说，这是吐谷浑墓棺板图画四灵道理所在。《紫阳真人悟真篇三注》卷二陈致虚注说："身中青龙、白虎、朱雀、玄武、三魂、七魄、三元九官、三部八景、五脏八识，皆化为神。三万六千精光，化为神兵矣。"[51]道教法服图画四灵，还有得道飞升的宗教意蕴。明代道经《天皇至道太清玉册》卷六载道教的通天服："胸前用朱雀，背后用玄武，左肩用青龙，右肩用白虎，以表四灵。……乃帝王得道飞升冲举之冠服也。及奉天祀神用之，非常人所宜也。"[52]吐谷浑墓棺板图画以图绘的四灵，象征死者已处于多重灵力护佑之中，生者死者都可以通过道法得到安慰。

道教的金乌、玉兔，是汲取中国古代神话的灵物。中国古代神话的金乌，代表太阳，在卦象为离，在人身象征元神；玉兔，代表月亮，在卦象为坎，在人身象征元炁。道教认为玉兔金乌为月之华，日之精。道教有日转金乌，月生玉兔之说。日中金乌象征阳中之阴，月中玉兔象征阴中之阳。宋张君房《云笈七签》卷五十六《诸家气法》说："日者，阳精之宗，积精成象，象成为禽，金鸡、火鸟也，皆曰三足，表阳之类，其数奇；月者，阴精之宗，积精而成象，象成为兽，玉兔、蟾蜍也，皆四足，表阴之类，其数偶。"[53]"元黄元吉《净明忠孝全书》卷二《玉真灵宝坛记》说：'真真聚神，金乌诞灵。灵宝聚精，玉兔诞形'。"[54]

古人认为月亮能亏而复盈，有死而复生之寓意。道教的金乌玉兔是阴阳和谐的象征物，道教运用之具有长生成仙的意蕴。《重阳全真集》卷九《赠弟子颂》说："自有金乌，自有玉兔。认得真闲，长生门户。"[55]金乌玉兔还有男女相合的象征意蕴。宋曾慥《道枢》卷三十五《众妙篇》说："金乌死，玉兔生，故万物生者，周天地之感也。天地相荡，男女合矣。"[56]元王道渊《还真集》卷下《述金丹工夫三十六首》第三十三曰："金乌玉兔东西转，白虎青龙左右临。"[57]

郭里木档板画的金乌，从图像看是三足乌。三足乌又称三足金乌，古人认为此日中神鸟的出现，会给人间带来福祥和瑞应。《淮南子·精神训》说："日中有踆乌，而月中有蟾蜍。"东汉高诱注云："踆，犹'蹲'也，谓三足乌。"[58]《史记》卷一百十七《司马相如列传》载："吾乃今日睹西王母暟然白首。载胜而穴处兮，亦幸有三足乌为之使。必长生若此而不死兮，虽济万世不足以喜。"唐张守节《史记正义》说："三足乌，青鸟也。主为西王母取食，在昆墟之北。"[59]汉代画像砖上画的三足乌，就居于西王母座旁为其取食。晋傅玄《正都赋》曰："东父翳青盖而遐望，西母使三足之灵禽。"[60]可见，三足乌为西王母所驱使的灵禽，具有长生神鸟的象征意蕴。中国古代西王母神话与昆仑山神仙境界，对吐谷浑人精神生活势必产生影响。

在魏晋南北朝时期，三足乌的出现被视为灵异，是象征国祚久远的祥瑞灵禽。《魏书》卷一百一十二下《灵征志》，就有北魏孝文帝元宏、宣武帝元恪、孝明帝元诩、孝武帝元修、东魏孝静帝元善见执政时期，天下各州向北魏王室献三足乌的大量记载。值得注意的是，献三足乌都出现在北魏孝文帝汉化改革之后，说明汉化的鲜卑人逐渐接受了中原文化。其实，鲜卑人也视三足乌为祥瑞，这是受道教天授祥瑞观念的影响。刘宋道经《三天内解经》卷上说："汉祚天授应图，甘露降庭，真人驾御，神凤来仪，日回影再，中三足乌、九尾狐，灵瑞昺焕，众圣辅翼，正道助之。"[61]

郭里木棺板画的四灵和金乌玉兔形象，其图像非中原四灵、金乌玉兔的简单复制。四灵画面陪衬的云气、莲花、忍冬纹，明显有佛教影响的痕迹。总之，郭里木档板画的四灵和金乌玉兔，是道教文化影响吐谷浑社会的结果。道教认为四灵有护卫死者的灵力，吐谷浑人显然接受了道教的观念，在棺板画绘制四灵的图像，以道教的四灵来镇墓辟邪，卫护亡灵。金乌玉兔则寓意阴阳和谐，象征死者将长生成仙，与日月同辉。

四 余论

丝绸之路河南道是吸收中原文化、西域文化的通道。丝绸之路河南道兴盛于4—6世纪的南北朝时期，东晋、南朝、前凉、柔然、丁零、突厥、铁勒，以及西域、中亚和西亚的许多古代国家的外交使节、旅行者、僧人，都曾通过丝绸之路河南道进入吐谷浑地区。南朝传承的中原儒释道文化，南朝和西域弘法的僧人，都通过丝绸之路河南道进入吐谷浑。

总之，吐谷浑社会多元宗教的形成，有赖于丝绸之路河南道的文化传播。

吐谷浑人是辽东鲜卑的一支，4世纪迁移到青海南部草原。329年，吐谷浑人以青海为中心创建了吐谷浑王国，并将都兰作为都城。吐谷浑国历经南北朝隋唐几朝，长达350年，鼎盛时期疆域东西三千里，南北千余里，囊括今青海的大部和柴达木盆地的全部。在这片方圆2万多平方千米的土地上，已发现上千座有1500年历史的古墓，对探寻吐谷浑社会历史文化有着重要价值。有关吐谷浑社会宗教的情况，囿于文献记载简略而难以考量。我们通过考古发现的郭里木棺板画的深度分析，从一侧面揭示出吐谷浑人的宗教信仰，不难看出吐谷浑宗教受丝绸之路文化传播的影响，呈现儒释道三教与原始宗教信仰并存的格局。吐谷浑立国的南北朝隋唐几朝是中华多元族群和宗教登上历史舞台的时期，因此吐谷浑多元宗教文化的形成，是特殊的社会历史条件作用的结果。

参考文献

①吐谷浑立国时期称为"河南道"，唐代史籍则多称为"青海道"。有的研究者又称为"吐谷浑道"或"青海路"。

②（南朝梁）沈约：《宋书》（第1册），中华书局1974年版。

③（南朝梁）萧子显：《南齐书》（第1册），中华书局1972年版。

④（南朝梁）萧子显：《南齐书》（第2册），中华书局1972年版。

⑤龙涸，吐谷浑东南界重镇。在甘松界，今四川松潘县镇坪一带。

⑥南朝时建康通往西北的陆路交通，开通了东、西两条路线。东路则从建康溯长江、汉水经汉中，再由驿道自汉中至长安，由长安抵凉州。东路为汉唐丝绸之长安—凉州道。东晋南朝时东、西两路并用，前期以东道为主，后期以西路为主。

⑦（宋）范成大：《吴船录》："走岷山道中，五十里至庙。"

⑧（唐）姚思廉：《梁书》（第2册），中华书局1973年版。

⑨（南朝梁）萧子显：《南齐书》（第2册），中华书局1972年版。

⑩（南朝梁）萧子显：《南齐书》（第2册），中华书局1972年版。

⑪《旧唐书》卷四十《地理志》载："达化，后周置达化郡并县。吐浑绕河城，在县西一百二十里。"

⑫（南朝梁）释慧皎：《高僧传》，汤用彤校注，中华书局1992年版。

⑬（南朝梁）释慧皎：《高僧传》，汤用彤校注。

⑭《大正新修大藏经》（第50册），台北：财团法人佛陀教育基金会出版部，1990年版。

⑮（南朝梁）释慧皎：《高僧传》，汤用彤校注。

⑯《大正新修大藏经》（第50册）。

⑰（南朝梁）释慧皎：《高僧传》，汤用彤校注。

⑱（南朝梁）释慧皎：《高僧传》，汤用彤校注。

⑲（唐）姚思廉：《梁书》（第3册），中华书局1973年版。

⑳（唐）李延寿：《南史》（第1册），中华书局1975年版。

㉑（宋）赞宁撰：《宋高僧传》，范祥雍点校，中华书局1987年版。

㉒（唐）姚思廉：《梁书》（第3册）。

㉓（唐）姚思廉：《梁书》（第3册）。

㉔《梁书》卷三《武帝本纪》载中大通二年（530）四月壬申，"以河南王佛辅为宁西将军、西秦河二州刺史"。

㉕周伟洲：《吐谷浑史》，宁夏人民出版社1984年版。

㉖《御定全唐诗》卷五百二十二，《文渊阁四库全书》（第1428册）。

㉗（北齐）魏收：《魏书》（第8册），中华书局1974年版。

㉘（宋）赞宁：《宋高僧传》，范祥雍点校，中华书局1987年版。

㉙《文渊阁四库全书》（第473册）。

㉚许新国：《郭里木吐蕃墓葬棺板画研究》，《中国藏学》2005年第1期。柳春诚、程起骏：《郭里木棺板画初展吐谷浑生活》，《柴达木开发研究》2005年第2期。《中国国家地理》（2006年第9期《青海专辑·下辑》）收录介绍郭里木墓葬棺板画的一组论文，即柳春诚《郭里木棺板彩画临摹手记》、程起骏《棺板彩画：吐谷浑人的社会图景》、罗世平《棺板彩画：吐蕃人的生活画卷》、林梅村《棺板彩画：苏毗人的风俗图卷》。罗世平：《天堂喜宴——青海海西州郭里木吐蕃棺板画笺证》，《文物》2006年第7期。霍巍：《青海出土吐蕃木棺板画的初步观察与研究》，《西藏研究》2007年第2期。吕红亮：《"穹庐"与"拂庐"——青海郭里木吐蕃墓棺板画毡帐图像试析》，《敦煌学辑刊》2011年第3期。

㉛柳春诚、程起骏：《郭里木棺板画初展吐谷浑生活》，《柴达木开发研究》2005年第2期。程起骏：《棺板彩画：吐谷浑人的社会图景》，《中国国家地理》2006年第9期。

㉜柳春诚、程起骏：《郭里木棺板画初展吐谷浑生活》，《柴达木开发研究》2005年第2期。

㉝罗世平：《天堂喜宴——青海海西州郭里木吐蕃棺板画笺证》，《文物》2006年

7 期。

㉞程起骏、柳春诚：《一位吐谷浑可汗的盛大葬礼——青海省德令哈市郭里木乡出土彩绘棺板画 B 板研读》，《群文天地》2012 年第 1 期。

㉟《文渊阁四库全书》（第 573 册），台北：台湾商务印书馆 1986 年版。

㊱（南朝宋）范晔：《后汉书》（第 10 册），中华书局 1965 年版。下同。

㊲（南朝宋）范晔：《后汉书》（第 10 册）。

㊳（晋）陈寿：《三国志》（第 3 册），中华书局 1959 年版。下同。

㊴《北史·吐谷浑传》载："阿豺兼并氐羌，地方数千里，号为强国。"

㊵（晋）陈寿：《三国志》（第 3 册）。

㊶《文渊阁四库全书》（第 469 册）。

㊷（唐）房玄龄等撰《晋书》（第 8 册），中华书局 1974 年版。

㊸《文渊阁四库全书》（第 808 册）。

㊹《道藏》（第 10 册），文物出版社、上海书店、天津古籍出版社 1988 年版。下同。

㊺《道藏》（第 22 册）。

㊻《道藏》（第 36 册）。

㊼《道藏》（第 20 册）。

㊽王明：《抱朴子内篇校释》，中华书局 1986 年版。

㊾《道藏》（第 31 册）。

㊿《道藏》（第 2 册）。

㉑《道藏》（第 2 册）。

㉒《道藏》（第 36 册）。

㉓《道藏》（第 22 册）。

㉔《道藏》（第 24 册）。

㉕《道藏》（第 25 册）。

㉖《道藏》（第 20 册）。

㉗《道藏》（第 24 册）。

㉘张双棣：《淮南子校释》，北京大学出版社 1997 年版。

㉙（汉）司马迁：《史记》（第 9 册），中华书局 1959 年版。

㉚（唐）欧阳询：《艺文类聚》卷六十一《居处部一》，《艺文类聚》（第 4 册），汪绍楹校，上海古籍出版社 1965 年版。

㉛《道藏》（第 28 册）。

地缘结构与丝绸之路东段南道[①]

苏海洋[②]

丝绸之路东段南道指历史上经陕甘黄土高原南缘、青藏高原东北边缘抵达河西走廊或塔里木盆地南缘的通道，主要由穿越陕甘黄土高原南缘的秦陇南道和青海道组成，因位于长安经河西走廊通玉门关、阳关的丝路东段黄金道以南，因此，称其为丝绸之路东段南道。目前学术界对丝绸之路的研究主要集中在政治、经济、历史、交通、文化交流、民族宗教、语言文字、音乐百戏、丝路人物、丝路考古、敦煌文化等方面，而对丝绸之路形成与演变的地理基础仅有极少数人关注。[①]至于丝绸之路东段南道形成与演变的地理基础，目前尚无人关注。本文尝试从丝绸之路东段南道穿越区的区位特征、自然结构和地缘结构的视角分析其形成与演变的原因，希望起到抛砖引玉的作用。

一 陕甘黄土高原与丝绸之路

黄土是第四纪形成的陆相黄色粉砂质土状堆积物，广泛分布于北半球中纬度干旱和半干旱地区。黄土在世界上分布相当广泛，占全球陆地

[①] 论文原载于《青海民族大学学报》2017 年第 2 期。
[②] 苏海洋，甘肃天水人，天水师范学院历史文化学院副教授。

面积的十分之一，成东西向带状断续地分布在南北半球中纬度的森林草原、草原和荒漠草原地带。在欧洲和北美，其北界大致与更新世大陆冰川的南界相连；在亚洲和南美则与沙漠和戈壁相邻。在欧亚大陆中纬度地区，黄土分布区从中国华北、西北向西，经中亚、西亚一直抵达东欧、中欧、西欧。举世闻名的绿洲丝绸之路就是沿着欧亚大陆的黄土分布区开辟的。中国黄土主要分布在长城以南，秦岭以北，西迄青海东部，东至海边的整个黄河流域的广大范围内。此外值得注意的是，天山北麓、昆仑山北麓、祁连山麓也有黄土分布。黄土高原是世界上规模最大的黄土高原；华北的黄土平原是世界上规模最大的黄土平原。黄土高原东起太行山，西至乌鞘岭，南连秦岭，北抵长城，主要包括山西、陕西以及甘肃、青海、宁夏、河南等省部分地区，面积40万平方千米，为世界上最大的黄土堆积区。黄土主要由粉砂组成，质地疏松、多孔隙，垂直节理发育，土层深厚。尤其是褐红色古土壤具有团粒结构，可以较好地涵养水分和空气，利于通过毛细管作用让植物吸收养分和扎根生长。黄土各种碎屑矿物多达50余种，富含氮、磷、钾以及40余种微量元素和20多种氨基酸，肥力较强。正是因为黄土的易耕性与天然的肥力，《尚书·禹贡》才将雍州（陕甘黄土高原）的土壤列为上上等即第一等。加上受季风气候影响，雨热同期，中国原始先民用石、木等落后的工具创造和发展了以种植黍和粟为主的旱作农业，使黄土高原和华北平原成为中国早期农业最发达和人口最稠密的地区之一。

距今5000—3000年期间，陕甘黄土高原南部渭河流域的眷恋黄土的先民一路向西，经青藏高原至南亚克什米尔黄土分布区，[②]或经河西走廊和新疆黄土分布区向中亚七河流域黄土分布区寻找新的家园，将中国旱作农业传向域外。同时域外的家培作物燕麦、小麦、[③]大麦、荞麦、青稞，家养动物绵羊、黄牛、牦牛、家马、骆驼等，[④]自西向东传入中国，开启了历史上最早的中外交流的先河。以后的绿洲丝绸之路和高原丝绸之路的主干道，基本上就是沿着中国旱作农业向西传播的路线开辟的。从公元前3世纪初（末）匈奴和西汉分别统一游牧区和农耕区算起，中国文明分化出泛中原农耕板块、大漠游牧板块、雪域耕牧板块、东北渔猎耕牧板块和海上板块等五种类型。[⑤]陇西黄土高原是黄土高原的最西部，大致以六盘山东侧的深断裂为东界，北抵靖远、景泰一带半荒漠地区南缘，南至西秦岭、太子山麓，西接青藏高原，处于中原农耕板块、大漠游牧板块和雪域耕牧板块三大板块的缝合地带。北方草原游牧民族的南下，青藏高原高寒地带耕牧民族的东进，中原农耕民族的西进，都经过陇西黄土高原。因此，陇西黄土高原成为由北方游牧民族开拓的草原丝绸之路、由中原农耕民族开拓的绿洲丝绸之路和由高寒耕牧民族开拓的高原丝绸之路的汇聚点。

春秋时期，关中以西、以北（包括陕甘黄土高原）被以畜牧经济为主的西戎八国占据。战国时，随着中国长城地带游牧经济的出现，中国北方长城地带以北地区与欧亚草原游牧区融为一体，草原丝绸之路支线深入陕甘黄土高原内部。公元前272年秦灭义渠戎，占领北地、上郡、陇西后，游牧民族力量退缩至秦昭王长城一线以外的半干旱草原地带。西汉中期至东汉、魏晋、隋至唐代前期、元时期，中原农耕势力大于北方游牧势力，且青藏高原的游牧势力相对弱小，中原农耕政权以陕甘黄土高原为基地西进河湟、河西走廊乃至西域，穿越陕甘黄土高原南缘的丝绸之路秦陇南道与经河西走廊、新疆通往域外的绿洲路结合，为绿洲丝绸之路的一部分。战国至西汉初年、十六国、吐蕃、西夏时期，中原农耕政权的力量小于北方游牧民族的力量，而青藏高原先后出现统一的游牧政权吐谷浑、吐蕃和唃厮啰，穿越陕甘黄土高原南缘的秦陇南道与青海道结合，成为高山、高原丝绸之路的一部分。唐代前期，中原农耕民族力量大于北方游牧力量，但青藏高原出现与其力量相当的游牧政权吐蕃，秦陇南道同时与绿洲路、高原路结合，既是绿洲丝绸之路黄金干道的一部分，又是高山、高原之丝绸之路——唐蕃古道黄金干道的一部分。战国至西汉初年，中原农耕政权与北方游牧政权力量相当且相互对峙，而青海高原游牧民族力量相对较小，秦陇南道与羌中道结合通西域。唐代后期，中原农耕与北方游牧政权力量均小于青藏高原游牧政权吐蕃的力量，陇西黄土高原被吐蕃占领，吐蕃以河州为中心开通了西经青海出当今山口至敦煌，东沿秦陇南道至清水的驿道，穿越陕甘黄土高原南缘的秦陇南道成为高山、高原丝绸之路向东延伸的一部分。

值得注意的是，陇西黄土高原属于中原农耕区的一部分，历史上绝大部分时间被农耕政权有效控制，所以，穿越其南缘的秦陇南道绝大部分时间与绿洲路结合，属于由农耕民族开通的绿洲丝绸之路的一部分。陕西渭河平原和陇西黄土高原南缘属于暖温带半湿润气候，渭河、洮河下游河谷平原地势平坦、水源丰富、土地肥沃、农业发达、人口稠密，穿越渭河平原与陇西黄土高原南缘抵达河西走廊的道路，为自汉至唐一直至明代行人往来最频繁、史书记载最多的道路。不过对于陆路交通来说，黄土高原是一个土质具有独特性质的区域。由于黄土组成疏松、垂直节理、易于湿陷和潜蚀等特性，往往造成大片滑塌、冲沟纵横、峭壁陡立、地基下沉等地象，对交通道路选线与线路的稳定性造成巨大影响。在唐玄宗开元二十二年（734），因秦州大地震丝绸之路秦陇南道临时改道。明正德年间，经固关的道路因陇山一带大面积滑坡而改道咸宜关。

二　河湟地区与丝绸之路

河湟地区位于青海东部达坂山和拉脊山之间，属流经青海省东部的黄河及其支流湟水流域，范围大致在日月山以东，龙羊峡—松巴峡—积石峡黄河干流两岸及其以北的湟水流域和大通河中下游地区。全新世以来，湟水流域和黄河干流谷地缓慢抬升，河流下切，出现许多宽谷和盆地、台地、缓丘陵。河湟地区地表覆被厚层黄土，又受东部季风影响，降水较多，自然条件优越，适宜农耕，早在新石器时代的马家窑文化时期就有发达的农耕经济。特别是湟水谷地地势高，水流速度快，土壤有较多松软的沙质成分，但是并不渗漏，利于发展灌溉农业，是青海省最重要的农业区。河湟地区东结秦陇，南通四川盆地，北邻河西走廊，西走柴达木盆地和南疆干旱绿洲，绿洲丝绸之路支线和高山、高原丝绸之路通过本区。

与陇西黄土高原一样，河湟地区也处于中原农耕板块、雪域耕牧板块和大漠游牧板块的交错地带，是古代中原农耕民族、高寒游牧民族及大漠游牧民族三股势力反复争夺的边缘地带。先秦时期，河湟地区是羌人居地；两汉魏晋时期属中原政权管辖；十六国时期，相继被河西走廊的汉人建立的前凉、陇西鲜卑建立的西秦、略阳氐人建立的后凉、河西鲜卑建立的南凉、卢水胡建立的北凉和青海高原的吐谷浑政权占据；北魏至唐前期属于中原政权管辖；唐宝应之后陷于吐蕃数百年；宋代，被吐蕃后裔唃厮啰建立的青唐政权控制；元代，被来自大漠游牧板块的蒙古政权占领；明代复归中原农耕政权；清代被来自东北渔猎耕牧板块的清占领。总体来说，由于河湟地区属于高寒耕牧板块的一部分，游牧民族控制的时间多于农耕民族管理的时间。原因与青海东部自然环境的特点及其区位有很大的关系。青海东部属于青藏高原（自然大区）高原温带（温度带）青东祁连山地草原带（自然带），包括黄南山地、湟水谷地、青海湖盆地和东祁连山区（自然区）。该区南、西南分别与青藏高原亚寒带果洛那曲高寒灌丛草原带和青南高寒草甸草原带相邻，西与高原温带柴达木盆地山地荒漠带相邻，⑥东与属于东部季风区暖温带半湿润半干旱区的黄土高原相邻，北与西北干旱区阿拉善河西亚区相邻。⑦河湟谷地既适宜农耕，又适宜于放牧，对于游牧民族和农耕民族都有很强的吸引力。蒙古高原西部为戈壁荒漠草原，阿拉善高原属于温带干旱荒漠和荒漠草原，柴达木山地荒漠带（包括柴达木盆地东缘山地区、柴达木盆地区、西祁连山区、阿尔金山区）自然景观以荒漠或荒漠草原为主，载畜量很低，而且旱灾多发，畜牧生产很不稳定，对于荒漠草原的游牧民族来说，青海东部山地草原就是最肥美的牧场；而对于青南、藏北高寒地带的部分游牧民族来说，河湟谷地和祁连山纵谷就是最温暖的草场。因此穿越河湟地区的丝绸之路的经营者主要是游牧民族，其属性也主要是连接高原温带山地草原、高原温带荒漠草原和高寒草甸草原的草原丝绸之路的一部分。当游牧民族势力强大时，包括河湟谷地在内的青海东部山地草原是沟通蒙古高原和青藏高原游牧世界的南北纵向草原路的最重要的通道，或是西通柴达木盆地和南疆荒漠草原、东抵黄土高原半干旱草原、半湿润森林草原的东西向丝绸之路的一部分。只有当中原农耕民族势力十分强大且陆上丝绸之路处于繁荣阶段时，如西汉中期至魏晋、隋至唐前期，以农业经济为主要依托的沙漠丝绸之路的支线才经过此地。

三　柴达木盆地与丝绸之路

柴达木盆地是青藏高原北部边缘被阿尔金山、祁连山南麓和昆仑山北麓山麓线所包围的近似三角形的一个巨大的山间盆地，面积约14.93万平方千米，山麓线平均海拔3350米，盆地最低处海拔2675米。有些文献记载的柴达木盆地面积22万平方千米或25.5万平方千米，系指柴达木盆地内陆流域，尚包括茶卡盆地和哈拉湖内陆流域的部分山区。[⑧]柴达木盆地虽然处于干旱与极干旱气候区内，但因周围高大山体在低温条件下形成的降水产生了较丰富的高山冰川和高山径流，尤其是夏季大量的冰雪融水被输送至盆地，为绿洲的形成和发展提供了水源基础。据统计，柴达木盆地周围山地冰川面积合计为1752.11平方千米，冰川储量为291.17亿立方米，冰川融水径流量为7.1873亿立方米，连同高山降水径流量，则为36.2736亿立方米；由河川径流滋润的绿洲面积有8297.107平方千米，占柴达木盆地面积的3.36%，其中适宜农耕发展的绿洲面积达7183.307平方千米，占绿洲总面积的86.6%。柴达木盆地北缘绿洲分布于都兰河—赛什克河、巴音郭勒河、塔塔棱河、河卡河—大哈尔腾河流域和阿拉尔—茫崖地区，盆地南缘绿洲分布于沙柳河、察汗乌苏—夏日哈河、香日德河、夏日果勒—清水河、诺木洪河、大格勒河、格尔木河和那棱格勒河流域。[⑨]柴达木盆地地理位置十分重要，其北部隔祁连山与甘肃省河西走廊相通，西北通过阿尔金山与新疆塔里木盆地为邻，东部为青海省湟水流域，是内地联结西藏和新疆的必经之路。柴达木盆地南北边缘的绿洲气候相对温和，水资源相对丰富，适宜农耕或畜牧，为内地沟通新疆、西藏的东西通道提供了较为有利的自然和社会经济保障。

青海柴达木盆地位于东亚夏季风带边缘，是东亚季风、印度季风和西风急流的会聚地带，对气候变化特别是降雨量的微弱变化十分敏感。当柴达木盆地气候适宜期，人类活动加强，丝路之路孕育与发展，否则衰落或中断。研究结果表明，柴达木地区的气候从中全新世较为湿润的环境向晚全新世的冷干方向发展。[⑩]距今3300年前后的全新世后期气候温暖湿润期间,柴达木盆地出现绿洲农业生产。距今2900年前后,由于气候转干,沙进人退,盛极一时的诺木洪绿洲诺木洪农牧业文化随之消亡。[11]诺木洪文化是分布于柴达木盆地东南边缘的晚青铜时代的考古学文化,其上限刚好处于全新世后期气候温暖湿润期,碳化小麦和日晒土坯可能表明柴达木盆地与中亚地区存在着文化交流。东晋南北朝至北宋初年,柴达木盆地气候相对湿润,也是青海地区在丝路交通中发挥重要作用的时期。研究认为,"西北内陆腹地干旱区与东部湿润区的冷暖干湿搭配步调不完全一致,如果受季风影响的我国东部湿润、半湿润地区以暖干—冷湿为主,则较少受夏季风影响或影响不明显,而受西风带作用显著的内陆干旱区则存在着暖干—冷湿搭配组合占较高频度的现象。历史时期的冷期在西北干旱地区似乎一般地,或较多地表现为湿润,雪线大幅度下降,冰川获得发展,因而融水丰沛,且地表蒸发量减少,绿洲面积应有所扩展;反之,雪线上升,融水减少,蒸发量增大,旱象加剧,绿洲面积相应萎缩"。[12]魏晋南北朝,是历史上第三个寒冷时期,我国东部地区以冷干为主,位于西北内陆干旱区的柴达木盆地以冷湿为主。周爱锋利用苏干湖纹层沉积记录的环境信息,发现公元400年柴达木盆地气候突然转湿。[13]正是这时,吐谷浑人占领了海西、白兰、河源、昂城、漒川、甘松和龙涸七大领地,并占有河南、浇河和走廊南山的部分地区,全线贯通了经四川岷江流域、青海湟隆河流域、河源地区和柴达木盆地入新疆的丝绸之路。[14]吐谷浑王拾寅统治时期,还在河流水量最丰富、绿洲面积最广阔的柴达木盆地东南的伏罗川营建王城。考古人员从都兰吐谷浑墓葬群发掘出大量的柏木,最粗的直径达50厘米,最细的也有碗口粗细,表明1000多年前这里曾遍布柏木,温暖湿润,与今天光秃、荒凉的景象形成鲜明的对比。温暖、湿润的气候有利于农耕和畜牧经济的发展,为游牧民族的强大和稳定政治中心的形成及东西交通提供了相对有利的自然条件。

北朝晚期至北宋初年,柴达木盆地气候仍然较为湿润,为穿越柴达木盆地的丝绸之路继续保持繁荣提供了良好的地理基础。研究者利用柴达木盆地东北边缘尕海的孢粉和托素湖A/C值重建了柴达木盆地东北过去1480年气候的演化阶段段:第一阶段530—1060A.D.,气候比较湿润;

第二阶段1060—1460A.D.，与第一阶段相比，明显整体干旱；第三阶段1460—1700A.D.，该阶段比第二阶段明显湿润，并与第一阶段相当；第四阶段1700—2006A.D.，气候明显干燥，并有变湿的趋势。[15]考古发现，5—7世纪由西域经青海和甘肃东部通西安、洛阳的丝绸之路曾代替了陇右、河西主干道，成为中国北方与西域、中亚、西亚交往的最重要的国际通道。7世纪末，吐蕃占领吐谷浑故地。755—763年，吐蕃趁安史之乱占领河西、陇右地区，建立起西至新疆塔里木盆地，东至甘肃、青海、四川、云南的庞大帝国，组建了唐、门巴、尼泊尔、印度、波斯、拉达克、于阗、粟特以及宇律、苏毗等贸易网络。在吐蕃的经营下，穿越柴达木盆地沟通西域和中国北方的丝绸之路继续保持了繁荣。9世纪中期至13世纪初期，在蒙古西征的近400年的时间内，丝路西段与东段因大国衰落、割据政权林立而同时走向衰落。在丝绸之路衰落的大背景下，青海地区因其独特的地缘优势，在沟通东西方交往中发挥过重要作用。[16]11世纪初叶，河湟吐蕃首领唃厮啰统一河湟吐蕃诸部，1032年在青唐（今西宁）建立政权。唃厮啰政权历任执政者保护过境贸易，西域贡使、商旅经柴达木盆地和湟水谷地赴宋者络绎不绝，使青唐成为闻名于世的贸易中心和沟通内地、吐蕃与西域的贸易中转站。相对良好的自然条件是穿越柴达木盆地的丝绸之路畅通的重要条件之一，11世纪中期以后，随着柴达木盆地气候的恶化，穿越青海的丝绸之路也随之衰落。

四 祁连山地与丝绸之路

祁连山西起当金山口，东至景泰—永登—红古—积石山一线与黄土高原接壤，南邻柴达木盆地、茶卡—共和盆地，北侧俯临河西走廊，由一系列北西西—南东东走向的平行山脉与纵谷组成，其西段有野马山、野马河谷地、野马南山、党河谷地、党河南山、哈尔腾河谷地、土尔根达坂山；中段有走廊南山、黑河谷地、托来山、托来河谷地、托来山南山、疏勒河谷地、疏勒南山、哈拉湖盆地、哈拉湖南山；东段有冷龙岭、大通河谷地、达坂山、湟水谷地、拉脊山。有些山口如扁都口、当金山口曾是历史上著名的交通孔道；而纵谷多深居山地内部，海拔通常在3000米以上，宽10—30千米，两侧多为连续的山麓洪积倾斜平原，谷地平坦，多发育为高山草甸草原（只有党河谷地和哈尔腾河谷地例外），适宜放牧和迁徙，是蒙古高原的游牧民族南下和青藏高原游牧民族北上的天然通道。

祁连山处于干旱荒漠区，其基带为荒漠草原，但由于大部分山脉海拔在4000米以上，垂直带性分异明显。有人以疏勒河中上游为界，将祁连山分为东西两部分，东祁连山为高寒阴湿气候，植被属于寒温性森林草原区，海拔1500—1900米为荒漠带，海拔1900—2300米为山地荒漠草原带，海拔2300—2600米为山地草原带，自东向西山地草原更加发育；海拔2600—3400米为山地森林草原带；海拔3400—3600米为亚高山草甸；海拔3600—3900米为高山草甸带；海拔3900—4200米为高山荒漠带，植被稀疏；海拔4200米以上为冰川和永久积雪带；山间谷地和盆地生长草甸和草原植被。西祁连山—阿尔金山为高寒半干旱气候，属于半灌木荒漠草原区，山地草原与荒漠草原发育。其垂直带谱分布为海拔2400—2600米为山地荒漠带；海拔2600—2900米为山地半荒漠带；海拔2900—3600米为山地草原带；海拔3600—4000米为亚高山灌丛草甸带；海拔4000—4500米为高山寒漠带；海拔4500米以上为冰川和永久性积雪带。[17]

祁连山草场分为山地灌丛草场和山地草甸草场、山地草原草场两大类。山地灌丛草场主要分布在祁连山东部海拔3100—3500米的区域；山地草甸草场在东祁连海拔3500—4000米的区域，草本以莎草科的牛毛毡、细叶苔、蒿草及禾本科的发草、早熟禾、垂穗宾草等为主；杂草有珠牙蓼等。在海拔较低和温暖避风的地区多为冬春牧场，而在海拔高处或小气候较差的地方，则多作为夏季牧场。山地草原草场主要分布在祁连山2400—3400米低山丘陵和湖滨滩地，植被以芨芨草和针茅为主，伴生以羊茅、赖草、早熟禾、苔草及杂类草中的蒿草、野胡萝卜等植物种类。[18]以上草场优质牧草种类多，营养丰富，适口性高，耐牧性强，是理想的放牧场所。历史上祁连山南北的游牧民族在绿洲冬季牧场和祁连山地夏季牧场之间季节性迁徙的过程中，逐步开辟出穿越祁连山宽谷和山口的纵向道路。如秦汉之际，原居住在祁连山谷中的番和羌北出扁都口迁入河西走廊。汉代河西走廊月氏人和卢水胡的一部分经祁连山谷道、山口南迁湟水流域。东晋时期鲜卑乙弗氏之一部，经河西走廊东部的天祝等地穿越祁连山徙居青海湖滨。南北朝时吐谷浑人的一部分北入祁连山谷。唐代中期以后吐蕃经祁连山入侵河西走廊。宋代甘州回鹘的一部分经祁连山投奔河湟地区的唃厮啰。元代蒙古贵族经祁连山谷道入居青海。元代后期撒拉族、中亚伊斯兰教徒及西域回人翻越祁连山迁居青海。当农耕民族势力强大，控制河西走廊和河湟谷地时，为阻止青藏高原和蒙古高原的少数民族联手，中原政权控制祁连山北麓山口和交通要道，穿越祁连山的草原丝绸之路被阻断；当游牧民族势力强大时，穿越祁连山，沟通蒙新高原与青藏高原的南北纵向道路又恢复畅通。祁连山谷道的兴衰，是游牧民族与农耕民族力量对比的反映。

综上所论，丝绸之路东段南道兴衰及其线路的变化，受其穿越的陕甘黄土高原、河湟谷地、柴达木盆地和祁连山地地理区位、自然结构与地缘关系的影响。当中原农耕民族势力强大时，丝绸之路东段南道穿越陕甘黄土高原南缘和河湟谷地宜农区，是沙漠丝绸之路的一部分；当大漠游牧民族势力强大时，丝绸之路东段南道沿线为由新疆经河西走廊至陕甘黄土高原的草原之路支线所经；当高寒游牧民族势力强大时，东段南道主要穿越河湟谷地、柴达木盆地和祁连山地宜牧区，是高原丝绸之路的一部分。

参考文献

① 徐勤：《试论丝绸之路的地理基础》，《兰州学刊》1987 年第 1 期。

② 韩建业：《"彩陶之路"与早期中西文化交流》，《考古与文物》2013 年第 1 期。

③ 李小强、周新郢、周杰、John Dodson、张宏宾、尚雪：《甘肃西山坪遗址生物指标记录的中国最早的农业多样化》，《中国科学》（D 辑：地球科学）2007 年第 7 期。

④ 傅罗文、袁靖、李水城：《论中国甘青地区新石器时代家养动物的来源及特征》，《考古》2009 年第 5 期。

⑤ 于逢春：《构筑中国疆域的文明板块类型及其统合模式序说》，《中国边疆史地研究》2006 年第 3 期。

⑥黄秉维、郑度、赵名茶等：《现代自然地理》，科学出版社2000年版。

⑦⑧任美锷、包浩生主编《中国自然区域与开发整治》，科学出版社1992年版。

⑨张永涛、申元村：《柴达木盆地绿洲区划及农业利用评价》，《地理科学》2000年第4期。

⑩郑艳伟、郑卓、黄康有、潘安定、马海州、魏金辉、魏海成：《柴达木盆地6.0kaBP，2.5kaBP和现代的植被覆盖度重建》，《第四纪研究》2009年第4期。

⑪曾永丰：《柴达木盆地环境演化与绿洲农牧业变迁的初步研究——以诺木洪绿洲为例》，《中国沙漠》2003年第3期。

⑫李并成：《河西走廊历史时期沙漠化研究》，科学出版社2003年版。

⑬周爱锋：《晚全新世苏干湖年纹层沉积及其环境记录》，兰州大学博士学位论文2007年。

⑭陈良伟：《丝绸之路河南道》，中国社会科学出版社2002年版。

⑮刘秀菊：《柴达木盆地晚全新世湖泊孢粉记录与气候变化》，兰州大学硕士学位论文2007年。

⑯苏海洋：《从国际视野看丝路青海道的演变》，《青海民族研究》2012年第3期。

⑰李栋梁、刘德祥：《甘肃气候》，气象出版社2000年版。

⑱《青海农业地理》编写办公室编《青海农业地理》，青海人民出版社。